W0187655

HARTFORD—Barbour St.

2 DAYS AFTERNOON AND NIGHT

WED. JULY | THU., JULY

5 | 6

RINGLING BROS
AND
BARNUM & BAILEY
CIRCUS

Presenting The Greatest Performance In the History of THE GREATEST SHOW ON EARTH

PRODUCED BY

| ROBERT | AUBREY | Mrs. CHAS. |
| RINGLING | HALEY | RINGLING |

Staged by **ROBERT RINGLING**

Magnificent NEW Super Spectacles, Fabulous Features and Amazingly Accomplished Acts and Artists in Amplitudinous Abundance!

TWICE DAILY—POPULAR PRICES

TICKETS CIRCUS DAYS AT McCOY'S MUSIC STORE, 89 ASLYUM ST., ALSO SHOW GROUNDS

STEWART O'NAN

Der Zirkusbrand

Eine wahre Geschichte

Deutsch von
Thomas Gunkel

Rowohlt

Die Originalausgabe erschien 2000 unter
dem Titel «The Circus Fire» bei Doubleday, New York

Redaktion Susanne Aeckerle

Verlag und Übersetzer danken dem Deutschen Übersetzer-
fonds für die Förderung der Übersetzung sowie dem
Circus Krone für die Hilfe bei zahlreichen Rechercheproblemen

Dieses Buch ist allen Menschen gewidmet,
die an jenem Tag in den Zirkus gingen –
denen, die wieder nach Hause kamen,
und denen, die dort blieben.

Inhalt

Vorwort

Ich wollte dieses Buch nicht schreiben. Ich weiß nicht genau, warum ich es dennoch in Angriff genommen habe. Jedenfalls nicht, weil ich eine persönliche Beziehung zu dem Zirkusbrand habe oder etwas Tiefsinniges und Bedeutsames darüber zu sagen hätte. Es liegt wohl daran, dass ich den Brand als ein seltsames und tragisches Ereignis betrachtete, das sich in der Stadt zugetragen hatte, in die ich gerade übergesiedelt war. Anfangs habe ich dadurch etwas über die ungelösten Rätsel des Brandes und die Geschichte meines Wohnortes erfahren.

Zum ersten Mal las ich vor zehn Jahren während der Recherchen für einen Roman in einer alten Ausgabe des *Life*-Magazins von dem Feuer. Die Vorstellung von einem brennenden Zirkuszelt und den darin sterbenden Kindern erschütterte mich, ebenso wie die Fotos zu dem Artikel.

Ich muss all das, wie so oft, im Gedächtnis bewahrt haben, denn als wir Jahre später nach Hartford zogen, fielen mir der Brand und die Wirkung, die das auf mich gehabt hatte, wieder ein. Ich beschloss, mehr darüber zu lesen, also ging ich in eine Bibliothek und erkundigte mich nach einem guten Buch über das Feuer.

Sie hatten keins.

Vielleicht eine andere Bibliothek in der Stadt?

Nein, sie meinten, es gab keins.

Das fand ich nicht richtig. Der Zirkusbrand war die größte Katastrophe in der Geschichte des Staates, ein äußerst seltsames Ereignis. So viele Menschen waren dabei ums Leben gekommen; ich konnte kaum glauben, dass niemand darauf zurückgeblickt und dieses schreckliche Ereignis für spätere Generationen in Worte gefasst hatte.

Ich wollte kein Buch über den Brand schreiben, ich wollte bloß wissen, was passiert war. Ich begann, Leute aus der Stadt zu fragen, was sie darüber wussten.

Alle hatten Bekannte oder Nachbarn, eine Großmutter oder einen Cousin, der an jenem Tag dabei gewesen war. Alle hatten eine Geschichte zu erzählen. Die Leute aus dieser Generation wussten genau, wo sie an jenem Nachmittag gewesen waren, so wie sie sich später auch daran erinnern konnten, was sie getan hatten, als Präsident Kennedy erschossen wurde. Eine solche Bedeutung hatte der Brand für die Stadt.

Inzwischen hatte ich zu recherchieren begonnen und dachte – was ziemlich unrealistisch war –, ich könnte jemanden, der sich mit dem Schreiben von Sachbüchern auskennt, davon überzeugen, die Aufgabe zu übernehmen. Ich würde das Material sammeln und einem Experten übergeben und in ein oder zwei Jahren läge das Buch vor, das ich gern lesen wollte.

Bald hatte ich mehrere Hefter voll fotokopierter Dokumente, und der Roman, von dem ich erwartet hatte, dass er mich bis ins nächste Jahrhundert begleiten würde, war fertig. Plötzlich hatte ich Zeit und offensichtlich auch genug Interesse. Mir blieb keine andere Wahl.

Wenn ich mich entschied, das Buch zu schreiben, übernahm ich die Verpflichtung, die Geschichten Hunderter von Überlebenden zu erzählen. Ich würde – dieser Gedanke war mir ziemlich unangenehm – zum Hüter des Brandes werden, von dem stillschweigend erwartet wurde, dass er die Geschichte erzählte und sie durch seine Erzählweise, durch seine schriftstellerischen Entscheidungen, seine Interpretation des Brandes zugleich mit Bedeutung erfüllte. Diese Verantwortung wollte ich mir nicht aufbürden, doch zu diesem Zeitpunkt spielte das schon keine Rolle mehr. Die Geschichte hatte mich gepackt und ließ mich nicht mehr los.

Als ich einigen Leuten, die nicht aus Hartford stammten, zum ersten Mal erzählte, ich hätte vor, ein Sachbuch über den Brand zu schreiben, fragten sie mich, warum ich keinen Roman schriebe. Die Frage überraschte mich; daran hatte ich nie gedacht. Von Anfang an war ich der Ansicht, dass wegen der vielen Geschichten, die über den Brand kursierten, die Strenge und Nüchternheit eines Sachbuchs erforderlich war, um die Wahrheit über dieses Ereignis, das das Leben Zehntausender Menschen verändert hatte, erzählen zu können. Ich hatte wahrscheinlich die Befürchtung, dass ich der Bedeutung des Brandes nicht gerecht werden könnte, wenn ich einen Roman darüber schriebe.

Als ich intensiver zu recherchieren begann, entdeckte ich, dass meine Entscheidung aus einem einfacheren Grund richtig war: weil die Wahrheit oft seltsamer ist als jeder Roman. Nicht bloß seltsamer, sondern auch voller Zufälle, Lücken und Fehler, die ein guter Roman nicht dulden kann. Das Thema – der Tod von 167 Menschen, größtenteils Frauen und Kinder – schien eine klare und entschiedene Erzählweise zu erfordern, doch das Bild, das sich mir darbot, war bruchstückhaft und oft widersprüchlich.

Die Geschichte des Zirkusbrandes ist, wie man in Hartford bereits weiß, nicht nur eine Tragödie, sondern auch ein unlösbares Rätsel; dadurch bleibt sie in den Gedanken der Menschen lebendig und spricht ihre Gefühle an. Durch diese Mischung behält sie ihre Faszination, aber auch etwas Frustrierendes. Es gibt keine endgültigen Antworten. Nur in einem Roman könnte man die Geschichte des Zirkusbrandes vollenden, die fehlenden Teile finden und an der richtigen Stelle einfügen. Aber das wäre nicht die Wahrheit.

Auch dieses Buch beruht auf Vermutungen. Obwohl ich versucht habe, bei meinen Gesprächen mit Überlebenden und den Familien der Toten sowie beim Studium der existierenden Akten größtmögliche Sorgfalt walten zu lassen, bleibt der Zirkusbrand im Wesentlichen ein Rätsel, das durch die inzwischen verstrichene Zeit noch unbegreiflicher wird. Dieser Bericht kann nicht die ganze Wahrheit über die Ereignisse ans Licht bringen, ohne all die Geschichten von damals zu erzählen. Doch ein solches Buch wäre so umfangreich wie das Leben und so weitläufig wie die Erinnerung.

Dieses Buch enthält nur einen Teil dessen, was ich über Hartford und seine heldenhafte Reaktion auf diese schreckliche und einzigartige Tragödie erfahren habe. Ich hoffe, dass die Schilderung eine längst vergangene Zeit und einen längst verschwundenen Ort wieder aufleben lässt und bewahrt, damit die Leser ihn besuchen können und begreifen, was die Menschen in Hartford durchgemacht haben und dass sie ihren ganzen Mut zusammennehmen mussten, um weiterzumachen.

Alle Irrtümer oder Lücken in diesem Buch sind mein Verschulden. Bei all denen, die sie bemerken, möchte ich mich entschuldigen.

In einem Zirkus sollte man Knurren und Brüllen hören
wie im tiefen Wald und ganze Wolken von Staub sehen,
aufgewirbelt von den Löwen; Männer müssen geschäftig
herumrennen, Flaschen klirren, Futtereimer klappern,
Maschinen und Elefanten stampfen, Zebras seufzen, ein-
geschlossen in doppelten Käfigen.

Aber das war wie ein alter Stummfilm, eine schwarz-
weiße Bühne voller Geister, die ihre Lippen bewegten;
mondweiß stand der Atem vor ihren Gesichtern, und alle
Bewegungen vollzogen sich in so vollkommener Stille,
dass man den Wind in den Härchen auf der Backe flüs-
tern hörte.

Weitere Schatten entstiegen dem Zug und huschten an
den Käfigen vorbei, in denen die Finsternis mit blicklosen
Augen lauerte. Auch die Zirkusorgel schwieg, bis auf die
Andeutung eines verrückten Liedes, das der Wind den
Orgelpfeifen entlockte.

Der Zirkusdirektor stand mitten auf dem freien Feld.
Der Ballon hing wie ein riesiger, grün verschimmelter
Käse regungslos am Himmel. Dann senkte sich die
Dunkelheit über alles herab.

Ray Bradbury: *Das Böse kommt auf leisen Sohlen*

Cleveland, 1942

Der Zirkus gastierte am See, man hatte die Zelte auf dem Gelände am Municipal Stadium aufgestellt. Die Indians hatten ein Auswärtsspiel, daher kam eine große Menschenmenge, um sich die «größte Schau der Welt» anzusehen. Zwischen den Zelten und dem See verliefen nur die Gleise der Pennsylvania Railroad, die den Zirkus am Steilufer einzwängten. Den ganzen Tag flatterten die Wimpel auf dem Hauptzelt in dem vom See herüberwehenden Wind.

Es war ein heißer August, der erste Kriegssommer, doch schon jetzt gab es nicht mehr genug Personal. Der Besitzer John Ringling North hatte von einem traditionellen Sechsmastzelt auf ein viermastiges verkleinert, aber der Zeltmeister Leonard Aylesworth musste beim Aufstellen des Zeltes dennoch auf die Hilfe von einheimischen Kindern zurückgreifen.

In jenem Sommer waren die Zirkusleute überall spät dran gewesen; die Lokomotiven, die ihren Transportzug ziehen sollten, wurden für Kriegszwecke gebraucht. Das Amt für Kriegstransportwesen entschied, wann sie fuhren und wie sie an ihr Ziel gelangten – ein Problem, das durch die überbreiten Plattformen, auf denen sie ihre Wagen transportieren ließen, noch verschärft wurde. Auf manchen Strecken waren die Kurven zu eng, und es kam zu Verspätungen, weil sie stundenlang auf Abstellgleisen warten mussten, um Truppen- und Munitionszüge durchzulassen. Die Fahrt von einer Stadt zur nächsten dauerte zu lange, und auch der Aufbau ging nur langsam vonstatten, sodass die Nachmittagsvorstellung oft erst später begann.

Zudem musste man auf den Betriebsinspektor George Washington Smith verzichten, der normalerweise für den Transport zuständig war, denn er war bei der Kriegsschau der Army beschäftigt, einer nachgestellten Schlacht unter freiem Himmel, bei der die staatlich subventionierten Panzer, Flugzeuge und Haubitzen vorgeführt wurden, damit die Leute Kriegsanleihen zeichneten. Trotzdem hielt die gemeinsame Zirkustruppe von Ringling Bros. and Barnum & Bailey alle Termine ein. Eine Vorstellung platzen zu lassen wäre ein Unglück gewesen, und Pech hatten sie bereits zur Genüge gehabt. Es war viel Geld zu verdienen. In der Kriegsindustrie wurde in drei Schichten gearbeitet, und anders als vor ein paar Jahren hatten alle Beschäftigten eine prall gefüllte Lohntüte. Nur zwei der Eisenbahn-Zirkusse hatten die Weltwirtschaftskrise überlebt, aber die Cole Brothers konnten sich mit Big Bertha nicht messen.

Die war mit ihrer langen Tradition und ihrem Prunk, mit einem neuen, von Strawinsky geschriebenen und von Balanchine choreographierten Elefantenballett, mit Stars wie Emmett Kelly und Alfred Court, den Wallendas, den Cristianis und den Fliegenden Concellos, mit Menagerieattraktionen wie dem Riesengorilla Gargantua und seiner Braut M'Toto, die sich nur in ihren klimatisierten Käfigen räkelten, bis es Zeit war für ihre zweimal täglich aufgeführte Hochzeit, noch immer die «größte Schau der Welt». Hundert Clowns und tausend Tiere, stand prahlerisch auf den Plakaten.

Die Leute kamen, um sich all das anzuschauen und dabei den Krieg zu vergessen, und sei es auch nur für einen Augenblick. Es wurde damit geworben, dass man beim Zeichnen einer Kriegsanleihe eine Freikarte für die Haupttribüne bekam, und in diesem Jahr war das Programm besonders patriotisch ausgerichtet, in der großen Gala-Revue, dem «Spec», bei der als krönendes Finale vier riesige Porträts von Präsident Roosevelt entrollt wurden, zelebrierte man die amerikanischen Feiertage. Soldaten in Uniform erhielten freien Eintritt.

Die Tournee von 1942 war bis dahin gut gelaufen, die Eröffnungsvorstellung im Madison Square Garden war ein Riesener-
folg gewesen, auch die folgende im Boston Garden hatte ein großes Publikum angezogen. Dann war man in Baltimore zum ersten
Mal unterm Zeltdach aufgetreten. An der ganzen Ostküste
herrschte ein riesiger Andrang – besonders in Hartford, wo Colt's
Firearms und United Aircraft ihren Sitz hatten –, und dann ging
es quer durch den Staat New York. In Syracuse gab man eine
Nachmittagsvorstellung, bei der ein Teil des Publikums vor der
Tribüne auf Strohballen sitzen musste; die Abendvorstellung war
völlig ausverkauft und das Zelt so voll, dass selbst John Carsons op-
portunistische Platzanweiser niemanden mehr hineinzwängen
konnten. In Schenectady und Utica ausverkauft, ein volles Haus in
Buffalo, doch als sie nach Pittsburgh kamen, regnete es.

Es gab Schwierigkeiten. Bei der ersten Nachmittagsvorstellung
griff einer von Alfred Courts Löwen den Dompteur Vincent Sou-
day an und riss ihm den ganzen Oberschenkel auf. Court stürzte
in den Käfig, um die Nummer zu beenden, doch der Schaden war
bereits angerichtet, die Stimmung vorgegeben. Es goss in Strömen.
Während des sechstägigen Gastspiels war das Gelände völlig ver-
schlammt, die Mädchen, die in der Gala-Revue auftraten, mussten
Stiefel anziehen und ihre Regenkostüme waren klamm und wurden nie richtig trocken.

Der Zirkus bat das Arbeitsamt in der Innenstadt, weitere hundertfünfzig Arbeiter einstellen zu dürfen, doch die Kriegsindustrie
ging vor. In Pittsburgh, der größten Stahlmetropole der Welt, wurde
rund um die Uhr gearbeitet, und die Fabriken stießen so dunkle
Rauchwolken aus, dass in der Stadt den ganzen Tag lang die Straßenlaternen brannten. Junge, ungebundene Männer, die stets vom
Glamour und der Freiheit des Zirkuslebens angezogen wurden,
waren kaum noch zu finden. Der Zirkus stellte jeden ein, der sich
meldete, und war schließlich froh, die Stadt verlassen zu können.

In Cleveland war ein viertägiges Gastspiel vereinbart, vom 3. bis
zum 6. August, mit täglichen Vorstellungen um 14.15 Uhr und

20.15 Uhr, Einlass wie immer um 13.00 Uhr und 19.00 Uhr. Genau wie bei der Army lief beim Zirkus alles mit der Präzision eines Uhrwerks ab; jeder Arbeiter wusste, wo sein Platz war und was er zu tun hatte. Es hieß, im Ersten Weltkrieg habe sich der deutsche Kaiser beim Transportwesen seiner Armee an Barnum orientiert. Die gewohnten Arbeiten bestimmten den Tagesablauf; in gewisser Hinsicht war das beruhigend, etwas, woran man sich halten konnte.

Der erste Tag war nicht sonderlich bemerkenswert, die Vorstellungen verliefen reibungslos, das Wetter war glücklicherweise gut. Vom Gelände aus konnte man den Hafen sehen, zwei steinerne Molen mit weißen Leuchttürmen, die ihr Licht auf den tiefblauen Lake Erie hinaussandten. Das Zelt war klimatisiert, eine der neumodischen Ideen von John Ringling North. Nach der ausdörrenden Hitze auf dem Platz und der drückenden Feuchtigkeit im Menageriezelt mit seinen stinkenden Zebras, Kamelen und Elefanten waren die Besucher der Nachmittagsvorstellung dafür dankbar. Am Abend herrschte größerer Andrang, da viele Familien und, nach beendeter Tagschicht, auch eine Menge Arbeiter kamen.

Nachdem der Tau am Morgen des 4. August, eines Dienstags, verdunstet war und der kühle Nebel sich verzogen hatte, versprach es, ein sonniger Tag zu werden. Kinder, die früh genug auftauchten, erhielten eine Freikarte, wenn sie unter den Seitentribünen die leeren Coca-Cola-Flaschen vom vorigen Abend aufsammelten. Für das Küchenzelt war der Platz zu klein, deshalb hatte man es auf der anderen Straßenseite aufgestellt. Während das Personal zum Frühstück Schweinekoteletts und Eier mit Speck und Toast zubereitete, holperten Tierpfleger mit Schubkarren voller Pferdefleisch zwischen den Wagen der Raubkatzen hindurch. Die angepflockten Kamele und Zebras steckten ihre Köpfe in die frischen Heuhaufen. Alles lief wie am Schnürchen, was nach dem Schlamm von Pittsburgh angenehm war.

Gegen 11.30 Uhr wurde die Flagge auf dem Küchenzelt aufgezogen; das Mittagessen war fertig, und die Arbeiter ließen die ihnen anvertrauten Tiere allein weiterfressen. Der erste Aufruf fürs Abnormitätenkabinett erfolgte um 12.00 Uhr mittags. Es war eine Kindervorstellung, in der unter anderem die Puppenfamilie aus Tinytown, Percy Pape, das lebende Skelett, und der feuerfeste Dr. Mayfield auftraten. Bald würden die Leute aus der Stadt eintrudeln, der Hauptweg würde sich füllen, und die Ausrufer mussten auf ihr Podium steigen und eine kleine Kostprobe geben – sie mussten die Leute dazu bringen, sich vor den Kartenschaltern anzustellen und ihr Geld auf den Tisch zu legen, um Mo-Lay, den Jongleur und Spaßmacher, Egan Twist, den Mann mit den Gummiarmen, und die heiße Neonröhren schluckende Miss Patricia zu sehen. Eine Gruppe von Ausrufern und Artisten wartete gerade auf ihr Essen, als jemand hereingestürzt kam und rief, dass die Menagerie brenne.

Alle rannten los.

Es ging alles sehr schnell. Als sie über die Straße zum Hauptweg liefen, sahen sie schwarzen Rauch aufsteigen und Flammen über das Dach des Menageriezeltes züngeln. Im Innern des Zeltes waren die Elefanten an Vorder- und Hinterbeinen mit Eisenketten angepflockt. Sie trompeteten laut.

Zwei Männer krochen unter der Leinwand hindurch ins Vorzelt und zogen die Stahlgeländer vor den Kartenabreißerhäuschen aus dem Boden. Mit dem ersten hatten sie keinerlei Mühe. Als sie am zweiten herumzerrten, sprang eine Giraffe an ihnen vorbei und galoppierte über den Platz.

Die Arbeiter holten Wassereimer und Feuerlöscher, doch der Wind vom See schürte die Flammen. Leinwandfetzen lösten sich und stiegen in der heißen Luft auf wie Ballons. Glücklicherweise kam der Wind aus Nordosten und trieb das Feuer nicht auf das angrenzende Hauptzelt zu. Die beiden Zelte waren nur durch das kleine Gorillazelt getrennt, in dem Mr. und Mrs. Gargantua untergebracht waren. Die Tierpfleger zerschnitten sofort die Seile und ließen die unversehrte Leinwand auf die Käfige fallen. Ein zirkuseigener Tankwagen mit einem kurzen Schlauch traf ein und spritzte die Leinwand ab, sodass ein Traktor die Gorillawagen, deren Klimaanlage noch lief, abtransportieren konnte.

Im Innern des Menageriezeltes fielen lodernde Leinwandfetzen ins Stroh und ins Heu. Beides brannte wie Zunder. Die Pfleger banden ihre Tiere los und führten sie ins Freie, liefen dann, gebückt wegen der Flammen, wieder zurück, um weitere Tiere herauszuholen. Big John Sabo, der für die Menagerie verantwortlich war, kehrte dreimal ins Zelt zurück, bevor die Hitze unerträglich wurde. Ein Zebra rannte in dem Rauch verstört im Kreis herum; dann schoss es durch den Haupteingang und lief im Zickzack die Steigung zu den Gleisen hinauf, wo es von mehreren Arbeitern eingekreist und zu Boden geworfen wurde. Ein brennender Strauß rannte nach draußen; drei Männer waren nötig, um ihn einzufangen und die Flammen auszuschlagen.

Die Elefanten hatten sich immer noch nicht vom Fleck gerührt und taten es erst, als Walter McClain, der Elefantenstallmeister, eintraf. McClain war ein Riese mit einem legendären Ruf als Dompteur. Er wusste, dass seine Elefanten auf ihn warten würden, deshalb ging er mit seinen Leuten noch ins Zelt, als über ihnen bereits das Dach einstürzte. Die Männer eilten zu den Pflöcken für die Hinterbeine und lösten die Ketten. Auf McClains Kommando packten die Elefanten mit ihren Rüsseln die Pflöcke für die Vorderbeine und rissen sie aus dem Boden. Ein weiteres Kommando und sie marschierten in einer Reihe, den Rüssel um den Schwanz des vorangehenden Tieres geschlungen, nach draußen. Ein paar von ihnen hatten schwere Verbrennungen, ihre Haut hatte sich abgeschält und hing in Fetzen herab, aber sie waren im Freien.

Drei Elefanten konnten nicht gerettet werden. Die Elefantenkuh Ringling Rosie wurde zwar von ihren Ketten befreit, war aber so verängstigt, dass sie sich weigerte, das brennende Zelt zu verlassen. Die Hitze war inzwischen so stark, dass sie die Männer aus dem Zelt trieb. McClain blieb so lange wie möglich (seine rechte Gesichtshälfte war vom Haaransatz bis zum Hals rötlich verbrannt), floh aber schließlich auch nach draußen. Von dort beob-

Diese Kamele weigerten sich, aus dem Stroh aufzustehen. Die Arbeiter stehen hilflos herum, während die Feuerwehrleute aus Cleveland aufräumen. Links im Hintergrund erhebt sich hinter der jetzt frei stehenden Drahtverspannung das Viermastzelt. FOTO: CIRCUS WORLD MUSEUM

achteten Augenzeugen, wie Ringling Rosie vor und zurück stapfte und schließlich von den Flammen eingehüllt wurde.

Auch die Kamele wollten sich nicht vom Fleck rühren und
scheuten bei jedem Rettungsversuch zurück. Sie legten sich ins
Stroh, und das Feuer brach über sie herein. Die Leinwand stürzte
herab, und die Fetzen brannten im Schmutz. Für die Raubkatzen
gab es kein Entrinnen, sie wurden auf der Streu in ihren Käfigwagen bei lebendigem Leibe gebraten.

Das Feuer bestand jetzt fast nur noch aus Rauch, die Masten

und die Drahtverspannung des Zeltes waren kahl und verkohlt, doch nach wie vor intakt. Das Zelt war verschwunden, von den Flammen verzehrt wie Seidenpapier, nur noch einzelne Fetzen waren übrig. Das Ganze hatte nur ein paar Minuten gedauert.

Die zirkuseigenen Tankwagen und der erste Löschtrupp aus Cleveland, der auf dem Platz eintraf, spritzten Ringling Rosie mit ihren Schläuchen ab. Während die Polizei alles abriegelte, bekämpften die Arbeiter die Brände in den Käfigen. Von dem verkohlten Holz stieg Rauch auf. In den Käfigen krümmten sich die Löwen, Tiger und Pumas mit qualmendem Fell in der Asche. Ein paar von ihnen lagen reglos da. Die Tierpfleger schluchzten.

Die Feuerwehrleute löschten die letzten Reste des Brandes – brennendes Heu und glimmende Seile –, während John Sabo und der Zirkustierarzt J. Y. Henderson eine Bestandsaufnahme machten. Zwei Giraffen waren in ihrem Maschendrahtgehege verbrannt; wie die dritte entkommen war, blieb allen ein Rätsel, doch sie war unversehrt und hatte nur ein paar Quetschungen und Kratzer abbekommen, als die Arbeiter sie eingefangen hatten und sie auf den harten Boden gestürzt war. Zur allgemeinen Überraschung hatte auch Betty Lou, das Zwergnilpferd, überlebt; es war in seinem Bassin untergetaucht und so lange unter Wasser geblieben, bis ein Traktorfahrer den Wagen aus der Gefahrenzone gebracht hatte.

Nur wenige andere hatten so viel Glück gehabt. Ringling Rosie stand inmitten der Kadaver, die in der nassen Asche und den schwarzen Wasserlachen verstreut lagen, und die Stellen, wo sich ihre Haut abgeschält hatte, bluteten rötlich. Dr. Henderson hoffte, sie mit einer Salbe namens Foille einsprühen zu können, einem neuartigen Medikament gegen Verbrennungen. Als Walter McClain seine Leute anwies, ihr für die Behandlung doppelte Ketten anzulegen, begann sie zu toben, und ein städtischer Polizist schoss ihr mit seiner 45er zwischen die Augen, weil man befürchtete, sie könnte sich losreißen. Doch die Pistole reichte nicht aus. Der Schuss warf Ringling Rosie zu Boden, aber sie atmete noch. Dr. Henderson muss-

Eine der drei Giraffen, die an jenem Tag dabei waren. Nur eine überlebte – Edith,
die irgendwie den Maschendraht übersprang. FOTO: CIRCUS WORLD MUSEUM

te einen Schusswaffenexperten der Polizei bitten, noch einmal mit
seiner Maschinenpistole auf sie zu schießen.

Die Elefanten standen aufgereiht auf der Straße und ließen sich
in aller Ruhe behandeln. Sie hatten zumeist Verbrennungen an
Kopf und Rüssel, oder die dünnen Ohren waren angesengt. Die
Dompteure strichen mit Pinseln Foille auf das wunde Fleisch.

Die drei anderen Elefanten, an die McClains Leute nicht hatten herankommen können, waren schwer verletzt. Später am
Nachmittag gab ein anderer Polizist Little Rosy den Gnaden-
schuss, da sie zu schwere Verbrennungen erlitten hatte.

Die Kamele und die Raubkatzen hatte es am schlimmsten erwischt. Polizei und Küstenwache besorgten aus einem nahe gelegenen Waffenarsenal Hochleistungsgewehre und die dazugehörige

Munition. Ein Kamelpfleger bat die Schützen, seine Tiere nicht zu
erschießen, andere beschimpften sie, doch es war unumgänglich.
   Dr. Henderson ging mit seinem Foille-Sprüher voller Hoffnung von einem Käfig zum anderen. Die Raubkatzen blickten ihn
an und leckten sich die verbrannten Pfoten, von ihrem Fell stiegen immer noch Rauchwölkchen auf. Der Arzt bat einen Polizisten um seine Pistole. Die Männer von der Küstenwache waren mit
ihren Gewehren für die größeren Tiere zuständig. Sie mussten insgesamt drei Kamele, drei Löwen und einen Puma erschießen. Dr.
Henderson sagte später, er werde nie vergessen, dass die Tiere die
ganze Zeit keinen Laut von sich gaben.

Der Brand im Menageriezelt in Cleveland war ein Schock, besonders weil Krieg herrschte und der Zirkus als Ablenkung von dieser noch größeren Tragödie gedacht war, doch wer sich in der Zir-
kuswelt auskannte, wusste, dass es dort schon viele Katastrophen
gegeben hatte.
   Anscheinend waren amerikanische Zirkusse von Anfang an
stark brandgefährdet – vielleicht ist das auch nicht überraschend,
wenn man bedenkt, dass bei den ersten Vorstellungen Kerzen oder
Öllampen zur Beleuchtung dienten. 1799 verlor Rickett's Equestrian Circus, der allgemein als der erste Zirkus Amerikas gilt, bei
einem Brand in Philadelphia sein Amphitheater.
   P. T. Barnum schien besonders anfällig zu sein. Im Juli 1865 zerstörte ein Brand sein American Museum an der Ecke Broadway
und Ann Street in Lower Manhattan. In der Hoffnung, die Flammen in den darunter liegenden Stockwerken löschen zu können,
zerschlugen die Feuerwehrleute das dicke Glas des Walbeckens;
doch der Plan funktionierte nicht und die Wale verbrannten bei
lebendigem Leib. Barnum baute ein paar Blocks entfernt alles
rasch wieder auf, aber 1868 brach erneut ein Feuer aus. 1887
brannte das Winterquartier von Barnum & London in Bridgeport,
Connecticut, und die meisten Tiere kamen um. 1900 wurde der
Zirkus von einem weiteren großen Brand und zwischen 1910 und

1920 – Barnum selbst war inzwischen tot – fast jedes Jahr von mehreren kleinen Bränden heimgesucht, doch die Krönung war der Verlust von 100 000 Dollar, den der Zirkus im Jahre 1924 machte. 1927 verlegte die gemeinsame Zirkustruppe ihr Winterquartier nach Sarasota, Florida, und beendete so Barnums seltsames Erbe.

Die Ringling Bros. hatten den Ruf, ein geradezu unverschämtes Glück zu haben, was zum Teil an der Einschätzung ihrer Konkurrenten lag, sie seien hochmütig und hielten sich für etwas Besseres. Sie zeigten eine Art Sonntagsschulprogramm und gingen sogar so weit, auf dem Zirkusgelände das Fluchen zu verbieten. Ohne Glücksspiele oder aufreizende Nummern mit leicht bekleideten Mädchen machten sie die geschmackloseren Kostüme der anderen oft wett, indem sie mit ihrem Saubermann-Image warben. Zyniker nannten sie die Ding-a-ling Brothers oder die fünf Pfarrer. Der erste bedeutende Brand suchte sie im August 1901 in Kansas City, Missouri, heim; das Zelt des Abnormitätenkabinetts brannte, doch wie es ihr berühmtes Glück wollte, wurde niemand verletzt.

Barnum & Bailey – vor der Fusion von 1919 die erste und einzige «größte Schau der Welt» – hatten vielleicht noch größeres Glück. Im Mai 1910 fing an einem Samstagnachmittag in Schenectady, New York, ihr Großzelt Feuer, während im Innern fünfzehntausend Menschen saßen. Fred Bradna, der bei dem Brand des Menageriezeltes in Cleveland Pferdestallmeister sein würde, wollte gerade für den Eröffnungsaufzug in seine Pfeife blasen, als er oberhalb der Seitentribünen eine Flamme auflodern sah. Er bat die Zuschauer, Ruhe zu bewahren und ihre Plätze zu verlassen, und sie kamen seiner Aufforderung nach.

Es entstand keine Panik. Das Feuer sah so unbedeutend aus, dass die Zuschauer von den Tribünen hinabstiegen und sich auf die Rennbahn und in die Manege stellten und beobachteten, wie die Zeltarbeiter aufs Dach kletterten und versuchten, das brennende Stück Leinwand auszuschneiden. Eine Feuerwache direkt auf der

Der Zeltbrand in Schenectady im Jahre 1910, aufgenommen von einer Anhöhe mit Blick auf den Hauptweg und das hinter einer Wand aus Reklametafeln gelegene Abnormitätenkabinett. FOTO: CIRCUS WORLD MUSEUM

anderen Straßenseite richtete ihre Schläuche sofort auf das Dach, doch es stellte sich bald heraus, dass sich der Brand nicht mühelos eindämmen ließ, und die Leute liefen zum Haupteingang und Sattelgang hinaus oder krochen unter den Seitenwänden hindurch, ohne dass es Verletzte gab.

Zeugen aus einem Country Club, von dem aus man das Zirkusgelände überblicken konnte, gaben an, sie hätten große Stücke brennender Leinwand in den Himmel schweben sehen, die im Aufsteigen von den Flammen verzehrt worden seien, als wäre es ein Zaubertrick. Innerhalb weniger Minuten lagen die Masten auf dem Boden, obwohl ein Teil der Leinwand unversehrt blieb und die Tribünen gerettet werden konnten. Niemand wurde verletzt. Das größte Problem war der Gesichtsverlust; sobald das Feuer gelöscht war, belagerten die Leute die Kassenwagen und forderten ihr Geld zurück. Die Kartenverkäufer konnten nur dadurch gerettet werden, dass die Fahrer Pferde vor die Wagen spannten und sie wegzogen.

Im August 1912 in Sterling, Illinois, stand den Ringlings das Glück erneut zur Seite. Man hatte das Großzelt auf der Weide einer Rennbahn aufgestellt. Um 13.00 Uhr warteten zehntausend Menschen darauf, zur Nachmittagsvorstellung eingelassen zu werden, als ein paar Blocks entfernt eine Scheune Feuer fing. Al Ringling sah, dass der Wind brennende Schindeln in die Luft schleuderte, und befahl, die Eingänge geschlossen zu halten. Wie er befürchtet hatte, landete eine brennende Schindel auf dem Zeltdach, und Flammen loderten auf. Das Zelt brannte in wenigen Minuten ab. Inzwischen arbeitete Fred Bradna bei den Ringling Bros. und war erneut Augenzeuge. Umsichtig trieben die Tierpfleger die Elefanten davon, da alle eine wilde Flucht befürchteten. Wieder wurde niemand verletzt. Die Masten und die Tribünen mussten nur abgeschmirgelt und frisch gestrichen werden. Am nächsten Morgen berichtete der *Sterling Daily Standard*, der Brand sei entweder durch den Funken eines Motors oder durch ein paar Jungs verursacht worden, die bei der Scheune Zigaretten geraucht hätten. «Die rasche Zerstörung des großen Zeltes hat viele Spekulationen ausgelöst», schrieb der *Standard*, «und die Augenzeugen fragen sich immer noch, wie das Zelt so schnell abbrennen konnte. Tatsächlich war das Zelt mit Paraffin behandelt, um es regenundurchlässig zu machen, und als das Feuer die Paraffinschicht zum Schmelzen brachte, erhielten die Flammen weitere Nahrung, wodurch das große Zelt umso schneller abbrannte.»

Der Brand war ein zirkuswürdiges Schauspiel. Ein Bild des brennenden Zeltes gewann beim Fotowettbewerb einer überregionalen Zeitschrift den ersten Preis.

Zwischen 1912 und dem Feuer in Hartford 1944 verbrannte kein weiteres Großzelt, daher überrascht es nicht, dass der Brand in Sterling und die Katastrophe von Hartford in Zeitungsartikeln oft nebeneinander gestellt werden. Beide Mal waren es Nachmittagsvorstellungen, und beide Zelte gehörten den Ringling Bros.

Schenectady. Man erkennt die Verspannungskabel, die noch an den Spitzen der Sturmstangen befestigt sind. FOTO: CIRCUS WORLD MUSEUM

Doch kurz nach Sterling hatte es bei dem Zirkus zwei weitere große Brände gegeben, die nicht so bekannt sind.

Der erste wütete in Cleveland, ebenfalls auf dem Gelände am See. Im Mai 1914 gingen dreiundvierzig Eisenbahnwaggons, die größtenteils leer auf einem Abstellgleis standen, in Flammen auf. Beim zweiten, im Oktober 1916, brach in Huntsville, Alabama, ein Brand im Zelt der Zugpferde aus. Vierzig Tiere verbrannten; vierzig weitere mussten getötet werden. Laut Zeugen brannte das Feuer nur fünf Minuten lang.

Noch stärker als unter den Bränden litten die Zirkusse unter Eisenbahnunglücken. Das berühmteste sollte hier Erwähnung finden. Es fand ebenfalls während des Krieges, im Juni 1918, statt. Um

4.00 Uhr morgens hielt ein Zug, der den Hagenbeck-Wallace Circus beförderte, in der Nähe von Ivanhoe, Indiana, weil eine heiß gelaufene Lagerbüchse in Ordnung gebracht werden musste. Der Lokführer zog den größten Teil des Zuges auf ein Abstellgleis, doch die letzten fünf Wagen, darunter vier Schlafwagen, standen noch auf dem Hauptgleis. Ein paar Meilen entfernt überfuhr ein leerer Truppenzug sämtliche Stoppsignale, weil der Lokführer Pillen gegen sein Nierenleiden genommen hatte und im Führerstand schlief. In den alten hölzernen Schlafwagen schliefen die Zirkusarbeiter und Artisten in ihren engen Betten, in den Gängen brannten schwach die Petroleumlampen.

Die Leute von der Zugbesatzung hörten ein fernes Puffen, und als sie sich von ihrer Arbeit umwandten, sahen sie den Scheinwerfer des Truppenzugs auf sich zukommen. Der Lokführer war schließlich aufgewacht, aber es war zu spät, um zu bremsen. Die Lokomotive raste in die Schlafwagen und schob sie ineinander. Die Verletzten saßen in den zersplitterten Trümmern fest, und noch während eine Rettungsmannschaft zu ihnen hineinkletterte, fingen die verkeilten Wagen Feuer.

Die Unglücksstelle lag auf freier Strecke. Die Feuerwehren aus Gary und Hammond kamen so schnell wie möglich, doch es stand bloß das Wasser aus einem seichten Marschgebiet zur Verfügung. Als die Leute merkten, dass das Feuer nicht zu löschen war, kletterten sie in die zertrümmerten Wagen, um ihre Freunde und Angehörigen herauszuholen. Einige waren erfolgreich; andere starben dabei.

Bei dem Feuer in der Nähe von Ivanhoe kamen mehr als fünfundachtzig Zirkusleute ums Leben, darunter auch die Dompteuse Millie Jewel, die Frau, die keine Angst kannte. Die Zahl ist nur eine Schätzung, denn viele Leute wurden vermisst oder waren so verbrannt, dass man sie nicht mehr erkennen konnte. Eine Chicagoer Zeitung schrieb: «Die beiden heute gefundenen Leichen wurden wie viele andere, die man aus den Trümmern geborgen hat, in gewöhnlichen Wassereimern weggebracht. Sie bestanden nur noch aus verkohlten Knochen, von denen jeder Fetzen Fleisch herabgebrannt war.» Schließlich wurden sechsundfünfzig der Opfer, von denen mehr als vierzig nicht identifiziert werden konnten, in einem Massengrab auf dem Woodlawn Cemetery in Chicago bestattet. Unbekannter Mann Nr. 15, heißt es auf einem der typischen Grabsteine. Die Grabstätte ist durch einen steinernen Elefanten markiert, dessen Rüssel zum Zeichen der Trauer herabhängt.

Das Unglück von Ivanhoe war die bis dahin größte Katastrophe in der Geschichte des Zirkus; allein die Zahl der Toten war erschütternd. Bezeichnenderweise sprangen andere Zirkusse ein und boten Hagenbeck-Wallace Ausrüstung und Hilfe an, und Hagenbeck-Wallace nahm in bester Showbusiness-Tradition beides an und machte weiter. Man musste nur zwei Gastspiele absagen.

Obwohl Ringling Bros. and Barnum & Bailey vor Cleveland jahrelang keinen größeren Brand bewältigen musste, war der Zirkus nicht gegen jegliches Unglück gefeit. Im Jahr zuvor waren auf einer Tournee durch die Südstaaten plötzlich elf Elefanten gestorben, die meisten von ihnen beim Gastspiel in Atlanta. Bei der Autopsie stellte sich heraus, dass die Tiere große Mengen Arsen gefressen hatten. Zunächst wurde ein Transportarbeiter wegen des Verdachts verhaftet, sie vergiftet zu haben, doch die Anklage musste fallen gelassen werden. Die Polizei nahm noch ein paar andere Verdächtige fest – darunter auch einen vor kurzem gefeuerten Arbeiter –, setzte aber auch sie wieder auf freien Fuß.

Altgediente Arbeiter erinnerten sich daran, dass in den frühen dreißiger Jahren in Charlotte, North Carolina, mehrere Elefanten erkrankt waren, weil sie bei einer Chemiefabrik in der Nähe des Zirkusgeländes gegrast hatten, und eins der letzten Gastspiele vor Atlanta hatte in Charlotte stattgefunden. Obwohl sich viele Zirkusleute mit dieser Erklärung zufrieden gaben, war das Ganze nicht gerade stichhaltig. Die Ursache wurde nie eindeutig festgestellt.

In gewisser Hinsicht passten all diese Unglücksfälle zu der allgemeinen Ansicht, dass ein Zirkus ein chaotischer und gefährlicher Arbeitsplatz ist, bevölkert von zwielichtigen Vagabunden und von Natur aus anfällig für Katastrophen. Wir halten unser normales Leben für viel sicherer, da es nach eingespielten Regeln abläuft. Diese Ansicht geht teilweise auf unsere Verwunderung über die waghalsigen, vielleicht sogar tollkühnen Risiken zurück, die wir mit Zirkusnummern wie dem Löwenbändigen oder dem Drahtseilakt verbinden. Die Gefahr ist dabei viel aufregender für uns, weil wir wissen, dass sie real ist. Raubkatzen können ihre Dompteure anfallen und tun das auch; Drahtseilakrobaten, die ohne Netz arbeiten, können zu Tode stürzen, und auch so etwas kommt vor.

Doch diese Risiken werden, genau wie die starren Abläufe hinter dem alltäglichen Zirkusleben, von Fachleuten sorgfältig überdacht. Außerdem beruht beides auf einer langen Tradition, die oft innerhalb der Familie weitergegeben wird, und bevor man auf Tour geht, wird alles immer wieder geübt und vervollkommnet.

Doch bei den Drahtseilakrobaten oder Dompteuren kommt die Gefahr meistens daher, dass sie eine neue Nummer ausprobieren oder zu viel riskieren. Im Fall dieser früheren Zeltbrände war die Gefahr offenbar bekannt gewesen und bloß nicht beseitigt worden. Schenectady, Sterling, Huntsville — an all das erinnerte man sich nach dem Brand in Cleveland und dann erneut nach der Katastrophe von Hartford.

Den ganzen Nachmittag zogen Traktoren die verkohlten Kadaver aus dem Zelt, die an ihnen befestigten Ketten strafften sich klirrend. John Ringling North schritt in einer braunen Lederjacke und einer zimtfarbenen Reithose über den Platz und gab dem Aufräumtrupp Anweisungen. Er hatte bereits den Segelmacher in Sarasota wegen eines neuen Zeltes angerufen und wies seine Leute an, sich in den Zoos der Gegend nach Ersatz für die toten Tiere umzusehen. Der Presse sagte er, dass die Nachmittagsvorstellung

ausfallen müsse, versprach aber, die Abendvorstellung werde stattfinden. Es werde trotz allem weitergehen.

Dr. Henderson und seine Helfer beschäftigten sich mit den
überlebenden Tieren. Die Stadt stellte den Keller der nahe gelegenen Public Hall zur Verfügung, und man richtete dort ein behelfs-
mäßiges Krankenrevier für zwei Elefanten, drei Kamele und ein
Grévyzebra ein – alle hatten schwere Verbrennungen und standen
unter Schock. Walter McClain bat um einen Spritzer Foille für sein
Gesicht und ging dann wieder, um sich um seine anderen Tiere zu
kümmern.

Alle sagten, es hätte schlimmer kommen können. Außer den
Elefanten waren keine dressierten Tiere verletzt, nur Tiere aus der
Menagerie. Das Stallzelt, wo Hunderte von Pferden standen, befand sich direkt neben der Menagerie; irgendwann war ein qual-
mender Mast darauf gestürzt. Die Feuerwehr aus der Stadt, die zur
Rettung der Menagerie zu spät gekommen war, hatte ihre Bemühungen auf dieses Zelt konzentriert.

Das Menageriezelt war nicht mehr zu retten. Es war 100 mal
40 Meter groß und hatte sechs Masten. Einige sagten, es sei innerhalb von drei Minuten abgebrannt; andere sagten zehn. Wie die
Zelte bei den früheren Bränden hatte man es mit der traditionellen Mischung aus Paraffin und bleifreiem Benzin wasserdicht gemacht. Der *Cleveland Plain Dealer* berichtete: «Das Zelt wurde unter anderem deshalb so schnell zerstört, weil seine wasserdichte
Beschichtung leicht entzündlich war.» Das Feuer brachte die
Wachsschicht zum Schmelzen und zersetzte sie dann durch die
Hitze – verwandelte sie in entzündliches Gas, wie bei einer brennenden Kerze, die ihre eigene Flamme nährt. Das Zelt brannte wie
ein riesiger Docht. Der Wind machte alles nur noch schlimmer.

David «Deacon» Blanchfield, der Fahrmeister, sagte nach dem
Brand von Hartford beim Verhör des Branddirektors aus: «Ich hab
das Zelt in Cleveland brennen sehen. Man sieht es in Flammen
aufgehen, und kurz darauf ist kein Dach mehr da. Es ist unmöglich, ein Zirkuszelt zu retten. Völlig unmöglich, es sei denn, man

ist sofort da und kann das Feuer mit den Füßen austreten. Sie haben keine Vorstellung, wie schnell ein Großzelt abbrennt. Das stimmt, so wahr ich hier sitze. Ich würde das nicht sagen, wenn ich es nicht wüsste, aber ich hab schon zwei Zelte brennen sehen und erlebt, wie heiß es darin wird. Der Brand in Cleveland war nach knapp zwanzig Minuten vorbei, aber bei vier Elefanten war die Haut völlig weggebrannt.»

Anfangs dachten die Behörden von Cleveland, eine achtlos weggeworfene Zigarette könne die Ursache sein – der übliche Verdacht bei Hotelbränden zu jener Zeit. Einer der Arbeiter, die zuerst am Schauplatz des Geschehens gewesen waren, glaubte, das Feuer sei auf dem Dach des Zeltes ausgebrochen, möglicherweise ausgelöst durch den Funken einer vorbeifahrenden Lokomotive. Ein anderer erzählte einem Reporter des *Plain Dealer*, er habe einen betrunkenen Arbeiter in der Nähe des Brandherds in einem Haufen Stroh liegen und eine Zigarette rauchen sehen. Ein Dritter sagte, er habe ein paar Jungs mit Streichhölzern vor dem Zelt gesehen. Ein Vierter erzählte jedem, der es hören wollte, dass ein Kurzschluss in einem Generator, der gerade repariert wurde, die Ursache gewesen sei. Die örtliche Brandschutzbehörde sagte bloß, es werde eine Untersuchung durchgeführt. «Wir werden vielleicht nie erfahren, was passiert ist», sagte John Ringling North zu den Reportern.

Ein Lastwagen zog den verbrannten Giraffenwagen zu den Abstellgleisen. Die örtliche Abdeckerei beseitigte die Kadaver.

Die Abendvorstellung fand, wie geplant, statt; es gab sogar eine Menagerie unter freiem Himmel. Die Artisten traten vor einem Publikum von elftausend Menschen auf, dreitausend mehr als bei der Eröffnungsvorstellung. Den größten Beifall erhielt das Elefantenballett, besonders jene Tiere, bei denen unter den Ballettröckchen Brandwunden zu sehen waren.

Im Keller der Public Hall strich Dr. Henderson die überlebenden Tiere weiter mit Foille ein. Er hatte nur wenig Hoffnung: Wie alle Patienten mit schweren Verbrennungen bekommen auch Tiere

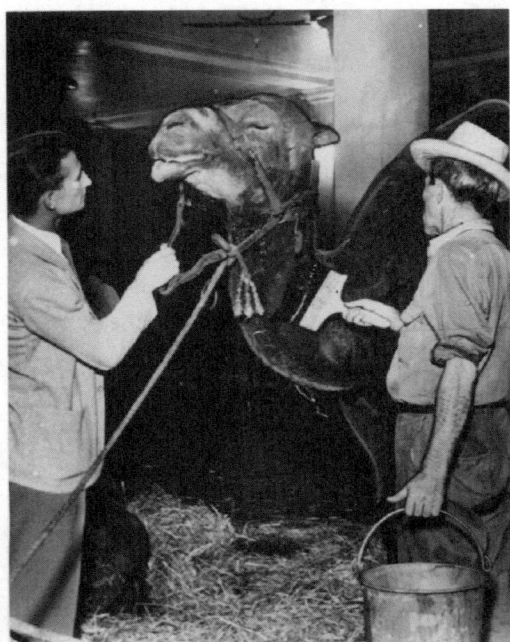

Der Keller der Public Hall. Der
Zirkustierarzt Dr. J. Y. Hender-
son untersucht Pasha, während
Blackie Barlow das Tier mit
Foille bestreicht. Die drei Ka-
mele hielten am längsten durch,
mussten aber letztlich erschossen
werden. FOTO: CLEVELAND
NEWS/CLEVELAND PUBLIC
LIBRARY

leicht eine Lungenentzündung. Dr. Henderson bemühte sich die
ganze Nacht lang, aber die Tiere waren zu schwer verletzt – sie
hatten die Flammen eingeatmet. Der einäugige Elefant Trilby starb
gegen Mitternacht, und dann folgte ihm Rose, das Grévyzebra.
Kas, der zweite Elefant, erlebte den Morgen nicht mehr. Blieben
die drei Kamele Pasha, Tilly und En Route. Sie hielten durch, lagen aber, ohne einen Laut von sich zu geben, auf den Knien im
Stroh und konnten weder fressen noch saufen. Früh am nächsten
Morgen bat Dr. Henderson einen Polizisten, ihr Leiden zu beenden.

Letztendlich fielen dem Brand vier Elefanten, alle dreizehn Kamele, alle neun Zebras, fünf Löwen, zwei Tiger, zwei Giraffen, zwei
Gnus, zwei weiße Damhirsche, zwei ceylonesische Esel, ein Axis-
hirsch, ein Puma, ein Schimpanse und ein Strauß zum Opfer. In
der Öffentlichkeit behauptete der Zirkus beharrlich, keins der

Tiere sei versichert gewesen. John Ringling North schätzte den
Verlust auf die gewaltige Summe von 200 000 Dollar. Doch im
Stillen forderte der Zirkus von seiner Versicherung für die Tiere
und die Käfigwagen nur knapp 36 000 Dollar.

Am Abend des 5. August verhaftete die Bahnpolizei von Pennsylvania, während in Cleveland die Abendvorstellung lief, auf dem
Güterbahnhof von Duquesne in der Nähe von Pittsburgh einen
Jugendlichen, der widerrechtlich auf einem Güterzug fuhr. Zunächst weigerte er sich, seinen Namen zu nennen. Die Bahnpoli-
zisten fanden in seiner Tasche Menagerie-Essensmarken, und auf
der Polizeiwache in Duquesne stieß er hervor: «Ich weiß was über
den Zirkusbrand.»

Der Junge sagte, er sei sechzehn und heiße Lemandris Ford –
oder Lemandria oder Lamadris (die Zeitungen waren sich nicht
einig). Er war in der vorigen Woche von der Schule abgegangen
und hatte sich in Pittsburgh zusammen mit Jess Johnson, einem älteren Freund, beim Zirkus verdingt. Man hatte die beiden am
Dienstagmorgen entlassen, weil sie nicht schnell genug gearbeitet
hatten.

Lemandris Ford gestand, das Feuer gelegt zu haben, und sagte,
Johnson habe ihn dazu überredet, «um dem Zirkus heimzuzah-
len, dass man uns gefeuert hat». Ford zufolge hatte Johnson für
beide eine Zigarette angezündet, ihm dann ein Messer an die
Rippen gehalten und gedroht, ihn zu erstechen, wenn er seine
Zigarette nicht in einen Heuhaufen werfe, von dem gerade die
Tiere fraßen.

Über den Brand selbst sagte Ford kaum etwas. Doch später gestand er: «Es hat mir unheimlich Leid getan, als ich all die toten
Tiere herumliegen sah.»

Der Arbeitszeitkontrolleur des Zirkus bestätigte, dass Ford in jener Zeit bei ihnen gewesen war, und Ford unterschrieb ein Geständnis. Er war nicht vorbestraft.

Ford erhob keinen Einspruch gegen die Auslieferung, und John
Brice, der Chef der Zirkuspolizei, und zwei städtische Polizisten

fuhren nach Pittsburgh, um ihn abzuholen. Am nächsten Tag waren die Polizisten davon überzeugt, dass Ford mit dem Brand nichts zu tun hatte. Wenn man den Jungen nach dem Menageriezelt und den Tieren darin fragte, gab er keine klaren Antworten und ließ sich leicht in Widersprüche verwickeln. Der Mann auf dem Foto, den er als Jess Johnson identifizierte, war tatsächlich ein Krimineller mit einer Verbindung zum Zirkus.

Ein paar Tage später schnappte die Polizei Johnson, doch man hielt auch ihn nicht für verdächtig. Inzwischen hatte Lemandris Ford sein Geständnis widerrufen. Die Polizei bezeichnete seine Geschichte öffentlich als Schwindel und sagte, die Ungereimtheiten in seiner Aussage legten den Verdacht nahe, dass er entweder berühmt werden wolle oder an Halluzinationen leide. Bis zu seiner Verhandlung gestand und leugnete der Junge abwechselnd, das Feuer gelegt zu haben.

Der Polizeichef John Brice war schon über dreißig Jahre beim Zirkus. Obwohl sein Haar inzwischen schlohweiß war, hörte er immer noch auf den Spitznamen Barnum Red. Von Anfang an hatte er ein Gespür dafür, wie man unerwünschte Personen auf dem Zirkusgelände erkannte. Jetzt sagte ihm sein Gefühl, dass sich der Junge die Geschichte ausgedacht hatte. Krankenunterlagen zeigten, dass sich Ford im vorigen Winter bei einem Autounfall einen Schädelbruch zugezogen hatte. Das Gericht ordnete eine psychiatrische Untersuchung an. Aufgrund der Ergebnisse brachten sie ihn mit der Empfehlung nach Pittsburgh zurück, ihn in ein Heim für Geistesgestörte einzuweisen.

Die Ursache des Brandes blieb ein Rätsel, war offiziell nicht eindeutig zu ermitteln. Obwohl es außer dem wirren Geständnis keinerlei Beweise gab, glaubten viele, darunter auch John Ringling North, dass Lemandris Ford der Täter war. Inzwischen hatte das *Life*-Magazin bereits einen reich bebilderten Artikel gebracht, in dem man die unbewiesenen Behauptungen als Fakten hinstellte und den Angeklagten als «den jugendlichen Brandstifter Alamandris Ford» bezeichnete.

Später kamen noch andere Schauergeschichten über den Brand auf, über Elefanten, die in wilder Flucht durch die Straßen von Cleveland gestürmt und deren Pflöcke gegen die geparkten Autos geknallt seien; über imposante Waffen (kurzläufige Schrotflinten) und die große Zahl von Schüssen, die nötig gewesen seien, um die Tiere zu erlegen; und über das herzzerreißende Verhalten einer Löwin, die vergeblich versucht habe, ihre Jungen zu retten, indem sie sich auf sie gelegt habe. Wie bei Lemandris Fords Geschichte schenkten einige Leute den Gerüchten Glauben und andere nicht.

Der Zirkus hatte praktischere Fragen zu bedenken. Man musste die Menagerie wieder auffüllen, und teilweise gelang das auch, zumindest für den Rest der Saison. 1943 ging man ohne Menagerie auf Tour und schaffte nie wieder so viele Zebras und Kamele an wie vor Cleveland.

Doch der Zirkus und John Ringling North verstanden es, sogar aus ihren Katastrophen Profit zu schlagen. Es heißt, dass die vier Elefanten, die umgekommen waren, später als Attraktionen im Abnormitätenkabinett gezeigt wurden und dass Barnum Jumbos Überreste in einem gesonderten Zelt zur Schau stellen ließ – was anscheinend nicht stimmt, doch es bezeugt die öffentliche Wahrnehmung von Norths viel gepriesenem Talent, stets einen Silberstreif am Horizont auszumachen.

Der Zirkus erholte sich rasch von dem Schock. Die Sache war traurig, aber man war es gewohnt, dass das Leben im Zirkus hart und nicht immer ungefährlich war und dass sich ab und zu Unfälle ereigneten. Man erlebte immer wieder, dass so etwas jedem passieren konnte. Walter McClain hatte als Erster Elefanten eingesetzt, um die offenen Güterwagen zu entladen und die Wagen von den Abstellgleisen auf den Platz zu ziehen. Im November, beim Entladen der Zirkuswagen auf dem Güterbahnhof von Jacksonville, rutschte McClain aus und stürzte bei dem Versuch, auf einen fahrenden Gepäckwagen zu springen. Das Vorderrad zerquetschte ihm den Schädel, und er kam ums Leben. Der Zirkus trauerte und machte dennoch weiter. So war nun einmal das Zirkusleben.

Zwar kannten die Arbeiter, die die Güterwagen entluden oder
die Zelte aufbauten, die Gefahren, die an den Abstellgleisen oder
auf dem Platz lauerten, doch alle aus der Truppe wussten auch, dass
nur sie den Risiken ausgesetzt waren. Das Publikum war nie in
Gefahr. Ringling Bros. and Barnum & Bailey konnten auch nach
dem Brand von Cleveland voller Stolz behaupten, dass bei keiner
ihrer Vorstellungen je ein Zuschauer ums Leben gekommen war.

So schrecklich der Menageriebrand auch war, an Thanksgiving in
jenem Jahr zeigte sich, wie schlimm ein Feuer wirklich wüten
konnte. Das Cocoanut Grove, ein gut besuchter Nachtclub in
Cambridge, brannte innerhalb von sieben Minuten aus. Es gab nur
wenige Ausgänge, von denen ein paar blockiert waren, weil sich
die Türen nach innen öffneten, und so kamen 492 Menschen ums
Leben; die meisten starben nicht an ihren Verbrennungen, sondern
erstickten. Der Rauch, der von dem für die Inneneinrichtung verwendeten Material aufstieg, erwies sich als giftig und kostete Hunderte das Leben. Viele der Leichen sahen völlig unversehrt aus, als
schliefen sie bloß. Alle 492 konnten identifiziert werden.

Die Bostoner Presse machte viel Wirbel darum, dass sich die
Angestellten des Grove ins Freie gerettet hatten, während sich die
Gäste in dem Rauch blind vorwärts tasten mussten. Die Brandursache konnte nie mit Sicherheit festgestellt werden, obwohl in den
Zeitungen ein junger Kellner beschuldigt wurde, weil er ein
Streichholz angezündet hatte, um eine Glühbirne, die er auswech-
seln sollte, besser sehen zu können. Das Gericht betrachtete die
leicht entzündlichen Materialien, die fehlenden Ausgänge und die
viel zu große Gästeschar als grobe Fahrlässigkeit und verurteilte
den Inhaber des Clubs in Abwesenheit zu einer Haftstrafe. Auch
der Mitarbeiter der städtischen Bauaufsicht, der dem Club die
Konzession erteilt hatte, kam vor Gericht, doch obwohl man ihm
Pflichtvergessenheit vorwarf, musste er nicht ins Gefängnis.

Die Hinterbliebenen der Toten klagten, aber der Inhaber des
Clubs besaß nicht viel Geld. Jeder Kläger erhielt nur eine Summe

von 160 Dollar. Überall im Land änderten die Städte sofort ihre Brandvorschriften und begannen dann, deren Einhaltung streng zu überwachen. Die Versicherungen forderten strengere Sicherheitsvorkehrungen. Die Behörden sagten, das Cocoanut Grove werde allen eine Lehre sein.

4. Juli 1944

Es war Weihnachten im Juli, eine alte Zirkustradition, ein Tag, an dem die ganze Familie der Großen Schau ein Fest veranstaltete. In Providence wurde gefeiert, das Küchenzelt war mit Fähnchen und Bändern aus Krepppapier geschmückt, man hatte die Zeltleinwand, die die Arbeiter von den Artisten und dem Führungspersonal trennte, für diesen Tag entfernt, alle aßen gebratenes Hähnchen und als Nachtisch Kuchen mit Eis, und jeder, der wollte, konnte sich einen Nachschlag holen.

Doch der Platzmeister befand sich bereits in Hartford, legte die Stellplätze für die Zelte fest, erklärte den Arbeitern, wie sie das Gras mähen sollten, bestellte so viel Heu, Getreide, Benzin und Lebensmittel, wie der Zirkus während seines Gastspiels benötigen würde, und sorgte dafür, dass am nächsten Morgen, wenn der Zug einlief, alles da sein würde. Die Rationierung erschwerte seine Arbeit gewaltig, und zudem war es fast unmöglich, am Abend des Nationalfeiertags etwas geliefert zu bekommen.

Sein Hauptanliegen war der Platz. Er kannte ihn gut; sie spielten schon seit zehn Jahren auf dem Gelände an der Barbour Street, seit ihrem Umzug von den Colt's Meadows Anfang der dreißiger Jahre. Damals hatte die Stadt das Gelände zurückgekauft, um dort eine High School zu bauen, doch dann hatte man es dem Bauamt überlassen, das es an Jahrmärkte oder Zirkusse verpachtete. Der Zirkus war seitdem jedes Jahr um diese Zeit da gewesen, nur während des Streiks von 1938 nicht. Die meiste Zeit des Jahres war der Platz nichts als eine grasüberwucherte, ungenutzte Wiese.

Es war ein langes, rechteckiges Gelände östlich der Straße – die den einzigen richtigen Zugang bot. Der Boden war ziemlich eben, aber staubig, das Gras verdorrt; es hatte schon seit Tagen nicht mehr geregnet. Rechts neben der Zufahrt lag die McGovern Granite Company, die Grabsteine anfertigte und auf deren lang gezogenem Werksgelände lauter unbeschriftete, polierte Mustersteine standen. Etwas weiter hinten schützte auf derselben Seite ein kastanienbrauner Schneezaun ein Areal mit Gemüsegärten. Die Kinder aus dem Viertel benutzten die Mitte des Platzes als Baseballfeld, und der Platzmeister konnte noch die Furchen der Batter's Box auf beiden Seiten der Homeplate und das niedergetrampelte Gras zwischen den staubigen Bases erkennen. Zur Linken und auf der Rückseite war der Platz von Bäumen gesäumt, und dahinter führte eine unbefestigte Straße über eine kleine Anhöhe und mündete in die Hampton Street, wo sich nur ein Tabakfeld und die Baracken und Suchscheinwerfer einer Flugabwehreinheit befanden.

Der Platzmeister wusste aus den vergangenen Jahren, wo die Zelte aufgestellt werden mussten, und auch, dass für das Menageriezelt nicht genug Platz war. Das spielte keine Rolle – sie hatten so wenig Personal, dass sie bei mehreren Gastspielen zu spät gewesen waren, und alles, was den Zeltaufbau verkürzte, war ihnen willkommen.

Offiziell hatten sie das Gelände von diesem Abend bis zum Morgen des 7. Juli gepachtet. Der Vorreisende des Zirkus hatte schon im Februar alles ausgehandelt, hatte mit der Stadt den üblichen Pachtvertrag abgeschlossen und der Bauaufsicht ungefähr dreißig Freikarten überlassen. Die Pacht betrug 500 Dollar, die am Tag der Eröffnungsvorstellung per Scheck am Kassenwagen zu bezahlen waren. Es waren die üblichen Bedingungen.

Der Platzmeister hatte den Eindruck, dass an der Barbour Street alles in Ordnung war und normal verlief. Die Vorhut hatte beim Plakatekleben gute Arbeit geleistet. In den Schaufenstern aller italienischen Lebensmittelgeschäfte, aller Friseurläden und Spirituo-

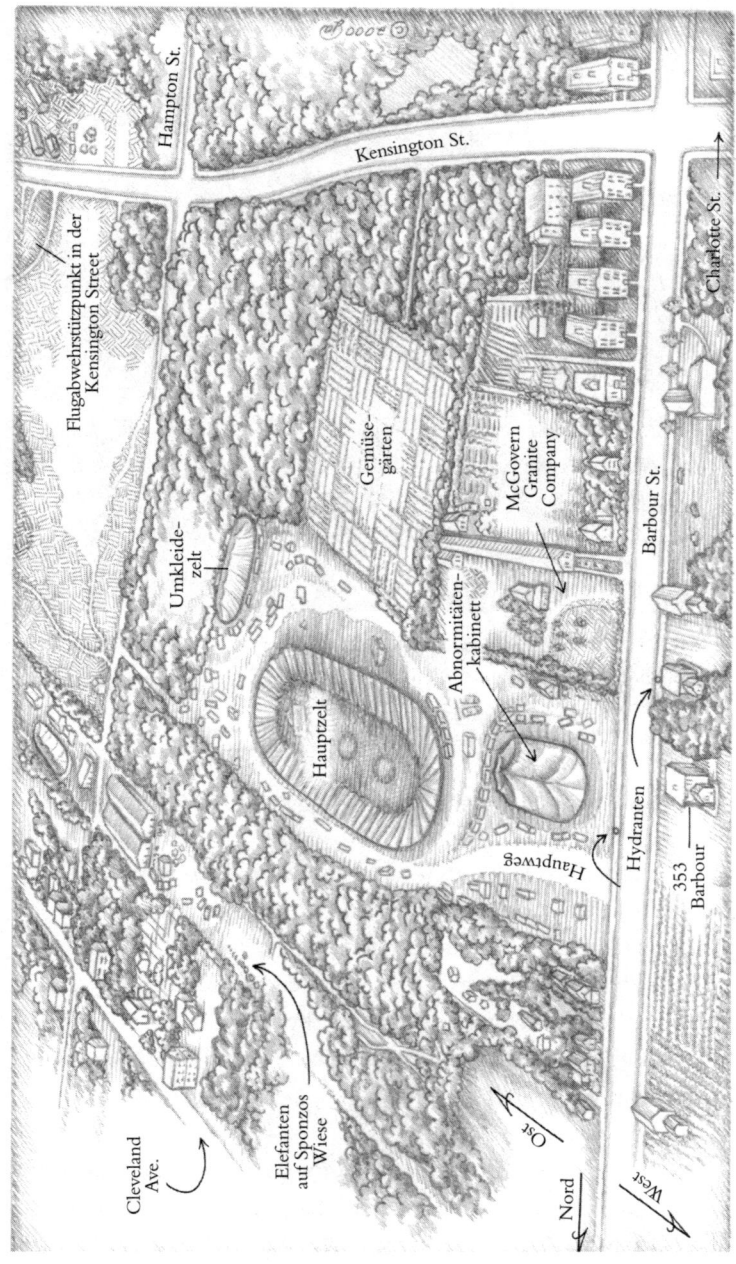

Hampton St.

Kensington St.

Charlotte St.

Flugabwehrstützpunkt in der Kensington Street

Gemüse- gärten

McGovern Granite Company

Barbour St.

Umkleide- zelt

Abnormitäten- kabinett

Hauptzelt

Hydranten

353 Barbour

Hauptweg

Ost

Nord

West

Cleveland Ave.

Elefanten auf Sponzos Wiese

In der Stadt kündigen Plakate das alljährliche Gastspiel des Zirkus an.
FOTO: WILLIAM DAY/ROBERT F. SABIA

senhandlungen im North End hing eine Lithographie der Gala-
Revue «Panto's Paradise», und die Ladeninhaber freuten sich, weil
sie im Gegenzug Freikarten erhalten hatten. Der Platz war in gutem Zustand. Das Wetter war herrlich und sollte so bleiben.

In Providence nahm man gerade das Weihnachtsessen ein. Für
so etwas hatte der Platzmeister keine Zeit; er musste Eis, Fisch und
frisches Brot, Eier, Speck und Milch bestellen. Es würde ein langer, heißer Tag werden. Als er aufbrach, waren die Arbeiter auf dem
Platz noch am Mähen.

Der Zirkus hatte John Sponzo beauftragt, das Gras zu mähen und
den Gehsteig in der Barbour Street mit Erde aufzuschütten, damit
die Lkws und Wagen ihn nicht beschädigten. Sponzo besaß eine

Ziegelei in der Main Street und ein ziemlich großes Stück Land an der Ecke Cleveland und Hampton Street, wo der Zirkus sein Stallzelt und sein Kochzelt aufstellen wollte. Er sagte später aus, dass er und einer seiner Leute am 3. und 4. Juli auf dem Platz gewesen seien.

Sie hatten zwei Pferde, eine Mähmaschine und einen von einem Pferd gezogenen Rechen. Es gab ein paar Probleme, weil die Scherblätter oft gegen herumliegende Dosen stießen oder sich Draht in ihnen verhedderte. Er sagte, an der Stelle, wo das Zelt gestanden habe, sei der Boden sandig gewesen, dort habe es nur wenig Gras gegeben. Sie mähten das Gras, rechten es zusammen und benutzten die eine Hälfte als Streu und die andere als Futter für die Pferde.

Ob seiner Meinung nach genug trockenes Gras herumgelegen habe, um einen Brand auszulösen?

«Das kann ich mir nicht vorstellen», sagte John Sponzo, «denn wir haben ziemlich gute Arbeit geleistet.»

Hauptpersonen

Die Cooks, Southampton, Mass.
Mrs. Mildred Cook
Donald Cook, 9
Eleanor Cook, 8
Edward Cook, 6
Die Norrisens/Smiths, Middletown, Conn.
Mr. Michael und
Mrs. Eva Norris
Agnes Norris, 6
Judy Norris, 6
Mrs. Mae Smith
Barbara Smith, 12
Mary Kay Smith, 6
Die Kurnetas mit Raymond Erickson, Middletown, Conn.
Mrs. Frances Kurneta
Mr. Stanley Kurneta
Miss Mary Kurneta
Betsy Kurneta, 10
Tony Kurneta
Raymond Erickson Jr., 6

Die Grants mit Donald Gale, East Hartford, Conn.
Mrs. Hulda Grant
Mr. Frank Golloto
Donald Gale, 10
Caroline Brown, 8
Die Smiths, Vernon, Conn.
Mrs. Grace Smith
Joan Smith, 12
Elliott Smith, 7
Die Eppsens/Goffs, Hartford, Conn.
Mrs. Mabel Epps (schwanger)
William Epps, 7
Richard Epps, 3
Mrs. Maurice Goff
Muriel Goff, 4
Die Marcoviczens mit Dorothy Bocek, Hartford, Conn.
Stella Marcovicz
Francis Marcovicz, 4
Dorothy Bocek, 13
Die LeVasseurs, Bristol, Conn.
Marion LeVasseur
Jerry LeVasseur, 6

5. Juli 1944

Sie kamen zu spät aus Providence und mussten die Nachmittagsvorstellung ausfallen lassen. Schon die ganze Saison – in Bridgeport, Fitchburg und Manchester – waren sie zu spät dran gewesen,
aber das war die erste Vorstellung, die ausfiel.

Sie gaben den Zügen die Schuld. Auf der Titelseite der *Hartford
Times* war zu lesen: «Die Ansichten über die Ursache der Verspätung gingen beim Zirkus und der Eisenbahn auseinander. Ein
Sprecher des Zirkus sagte, die 22 Meter langen Plattformwagen,
die man für den Transport des Großzeltes benötige, hätten
‹Schwierigkeiten mit den scharfen Kurven auf der Strecke zwischen Hartford und Willimantic gehabt›. Die Fahrdienstleiter der
Eisenbahn (bei der New York, New Haven & Hartford Railroad)
sagten, der Zug habe diese Strecke gar nicht benutzt. ‹Laut Fahr-
plan hat er die Hauptstrecke über den Cedar-Hill-Rangierbahn-
hof in New Haven genommen.›»

Der Zirkus hatte in diesem Jahr ein anderes Gesicht. John Ringling North war nicht mehr dabei, er war durch Robert Ringling
ersetzt worden – anscheinend auf Betreiben von Mrs. Edith Ringling, seiner Mutter, der Witwe von Charles, einem der fünf Brüder, die den Zirkus gegründet hatten.

Der Kampf um die Herrschaft über den Zirkus wogte zwischen
zwei Gruppen hin und her: auf der einen Seite John Ringling
North und sein Bruder Henry, die beide Neffen von John Ringling waren; und Mrs. Edith Ringling, ihr Sohn Robert und ihre
gemeinsame Verbündete Aubrey Ringling, Witwe von Richard

Der extravagante Showman John Ringling North (rechts) war zum Zeitpunkt des
Brandes entmachtet, übernahm aber bald wieder die Herrschaft. Robert Ring-
ling (links) war vor Hartford in der kurzen Zeit als Direktor des Zirkus in jeder
Hinsicht erfolgreich gewesen. FOTO: CIRCUS WORLD MUSEUM

(dem Sohn von Alf, einem der fünf Gründer) und in zweiter Ehe
mit James Haley verheiratet, auf der anderen. Der Staat Florida
hatte ebenfalls seine Finger im Spiel, da der kinderlose John Ringling ihm sein Herrenhaus, sein Kunstmuseum und dreißig Prozent
des Zirkus hinterlassen hatte. Zunächst wurden die beiden North-
Jungen und ihre Mutter – die gemeinsam mit ihrem Sohn John zu
seiner Testamentsvollstreckerin ernannt wurde – in seinem Testa-
ment großzügig bedacht, doch als sich John Ringling später mit
ihnen zerstritt, unterzeichnete er ein Kodizill, worin er ihnen alles außer 5000 Dollar für ihre Mutter wieder entzog. Doch John
Ringling beging den Fehler, ihre Ernennung zu Testamentsvoll-
streckern nicht wieder rückgängig zu machen. Sie fochten das Tes-
tament vor Gericht an und bestimmten in der Zwischenzeit als
Vermögensverwalter über dreißig Prozent der Anteile. Um John
Ringling Norths manchmal überwältigenden Ehrgeiz einzudäm-

men, schlossen Edith und Aubrey Ringling einen Pakt, der als das
Ladies' Agreement bekannt ist; dadurch waren sie rechtlich verpflichtet, in allen wichtigen Angelegenheiten gemeinsam zu stimmen.

So konnte Ediths Sohn Robert – ein Opernsänger ohne jegliche Zirkuserfahrung – schließlich die Stelle des extravaganten
John Ringling North einnehmen. Er versprach, zu den Wurzeln
des Zirkus zurückzukehren, schaffte Norths blaues Viermastzelt ab
und führte das sechsmastige weiße Zelt aus der Zeit vor 1939 wieder ein. Unter Roberts Herrschaft gab es nichts so Beeindrucken-
des wie Balanchines Elefantenballett, doch das Gepränge im Stil
des Broadway, das North so geliebt hatte, wurde beibehalten und
auch die Probleme mit dem Amt für Kriegstransportwesen, mit
der Rationierung und dem großen Mangel an Arbeitskräften blieben bestehen.

Im Krieg wurde jeder Mann gebraucht; die Flugzeugindustrie
hatte sogar ein paar Kleinwüchsige unter den Artisten angefordert,
die an engen Stellen der Montagebänder arbeiten sollten. In Providence standen George W. Smith statt der üblichen 960 nur 670
Arbeiter zur Verfügung und er beklagte sich, dass drei von ihnen
nötig seien, um die Arbeit eines einzigen guten Mannes zu bewältigen. Für die Platzanweiser, die Kartenverkäufer und die Leute aus
den Imbissbuden gab es jede Menge zusätzliche Arbeit, zum Beispiel beim Aufstellen der hölzernen Klappstühle auf der Haupttribüne. Die Mitglieder der Truppe übernahmen zusätzliche Arbeiten, halfen beim Zeltauf- und -abbau und zeigten, dass sie
dazugehörten und man auf sie zählen konnte.

Vielleicht lag es an den fehlenden Arbeitskräften oder an der
Weihnachtsfeier, dass sie zu spät in Hartford eintrafen. Es war nur
eine Frage der Zeit gewesen, wann die erste Vorstellung ausfallen
musste. Seit Kriegsbeginn hatten sie mehr reine Abendgastspiele
vereinbart, gaben am Ankunftstag oft bloß eine Spät- oder am Ab-
reisetag bloß eine Nachmittagsvorstellung. Doch Providence war
nur neunzig Meilen von Hartford entfernt, und sie hatten für die

Die frisch verheiratete Aubrey Ringling Haley bespricht sich mit dem berühmten Dompteur Alfred Court. Court war zwar in Hartford, trat aber an jenem Tag nicht auf. FOTO: CIRCUS WORLD MUSEUM

Fahrt mehr als sechs Stunden Zeit gehabt. Möglicherweise griff der Zirkus aus reiner Gewohnheit darauf zurück, den Zügen die Schuld zu geben.

Es war ein Unglück, wenn eine Vorstellung ausfiel, und die Zirkusleute hatten den Ruf, abergläubisch zu sein. Seit die berühmte Luftakrobatin Lillian Leitzel zu Tode gestürzt war, weigerte sich Merle Evans, der Kapellmeister, ihre Erkennungsmelodie «Crimson Petal» zu spielen. Scranton, wo die Tour im Jahr des Streiks zu Ende gegangen war, war eine verhexte Stadt. Pfeifen im Umkleideraum, Erdnussschalen auf dem Fußboden und die alten orientalischen Schrankkoffer – all das brachte Unglück, doch das Allerschlimmste war, wenn eine Vorstellung ausfiel.

Der erste Teil des Zuges traf am Mittwochmorgen um 9.45 Uhr,

Das Entladen der offenen Güterwagen an den Abstellgleisen. FOTO: CIRCUS
WORLD MUSEUM

fast fünf Stunden zu spät, auf dem Abstellgleis in der Windsor
Street ein. Er wurde «das Eingreifgeschwader» genannt und trans-
portierte die Menageriekäfige, die Wagen für das Küchenzelt so-
wie die Lastwagen, Traktoren und Elefanten, die sie ziehen sollten.
Eine Menschenmenge aus der Stadt – erwachsene Zirkusfans und
Kinder – sah dabei zu, wie die Arbeiter die Wagen entluden. Die
meisten folgten der Prozession aus Elefanten und Wagen die
North Street entlang über die Cleveland Avenue zur Barbour
Street. Die Leute winkten von ihren Veranden.

Auf dem Platz warteten noch mehr Menschen, und die Abteilungsleiter zogen jede Menge Freikarten aus der Tasche und stellten alle kräftigen Burschen ein, deren sie habhaft werden konnten.
Das Küchenzelt mit seinen langen Campingtischen und rot ka-

Angeschirrte Elefanten, die am 30. Juni 1944 in Portland, Maine, einen Menage-riekäfigwagen auf das Zirkusgelände ziehen. FOTO: MAURICE ALLAIRE

rierten Tischdecken wurde als Erstes aufgestellt, dann das Stallzelt. Zeltarbeiter schlugen die Pflockreihen für das Hauptzelt, das Abnormitätenkabinett, das Umkleidezelt und das Zelt mit den Verkaufsständen ein.

Der zweite Teil des Zuges war inzwischen eingetroffen, und die sechs Masten des Hauptzeltes, siebzehn Meter hoch und von Flaggen gekrönt, wurden aufgestellt. Die Arbeiter rollten die Leinwand auf dem Boden aus und begannen, sie mit Stricken von den Hauptmasten bis zu den Pflockreihen zusammenzuschnüren. Die Sonne stand jetzt höher, und die Männer rochen nach Schweiß.

Gegen elf Uhr vormittags traf Charles Hayes von der städtischen Bauaufsicht auf dem Platz ein, sah aber, dass das Zelt noch längst nicht fertig war. Die Stadt hatte keine rechtliche Handhabe,

das Zelt von Hayes inspizieren zu lassen, doch so war es Brauch.
Er ging und sagte, er werde in ein paar Stunden noch einmal wiederkommen.

Die Arbeiter schnürten alles zu, steckten rund um das Zelt die
Seitenstangen ein und zogen dann die Leinwand mit Hilfe zweier
Elefanten, die sich in ihr gepolstertes Geschirr stemmten, zu den
Hauptmasten hinauf. Im Innern des Zeltes, wo es plötzlich angenehm schattig war, wurden rings um das Oval zwei Reihen kür-
zerer Sturmstangen ausgelegt, und ein halbes Dutzend Elefanten,
die jeweils allein arbeiteten, richteten sie auf und stützten damit
das Dach ab. Als das erledigt war, kamen die Zeltarbeiter wieder
nach draußen und spannten die Seile, von denen die Seitenstangen gehalten wurden.

Man hatte das Großzelt, das jetzt aufgerichtet war, erst in diesem Jahr gekauft. Der Zirkus behauptete, es sei das größte Zelt
der Welt. Es war in der ersten Maiwoche aus der Segelmacher-
werkstatt gekommen und wie seine Vorläufer mit zwanzigtausend
Litern bleifreiem Benzin und achttausend Kilogramm Paraffin
wasserdicht gemacht worden. Siebzig Zeltarbeiter hatten geholfen, das Wachs in großen Kesseln zu schmelzen, es mit Benzin zu
verdünnen, mit Schaufeln umzurühren, die Mischung dann auf
die ausgebreitete Leinwand zu gießen und sie mit Besen überall
zu verteilen. Das Verfahren war billig und erfolgreich. Der Zirkus
hatte seine Zelte schon seit Jahren so behandelt.

Jetzt, wo das Zelt stand, begannen John Carsons Platzanweiser
die Stützbalken, Durchzüge und Fußbodenplatten für die roten
Stühle auf der Haupttribüne und die blauen Sitzbretter für die Seitentribünen zu montieren. Bei den Haupttribünen nummerierten
sie die Sitzreihen mit Kreide auf den Treppenstufen: 1 bis 18.

Während die Zirkustruppe arbeitete, streiften städtische Polizisten über den Platz, hielten Ausschau nach Ausreißern und muster-
ten die jugendlichen Helfer. Ein Polizist schnappte einen Jungen
und zerrte ihn weg. Er hatte gerade erst in Providence angeheuert; jetzt wurde er wieder nach Hause geschickt. Die Polizisten

Philadelphia, 11. Juni. Das vollständig aufgebaute Hauptzelt mit Scheinwerfern und Trapezen. Drei Raubtierkäfige sind aufgestellt. In Hartford trat Alfred Court nicht auf, daher entfiel der mittlere Käfig. FOTO: ROBERT D. GOOD/CIRCUS WORLD MUSEUM

suchten auch nach einem geistig verwirrten Ausreißer aus Portland. Sein Name war Roy Tuttle. Den Männern, die sie fragten, sagte der Name nichts; es trieben sich zu viele Vagabunden herum, und einige der Helfer legten großen Wert auf ihre Anonymität. Ein Mann kannte seinen langjährigen Partner beim Zeltaufbau nur als Reefer und gab sich damit zufrieden, je weniger Fragen, desto besser. Die Polizisten schlenderten weiter und zeigten anderen Arbeitern das Bild von Tuttle.

Noch lästiger waren die Stadtbewohner, die auftauchten, um Zirkusarbeiter schwitzen zu sehen und möglichst viel vom Zirkus haben wollten, ohne auch nur einen Penny zu bezahlen. Für diese Typen hatten die Zirkusleute einen speziellen Namen: Zaunratten.

Währenddessen überprüften Mitarbeiter des Gesundheitsamts die Hot-Dog- und Getränkestände, die die Bewohner der Barbour

Street auf dem Gehsteig aufgebaut hatten. Das North End war
eine reine Arbeitergegend, italienische und jüdische Familien, die
in dreistöckige Mietskasernen gepfercht waren. Für ein paar Dollar funktionierten die Leute ihre Höfe zu Parkplätzen um. Es sah
nicht so aus, als würde die Nachmittagsvorstellung stattfinden, und
alle, nicht bloß die Kinder, waren enttäuscht.

In der Stadt kümmerten sich die Zirkusbevollmächtigten um
das Geschäftliche. Herbert DuVal, zuständig für die Standerlaubnis, schaute auf dem Bauamt vorbei und bezahlte dort die 500
Dollar Pacht in bar. John Brice traf sich mit Charles Hallissey, dem
Polizeichef von Hartford, und vereinbarte, dass auf dem Platz Polizisten in Uniform und Zivil und in der Barbour Street Verkehrspolizisten Dienst tun sollten. Er teilte Hallissey mit, dass die Nachmittagsvorstellung ausfallen würde, weil der Zirkus bei der Anreise
aus Providence einen Umweg machen musste.

Niemand traf irgendwelche Vereinbarungen mit der Feuerwehr
von Hartford; und es kam auch niemand, um den Platz zu inspizieren. Die Verantwortlichen bei der Feuerwehr sagten später, sie
könnten sich weder erinnern noch Unterlagen darüber vorlegen,
dass bei irgendeinem Zirkus, der in den letzten dreißig Jahren in
Hartford gastiert habe, Sicherheitsmaßnahmen getroffen worden
seien.

Später traf sich auch Herbert DuVal mit Polizeichef Hallissey
und zahlte ihm 300 Dollar für die Konzession (zwei Tage zu je 150
Dollar). Das Formular war nicht datiert. Es gab darauf Felder, wo
einzutragen war, wem die Konzession erteilt wurde, für welche
Veranstaltung, wo und für welchen Zeitraum, doch sie wurden
nicht ausgefüllt. Am unteren Rand des Formulars stand: «Diese
Konzession unterliegt der Kontrolle der Polizei und den Gesetzen
und Verordnungen des Staates und der Stadt, in deren Zuständig-
keit solche Veranstaltungen fallen.» Das ganze Formular enthielt
nichts außer der Unterschrift von Polizeichef Hallissey. DuVal gab
ihm vierzig oder fünfzig Freikarten, die Hallissey an seine Mitarbeiter verteilte.

Auf dem Zirkusgelände bauten die Platzanweiser die Tribünen
zusammen. Leonard Aylesworths Zeltarbeiter befestigten die Seitenwand wie einen Vorhang am Dach. Sie war nicht mit der Paraffinmischung behandelt worden, und den oberen Teil konnte
man herablassen, damit frische Luft ins Innere dringen konnte.
John Brice ging außen um das Zelt herum und vergewisserte sich,
dass die Seitenwand unten fest an den Pflöcken verankert war, damit niemand, der nicht bezahlt hatte, hineinkriechen konnte. Sollte es dennoch jemand tun, so würden unter den Tribünen Leute
stehen, die ihn sich schnappten.

Die Traktor- und Raupenfahrer stellten die Menageriewagen
rechts vom Haupteingang auf. Für das Menageriezelt war nicht
genug Platz, und so brachten sie die Käfige hinter das Zelt des
Abnormitätenkabinetts und fassten alles mit einer Zeltwand ein.
Deacon Blanchfield erklärte: «Man kann die Käfige in ein Zelt
zwängen, aber man konnte sie dort nicht in der gewohnten Reihenfolge aufstellen. Das, was sie gemacht haben, nennt man die
Menagerie einpferchen.»

Der Zugteil mit den Artisten war auf dem Abstellgleis eingetroffen. Sie wurden mit dem Zirkusbus abgeholt und direkt zum
Küchenzelt gebracht. Da keine Nachmittagsvorstellung stattfand,
auf die sie sich vorbereiten mussten, hielten sie sich hinter dem
Hauptzelt auf und schrieben Briefe oder wuschen ihre Wäsche
und hängten die nassen Sachen an den Zeltschnüren auf. Im Umkleidezelt war Schach groß in Mode, und es wurde auch stets
Dame gespielt. Ein paar Mädchen aus dem Luftballett strickten.
Jongleure und Bodenakrobaten übten im Gras. Die Wallendas
überprüften ihre Kabel. May und Henry Kovar sahen sich ihre
Raubkatzen an. Die Hitze war unerträglich, und es gab nichts zu
tun.

Die ersten Besucher tauchten auf und erwarteten, eingelassen
zu werden. Einige waren extra aus den umliegenden Kleinstädten
gekommen, mit dem Auto oder in heißen Bussen, und jetzt mussten sie ihren Kindern sagen, dass keine Vorstellung stattfand. Die

Das Hauptzelt am 30. Juni 1944 in Portland, Maine. FOTO: MAURICE ALLAIRE

Abteilungsleiter sagten, es tue ihnen Leid. Sie baten die Leute, am nächsten Tag wiederzukommen.

Der Mann vom Gesundheitsamt sah sich bei den Getränkeständen um und vergewisserte sich, ob die Orangenlimonade abgedeckt war und Pappbecher benutzt wurden. Er hatte den ganzen Tag darauf gewartet, die Herrentoilette inspizieren zu können, und schließlich wurde sie aufgestellt, ein khakifarbenes Zelt gleich rechts neben dem Haupteingang, dessen eine Wand ans Hauptzelt stieß. Rechts von der Tür befanden sich drei Toiletten und als Urinal ein Trog mit an Drähten hängenden Toilettensteinen, der aussah wie ein in der Mitte durchgeschnittener Heißwasserspeicher. Es war alles in Ordnung.

Auf dem Platz herrschte schon seit Stunden reger Betrieb, und das Gras war zertrampelt und niedergedrückt. Die Elefanten wirbelten Staubwolken auf, ein Trupp Arbeiter ging über den Platz und verteilte überall Sägespäne, gefolgt von einem Tankwagen, aus dessen Sprinkler dünne, gleichmäßige Wasserstrahlen spritzten, die den Boden dunkel färbten. Der Schlammfilm, der dadurch entstand, war so dünn, dass er den Leuten an den Schuhen kleben blieb und sie perfekte Fußabdrücke im Staub zurückließen.

Wie abgesprochen kam um 15.45 Uhr noch einmal Charles Hayes von der Bauaufsicht und stellte fest, dass die Arbeit am Hauptzelt voranging. Er blieb ungefähr eine Stunde, schritt die Rennbahn rings um die Manegen ab und überprüfte die Seitentribünen. Als er aufbrach, war noch nicht alles fertig, doch er begnügte sich damit, «dass der Zeltaufbau, die Montage der Bestuhlung und die Zahl der Ausgänge wie immer den Vorschriften entsprach». Er hatte nichts Ungewöhnliches, keine Veränderungen entdecken können.

Die ausgefallene Nachmittagsvorstellung war den Zeitungen eine Schlagzeile wert. Das galt bereits für die Tatsache, dass sich der Zirkus überhaupt in der Stadt befand. Im Zeitalter des Radios, und noch dazu im Krieg, wo nicht nur das Reisen, sondern auch die gewohnten Annehmlichkeiten gewissen Beschränkungen unterlagen, war der Zirkus immer wieder eine willkommene Abwechslung, auf die sich ganz Hartford freute. Die *Times* und der *Courant* räumten ihm stets viel Platz ein und druckten die Geschichten, die sie aus der Pressemappe von Roland Butler, dem Pressechef, erhalten hatten, fast unverändert ab. Das Orchester bestand in diesem Jahr nur aus Blechbläsern, die monotone Begleitung der Tubas wurde durch die viel exklusiveren, exotischen Bayreuther Tuben ersetzt – die Richard Wagner angeblich selbst erfunden hatte.

Das ganze Tamtam war überflüssig. Hartford hatte den Zirkus schon immer geliebt. Der erste, Rickett's Equestrian Circus, hatte 1795 ein Gastspiel gegeben; den ersten Elefanten konnte man im Jahre 1826 für gesalzene 12½ Cent bewundern. P. T. Barnum führte 1855 seine Wilden aus Borneo vor. Für den Rest des Jahrhunderts galt Hartford als Barnum-Territorium, da es so nahe bei

Bridgeport lag, doch man hatte auch genug Platz und Zeit für Dan Rice's Circus, Melville's Australian Circus, Nixon's Royal Circus und Old John Robinson's Circus, für den Hippozoonomadon Circus, Nathan's Big Bonanza Circus, die Great Forepaugh Show und sogar für Buffalo Bill's Wild West Show. Hartford hatte Jumbo und den heiligen weißen Elefanten und Barnums 25 000 Dollar teures Riesennilpferd gesehen; man hatte Grizzly Adams in seinem Bärenkäfig, den Zwerg Tom Thumb und Alice Montague, die 10 000-Dollar-Schönheit, Chang, den chinesischen Riesen, und Zip, den Wilden aus Borneo, bewundert und war stets wiedergekommen.

Eintrittskarten konnte man in McCoy's Music Store in der Asylum Avenue 89 oder auf dem Zirkusgelände kaufen – «zu erschwinglichen Preisen», wie die Anzeigen versprachen. Die billigeren Plätze auf der Haupttribüne kosteten 1,20 Dollar und die teuersten 2,20 Dollar. Und die Kampagne für die Kriegsanleihen lief immer noch; für eine Kriegsanleihe von 100 Dollar erhielt der Käufer hervorragende Plätze.

Mildred Cook kaufte vier Platzkarten für die Nachmittagsvorstellung am Donnerstag, eine für sich und eine für jedes ihrer drei Kinder. Sie und ihr Mann hatten sich getrennt, und die Kinder lebten bei Mildreds Bruder und seiner Frau in ihrer Heimatstadt Southampton, Massachusetts. Sie fand, dass Donald, Eleanor und Edward ein beschütztes Zuhause mit Vater und Mutter brauchten. Mildred hatte zwei Jobs – tagsüber als Schadenssachverständige bei der Liberty-Mutual-Versicherung und stundenweise als Haushälterin im Priesterseminar von Hartford –, sie hatte nur selten frei. Sie hatte die Kinder zu sich eingeladen, und der Zirkus war ein zusätzlicher Anreiz.

Die Kinder waren bereits Anfang der Woche gekommen. Am Mittwoch fuhren sie zu viert zum Kegeln in die Farmington Avenue und dann zum Church Hill Park in Newington. Während sie sich dort aufhielten, ertrank ein kleines Mädchen. Die Bademeister fischten die Leiche aus dem Schwimmbecken und legten sie

vor aller Augen auf den heißen Beton. Am nächsten Morgen
schrieb die achtjährige Eleanor Cook an ihre Tante Marion Parsons: «Liebe Mom, wir machen uns jetzt für den Zirkus fertig. Als
wir in Newington waren, ist ein Mädchen ertrunken. Wir haben
gerade noch den Bus erreicht.» Doch an diesem Abend wollte
Mildred Cook ihren Kindern bloß etwas zu essen besorgen und
das Ganze vergessen. Der morgige Zirkusbesuch würde dabei eine
Hilfe sein.

Bei der Abendvorstellung lief alles nach Plan. Es kamen viele
Besucher, auch weil die Nachmittagsvorstellung ausgefallen war.
Der Hartforder Polizist Thomas Barber ging seiner üblichen Aufgabe nach, mischte sich vor dem Haupteingang unter die Leute
und hielt Ausschau nach Taschendieben. Barber war Witwer und
allein erziehender Vater – etwas für diese Zeit völlig Ungewöhnliches. Während seiner Nachtschicht passte seine Tochter Gloria
auf die beiden Jungs auf. Am Montag würde Gloria heiraten; ihr
Verlobter Orville Vieth hatte seine Einberufung bekommen,
daher wohnte sie noch zu Hause und konnte ihrem Vater helfen,
doch der Krieg würde bald vorbei sein, und dann war er mit
den Jungs allein. Harry, sein Jüngster, sollte morgen mit seinem
Onkel Boots in den Zirkus gehen, und Barber hatte sich für die
Tagschicht eingetragen, damit er in derselben Vorstellung sein
würde.

Als die Vorstellung begann, leerte sich der beleuchtete Hauptweg, und Thomas Barber sah seinen Kollegen William Dineen neben dem Vorzelt warten. HAUPTEINGANG stand dort. DIE
GRÖSSTE SCHAU DER WELT. Sie gingen zwischen den
Eisengeländern hindurch, die zu den Kartenschaltern führten, und
zeigten den Verkäufern ihre Dienstmarken. Drinnen war es noch
wärmer, und durch die vielen Menschen und die Tiere hing ein
süßlicher Geruch in der Luft. Die Kinder trugen kurze Hosen, und
Barber schwitzte in seiner Jacke. Die Hände vor dem Körper gefaltet, standen die beiden im Schatten zwischen den Tribünen und
bekamen von der Vorstellung kaum etwas mit. Neben dem Or-

Philadelphia, 11. Juni. Die Gala-Revue «Panto's Paradise» wird vor vollem Haus aufgeführt. Oben im Bild die Fahrräder und der Stuhl der Wallendas, der an der Plattform über der mittleren Manege hängt. FOTO: ROBERT D. GOOD/CIRCUS WORLD MUSEUM

chesterpodium im Sattelgang standen zwei weitere Polizisten, die dieselbe Aufgabe hatten.

Der Morgenausgabe des *Courant* zufolge erhielten die Wallendas den größten Applaus, denn sie hatten das Publikum mit ihrer dreistöckigen Pyramide – Karl Wallenda und Joe Geiger auf Fahrrädern auf dem Hochseil, zwischen sich eine Stange, auf der Herman Wallenda auf einem schwankenden Stuhl balancierte, und auf seinen Schultern, die Arme weit ausgestreckt, Karls Frau Helen – in Erstaunen versetzt. Die Clown-Feuerwache, eine alte Zugnummer, bekam die meisten Lacher: Emmett Kelly stand trübsinnig da, während Lou Jacobs und seine Clowns sich aus einem roten Mini-Kabrio zwängten, wild gestikulierend herumliefen und die vorderen Reihen mit Schläuchen und Eimern voll zu spritzen drohten, die – wie sich herausstellte – mit Konfetti gefüllt waren.

Die Vorstellung endete mit der großen Gala-Revue – der Wachablösung –, bei der die Elefanten, Tierpfleger und Ballettmädchen in Schottenkaro auftraten. Die Leute drängten zufrieden von den Tribünen hinab aus dem Zelt, gingen dann zurück in die Barbour Street, um auf den Bus zu warten oder ihren Wagen vom Parkplatz zu holen, den sie mit etwas Glück gefunden hatten. Es herrschte noch Krieg, und als die Autos durch die dunklen Straßen fuhren, sah man, dass ihre Scheinwerfer wegen der Verdunkelung nur schmale Schlitze in einer dicken Farbschicht waren. Bald hatte sich der Hauptweg geleert, die Lautsprecher wurden ausgeschaltet, die Lichter erloschen. Feindliche Bomber würden aus der Luft dasselbe sehen wie am Morgen – ein brachliegendes Feld.

Anna Cote würde am nächsten Tag mit ihrer Schwester Iva in den Zirkus gehen. In jener Nacht wachte Anna auf und sah einen Mann auf den Stufen zum Schlafzimmer ihrer Eltern stehen. Sie kuschelte sich dichter an Iva. Der Mann sah sie an und sagte: «Hab keine Angst», dann verschwand er wieder. Als sie den Mann beschrieb, wusste ihr Vater, wer es gewesen war – sein vor vielen Jahren gestorbener Vater.

Zirkustag

Einen Monat nach der Landung der Alliierten in der Normandie
erwachte die Stadt zum Programm eines der drei Radiosender:
WTIC, im Besitz der Travelers-Versicherung, der aus der «Versi-
cherungshauptstadt der Welt» sendete; WTHT, der der *Hartford
Times* gehörte; und WDRC, die Doolittle Radio Corporation, die
mit dem *Courant* in Verbindung stand. Zwischen den Kriegsbe-
richten und den Baseballergebnissen wurden die Arbeiter, die zur
Frühschicht bei Colt, Royal Underwood Typewriters oder Fuller
Brush, bei Pratt & Whitney, Hamilton Standard oder Sikorsky auf-
brachen, die alle zu United Aircraft in East Hartford gehörten, immer wieder von Werbespots für den Zirkus begrüßt.

Bei United Aircraft arbeiteten so viele Menschen, dass es für die
sprunghaft gewachsene Bevölkerung in der Stadt nicht mehr genug Wohnungen gab. Die Bewohner vermieteten für viel Geld
ihre Schuppen und Garagen. Verwandte zogen zusammen; Mieter,
die in verschiedenen Schichten arbeiteten, teilten sich die Kosten
für ein Zimmer. Die Zugezogenen waren ungebunden und ver-
dienten viel Geld, und Sozialarbeiter befürchteten einen Anstieg
von Prostitution und Syphilis. Da viele Väter, Brüder und Ehe-
männer im Krieg waren, arbeiteten mehr Frauen und ließen ihre
älteren Kinder allein oder in der Obhut von Tanten und Groß-
müttern.

Der Staat versuchte die Menschen davon abzuhalten, dass sie

der Arbeit fernblieben, was immer mehr zum Problem wurde, besonders jetzt, wo das Land so dicht vor dem Sieg stand. Die meisten Leute, die in der Kriegsindustrie arbeiteten, verschwendeten keinen Gedanken an den Zirkus. Und es sollte brütend heiß werden; am Donnerstagmorgen um 8.30 Uhr waren es bereits 25 Grad, und die Luftfeuchtigkeit war noch höher als am vorigen Tag. Die Arbeiter, die aus der Nachtschicht kamen, konnten nur schlecht schlafen, die Laken klebten ihnen am Körper.

Den Kindern, die überall in der Stadt die Plakate gesehen hatten, war die Hitze egal. Heute war der letzte Tag. Monatelang hatten ihre Eltern ihnen versprochen, mit ihnen in den Zirkus zu gehen, und jetzt erinnerten sie sie daran.

Auf dem Platz tuckerte ein Tankwagen den Hauptweg entlang und sprengte das zertrampelte, staubige Gras. Die Leute von den Verkaufsständen hatten gefrühstückt und kümmerten sich um ihre Puppen und die nachgemachten Löwenbändigerpeitschen. Als sie den Platz vor dem Zelt für die Besucher in Schuss brachten, zählten die Arbeiter schon die Stunden bis zum Abbau. Die Abteilungsleiter bereiteten sich bereits auf das nächste Gastspiel vor. Leonard Aylesworth, der Zeltmeister, stellte einen Aufbautrupp zusammen und fuhr nach Springfield, um den Aufbau auf dem dortigen Gelände vorzubereiten.

In Middletown zwängten sich die beiden Smith- und die beiden Norris-Töchter in den Fonds der großen schwarzen Oldsmobile-Limousine der Familie Norris. Der Wagen war Baujahr 41, einer der letzten, der vor dem Krieg hergestellt worden war. Michael Norris fuhr, seine Frau Eva saß in der Mitte und Mae Smith an der Tür. Die beiden Familien hatten in einem Zweifamilienhaus übereinander gewohnt, doch vor ungefähr einem Jahr waren die Norrisens nach einem Brand auf ihrer Veranda weggezogen. Seit die Termine feststanden, hatte Michael Norris, ein Zirkusfan, den Ausflug geplant; er war Inhaber eines Ladens der Russell Company und hatte sich einen halben Tag freigenommen, um mit den anderen die Vorstellung zu besuchen.

Die beiden Smith-Mädchen waren dem Wetter entsprechend gekleidet – die zwölfjährige Barbara trug Shorts und ein ärmelloses Top, die sechsjährige Mary Kay leichte Sonnenkleidung. Die Leute verwechselten Mary Kay oft mit Judy Norris, da beide ihr dunkelbraunes Haar gleich lang trugen; selbst ihre Gesichter glichen sich. Agnes Norris war etwas älter und nach einem Nierenleiden noch ein bisschen kränklich. Die Fahrt dauerte ungefähr eine Stunde. Sie kurbelten die Fenster herunter, um frische Luft hereinzulassen.

Während die Norrisens und Smiths die Route 9 entlangfuhren, machte sich in Middletown eine noch größere Gruppe fertig. Die Kurnetas und die Ericksons waren miteinander verschwägert, standen sich aber so nahe wie Blutsverwandte. Ursprünglich wollten acht von ihnen fahren, doch Joann Erickson hatte mitten im Sommer eine Erkältung bekommen, und ihre Mutter blieb mit ihr zu Hause. Die neunzehnjährige Mary Kurneta hatte sich einen Tag freigenommen – genau wie ihr älterer Bruder Stanley, der sich den Zirkus mit seinem Sohn Tony, ihrer Mutter Mrs. Frances Kurneta, seiner Nichte Betsy Kurneta und seinem sechsjährigen Neffen Raymond Erickson anschauen wollte. Kurz vor ihrem Aufbruch riss Raymonds Schnürsenkel. Seine Mutter knotete ihn zusammen und steckte den Knoten in den Turnschuh, damit er nicht zu sehen war. Sie winkte ihnen zum Abschied zu und ging dann wieder ins Haus, um sich um Joann zu kümmern.

Um zehn Uhr morgens betrug die Temperatur in Hartford bereits knapp 30 Grad. Leute, die mit dem Gedanken gespielt hatten, in den Zirkus zu gehen, entschieden sich jetzt vielleicht doch eher für ein Kino mit Klimaanlage. Eine Großmutter sagte, es sei einfach zu heiß zum Laufen.

In der Grandview Terrace warteten sechs Neffen und Nichten des Polizeipräsidenten Edward J. Hickey ungeduldig darauf, dass der große schwarze Cadillac seines Fahrers Sgt. Adolph Pastore sie abholte. Sergeant Pastore und Hickey arbeiteten schon seit vielen Jahren zusammen, und die Kinder sahen auch den Sergeant als

einen ihrer Onkel an. Sie liebten den imposanten, stets glänzenden Wagen und hatten dem Polizeipräsidenten nach der Nummer
auf dem Kennzeichen insgeheim den Spitznamen «185» gegeben.
Die Presse nannte den früheren Polizisten wegen seines stämmi-
gen Körperbaus und seiner legendären Hartnäckigkeit «Bull»
Hickey. Er war ein Perfektionist und hatte sich vom Postboten
über die Detektei Pinkerton, den Nachrichtendienst der Marine,
die Staatspolizei und die Bezirkspolizei schließlich zum Polizeipräsidenten hochgearbeitet, hatte Hunderte von Fällen gelöst,
vom einfachen Diebstahl bis zum Mord, hatte den Polizistenmör-
der Gerald Chapman an den Galgen und Licht in die Verschwö-
rung von Waterbury gebracht. Den Kindern genügte es zu wissen,
dass der gute alte 185 im Haus ihrer Tante Isabel und ihres Cousins Billy Hickey in der Barbour Street, ganz in der Nähe des Zirkusgeländes, auf sie warten würde.

    In East Hartford war der zehnjährige Donald Gale gerade in
Mayberry Village unterwegs, als Hulda Grant, eine Freundin seiner Mutter, ihn fragte, ob er mit ihr, ihrem Freund und ihrer Tochter Caroline in den Zirkus gehen wolle. Klar, sagte Donald, aber
er müsse erst seine Eltern fragen. Sein Vater arbeitete in der Nachtschicht bei Pratt & Whitney, und Donald musste ihn wecken und
um Erlaubnis bitten. Er durfte mitfahren.

    In der Fafnir Bearing Company in New Britain erhielt eine
Frau einen Anruf von ihrer Mutter. Sie und ihr Vater waren gerade
von ihrem Nachbarn, dessen Tochter in der Vorstellung als Luftakrobatin auftreten würde, in den Zirkus eingeladen worden. Ob
sie mitkommen wolle? Innerhalb weniger Augenblicke hatte sich
die Frau eine rätselhafte Krankheit zugezogen und durfte nach
Hause gehen.

    Bill Curlee stammte aus Hartford, arbeitete aber in Cleveland
als Kontrolleur in einer von Pratt & Whitneys Verkaufsstellen. Er
hatte seine Benzinmarken gesammelt, um in den Osten zurück-
kommen und seine Familie besuchen zu können. Er und sein
Schwager wollten mit ihren eigenen und ein paar Kindern aus der

Der normale Verwendungszweck der vier Mack-Tankwagen. FOTO: CIRCUS
WORLD MUSEUM

Nachbarschaft in den Zirkus gehen. Er war ein großer, schwerer
Mann und riss ständig Witze. Den ganzen Morgen schaukelte er
auf dem Verandageländer herum und machte seine Mutter nervös.
«Wenn du nicht da runterkommst», schimpfte sie, «schicke ich dich
in einem Sarg nach Hause.»

Die Sonne stand jetzt hoch am Himmel, und die Luftfeuchtigkeit schien sich nicht zu verringern. Die Straßen waren brennend
heiß und der Teer schon ganz weich. Kurz vor Mittag verzeichnete das Hartford Hospital den ersten Fall von Hitzschlag: ein sie-
benunddreißigjähriger Mann, den es auf der Arbeit erwischt hatte.
Auf dem Platz sollte der Tankwagen gegen Mittag ein letztes Mal
den Hauptweg besprengen, doch man war spät dran und verzich-
tete darauf.

Hinter dem Hauptzelt beaufsichtigte der vierzehnjährige John
Stewart aus der Barbour Street einen Trupp Jungs aus dem North
End, die für die Pferde und Elefanten Heu schleppten. Die Arbeit
war schmutzig, doch einmal im Jahr machte sie Spaß, und man

hatte ihm sechs Freikarten versprochen. John Stewart machte das
Beste aus dem Job. Er kommandierte seine Untergebenen herum
wie ein richtiger Vorarbeiter.

Einlass war um 13.00 Uhr, was dem siebenjährigen Elliott
Smith, seiner Mutter und seiner Schwester Joan die Gelegenheit
gab, noch bei Brown Thomson in der Innenstadt einzukaufen.
Grace Smith kaufte Stoff für zwei Sommerkleider, wie sie ihn in
Vernon nie gefunden hätte, und freute sich so, dass sie die Kinder
in der Cafeteria von Sage-Allen zum Mittagessen einlud. Elliott
war beim Essen sehr wählerisch, und da es auf der Speisekarte
keine Sandwiches mit Erdnussbutter und Marmelade gab, schlug
seine Mutter English Muffins vor. Es war das erste Mal, dass er und
Joan so etwas aßen. Sie hatten rechtzeitig aufgegessen, um noch
den Bus von der North Main Street zur Barbour Street zu erreichen.

Einige der Überlebenden glauben sich zu erinnern, dass sie an
jenem Tag die Straßenbahn benutzt haben, vermutlich weil Straßenbahnen in Hartford erst kurz zuvor abgeschafft worden waren,
die letzte war noch bis zum Juli 1941 gefahren. Doch 1944 waren
sie schon spurlos verschwunden. Die Stadt hatte die Gleise heraus-
gerissen, die Oberleitungen abgebaut und die Eisenmasten nach
Baltimore und in andere Städte transportiert, die etwas damit anfangen konnten. Die alten Wagen hatte man auseinander genommen und dann verbrannt, um Stahl zu gewinnen. Privatpersonen
hatten die restlichen aufgekauft und sie zu Hühnerställen umfunk-
tioniert, hatten sie durch die Stadt oder ans Meer transportiert, um
sie in Schnellrestaurants oder Strandhäuschen zu verwandeln.

Jetzt verkehrten überall neue Busse. Leute, die von außerhalb
kamen, mussten an der Verkehrsinsel vor dem alten Parlamentsge-
bäude Ecke State und Main Street umsteigen. Der neunjährige
Edward Garrison, seine Großmutter, seine Tante und zwei Cousins bestiegen in der Burnside Avenue in East Hartford zusammen
mit zwei Matrosen den Bus. An der Verkehrsinsel stiegen alle gemeinsam um.

Der achtzehnjährige Spencer Torell arbeitete ebenfalls bei Faf-
nir Bearing und kontrollierte in der Nachtschicht die Werkstücke.
Er und sein Freund Wally Carlson kamen mit dem Bus aus New
Britain. An der Verkehrsinsel stiegen sie in einen Trailerbus, eine
Erfindung aus dem Krieg. Da die Industrie für unbestimmte Zeit
die Autoproduktion eingestellt hatte, waren Autotransporter überflüssig. Die Connecticut Company baute die Sattelauflieger zu geschlossenen Wagen um und stattete sie mit Sitzbänken und sogar
mit Kanonenöfen aus, damit sie im Winter beheizt werden konnten. Da die Trailerbusse aus einem Führerhaus und einem Sattelauflieger bestanden, gab es das Problem, dass man zwei Bediens-
tete brauchte: einen Fahrer und einen Schaffner, der das Fahrgeld
kassierte. An diesem Tag fuhren sie ohne Schaffner als Expressbus-
se zum Zirkusgelände.

Die Busse waren gedrängt voll, und die Leute an den weiteren
Haltestellen in der Main Street mussten mit ansehen, wie einer
nach dem anderen an ihnen vorbeifuhr. Aber es war noch genug
Zeit, und zum Laufen war es wirklich viel zu heiß.

Mildred Cook und ihre Kinder erwischten schließlich einen
Bus und hatten sogar das Glück, Sitzplätze zu bekommen. Don ließ
den Ellbogen aus dem Fenster hängen und beobachtete, wie die
ungewohnten dreigeschossigen Gebäude des North Ends vorbei-
zogen. Southampton war ein ruhiges, kleines neuenglisches Dorf,
und allein die vielen Menschen – die Größe und das Chaos der
Stadt – schüchterten ihn ein. Alles schwitzte, die Luft roch streng
und war zum Schneiden. Es war glühend heiß, und jedes Mal, wenn
der Bus an einer Ampel halten musste, ging kein Lüftchen mehr.

Mabel Epps, die am Bellevue Square wohnte, musste ihre
Schwester Maurice Goff zum Zirkusbesuch überreden. Mabel war
im achten Monat schwanger und brauchte jemanden, der sich um
ihre Söhne William, sieben, und Richard, drei Jahre alt, kümmerte.
Und Maurice' Tochter Muriel wollte auch mit, also machten sie
sich zu fünft auf den Weg. Für die Kinder würde es der erste Zirkusbesuch sein.

Trotz der Benzinrationierung fuhren viele Leute mit dem Auto. Von der Straße aus konnte man das Abnormitätenkabinett mit den drei auf dem Dach flatternden Flaggen und dahinter das gewaltige Hauptzelt sehen. Die Gehsteige waren voller Menschen, Kinder flitzten auf die Straße, um schneller vorwärts zu kommen. Jungs aus dem Viertel winkten die Autos auf die Parkplätze und kassierten 50 Cent für den Nachmittag, einen Dollar für den ganzen Tag. Mrs. Dewey Howrigan, die in der Barbour Street 386 wohnte, hatte hinter ihrem Haus einen großen Parkplatz eingerichtet, auf dem mindestens dreißig Autos Platz fanden. Ein paar Leute parkten ihre Wagen bei McGovern's und rissen Witze über die unbeschrifteten Grabsteine. Die Norrisens entschieden sich für einen Parkplatz hinter einem Haus, das direkt neben dem Zirkusgelände lag. Die Mädchen zwängten sich kreischend aus dem Fonds, nur Barbara Smith, die Älteste, nicht, denn sie hatte einen Ausflug mit den Pfadfinderinnen abbrechen müssen. Sie hatte keine Lust, in den Zirkus zu gehen, und zeigte das auch.

Die Saft- und Hot-Dog-Stände auf dem Gehsteig machten ein Bombengeschäft, da sie die offiziellen Stände auf dem Zirkusgelände unterboten, doch zur Zufriedenheit des Zirkus drängten sich vor dem Midway Diner und den anderen Imbissbuden noch genügend Leute. Vor dem Haupteingang wimmelte es von Müttern in bedruckten Leinenkleidern, Mädchen in Trägerkleidern, Jungs in Knickerbockern und sogar ein paar älteren Herren mit über dem Arm gefalteter Jacke, den Hut in der Hand. Vor dem weißen, dem gelben und dem roten Kassenwagen standen lange Schlangen.

Robert Onorato aus Plainville war ein leidenschaftlicher Amateurfilmer. Er hatte nur noch eine Spule mit einem 16-mm-Farbfilm, und der Geburtstag seines Sohnes stand bevor, doch er kam zu dem Schluss, dass er keine weitere Gelegenheit haben würde, den Zirkus zu filmen. Er machte eine Gesamtaufnahme vom Hauptzelt, schlenderte dann durch die Menge und filmte die Wagen, die Hot-Dog-Stände und die Leute vor dem Vorzelt.

Die Bauchladenverkäufer wanderten durch die Menge und boten für 50 Cent angeleinte Chamäleons feil. Der Schauspieler Charles Nelson Reilly, der in der Vine Street aufgewachsen war, erinnerte sich später, eins gekauft zu haben. Hulda Grant kaufte eins für Donald Gale. Es hieß, es würde die Farbe seines Hemds annehmen. Donald überprüfte es wenig später; die Echse hatte sich nicht groß verändert.

Es gab alles Mögliche zu kaufen: Bäusche rosa Zuckerwatte, größer als Kinderköpfe, kandierte Äpfel, die so süß waren, dass einem die Zähne wehtaten, gestreifte Schachteln mit Popcorn, Tüten voller Erdnüsse und den Verkaufsschlager des Tages: Eis, das aus einem Lieferwagen von Borden's gefischt wurde, wobei jedes Mal kleine Dunstwölkchen aus der Tür quollen. Es gab Luftballons, Zirkuswimpel und Plaketten, Fotos der Stars aus dem Abnormitätenkabinett und dem Hauptzelt, Miniatursombreros und Kletteräffchen – doch nur, wenn die Kinder ihre Eltern, Tanten oder Großmütter überreden konnten, ihnen welche zu kaufen.

Mildred Cook hatte nicht mehr genug Geld, um irgendetwas zu kaufen, und Donald, Eleanor und Edward wussten das. Es reichte gerade noch für zwei Tüten Popcorn, die die drei sich teilen mussten.

«Das Publikum hat vor Vorstellungsbeginn über eine Stunde Zeit, die riesige Menagerie und das internationale Abnormitätenkabinett zu besuchen», stand großspurig in den Programmheften. Da Ringling Bros. and Barnum & Bailey ein Sonntagsschulzirkus war, gab es keins der einträglichen Glücksspiele, die für unseriösere Zirkusse und auf Jahrmärkten typisch waren. Es gab keine Betrüger, die das Hütchenspiel oder Kümmelblättchen spielten. Und es gab auch keine Handleser oder Schönheitstänzerinnen, nur die Tafelbilder des Abnormitätenkabinetts, die im Wind schaukelten, die Ausrufer, die auf dem Podium ihre Sprüche klopften, und die Kartenabreißer, die träge im Schatten ihrer Sonnenschirme herumsaßen.

Selbst das Abnormitätenkabinett war im Vergleich zu einigen

Rasmus Neilsen, der tätowierte starke Mann, auf dem Podium des Abnormitätenkabinetts. FOTO: CIRCUS WORLD MUSEUM

der kleineren Zirkusse ziemlich lahm. Es gab keine so schauer-
lichen Dinge wie riesige Amazonasratten oder in Gläsern ausge-
stellte Föten mit zwei Köpfen. Die Abnormitäten, die in diesem
Jahr gezeigt wurden – sobald der Ausrufer die Leute dazu verführt
hatte, eine Karte zu kaufen und das Zelt zu betreten –, waren ganz
traditionell und überhaupt nicht schockierend: Mr. und Mrs. Fischer, der Riese und die Riesin; Baby Thelma, das fette Mädchen;
Rasmus Neilsen, der tätowierte starke Mann. Alle – wie beispielsweise William Epps –, die bezahlt hatten, um die Runde durch das
heiße Zelt zu machen und sich all das auf den erhöhten Bühnen
anzusehen, mussten das Gefühl haben, übers Ohr gehauen worden
zu sein. Ja, Percy Pape war groß und dünn, und Frieda Pushnik,
das Mädchen, das weder Arme noch Beine hatte, mochte vielleicht
ein paar kleineren Kindern einen Schrecken einjagen, doch Hanka
Kelta, das langhaarige Mädchen, war kaum der Rede wert, und die

Portland, Maine, 30. Juni 1944: Löwen in ihren Käfigwagen. FOTO: MAURICE
ALLAIRE

Troubadoure, Liliputaner und schwarz geschminkten Musiker waren, ehrlich gesagt, ein alter Hut.

Die Menagerie war wesentlich interessanter. Die Besucher
drängten sich in das Vorzelt und bogen rechts durch eine über-
dachte Öffnung, die die Zirkusleute als Verbindung bezeichneten.
Noch bevor sie den Kartenabreißer erreicht hatten, schlug ihnen
schon der Gestank des Elefantenkots entgegen.

Direkt neben der Verbindung standen unter einem eigenen
kleinen Vordach die klimatisierten Wagen von Gargantua und
M'Toto, die von Kindern und deren Eltern umringt waren. In der
Werbung des Zirkus wurde Gargy als der größte je vorgeführte
Gorilla (zweifelhaft) und das berühmteste Tier seit Jumbo (höchstwahrscheinlich richtig) angepriesen. Sein mangelndes Interesse an
seiner Braut und seine Vorliebe für Coca-Cola waren allgemein
bekannt. Die Zirkusleute erzählten, Menschen könne er nicht aus-

Die mit einer Zeltwand eingefasste Menagerie in Hartford am Tag des Brandes. Das Haus im Hintergrund ist Barbour Street Nr. 353; die Flagge zur Rechten krönt eine Zeltspitze des Abnormitätenkabinetts. FOTO: HARTFORD COURANT

stehen, und das ständige Grinsen in seinem Gesicht sei auf die Grausamkeit eines Tierpflegers zurückzuführen. Es hieß, er habe mehrere Dompteure zum Krüppel gemacht und John Ringling North, der im Winterquartier einmal aus Unwissenheit zu nah an seinen vergitterten Käfig getreten war, beinahe erdrosselt. Die Carrier Corporation hatte seinen neuen Käfig mit einer Doppel-verglasung ausgestattet, die im Innern mit einer Temperatur von 25 Grad und einer fünfzigprozentigen Luftfeuchtigkeit für «dschungelähnliche Bedingungen» sorgte. Und ein weiterer Vorteil war, dass Gargys alte Unart, in die Hände zu pissen und die Besucher zwischen den Gitterstäben hindurch voll zu spritzen, ein Ende hatte.

An jenem Nachmittag in Hartford war die Scheibe beschlagen und er war, obwohl er sich in seinem Käfig befand, kaum zu erkennen. «Die schrecklichste Bestie der Welt, der größte und wildeste Gorilla, den die Menschheit je gesehen hat» lag wie ein Hund lang ausgestreckt auf dem Rücken neben dem Reifen, mit dem er manchmal spielte.

Die Sonne strahlte in die Menagerie und ließ die Besucher blinzeln. Der Boden war mit Sägespänen bedeckt, damit kein Staub aufgewirbelt wurde. Hinter der weißen Trennwand, südlich des Hauptzeltes, brummte ein Dieselgenerator, dessen Abgase sich mit dem Geruch von zerdrücktem Gras und dem Kot- und Moschusgestank der Tiere vermischte.

Die Elefanten standen in der Mitte, die Wagen mit den Raubkatzen, Schwarzbären und kleineren Affen waren auf der einen Seite an der Rückwand des Abnormitätenkabinetts und auf der anderen direkt vor den Pflöcken des Hauptzelts aufgereiht. Es war noch immer eine gewaltige Elefantenherde von genau dreißig Tieren. Die stinkenden, riesigen Tiere standen auf einem Teppich aus Heu, schlugen mit ihren dünnen Ohren und schaufelten mit ihren Rüsseln gelegentlich eine Ladung Heu auf. Ein Seil, das zwischen schiefen Metallpflöcken gespannt war, trennte sie von den Besuchern, und die Kinder stellten sich davor, hielten ihnen vorsichtig Erdnüsse hin und staunten, dass ihre Hände ganz feucht waren, wenn sie sie zurückzogen.

Betty Lou, das Zwergnilpferd, das den Brand von Cleveland überlebt hatte, wälzte sich zufrieden in seinem Bassin. Sie war zum Liebling der Tierpfleger geworden, die ihr heimlich Schokolade, ihre Lieblingsspeise, zusteckten. Tatsächlich waren die meisten Tiere Überlebende des Brandes in Cleveland. Edith, die in der Nähe von McGovern's stand, war die Giraffe, die zum Haupteingang hinausgerannt war. Im Heu neben ihrem Käfig lag ein halbes Dutzend neu erworbener Kamele, die von der Brandgeschichte überhaupt nichts wussten.

Showtime

Es war kurz vor 14.00 Uhr, und die Leute kramten in ihren Taschen oder Handtaschen nach den Eintrittskarten, um ins Hauptzelt zu gehen. So heiß es in der Sonne auch war, in dem großen Zelt, Schulter an Schulter und Hüfte an Hüfte auf ihren Plätzen eingezwängt, war es noch schlimmer.

Draußen vor dem Haupteingang wollte eine Familie gerade hineingehen, als die Mutter plötzlich schwankte, das Gleichgewicht verlor und zu Boden stürzte. Irgendetwas stimmte mit ihren Beinen nicht; sie konnte sie nicht mehr bewegen. Ihr Mann wollte ihr aufhelfen, doch sie konnte nicht stehen. Sie mussten schnellstens zum Arzt. Er hob sie hoch und trug sie zurück zum Wagen. Es dauerte ein Jahr, bis sie ihre Beine wieder richtig bewegen konnte.

Eine andere Frau aus East Hartford hatte ihren dreijährigen Neffen dabei. Sie war mit dem Jungen im Abnormitätenkabinett gewesen, und die Artisten hatten dem Kleinen natürlich Angst eingejagt. Sie versuchte ihn mit Eis und Orangenlimonade zu beruhigen, doch der Junge hörte nicht auf zu weinen. In der vorigen Nacht hatte die Frau von ihrer toten Schwester geträumt, die ganz in Schwarz auf der Seitentribüne gesessen hatte. Sie hatte bereits die Eintrittskarten gekauft, ging aber zu dem gelben Wagen und ließ sich das Geld zurückgeben. DURCH ABNORMITÄTENKABINETT VOR DEM TOD GERETTET lautete am nächsten Tag die reißerische Schlagzeile.

Es gibt jede Menge Geschichten von Leuten, die dem Brand um Haaresbreite entronnen sind, was im Allgemeinen der Vorsehung zugeschrieben wird. Auf jeden, der an jenem Tag im Zelt war, kommen fünf, die eigentlich die Vorstellung besuchen wollten, es aber aus irgendeinem Grund nicht taten. Der Bus hatte Verspätung oder sie waren an der falschen Haltestelle ausgestiegen. Ältere Kinder gaben das Geld, das ihnen ihre Eltern anvertraut hatten, um damit Eintrittskarten für ihre Geschwister zu kaufen, für Eisbecher, Kriegsfilme oder am Geldspielautomaten aus. Eine Frau wollte mit ihrem Enkelkind in den Zirkus gehen, doch während sie auf den Bus wartete, fiel ihr ein, dass sie das Bügeleisen nicht ausgeschaltet hatte, und sie ging wieder nach Hause, um nachzusehen. Und natürlich behaupteten später alle, die geplant hatten, sich die am Mittwoch ausgefallene Nachmittagsvorstellung anzusehen, sie seien vor dem Tod gerettet worden. Gott oder das Schicksal hatten eingegriffen.

Die Menge, die jetzt durch das Vorzelt strömte, wurde durch keine solchen Vorahnungen zurückgehalten und staute sich an den Eisengeländern vor den Kartenabreißerhäuschen. Direkt vorm Eingang mussten die Leute, die für den Kauf von Kriegsanleihen Freikarten bekommen hatten, stehen bleiben und die vom Staat erhobene Steuer bezahlen. Nur Soldaten in Uniform waren davon ausgenommen.

Die öffentlichen Toiletten befanden sich neben dem Haupteingang, direkt hinter der Verbindung zur Menagerie, dem letzten Ausgang, bevor man ins Zelt ging. Jungs und ältere Männer, die Coca-Cola oder rosa Limonade getrunken hatten, bogen rechts durch eine Öffnung in der Zeltwand; Frauen und Mädchen gingen nach links. Bei der Befragung durch den Polizeipräsidenten sagten später mehrere Männer aus, auf der Herrentoilette sei alles in Ordnung gewesen – weder Abfall noch Toilettenpapier auf dem Boden, nur die drei Toiletten und der Trog, der penetrant süßliche Geruch der Kreolin-Toilettensteine an ihren Drähten. Einer erinnerte sich an drei leere Metalleimer neben dem Urinal, doch niemand kümmerte sich weiter darum. Die Frauen fragte der Polizeipräsident nicht, wie es auf ihrer Toilette ausgesehen habe.

Die Schlangen schoben sich langsam, aber stetig vorwärts, die Kinder kletterten an dem Eisengeländer herum wie an einem Klettergerüst. Die Mutter von Elliott und Joan Smith reichte ihre Eintrittskarten dem Kartenabreißer in dem kastanienbraunen Blazer, und dann gingen sie zwischen den beiden blauen Seitentribünen hindurch ins Hauptzelt.

Die Hitze stand im Zelt wie eine Wand; hier drin war es sticki-
ger, drückender. Die vordere Manege wurde von einem schwarzen Eisenkäfig ausgefüllt, ein weiterer stand in der Manege auf der
anderen Seite. Ringsum erhoben sich überall Masten; Taue und
Leinen hingen herunter wie Weinranken, helle Lichter schienen
herab. Die blauen Sturmstangen waren so dick wie Telefonmasten,
und es sah aus, als neigten sie sich gefährlich über die sich langsam
füllenden Tribünen. Sie mündeten in blauen oder roten Sternen,
die am Zeltdach festgenäht waren. Elliott und Joan schauten sich
neugierig um, während ihre Mutter sie an der Rennbahn entlang-
führte – so nannte man beim Zirkus die mit Sägespänen bestreute
Grasbahn vor den Tribünen.

Grace Smith war gewöhnlich sparsam, doch diesmal hatte sie
sich reservierte Plätze geleistet. Sie gingen nach links, zur Nordseite des Zeltes, die man die 75-Cent-Seite nannte. Sie mussten
einen vergitterten eisernen Laufgang überqueren, der von dem
runden Raubtierkäfig zwischen der Seiten- und der Haupttribüne
unter einem Schild hindurch, auf dem in großen roten Buchstaben AUSGANG stand, nach draußen führte, wo die Tiere in ihren Käfigen warteten. Der Laufgang war größer als Elliott und
reichte Grace bis zur Brust. Sie mussten eine aus fünf Stufen be-
stehende, einen Meter breite Holztreppe hinaufsteigen und stellten sich vor, wie die Löwen und Tiger unter ihnen entlangliefen.
Die Treppe hatte kein Geländer, und ein Zirkusbediensteter nahm
Grace Smiths Hand, um ihr Halt zu geben, als sie auf der anderen
Seite herunterstieg.

Vor den Haupttribünen stand ein Eisengeländer, um zu verhin-
dern, dass sich jemand von den billigeren Plätzen herüberschlich
oder während der Gala-Revue oder der Clownparade auf die
Rennbahn sprang. Portiers saßen vor den schmalen Zugängen auf
Campinghockern. Grace Smith zeigte einem ihre Eintrittskarten.
Er reichte die Abschnitte einem Platzanweiser auf der anderen
Seite des Geländers, und dieser Mann geleitete die Smiths zum
richtigen Gang und führte sie zu ihren Plätzen hinauf.

Eine Mutter hilft ihrem Kind die Holztreppe über den nordwestlichen Laufgang hinunter. Im Hintergrund die voll besetzte südwestliche Seitentribüne. Links über dem südwestlichen Ausgang sind die beiden letzten Buchstaben eines Schildes mit der Aufschrift EXIT zu erkennen. FOTO: CARL WALLIS/HARTFORD COURANT

Es gab achtzehn Reihen, drei davon zu ebener Erde. Die Smiths saßen ungefähr auf halber Höhe, in der Mitte ihres Tribünenblocks. In jeder Reihe sollten sechzehn tomatenrote Holzklappstühle stehen, doch ein einfallsreicher Platzanweiser konnte sie so stellen, dass noch mehr hineinpassten, konnte die zusätzlichen Stühle Besuchern anbieten, die mit ihren ursprünglichen Plätzen nicht zufrieden waren, und den Differenzbetrag in die eigene Tasche stecken. Bei der gerichtlichen Untersuchung sagte ein Platzanweiser: «Manchmal kann man die Leute zusammenpferchen, und dann sind es mehr Plätze als gewöhnlich.» Die Platzanweiser in den besten Blöcken – in der Nähe der mittleren Manege – stellten regelmäßig so viele Stühle in eine Reihe, dass sie bis in den Gang hinausreichten. Zeugenaussagen und die wenigen Fotos, die zur Verfügung stehen, lassen darauf schließen, dass am Tag des Brandes zumindest ein paar Platzanweiser mehr Stühle aufstellten als vorgesehen.

Als Grace Smith schließlich schwitzend auf ihrem Platz saß, winkte sie einen Getränkeverkäufer heran und kaufte beiden Kinder eine Flasche Coca-Cola. Elliott führte seine Flasche an die Lippen, doch ihr Inhalt löste an den Zähnen keinen zuckrigen Kälteschauer aus, sondern war bloß dünn, warm und bitter. Trotzdem trank er alles aus.

Die Kurnetas und Raymond Erickson aus Middletown saßen ebenfalls auf der nördlichen Haupttribüne, ein Stück weiter, in Block S, in der vierten Reihe von oben. Stanley Kurneta war zufrieden. Sie hatten hervorragende Plätze, direkt in der Mitte und so weit oben, dass selbst der sechsjährige Raymond alles sehen konnte. Man hatte die Seitenwand hinter ihnen ein wenig herabgelassen, und der Wind trocknete den Schweiß in ihrem Nacken. Ringsum hatten die Männer ihre Krawatten abgenommen und ihre Jacken über den Schoß gelegt. Ein Verkäufer bot in den Gängen Papierfächer feil. Doch die meisten Leute wedelten sich mit ihren Programmheften oder mit der Hand Luft zu.

Auch Donald Gale aus East Hartford war auf seinem Platz, nachdem er mit der Nachbarin Hulda Grant, ihrer Tochter Caroline und ihrem Freund den Laufgang überquert hatte; sie saßen etwas näher am Orchesterpodium. Sein Chamäleon hatte sich immer noch nicht groß verändert, doch jetzt waren die Trapezplattformen, die Strickleitern oder das Drahtseil, das sich in einer teils silbernen, teils unsichtbaren Linie über die mittlere Manege spannte, viel spannender. Donald war froh, dass er seinen Vater geweckt und der ihm erlaubt hatte mitzugehen.

Elizabeth de la Vergne war nicht schwindelfrei. Sie war mit ihrem Mann, ihrem Sohn und ein paar Freunden gekommen, doch als der Platzanweiser ihnen zeigte, wo ihre Plätze waren, stutzte sie. Die Plätze waren reserviert; es war anders als auf der Seitentribüne, man konnte sich nicht einfach irgendwo hinsetzen. Sie sagte, es tue ihr Leid, aber sie werde sich nicht dort oben hinsetzen, das bringe sie nicht fertig. Nach einer kurzen Diskussion zwängte der Platzanweiser sie noch in die erste Reihe des Blocks, ganz unten,

Am Fuß eines Haupttribünenblocks während einer undatierten Abendvorstellung. Das Geländer hindert die Leute, die Rennbahn zu betreten, als Zugang dient lediglich das enge Tor zur Linken. FOTO: CIRCUS WORLD MUSEUM

direkt am Geländer. Ihr Mann und ihr Sohn setzten sich oben auf die ihnen zugewiesenen Plätze. Sie blickte zu ihnen hinauf und winkte.

Mabel Epps und ihre Schwester Maurice Goff hatten Karten für die Seitentribüne gekauft, wo sie freie Platzwahl hatten. Sobald sie ins Zelt kamen, konnten sie zwischen den beiden Blöcken direkt neben dem Haupteingang wählen oder das ganze Zelt durchqueren und auf beiden Seiten des Orchesterpodiums, wo die Artisten hereinkamen, ihr Glück versuchen. Da Mabel im achten Monat schwanger war, entschied sie sich für die nordwestliche Seitentribüne, gleich links neben dem Haupteingang. William und Richard trotteten hinter ihr her; Maurice hielt die kleine Muriel an der Hand.

Auf den Seitentribünen gab es keinen Fußboden, und sie mussten ihre Füße vorsichtig auf die schmalen Sitzbretter stellen, sich

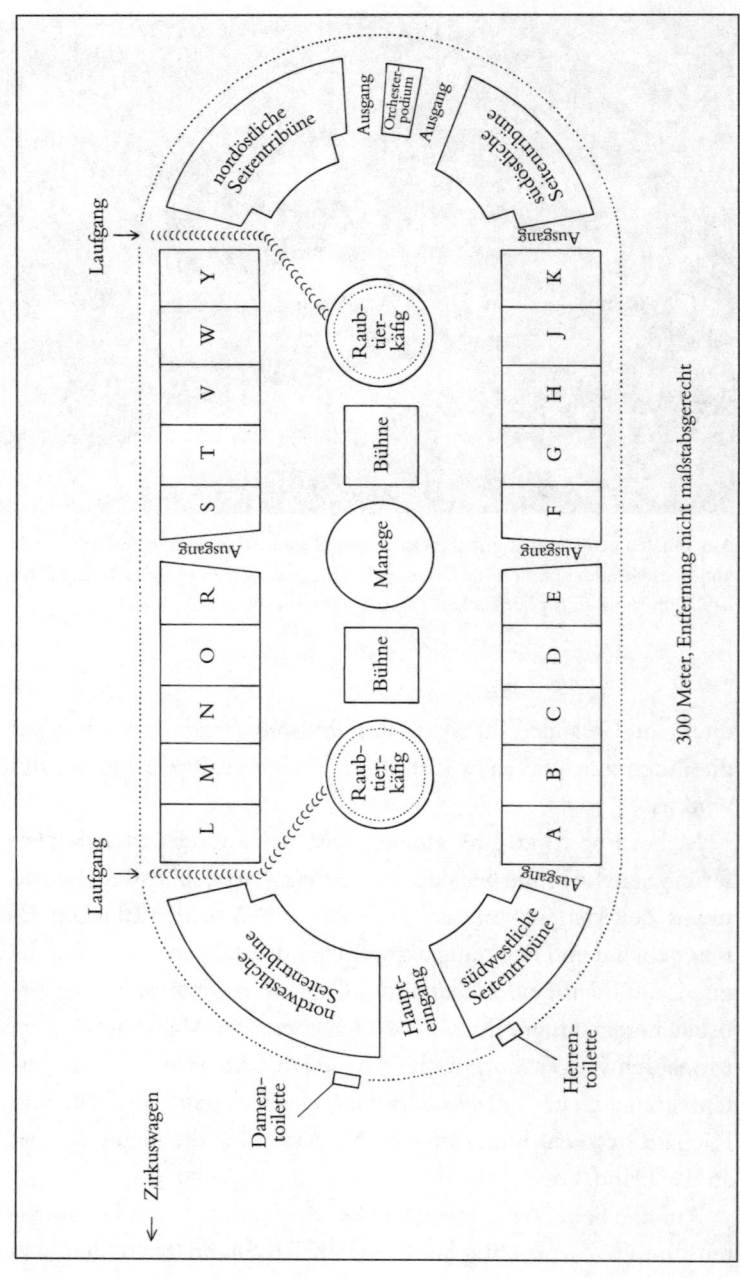

300 Meter, Entfernung nicht maßstabsgerecht

abstoßen, von einem Platz zum anderen klettern und dabei wie die Wallendas das Gleichgewicht halten. Sie wählten ein freies Fleckchen ein paar Reihen unter dem Dach, setzten sich und ließen die Füße ins Leere baumeln.

Die Cooks hatten Karten für die südliche Haupttribüne. Sie gingen die Rennbahn entlang, wo es auf dieser Seite keine Laufgänge gab. Vor dem Ausgang zwischen der südwestlichen Seitentribüne und der Haupttribüne saß ein Soldat im Rollstuhl. Daneben, in den ersten zwei Reihen von Block A, saß eine Gruppe von ungefähr zwanzig weiteren Rekonvaleszenten aus dem Bradley Field Station Hospital, alle in Uniform, ein paar mit dem Arm in der Schlinge. Sie wurden von einem freiwilligen Rotkreuzhelfer begleitet und erholten sich von ihren Kriegsverletzungen – und einer von dem Malariafieber, das er sich im Südpazifik zugezogen hatte. Die Cooks gingen an ihnen und einem weiteren Block vorbei, bevor Mildred Cook ihre Eintrittskarten dem Portier reichte. Ihre Plätze waren ziemlich weit oben, und sie hatten einen guten Blick auf den westlichen Raubtierkäfig. Sie hatten sich gerade hingesetzt, als Don auf die Toilette musste; glücklicherweise saßen sie direkt am Gang. Er gab den anderen sein Popcorn zum Halten und ging zurück zum Haupteingang.

Die Norrisens und Smiths aus Middletown saßen ein paar Blöcke von den Cooks entfernt. Barbara Smith war noch immer trübsinnig und unbeeindruckt, doch ihre Schwester Mary Kay und Agnes und Judy Norris rutschten aufgeregt auf ihren Stühlen hin und her. Michael Norris genoss die Atmosphäre – die Käfige, Manegen und Bühnen, das Sägemehl, das den Boden bedeckte. Requisiteure eilten durchs Zelt, um im letzten Augenblick noch ein paar Dinge zu ändern. Süßigkeitenverkäufer wedelten in den Gängen mit Cracker-Jack-Schachteln. Es lohnte sich, fand Michael, dass er einen halben Tag freigenommen hatte.

Am östlichen Ende der südlichen Haupttribüne saßen ein paar vereinzelte Reporter in Anzug und Krawatte auf den nur spärlich besetzten Presseplätzen, der Schweiß rann ihnen von der Stirn.

Gestern war der Zirkus noch eine Neuigkeit gewesen, doch morgen würde er schon wieder weg sein, und diese unglücklichen jungen Reporter hatten die undankbare Aufgabe, sich noch einmal damit zu beschäftigen.

Am äußersten östlichen Rand, mitten im Sattelgang, thronten auf einem drei Meter hohen Podium Merle Evans und sein neunundzwanzigköpfiges Orchester und warteten wie das Publikum. Noch vor ein paar Jahren hätten sie mit Pauken und Trompeten eine schmissige Militärmusik angestimmt, doch das Konzert vor der Vorstellung war genau wie die alte Nummer mit den lebenden Statuen 1941 gestrichen worden.

Merle Evans hatte sich mit Leib und Seele dem Zirkus verschrieben. Er war kurz Kapellmeister bei Buffalo Bills 101 Ranch Show gewesen, und in den fünfundzwanzig Jahren seit der Fusion von 1919 hatte es in der «größten Schau der Welt» noch keinen anderen Dirigenten gegeben. Es hieß, er habe noch nie eine Vorstellung versäumt, nicht einmal, als er eine Ptomainvergiftung gehabt hatte. Er hatte eine Schwäche für Popcorn, und der Pressechef Roland Butler behauptete gern, dass Merle gleichzeitig sein silbernes Kornett spielen und eine Hand voll Popcorn kauen könne.

Eine von Merles Lieblingsgeschichten stammte aus der Zeit, als er noch als junger Mann mit einer Medicine Show durch den Mittleren Westen gezogen war. In der Nähe ihres Auftrittsortes hatte ein Erweckungsprediger sein Zelt aufgeschlagen. Nach seinem Auftritt hatte Merle sich in der Nähe der Versammlung im Straßengraben versteckt, und als der Prediger gesagt hatte: «Die Welt wird untergehen, wenn Gabriel sein gewaltiges Horn bläst», hatte er losgeschmettert. Die Sünder hatten ihre Stühle umgeworfen und waren davongerannt, und das Zelt war über ihren Köpfen zusammengebrochen.

Wenn die Vorstellung begann, würde sich Merle Evans von seinen Blechbläsern abwenden, um zu Fred Bradna hinüberzuschauen und sich den Rhythmus der Nummern anzusehen, und

Philadelphia. Auf dieser Aufnahme von der Gala-Revue «Wachwechsel» steht das
Orchesterpodium an derselben Stelle wie in Hartford – auf der Ostseite, leicht er-
höht, durch zwei Ausgänge von den danebenliegenden Seitentribünen getrennt.
FOTO: CIRCUS WORLD MUSEUM

dann würde er mit der linken Hand dirigieren und mit der rechten spielen. Bei jeder Vorstellung gab es mehr als zweihundert Ein-
sätze, und viele davon mussten bis auf den Bruchteil einer Sekunde
stimmen und waren äußerst wichtig, um die Aufmerksamkeit des
Publikums auf eine neue Nummer hin- oder von einer gerade beendeten wegzulenken. Die Raubtiernummer setzte sich zum Beispiel aus Rumbas, Foxtrotts, Märschen, Cakewalks und burlesken
Improvisationen zusammen – allem, was zu den speziellen Bewegungen der Tiere passte. Noch kniffliger waren die Pferdenum-
mern, bei denen die Tiere scheinbar zu der Musik tanzten; doch
in Wirklichkeit war es genau umgekehrt: Das Pferd gab den

Rhythmus vor, und das Orchester folgte ihm. Auftritte, Abgänge, Übergänge – alles musste bis aufs i-Tüpfelchen stimmen. Und wenn irgendetwas passierte, wenn zum Beispiel eins der Pferde strauchelte und ein Kunststück auslieβ oder wenn einem Clown eine wunderbare Stegreifnummer einfiel, mussten Merle Evans und das Orchester improvisieren, um die Situation zu retten. Sobald die Vorstellung begann, waren sie wachsam, doch jetzt waren sie nur ein Teil der Menge und vertrieben sich in ihren warmen weißgoldenen Uniformen gelangweilt die Zeit.

Hinter dem Orchesterpodium standen die beiden Hartforder Polizeibeamten James Kenefick und Henry Griffin Wache im Sattelgang, dem Eingang für die Artisten; sie waren an jenem Nachmittag zum Schutz des Umkleidezelts abkommandiert.

Am Haupteingang auf der anderen Seite des Zelts warteten Thomas Barber und zwei weitere Polizisten mit einem Bewährungshelfer und rissen Witze, während sie in Wirklichkeit die Manegen nach einem Mann absuchten, der gegen seine Bewährungsauflagen verstoßen hatte und bei der Raubtiernummer angeblich als Helfer mitwirkte. Barbers sechsjähriger Sohn Harry und dessen Onkel Boots mussten ebenfalls da sein, mit den Freikarten, die Barber für seinen Dienst im Zirkus erhalten hatte und die vermutlich aus demselben Kartenkontingent stammten, das Herbert DuVal Polizeichef Hallissey gegeben hatte, doch bis jetzt war noch nichts von ihnen zu sehen. Barber ging die Hochzeit durch den Kopf; er musste ständig daran denken, dass er seine Tochter zum Altar führen würde. Sie hatte die Rolle ihrer Mutter übernommen und die Familie zusammengehalten, und es kam ihm wie ein doppelter Verlust vor. Erst Mary und jetzt Gloria. Ehe er sich's versah, würden auch die Jungs ausziehen, und er würde allein sein. Doch das war wohl der Lauf der Welt.

Neben Barber schwelgten die beiden alten Polizeichefs John Brice und Hallissey in Erinnerungen und gaben ihre Lieblingsgeschichten zum Besten, die sie jedes Mal besser erzählten.

Draußen war es glühend heiß, 30 Grad, und das von der Sonne

Emmett Kelly und Merle
Evans spielen im Duett;
beide entpuppten sich in
Hartford als Helden. FOTO:
CIRCUS WORLD MUSEUM

beschienene Metall konnte man kaum noch anfassen. Ein Zirkusbediensteter ging den Hauptweg entlang und brüllte, die Vorstellung beginne in fünf Minuten, worauf sich vor dem Eingang neue
Schlangen bildeten.

Polizeipräsident Edward J. Hickey wartete in der Barbour Street
auf der Veranda seiner Schwägerin und fragte sich, warum Adolph
Pastore so lange brauchte. Die Anwohner räumten ihre Getränkestände auf, stapelten die Becher und zählten ihre Einnahmen.

Das Publikum im Hauptzelt war unruhig und laut. Mütter
schauten auf ihre Armbanduhren; es hätte bereits losgehen müssen. Von den obersten Reihen der südwestlichen Seitentribüne
konnten die Leute über die herabgelassene Zeltwand hinweg sehen, dass die Menagerieelefanten am Zaun vor den Gemüsegärten aufgereiht waren. Direkt unter der Tribüne stand ein Eimer
voll Löschwasser im Gras. Ein Junge warf Erdnussschalen zwischen
seinen Füßen hindurch und versuchte, ins Wasser zu treffen. Ein
Mann in seiner Nähe ließ seine Sonnenbrille fallen und konnte sie

nicht mehr rechtzeitig auffangen; sie prallte von der Schulter des
Vordermannes in den Schatten unter den Sitzbrettern. Kurz darauf tauchte eine Hand auf, die die Sonnenbrille von unten herauf-
reichte, und dem Mann blieb fast das Herz stehen.

Die Hand gehörte dem Tribünenarbeiter William Caley. Er
hatte die Aufgabe, die Stützbalken, die die Längsträger hielten, im
Auge zu behalten und darauf zu achten, dass die Konstruktion stabil war. Der Eimer stand für den Fall da, dass jemand eine Zigarette fallen ließ und das Gras Feuer fing oder ein Loch in die Seitenwand gebrannt wurde. Ein Brandloch war noch kein Feuer,
sondern bloß ein oranges Glutpünktchen, das sich langsam in die
Leinwand fraß und sich ausbreitete wie ein Fettfleck. In Providence hatten sie problemlos einen ziemlich großen Schwelbrand
gelöscht. Ab und zu ließ eine Frau ihre Handtasche – oder jemand
wie dieser Bursche seine Sonnenbrille – fallen, oder ein Kind verlor ein Souvenir, und dann reichte Caley die Sachen wieder hinauf. Doch die meiste Zeit kauerte er zwischen Hunderten von Wa-
den, die wie beschuhte Salamis herunterhingen, betrachtete das
langsam herabschneiende Popcorn und bemühte sich, nicht von
herunterfallenden Flaschen oder ausgespuckten Kaugummis getroffen zu werden. Verglichen mit den Erfahrungen, die Caley vor
kurzem in den explosionsgefährdeten Kohlebergwerken von
Pennsylvania gemacht hatte, war das kein so schlechter Job.

Alle erwarteten, dass die Vorstellung jeden Moment beginnen
würde. Das Orchester war an seinem Platz, die Manegen und Bühnen waren frei, doch noch immer strömten Menschen herein. Die
nordwestliche Seitentribüne, wo die Eppsens und Goffs saßen, war
voll besetzt, ebenso die südwestliche, ein paar Kinder saßen sogar
davor auf dem Boden. Doch die Vorstellung war nicht völlig ausverkauft. Obwohl der Zirkus später sagte, die reservierten Karten
seien alle weggegangen, gab es auf den hintersten Blöcken der
Haupttribüne – Y auf der Nord- und K auf der Südseite – noch
Reihen, die nur zur Hälfte besetzt waren.

Heute schreiben die meisten Zeitungen von 6789 Besuchern,

eine Zahl, die der stellvertretende Zirkusdirektor James Haley bei
der Vernehmung durch den Polizeipräsidenten genannt hat, doch
Haley, der noch nicht lange beim Zirkus war, hatte bei anderen
Fragen zur Sache stets vage Antworten gegeben. John Carson, der
Chef der Platzanweiser, schätzte die Besucherzahl auf 6000, ein
langjähriger einheimischer Zirkusexperte sprach jedoch von
einem «ausverkauften, voll besetzten Haus». Zeitgenössische Berichte schwankten zwischen 4000 und 10 000 Besuchern. Polizeipräsident Hickey sprach «nach Informationen und Unterlagen, die
ich bei der Vernehmung erhalten habe» von einem Fassungsvermögen von 10 048 Personen, doch Betriebsinspektor George W.
Smith sagte aus, dass sie bei diesem Zelt normalerweise 6048
Haupttribünenkarten und 3000 für die Seitentribünen verkauften. Smith lag mit beiden Zahlen leicht daneben. Das offizielle
Fassungsvermögen der Haupttribünen (zwanzig Blöcke mit achtzehn Reihen à sechzehn Sitze) betrug 5760 Plätze, bei den Seitentribünen (vierunddreißig Reihen à hundert Besucher) waren es
3400, insgesamt also 9160 Plätze. Natürlich hatte man in Providence bei der Vorstellung am Unabhängigkeitstag, die in demselben Zelt stattgefunden hatte, von rund 10 000 Besuchern gesprochen, und das Zirkusprogramm prahlte damit, dass das größte Zelt
der Welt 11 000 Menschen fasse. Ein Überlebender erinnerte sich
an zahlreiche unbesetzte Haupttribünenplätze und daran, dass die
Platzanweiser in der Nähe der mittleren Manege diese billiger verkauft hätten. Eine Frau auf der südöstlichen Seitentribüne meinte, in Block K habe kein Mensch gesessen.

Die tatsächliche Besucherzahl wird man, wie so vieles andere
über den Zirkusbrand, nie erfahren. Anhand des Fassungsvermö-
gens, der wenigen Fotos, die existieren, und der zahlreichen Au-
genzeugenberichte gewinnt man den Eindruck, dass das Zelt an
jenem Tag nicht ganz gefüllt war, dass auf den Haupttribünen ungefähr 5500 und auf den billigen Plätzen 3200 Menschen saßen,
insgesamt also 8700 Besucher anwesend waren.

Sie alle wurden in der Hitze langsam ungeduldig – die Kinder wegen der Vorstellung, die Eltern wegen der Kinder. Während Don Cook von der Herrentoilette zurückkkam, überprüfte George W. Smith ein letztes Mal das Gelände vor dem Haupteingang. Er ging zurück ins Zelt, vorbei an Thomas Barber und den Polizeichefs Brice und Hallissey, und gab Fred Bradna das Zeichen, mit der Vorstellung zu beginnen. Es war 14.23 Uhr östliche Sommerzeit, nur acht Minuten zu spät.

Über Lautsprecher bat der Sprechstallmeister das Publikum, sich für die Nationalhymne zu erheben. Als die Leute auf der Haupttribüne aufstanden, schrammten die unbefestigten Stühle quietschend gegen die Stufen. Alle Gesichter wandten sich der Flagge zu, die an einer Ecke des Orchesterpodiums direkt neben Merle Evans schlaff an einem Mast hing. Die Sitzbretter der Seitentribünen waren so schmal, dass es schwer war, sich darauf zustellen – besonders für die schwangere Mabel Epps. Schwankend, die Knie aneinander gedrückt, eine Hand auf den Schultern ihrer Vorderleute, sangen die Menschen auf beiden Seiten zu den klaren Blechbläsern des Orchesters.

In der Barbour Street trafen ein Mann und sein Sohn ein, die zu spät kamen. Der Mann fuhr seinen Wagen auf den einzigen freien Parkplatz, direkt gegenüber von McGovern's, und dachte, er hätte Glück gehabt. Er hatte den Motor abgestellt und wollte gerade die Scheiben hochkurbeln, als auf dem Gehsteig jemand rief: «He, fahren Sie da weg. Sie stehen zu nah am Hydranten.» Also verließ der Mann die Parklücke wieder.

Kurz darauf kam Adolph Pastore in Polizeipräsident Hickeys großem schwarzen Caddy. Der Polizeipräsident rief es Isabel von der Veranda aus zu, worauf sie sich Billy schnappte. Pastore riss die Tür zum Fonds auf, die Kinder stiegen aus, und die ganze Schar lief im Eilschritt die Straße entlang – alle, bis auf Sergeant Pastore, der beim Wagen blieb. Sie kamen zu spät, doch keiner von ihnen hatte etwas gegessen; aus genau diesem Grund stellte der Zirkus die Imbissbuden am Hauptweg auf, denn dort ließ sich der Duft der Würstchen und des brodelnden Karamells nicht ignorieren. Hickey zog seine Brieftasche heraus und besorgte rasch ein paar Hot Dogs und Coca-Colas.

Im Zelt hatten sich alle wieder hingesetzt, und die Stuhlbeine knarrten erneut. Fred Bradna ging mit großen Schritten in seinem roten Jagdrock, seinen weißen Reithosen und seinem schwarzen Zylinder los und blies seine Pfeife, um die Vorstellung zu eröffnen. Merle Evans gab dem Orchester den Einsatz.

Ein paar Leute können sich an einen Clown erinnern, der, in ein winziges Auto gezwängt, die Rennbahn entlangfuhr, oder an eine endlose Reihe von Clowns, die aus so einem Auto hüpften, aber eine derartige Nummer hat es nicht gegeben. Andere sagen, dass die üblichen ersten drei Nummern wegen eines drohenden Unwetters gestrichen wurden – doch auch das ist falsch.

Die Vorstellung folgte genau dem Programm: «Darbietung Nr. 1. Neuartige und höchst vergnügliche Präsentation, in der die Kunst der Raubtierdressur verulkt wird. Ein lustiges Vorspiel zu der glänzenden Darbietung der vollendet dressierten mörderischen Raubkatzen, die direkt im Anschluss folgt.»

Begleitet von einem Trompetenstoß sprang ein Mann im Löwenkostüm auf die westliche Bühne, wo er von beiden Seiten mit Scheinwerfern angestrahlt wurde. Er schlug Purzelbäume, streifte am Rand der Bühne entlang und schlug bedrohlich mit den Tatzen nach dem Publikum. Dann kam ein Dutzend Ballettmädchen in knappen gelben Kostümen und hohen Stiefeln, die als Löwenbändigerinnen zurechtgemacht waren, ihre Röcke so kurz, dass möglichst viel von ihren Beinen zu sehen war, das Haar streng unter ihre Kosakenmützen gesteckt. Sie umkreisten den Löwen, während er sich umdrehte, und die Musik klang düster und gefährlich, bis der Löwe beim Scheppern der Becken eine Peitsche hervorholte.

Er schwang sie so schneidig über dem Kopf, als wäre er Clyde Beatty persönlich und stachelte die Mädchen zu einer Reihe von akrobatischen Kunststücken und Posen an, die das Publikum zum Lachen brachten, begleitet von einer schrulligen Improvisation des

Orchesters. Die Burleske diente nur dazu, das Interesse des Publikums zu wecken und die Spannung für die richtige Raubtiernummer, für den Wechsel vom Albernen zu wirklicher, atemberaubender Angst aufzubauen.

Als die Mädchen unter Beifall die Bühne verließen, gaben Polizeipräsident Hickey und die Kinder dem Kartenabreißer am Haupteingang ihre Eintrittskarten und gingen nach rechts, an der Südseite entlang. Die Kinder umklammerten ihre Hot Dogs und Coca-Cola-Flaschen. Sie bogen in Block G, der kurz hinter dem Seitenausgang auf halber Strecke lag, und stapften den Gang hinauf.

Der Polizeipräsident war überrascht, seinen guten alten Freund und Verbündeten, den ehemaligen Generalstaatsanwalt Hugh M. Alcorn Sr., ebenfalls in Block G sitzen zu sehen. Bull Hickey mit seinem perfekten Gedächtnis war als Bezirkspolizist ein ausgezeichneter Zeuge der Anklage gewesen, und die beiden hatten bei Hunderten von Verdächtigen gemeinsam für eine Verurteilung gesorgt. Inzwischen war Alcorns Sohn Hugh junior Generalstaatsanwalt. Heute war Alcorn in Begleitung von Harold, einem weiteren Sohn – der Richter war –, dessen Frau und den beiden Kindern da. Als er sah, dass Hickey beschäftigt war, winkte er ihm und dachte sich, dass sie später miteinander sprechen könnten.

Ihre Plätze waren ganz oben, in Reihe 18. Während Hickey und die Kinder die Treppe hinaufstiegen, wurde es immer heißer, bis sie den Wind spürten, der durch die hinabgelassene Seitenwand hereinwehte. Als sie sich seitwärts zu ihren Plätzen vorarbeiteten und darauf achteten, ihre Hot Dogs nicht fallen zu lassen und ihren Platznachbarn nicht auf die Füße zu treten, stieß Hickey mit dem Kopf gegen die schräge Leinwand des Zeltdaches. Schließlich setzten sie sich, und er konnte etwas essen. Einer der Jungs fragte, ob sie ihre T-Shirts ausziehen dürften. Der Polizeipräsident erlaubte es ihnen, und sie knüllten ihre Hemden zusammen und stopften sie in die Gesäßtaschen ihrer Jeans.

Erneut blies Fred Bradna auf seiner Pfeife, Merle Evans gab dem

Orchester den Einsatz, und der Sprechstallmeister kündigte die Raubtiernummer an. Wer im Programm nachlas, konnte sich an der stets wohlklingenden Sprache Roland Butlers erfreuen: Darbietung Nr. 2. Dschungelkatzen, die von Natur aus Feinde sind, aber nach einem unglaublichen Dressurakt in einer neuen und ausgesprochen aufregenden Nummer gemeinsam auftreten. Große, neu zusammengesetzte Gruppen der unberechenbarsten und wildesten Raubtiere, die je versammelt waren, präsentiert unter der Leitung von ALFRED COURT, dem größten Dompteur aller Zeiten. Berberlöwen, abessinische Löwen, bengalische Königstiger, Berbertiger, sibirische Tiger, Eisbären, Schwarzbären, schwarze Jaguare, gefleckte Sumatra-Leoparden, Himalaja-Bären, schwarze Leoparden, Pumas, Ozelots, schwarze Panther und Dänische Doggen.

Das war nicht genau das, was geboten wurde. Zu den Dompteuren, die in Großbuchstaben unten aufgeführt wurden, gehörten May Kovar, Joseph Walsh und Harry Kovar, doch Mays Ehemann trat heute nicht auf. Zu Beginn der Tour in New York hatte es noch drei Raubtierkäfige gegeben, aber seit die großen Arenen hinter ihnen lagen, beschränkte man sich auf zwei. Alfred Court war einundsechzig und nicht mehr so robust wie früher. Damoo Dhotri, sein Stellvertreter, war bei der Armee. Courts Spezialität war es, Arten, die natürliche Feinde sind, zusammen auftreten zu lassen, was sehr riskant war. Er war in der Manege noch nie verletzt worden, doch die Dompteure, die unter ihm arbeiteten, hatten nicht immer so viel Glück gehabt.

Im letzten Jahr war May Kovar im Boston Garden von einem Jaguar übel zugerichtet worden. Mitten in ihrer Nummer mit Jaguaren und Leoparden war eins der Tiere von seinem Podest gesprungen, um ihr an die Kehle zu gehen. Da sie nur einen leichten Bambusstab in der Hand hielt, wehrte sie das Tier mit dem Arm ab. Das Publikum dachte, es gehöre zu ihrer Nummer. Erst als die Raubkatze zurückwich, sie fauchend noch einmal angriff und ihr Kostüm zerfetzte, schrie alles auf. Der Jaguar warf sie zu

Die Dompteuse May Kovar führt ihr Schlussbild vor – so beendete Jahrzehnte
später auch Gunther Gebel-Williams seine Nummer. FOTO: CIRCUS WORLD MU-
SEUM

Boden und grub seine Krallen in ihre Brust. Inzwischen hatten
Zirkusmitarbeiter den Käfig betreten und trieben ihn mit Keulen
zurück, doch May Kovar musste mit Dutzenden von Stichen ge-
näht werden. In jenem Jahr war es bereits das zweite Mal, dass sie
angegriffen wurde, nach einem ähnlichen Vorfall bei der Dressur-
arbeit im Madison Square Garden. Als Mitglied der Truppe ließ sie
sich vom Zirkusarzt behandeln, ersetzte den bösartigen Jaguar
durch einen aus der Menagerie und trat in der Spätvorstellung mit
bandagiertem Arm wieder auf.

Obwohl der Zirkus May Kovar in seiner Werbung zu einer
außergewöhnlichen, glamourösen Persönlichkeit stilisierte, war sie
nur eine von mehreren Dompteusen, die in der Tradition der
bedeutenden Mabel Stark standen. Jahrelang hatte Harriet Beatty
gemeinsam mit ihrem berühmteren Mann Raubkatzen dressiert,

May Kovar bei ihrem Auftritt am 11. Juni in Philadelphia. In Hartford trug sie dasselbe Kostüm und benutzte denselben kurzen Stab. FOTO: CIRCUS WORLD MUSEUM

und in diesem Jahr trat Dolly Jacobs regelmäßig bei dem kurzfristig zusammengestellten Victory Circus auf. May Kovar war nicht so bekannt wie die beiden, was zum Teil daran lag, dass sie als Engländerin in Europa gearbeitet hatte und erst vor kurzem nach Amerika gekommen war. Der Sprechstallmeister verkündete mit dröhnender Stimme, dass sie mit ihren kleineren Raubkatzen heute im westlichen und Joseph Walsh mit seinen Bären, Löwen und Dänischen Doggen im östlichen Käfig auftreten werde.

Als die Tierpfleger die Leoparden, Panther und Pumas durch den nordwestlichen Laufgang trieben, betrachtete Thomas Barber sie genau und versuchte, unter ihnen den Mann von dem Foto zu entdecken, das der Bewährungshelfer herumgereicht hatte. Sobald eine Raubkatze ins Zelt kam, schob ein Tierpfleger ein Brett

durch das Laufgitter, um sie von dem nachfolgenden Tier zu trennen und zu verhindern, dass sie wieder zurücklief. Wenn die erste
Katze weiterlief, zogen die Tierpfleger das Brett wieder heraus und
die restlichen Tiere rückten vor. Zur Ablenkung tapste ein Bär auf
den Hinterbeinen aus dem Eingang zwischen den beiden nördlichen Haupttribünen in die mittlere Manege, trank schlürfend eine
Flasche Milch und torkelte herum wie ein Betrunkener, während
das Orchester eine schleppende Melodie spielte. Das Publikum
reagierte darauf, behielt aber die Raubkatzen im Auge und fragte
sich, was wohl passieren würde, wenn Walshs Bären, Hunde und
Löwen hereinkämen.

Die Nummern bestanden größtenteils daraus, dass sich die
Tiere in Positur setzten und sich dann gemessenen Schrittes von
einem Podest zum nächsten begaben und ihre Plätze wechselten.
Walshs Dänische Doggen waren nur ganz kurz im östlichen Käfig
und taten so, als trieben sie die Löwen zu ihren Plätzen, bevor sie
zum erleichterten Beifall des Publikums durch den Laufgang ver-
schwanden. Die Eisbären, Schwarzbären und Löwen bildeten gemeinsam Pyramiden, wobei sie sich auf die Hinterbeine stellten
und die Vorderpfoten an die Brust drückten, als würden sie Männ-
chen machen. Walsh schickte die Bären hinaus – noch mehr Applaus – und arbeitete dann mit nur sechs Löwen.

Im westlichen Käfig befand sich nicht nur May Kovar. Da, wo
der Laufgang in den Käfig mündete, wartete ein Gehilfe, um die
Raubkatzen hinauszuschicken, wenn May mit ihnen fertig war.
Insgesamt hatte sie fünfzehn, die immer wieder zu neuen Pyramiden angeordnet und die Podeste hinauf- und hinabgetrieben wurden, von denen der höchste fast vier Meter hoch war. Die Raubkatzen fauchten sich an und fletschten die Zähne, während
May Kovar sie, nur mit ihrem Stab bewaffnet, durch den Käfig
dirigierte.

Obwohl die beiden Raubtiernummern im Programm in einem
Atemzug genannt wurden, galt Walshs Auftritt mit den großen
Katzen und der waghalsigen Mischung aus verschiedenen Tierar-

May Kovars Gehilfe steht in Hartford während ihres Auftritts direkt neben dem nordwestlichen Laufgang. Über seiner linken Schulter ist sie kaum zu erkennen. Am Laufgang erkennt man die daran lehnenden Bretter. Die Frau im Vordergrund sieht sich höchstwahrscheinlich Joseph Walsh und seine Löwen an.
FOTO: CARL WALLIS/HARTFORD COURANT

ten stillschweigend als die größere Attraktion. May Kovar war als Erste fertig und wartete dann, bis Walsh die Löwennummer mit seiner dritten Pyramide beendete und sich behutsam auf einen Löwen kniete, während die anderen fünf über ihm weiter auf den Hinterbeinen standen.

Der Hartforder Polizeibeamte George Sanford hatte an diesem Tag frei und war mit seiner Familie hergekommen. Von der Südseite des Zeltes filmte er mit seiner 8-mm-Kamera den Schluss der Raubtiernummern und hoffte, irgendetwas Besonderes aufnehmen zu können.

Unter der vorderen Seitentribüne war John Cook zu William Caley gestoßen. Cook war ein Frischling – ein Neuling in seinem ersten Jahr beim Zirkus – und war gerade erst Tribünenarbeiter geworden; heute war sein erster Tag. Vorher hatte er beim Zeltaufbau Pflöcke eingeschlagen und nahm nun irrtümlicherweise an, dass sein neuer Job hauptsächlich darin bestand, Kinder davon abzuhalten, sich heimlich ins Zelt zu schleichen. Niemand hatte ihm gesagt, dass er nach Feuer Ausschau halten sollte.

Joseph Walshs letzte Pyramide im östlichen Käfig – sein großes Finale. Block Y, im Hintergrund unter dem Bauch des ganz rechts stehenden Löwen zu sehen, ist nicht voll besetzt. Die Aufnahme wurde ungefähr eine Minute vor Ausbruch des Feuers gemacht. Die meisten Toten entdeckten die Rettungstrupps später an der Stelle, wo das Geländer von Block Y und der nordöstliche Laufgang zusammentrafen. FOTO: SPENCER TORELL/CIRCUS WORLD MUSEUM

Kurz vor dem Ende der Raubtiernummer verließ Caley seinen Platz unter der Seitentribüne, und Cook folgte ihm auf die andere Seite des Haupteingangs. Dort stellten sie sich zwischen die Seitentribüne und den Laufgang und warteten auf den Schluss. Als technischer Leiter musste Caley überwachen, wie die Requisiteure die Laufgitter abbauten, und darauf achten, dass sie nicht gegen die Stützbalken stießen, wenn sie die schweren Teile wegschleppten. Cook hatte dort offiziell nichts zu suchen, doch die Requisiteure waren wegen der fehlenden Arbeitskräfte unterbesetzt und zahlten jedem, der mit anpackte, 50 Cent.

Walsh kniete im östlichen Käfig und ließ die Katzen auf den

Hinterbeinen stehen, bis der Applaus seinen Höhepunkt erreicht hatte. Merle Evans spielte eine neue Melodie, und Walsh stand auf und verbeugte sich nach allen Seiten. Die Scheinwerfer auf der Westseite richteten sich auf May Kovar. Sie bedankte sich mit einem breiten Lächeln für den Applaus.

Als der stürmische Beifall abebbte, wurde das Licht gedämpft, und im Halbdunkel kündigte der Sprechstallmeister die weltberühmten Wallendas an, die in den Programmheften dennoch so gepriesen wurden, als ob sie diese Werbung nötig hätten: «Das Nonplusultra der Drahtseilakrobatik. Gewagte und haarsträubende Kunststücke von weltweit gefeierten Artisten, die in schwindelnder Höhe mit dem Tode spielen.»

Ein Lichtstrahl fing über der mittleren Manege vier in Trikots gekleidete Akrobaten ein, von denen der letzte noch die Strickleiter hinaufkletterte, die in zehn Metern Höhe an der nördlichen Plattform hing – Helen, Henrietta und Herman Wallenda und Joe Geiger. Sie hatten drei lange Balancierstangen, einen Spezialstuhl und ein Fahrrad ohne Lenkstange dabei, dessen Felgen so konstruiert waren, dass sie sich um das Drahtseil schlossen. Auf der gegenüberliegenden Plattform wartete Karl Wallenda mit einem ähnlichen Fahrrad. Die Hitze im Zelt hatte sich hier unter dem Dach gestaut. Das Drahtseil war wärmeempfindlich, und Karl überprüfte mit dem Fuß die Spannung. Merle Evans und das Orchester spielten die ersten Takte des beschwingten Walzers aus Gounods *Faust*.

Später meldeten sich Zeugen, die behaupteten, sie hätten in diesem Augenblick etwas Seltsames gesehen. Ein Mann, der hoch oben auf der südwestlichen Seitentribüne saß, bemerkte, dass über ihm auf dem Zeltdach ein paar dunkle Glasscherben lagen – vermutlich stammten sie von einer Coca-Cola-Flasche. Eine Frau, die ganz in seiner Nähe saß, sah zwei Vögel über das Zelt laufen.

Draußen auf der Barbour Street drosselte ein vorbeikommender Autofahrer das Tempo, um einen Blick auf das Hauptzelt zu werfen, und sah «ein Schimmern wie bei in der Sonne glitzern-

dem Raureif. Es war kein Feuer. Über dem Zeltdach lag ein Hit-
zeflimmern, das aussah wie vom Gehsteig aufsteigender Dunst. Es
war kein Rauch.»

Nicht alle Geschichten über die letzten Augenblicke vor dem
Brand klangen bizarr. Ein Mann, der hoch oben in Block A saß,
sagte, er habe brennende Lumpen gerochen. Er habe über die hinabgelassene Seitenwand nach draußen geschaut und gesehen, dass
zwischen den Elefanten und den Häusern in der Barbour Street
Rauch aufgestiegen sei. Er habe gedacht, jemand würde Papier
verbrennen und hätte auch ein paar Lumpen ins Feuer geworfen,
doch er habe nicht weiter darauf geachtet. Ein anderer Mann, der
auf der danebenliegenden Seitentribüne saß, roch «brennendes Papier oder so was Ähnliches».

Ein Verkäufer streifte durch die Gänge, schwenkte eine Hand
voll Papierfächer und rief: «Es wird immer heißer.» Am Fuß der
südwestlichen Seitentribüne stand ein Coca-Cola-Verkäufer und
gab den Leuten ihr Wechselgeld; sein Bauchladen hing vor seiner
Taille wie bei einer Zigarettenverkäuferin.

Der Walzer ging weiter. Hoch über der mittleren Manege stellten Herman und Karl Wallenda die Vorderräder ihrer Fahrräder
vorsichtig auf das Drahtseil. Unten schickte die bereits vergessene
May Kovar ihre Raubkatzen einzeln durch den Laufgang, der
Tierpfleger trieb sie weiter, und die Requisiteure hantierten mit
den Brettern. Joseph Walsh beendete seine letzte Pyramide, und
die Löwen verließen ihre Podeste wie an der Schnur gezogen.

Selbst bei großen Menschenmengen kommt es selten vor, dass jemand den Ausbruch eines Feuers miterlebt. Brände sind von Natur aus jäh auftretende, unerwartete Ereignisse, von denen man
überrascht wird. Sie lassen sich nicht vorhersehen und bleiben deshalb durch den Überraschungseffekt anfangs unbemerkt.

Psychologen, die Katastrophen untersucht haben, sprechen von
der Schwierigkeit, aus den üblichen Verhaltensmustern auszu-
brechen und sich auf eine neue Situation einzustellen. Die natür-

Die Wallendas
führen ihre drei-
stufige Pyramide
zu Beginn der
Tournee im Madi-
son Square Garden
vor. In Hartford
kamen sie nicht
mehr dazu.
FOTO: CIRCUS
WORLD MUSEUM

liche Reaktion auf ein Feuer ist Flucht, doch oft betrachten die
Menschen das Feuer, ohne die Information zu verarbeiten, bloß
weil sie an etwas anderes denken oder eine andere Erwartung
haben.

Das Videoband einer Überwachungskamera in England zeigt
neben der Eingangstür eines Eckladens ein kleines Feuer, das von
ein paar Dieben zur Ablenkung gelegt wurde; während die Flammen schon bis zur Decke lodern, kommen ganz gelassen weitere
Kunden herein, wählen ihre Waren aus und stellen sich in die
Schlange vor der Kasse, ein paar von ihnen schauen sogar zu dem
Feuer hinüber, ohne etwas zu unternehmen. Erst als zwei Kunden
erkennen, dass sie beide den Brand bemerkt haben – nachdem sie
sich gegenseitig mit einem Nicken bestätigt haben, dass er wirklich existiert –, alarmieren sie den Verkäufer. Zwar wurde niemand
verletzt, doch der Laden brannte völlig aus.

An der Zeltwand hinter der südwestlichen Seitentribüne loderte eine Flamme auf. Gerade erst entzündet und deshalb unsichtbar, ein paar kostbare Sekunden lang unbemerkt.

Anfangs war das Feuer noch klein, ungefähr so groß wie ein Silberdollar, je nachdem, mit wem man darüber sprach. Fast jeder, der an jenem Tag dort war, behauptete, er habe es als Erster gesehen. Wie schon im Cocoanut Grove konnten sich nicht einmal die Leute, die ganz nah am Brandherd gesessen hatten, darauf einigen, wo er sich genau befunden hatte, an der Seitenwand oder auf dem Dach.

Das Feuer war so groß wie ein Baseball, ein Football, ein Basketball, eine Spülschüssel, eine Aktentasche, ein kleines Fenster, eine halbe Tischdecke. Es war rund, es war dreieckig, es hatte die Form eines Hufeisens.

Die Leute sagten jedoch übereinstimmend, zuerst sei es ganz klein gewesen, so klein, dass diejenigen, die nicht in dieser Ecke des Zeltes saßen, es größtenteils nicht gesehen hätten. Der Polizist Paul Beckwith, der neben Thomas Barber stand, sah es auflodern. «Ich habe mich still verhalten», sagte er später, «und gehofft, dass niemand die Flamme bemerken würde, bevor jemand eingriff, denn davon war ich in diesem Moment völlig überzeugt. Ich habe ganz fest geglaubt, dass man sie löschen würde.»

Die fehlende Reaktion des Polizisten passt zu den starren menschlichen Verhaltensmustern. Er war da, um jemanden festzunehmen, der gegen seine Bewährungsauflagen verstoßen hatte, und bemühte sich, jegliche Ablenkung zu ignorieren. Sobald er das Feuer bemerkt hatte, ging er davon aus, dass jemand es löschen würde – eine unsinnige Auffassung, die Psychologen zufolge die meisten von uns teilen (da wir nicht die Mittel haben, ein Feuer zu löschen), die aber ein Polizist, der dazu ausgebildet ist, auf Notfälle zu reagieren, eher überwinden können müsste.

Dem Polizisten gegenüber saß ein Mädchen auf der Tribüne, das hinter sich etwas Warmes spürte und sich umdrehte. Sie wandte sich wieder zu ihrer Mutter um und fragte, ob es normal sei, dass das Zelt brenne.

Ein Platzanweiser vor der Seitentribüne sah das Feuer und deutete in seine Richtung – genauso wie ein Mann, der mit einer Coca-Cola, die er gerade gekauft hatte, wieder zu seinem Platz hinaufstieg. Er deutete mit seiner Flasche darauf und brüllte: «Feuer.»

Ein paar Leute drehten sich um, doch die meisten ließen die Wallendas hoch oben im Scheinwerferlicht nicht aus den Augen. Sie wollten sich keinen Augenblick dieser mit Todesverachtung aufgeführten Nummer entgehen lassen.

Der Brandherd

Das Feuer loderte noch an der unbehandelten Zeltwand hinter der südwestlichen Seitentribüne, genau in der Mitte, wo die Herrentoilette ans Hauptzelt grenzte, ungefähr zwei Meter über dem Boden. Die Flammen hatten das Dach noch nicht erreicht. Wenn man Wasser darüber schüttete, ließ sich das vielleicht verhindern.

Drei Platzanweiser von der Nordseite liefen hinter die Seitentribüne und schnappten sich die darunter stehenden Wassereimer. Insgesamt gab es vier Eimer; jeder fasste fünfzehn Liter, die ein Bursche namens Chief vor jeder Vorstellung einfüllte. Die Eimer waren voll. Der Platzanweiser, der als Erster eintraf, nahm einen und versuchte zu löschen, doch das Wasser schwappte nur bis zum unteren Rand der Flammen.

Es richtete nichts aus.

Das Feuer war auf Augenhöhe, einen Meter breit und anderthalb Meter hoch. Ein weiterer Platzanweiser versuchte sein Glück, dann noch einer. Der Dritte schüttete den letzten Schwall auf die Leinwand, doch die Flammen waren schon außer Reichweite. Die Männer versuchten, die Seitenwand herunterzuziehen. Es war zu spät; die Flammen hatten das Dach erreicht und fanden dort weitere Nahrung. Jetzt konnte man den Leuten auf dieser Seite nur noch helfen, nach draußen zu kommen.

Die Seitentribüne direkt am Brandherd hatte bereits begonnen, sich zu leeren. Anna Cote erinnerte sich: «Ich hab über die rechte Schulter nach oben geschaut und das Feuer gesehen. Als ich mich wieder umdrehte, waren meine Schwester und ihre Freundin schon weg.»

Die Wallendas konzentrierten sich auf ihre Pyramide, und das Orchester spielte den Walzer ganz leise, um sie nicht zu erschrecken und ihr Timing nicht durcheinander zu bringen. Karl spürte die Aufregung im Zelt, als er bereits mit einem Rad auf dem Drahtseil stand. Von dort sah er, wie sich die Flammen hinter der Seitentribüne nach oben fraßen. Gerade als Henrietta auf der gegenüberliegenden Plattform «Sieh doch» sagte, gab er den anderen das Zeichen hinabzuklettern.

Merle Evans, dem auch die geringste Abweichung vom Programm auffiel, sah Karls Signal, folgte mit dem Blick Henriettas ausgestrecktem Zeigefinger und sah die Flammen. Mit einer kurzen Handbewegung brach er den Walzer ab.

Vom östlichen Ende, ja selbst von der Nordseite aus wirkte das Feuer ganz winzig, «wie ein kleiner Lichtstrahl, der ins Zelt fiel». Einen Augenblick lang herrschte Fassungslosigkeit, doch viele der Anwesenden reagierten genau wie der Polizist Beckwith.

Auf der gegenüberliegenden Seitentribüne sagte William Epps: «Guck mal, Ma, da drüben brennt's.»

«Keine Sorge», erwiderte Mabel Epps, «sie werden es schon löschen.»

Bestimmt würde jeden Moment ein Zirkusmitarbeiter mit einem Feuerlöscher kommen und die Flammen ersticken. Doch es brannte weiter.

Andere dachten, es gehöre zur Vorstellung, sei eine Art Scherz oder Überraschung. Wieder reagierten viele nicht auf das, was sie deutlich sehen konnten, gefangen in ihrer eigenen Erwartung an die Vorstellung. Sie waren gekommen, um sich den Zirkus anzusehen, also musste es zum Programm gehören. Ohne einen Wink oder eine Anleitung von außen suchten sie Zuflucht bei dem ur-

DER BRANDHERD   105

sprünglichen, eng umgrenzten Zweck ihres Kommens. Die Unfä-
higkeit, trotz der offenkundigen Situation aus ihrer Routine aus-
zubrechen, spiegelt das Verhalten des Publikums im Beverly Hills
Supper Club in Cincinnati im Jahre 1977 wider. Obwohl ein Hilfskellner auf die Bühne kam, bevor das Feuer sich ausgebreitet hatte,
und das Publikum über Mikrophon aufforderte, das Haus zu verlassen, blieben fast alle sitzen. Sie dachten, die Warnung gehöre bereits zu der ersten Komikernummer. Einhundertvierundsechzig
Menschen kamen ums Leben.

Merle Evans am anderen Ende des Zeltes wusste, dass es sich
um keinen Scherz handelte, und er konnte sehen, dass Joseph
Walsh noch immer mit ein paar Raubkatzen in seinem Käfig war.
Evans beugte sich vom Podium herab und brüllte Fred Bradna zu:
«Bringt die Löwen raus – das Zelt brennt.»

Bradna sah den Rauch am Haupteingang und pfiff sofort, um
die Wallendas herunterzurufen und die anderen zu alarmieren.
Seine Frau Ella war der Star der Pferdenummer, die als Nächstes
dran war; er rannte zum Sattelgang, um sie zu warnen.

Merle Evans gab den Einsatz, und das Orchester stimmte den
Katastrophenmarsch an, Sousas «The Stars and Stripes Forever»,
der den Zirkusleuten signalisierte, dass irgendetwas schief gelaufen
war. Evans entschied sich für diese Melodie, weil alle Musiker sie
auswendig kannten. Der Rest des Zeltes hatte keine Ahnung.

Ein Polizist auf der Westseite brüllte den Leuten von der Seitentribüne beim Verlassen des Zeltes zu: «Bewahren Sie Ruhe. Gehen Sie langsam.» Die meisten hielten sich daran. Ein Mann, der
auf halber Höhe mit einem Jungen stand, rief: «Dieser dreckige
Mistkerl hat einfach einen Zigarettenstummel weggeworfen!» Er
reichte den Jungen hinunter und sprang. «Es war eine Zigarette»,
sagte der Mann und rannte mit dem Jungen im Schlepptau davon.

Eins von den Fahrrädern der Wallendas stürzte ins Sägemehl
herab.

Die Flammen loderten zum Dach hinauf, und jetzt konnten alle
das Feuer sehen. Diesen Brand würde niemand löschen.

Die Besucher rangen nach Luft, und dann ging ein Aufschrei durchs ganze Zelt. Auf den Haupttribünen sprangen alle auf, die Stühle fielen mit ohrenbetäubendem Gepolter um und Coca-Cola-Flaschen rollten die Treppen hinunter. Grace Smith packte Elliott an der Hand. Donald Gale stand neben Hulda Grant, ohne genau zu wissen, was los war.

Die federgeschmückten Pferde der hohen Schule warteten am Sattelgang und wurden auf ihre Dressurnummer vorbereitet, als Fred Bradna herausgelaufen kam und anordnete, sie auf die Koppel zurückzubringen. Die Ostermaiers, die Los Asveras Troupe und die Bradnas zogen an den Zügeln und wirbelten ihre Pferde herum. Ella Bradnas Schimmel scheute und bäumte sich auf, verhedderte sich dabei mit den Beinen in den Schnüren des Umkleidezeltes und hätte Ella fast abgeworfen, ehe sie ihn wieder unter Kontrolle brachte.

In seiner Garderobe bereitete sich Felix Adler auf die Clownparade vor. «Wir hörten ein Dröhnen wie bei großem Applaus», erinnerte er sich. «Aber wir wussten, dass die Raubtiernummer vorbei war und es keinen Grund zum Applaudieren gab. Da war klar, dass irgendwas nicht stimmte. Dann rochen wir den Rauch. Ich brachte meine Tochter Muriel aus der Gefahrenzone. Dann fiel mir mein dressiertes Schwein ein, und ich ging zurück, um es zu holen.»

Viele Artisten wussten, dass die Raubtiernummer gerade zu Ende gegangen war, und dachten, ein Löwe sei ausgebrochen.

Emmett Kelly saß in seinem kleinen Umkleidezelt und trank vor seinem großen Auftritt in der Gala-Revue «Panto's Paradise» ein kühles Bier. «Ich hörte, wie jemand von einem Feuer sprach. Wir waren immer auf ein Feuer gefasst. Ich sah aber keins. Ich dachte zuerst, es brennt im Abnormitätenkabinett.» Er lief nach draußen und sah, dass sich vor dem Hauptzelt Rauch in den Himmel ringelte. Er hoffte, dass bloß das Stroh in der Menagerie brannte, doch der Rauch war schwarz – genau wie in Cleveland.

Drinnen erreichten die Wallendas auf der nördlichen Plattform die Strickleiter, Helen und Henrietta zuerst, dann Joe und schließlich Herman, der glaubte, er habe genug Zeit, um sein Fahrrad festzubinden, dann aber mittendrin davon abließ. Karl kletterte mühelos seine Leiter hinab.

In May Kovars westlichem Käfig saßen immer noch fünf Panther auf ihren Podesten und warteten darauf, hinausgelassen zu werden. Im östlichen Käfig brach Joseph Walsh seine Pyramide so schnell wie möglich ab und behielt alle sechs Löwen ständig im Auge.

Fred Bradna lief zur mittleren Manege zurück und forderte die Leute brüllend auf, Ruhe zu bewahren. Die Platzanweiser und Portiers taten dasselbe. «Bitte bleiben Sie auf Ihren Plätzen», baten sie eindringlich. «Wir wissen von dem Feuer, wir werden uns darum kümmern.»

Psychologen sagen, dass in flüchtenden Menschenmassen das Verhalten einzelner Leute egoistisch und unsozial wird. Andere, die unter extremem Stress stehen und deshalb leichter zu beeinflussen sind als gewöhnlich, sind außerstande, die Lage kritisch zu beurteilen, da ihnen Führer fehlen, und so ahmen sie diese wenigen nach, was sich über die gesamte Menschenmenge ausbreitet und von dem Soziologen Gustave Le Bon «Ansteckung» genannt wird. Psychologen glauben, dass diese anderen einem «Eindruck von Universalität» erliegen und, wenn sie sehen, wie der Rest der Leute auf einen Ausgang zuströmt, jegliche Vernunft fahren lassen und noch leidenschaftlicher dieselben Ziele verfolgen. Je größer die Menschenmenge ist, desto heftiger werden die Leute – notgedrungen – andere bekämpfen, um hinauszugelangen. Soziologen bezeichnen diesen Zusammenbruch gesellschaftlicher Zwänge und die Umkehrung zu Kampf- oder Fluchtverhalten (die anderen Leute soll der Teufel holen) als «Demoralisierung».

Ein Grund, warum Menschen in Panik geraten und zu einer rasenden Menge werden, sind fehlende Führer. Bei dem Zirkusbrand in Hartford gaben Fred Bradna und die Platzanweiser und Portiers den Leuten zumindest am Anfang von außen Anweisungen. Beruhigt durch die Stimme der Vernunft, blieben viele Leute auf den Haupttribünen auf ihren Plätzen. Wie bei dem Brand in der Our Lady of the Angels School in Chicago, bei dem die Nonnen ihren Schülerinnen sagten, sie sollten lieber beten statt flüchten, glaubten die Leute an die Führungsqualitäten dieser Männer, und die Disziplin blieb gewahrt. Das ist vielleicht auf die damalige Zeit zurückzuführen – die Kriegsjahre mit der freiwilligen Aufgabe persönlicher Rechte zum Wohle des Landes als Ganzem.

Die Menschen auf der südwestlichen Seitentribüne brauchten keine Anweisungen von außen. Sie flüchteten vor den Flammen und liefen in östlicher Richtung auf den Sattelgang zu. Die Leute in den unteren Reihen hatten es leicht, da ihnen nichts den Weg versperrte – zumindest wenn sie gleich losliefen. Wer zögerte, wurde unter der Woge begraben, die von oben herabschwappte.

Auf den schmalen Sitzbrettern verloren die Leute das Gleichgewicht und stürzten, wobei sie die vor ihnen Stehenden wie Dominosteine mit sich rissen. Einige stürzten von den Sitzbrettern, schlugen mit den Köpfen gegen die Längsträger und wurden zwischen den Balken verkeilt. Die nächste Woge spülte über sie hinweg.

Anna Cote, die die Vision von ihrem toten Großvater gehabt hatte, sagte: «Ich konnte nicht aufstehen und runtergehen, also hielt ich mich am Sitzbrett fest und ließ mich zum nächsten runtergleiten. Ich weiß, dass ich das ein paar Mal gemacht habe, aber dann kann ich mich nur noch daran erinnern, dass ich plötzlich draußen war.» In Wirklichkeit war ihre Schwester Iva, die bereits im Freien gewesen war, zurückgekommen, um sie zu retten. Dass sie sie in der Menge entdeckt hatte, konnte Anna nur als Wunder bezeichnen.

Ein paar Leute rührten sich immer noch nicht vom Fleck und saßen oder standen wie gebannt da, als würde all das gar nicht wirklich passieren – eine Reaktion, die Psychologen «kollektiver Unglaube» nennen, wodurch die Gefahr ebenfalls geringer geschätzt oder aus den Gedanken verbannt wird, weil sie nicht zu den vorherigen Erwartungen passt. Ein Überlebender kann sich

erinnern, dass er auf der Tribüne saß und beobachtete, wie ein
kleines Mädchen über ein Seil stolperte und hinfiel, wie es wieder aufstand und weiterlief – alles ganz weit weg, losgelöst, ohne
jede Dringlichkeit.

Über der südwestlichen Seitentribüne loderte das Feuer plötzlich auf – wie ein riesiges Streichholz, sagten ein paar Leute. Eine
Frau beschrieb es folgendermaßen: «Es war, als würde jemand
einen Knopf drücken, und das Licht ging an.»

Der Wind erfasste die Flammen und trieb sie über eine Zelt-
naht. Das Feuer züngelte an den Schnüren hinauf, ein Flammen-
speer, der auf die Spitze des westlichen Hauptmastes zuschoss.

Auf der anderen Seite der Barbour Street, vor dem Haus
Nr. 353, saß ein Mann auf seiner vorderen Veranda und wunderte
sich, warum Leute auf dem Zirkusgelände umherliefen, als er sah,
wie das Feuer das Dach des Hauptzeltes durchbrach.

Der Hartforder Polizeisergeant Frances Spellman kam gerade
den Hauptweg entlang und war nur noch zwanzig Meter vom
Vorzelt entfernt, als er die Flammen sah.

Vor dem Haupteingang sprach ein anderer Polizist mit dem
Mann, der für die reservierten Plätze verantwortlich war. Er hörte,
wie jemand «Feuer» brüllte, lief ins Zelt und stieß dort auf John
Brice, den Chef der Zirkuspolizei. «Ja», bestätigte Brice, «es
brennt.» Der Polizist sagte zu Polizeichef Hallissey, er laufe zu
einem Streifenwagen, der auf dem Gelände stehe, und gebe Alarm.
Als er sich auf den Weg zur Barbour Street machte, sah er, wie Sergeant Spellman weit vor ihm über den Hauptweg sprintete.

Betriebsinspektor George W. Smith war zu dem gelben Kassenwagen gegangen, um nachzusehen, ob sich die Schlange für die reservierten Plätze aufgelöst hatte. Er sah, wie die Leute unter der
Seitenwand hervorgekrochen kamen, und dachte, eine Raubkatze
sei ausgebrochen. Er verschwand im Vorzelt, entdeckte das Feuer
und lief durch die Verbindung nach draußen, um die Elefantenpfleger zu warnen.

Der Streifenwagen, der auf dem Gelände stand, gehörte Ser-

geant Spellman. Das Funkgerät war kaputt, das wusste er. Während
er zur Barbour Street lief, überlegte er, wo sich wohl das nächste
Telefon befand. Er hatte die Wahl zwischen zwei Häusern, die direkt vor ihm lagen. Und zur Sicherheit hatte er noch einen zweiten Plan. Wenn es in keinem der beiden Häuser ein Telefon gab,
würde er bei McGurk's oder McGovern's eins finden.

Unsere Jungs in Uniform

Der Wind trieb die Flammen die Schnüre hinauf, und sie loderten bis zum Dach. Als das Feuer den westlichen Hauptmast erreichte, riss das Zelt in drei Richtungen ein – quer übers Dach und
an den beiden Seiten hinab, vermutlich an den Nähten entlang,
dort, wo es die meiste Nahrung fand. Jetzt war auch die Leinwand
betroffen, und das Paraffin verwandelte sich in Gas und begann zu
brennen.

Die Leute – Frauen, Kinder – schrien, und als das Publikum auf
den Haupttribünen reagierte, stießen krachend die Stühle zusammen.

Der Sprechstallmeister bat die Leute über Lautsprecher, ihre
Plätze ohne Hast zu verlassen. Der Strom fiel aus, wodurch ihm
das Wort abgeschnitten wurde.

Die Rennbahn in der Nähe des Haupteingangs füllte sich mit
Menschen. Dort waren sie hereingekommen; es war der einzige
Weg, den sie kannten, und so strömten sie darauf zu und liefen an
anderen, leichter erreichbaren Ausgängen vorbei – das typische
Verhalten bei einem Brand: Sobald man mit etwas Unbekanntem
konfrontiert wird, greift man auf die Bequemlichkeit des Vertrauten zurück. Über ihren Köpfen stand das Dach in hellen Flammen,
und sie mussten sich ducken, dennoch drängten sie weiter und
stauten sich zwischen den Seitentribünen.

Unterm Vorzelt brüllte ein Polizist den Zirkusleuten zu, sie sollten die Eisengeländer niederreißen. Die Polizeichefs Hallissey und Brice packten mit an. «Schneidet die Seile durch», befahl der Polizist, «kümmert euch um nichts anderes.» Thomas Barber hatte ein Taschenmesser dabei und hieb das Seil neben dem Kartenhäuschen durch. Paul Beckwith riss ein paar Seile herunter, die mit der Seitentribüne verbunden waren, und die Leute strömten heraus.

Am Fuß der Haupttribünen war es nicht so einfach. Die Herunterkommenden stauten sich an den Zugängen und drängten gegen die Geländer. «Legt sie flach!», riefen die Platzanweiser und versuchten, die Geländer aus dem Boden zu reißen, doch die Leute stießen sie zurück. Die Portiers kamen ihnen zu Hilfe und wehrten die Leute so lange wie möglich ab. Einigen gelang das, anderen nicht. Sie waren nur eine Hand voll Leute und standen Tausenden gegenüber.

Oben auf ihren reservierten Plätzen reckte Dr. Paul de la Vergne den Hals, um seine Frau unten im Gedränge zu entdecken. Er konnte sie nirgends sehen. Er hätte Elizabeth nicht allein lassen dürfen. Er hätte sich zusammen mit ihr nach unten setzen sollen. Er nahm seinen Sohn an die Hand und kämpfte sich den Gang hinunter.

«Immer mit der Ruhe, immer mit der Ruhe, gehen Sie langsam nach draußen», sagten die Platzanweiser. Manche Leute hörten auf sie. Die Kinder hatten in der Schule gelernt, wie man sich bei einem Luftangriff verhielt, und die Eltern taten so, als handle es sich bloß um eine weitere Übung.

Die Norrisens waren schon weg. Die erste Woge hatte sie fortgespült, doch Mary Kay Smith war unter einem Haufen Stühle begraben. Mrs. Smith und Barbara bemühten sich, sie zu befreien. Benommen sah das Mädchen sie mit weit aufgerissenen Augen an, ohne zu weinen. Unten steckten ihre Nachbarn vor dem Zugang fest. Im Moment waren sie hier vielleicht sicherer.

Das war eine weit verbreitete Taktik. Ein paar Leute brauchten Zeit, um nachzudenken, brauchten mehr Informationen, um die

Situation einschätzen zu können, bevor sie etwas unternahmen –
eine Art Lähmung der Verstandeskräfte, wie sie bei allen unvorher-
gesehenen Katastrophen anzutreffen ist. Andere hielten die Situation noch nicht für beunruhigend. Ein Mann auf der südlichen
Haupttribüne erklärte: «Ich machte meine Mutter darauf [auf das
Feuer] aufmerksam, und wir überlegten, was mit der Schwange-
ren geschehen sollte, die mit einem oder mehreren Kindern vor
uns saß. Als ich bemerkte, dass das Zelt von drei [in Wirklichkeit
sechs] riesigen Masten getragen wurde, sagte ich, wir sollten zusehen, dass wir hinauskämen. Ich hatte Angst, dass das Zelt über uns
zusammenbrechen würde, sobald das Feuer das Zeltdach erreicht
hatte. Die Frau vor uns entschied sich zu bleiben, weil sie glaubte,
dass man das Feuer bald löschen würde. Wir haben uns die ganze
Zeit gefragt, was wohl aus ihr geworden ist.»

Ein älterer Herr, der allein auf der Seitentribüne saß, sagte immer wieder: «Wenn alle sitzen bleiben würden, wäre bald alles in
Ordnung» – er leugnete die Realität, obwohl er sie direkt vor Augen hatte, doch Psychologen zufolge ist das eine oft anzutreffende
Reaktion, sobald man sich einer unabänderlichen Situation ohne
unmittelbare Wahlmöglichkeiten gegenübersieht.

Während sich das Feuer nach Osten fraß, drängten immer mehr
Leute scharenweise nach unten und stauten sich vor den Zugängen der Haupttribünen. Eine Mutter nahm ihren kleinen Sohn,
legte seine Arme um ihren Hals und seine Beine um ihre Taille
und sagte ihm, er solle auf keinen Fall loslassen. Ein anderer Mann
stellte seine Tochter auf die Treppenstufe über ihm und ließ sie auf
seinen Rücken steigen. In Block S hielt Stanley Kurneta die Hand
seines Sohns Tony und führte seine Familie in das Gedränge hinab.
Hinter ihm folgten Mrs. Kurneta und Betsy, Mary Kurneta und
Raymond Erickson.

Außerhalb der Geländer, auf der Rennbahn, war es anfangs
nicht so schlimm. Leute, die von den unteren Reihen der mittleren südlichen Haupttribüne aus den östlichen Ausgang benutzten,
sagten, es habe weniger Gedränge geherrscht als bei einem Base-

Anfangs mussten die Leute nur unter der Seitenwand hindurchkriechen, um den Flammen zu entrinnen. Das Foto links wurde hinter der nordöstlichen Seitentribüne aufgenommen, deren Plätze vom Brandherd am weitesten entfernt waren. Dieselbe Stelle hinter der nordöstlichen Seitentribüne (rechts). Das Dach ist noch größtenteils unversehrt, es brennt nur auf der Westseite. FOTOS: HARTFORD COURANT

ballspiel. Mütter, Tanten und Großmütter schoben ihre Schützlinge weiter, notfalls auch mit Gewalt.

In dieser ersten Woge brachten die freiwilligen Rotkreuzhelfer ihre rekonvaleszenten Soldaten nach draußen, kehrten dann aber zurück, um zu helfen. Die Leinwand über dem Haupteingang stand schon in Flammen, und die Hitze strahlte auf die Menschen herab, die das Zelt verließen. Obwohl sie verwundet waren, ließen sich die Männer nicht davon abhalten, mindestens dreißig Kinder, von denen viele Verbrennungen hatten, in Sicherheit zu bringen. Da die Kinder dem Wetter entsprechend gekleidet waren, war ihre Haut größtenteils ungeschützt und wurde knallrot wie bei einem Sonnenbrand. Ein Junge schrie auf, als ein Soldat ihn am Arm fasste. Als der Mann die Hand zurückzog, fühlte sie

sich feucht an. Die Haut des Jungen war voller Blasen; als der
Soldat ihn gepackt hatte, waren die Bläschen aufgeplatzt und hat-
ten Flüssigkeit abgesondert. Draußen mussten die freiwilligen
Rotkreuzhelfer ihre Patienten – von denen ein paar sogar den
Arm in der Schlinge trugen – davon abhalten, wieder ins Zelt zu
laufen.

Eine Mutter aus East Hartford war Nutznießerin einer ähnlichen Heldentat. Sie verlor ihren sechsjährigen Sohn, den man ihr
aus den Armen schlug, als sie zum Ausgang lief. Ein Matrose riss
ihn hoch und trug ihn nach draußen; der Junge hatte nur ein paar
blaue Flecke.

Überall im Zelt wurden Menschen gerettet. Auf der südwestlichen Seitentribüne war eine ältere Frau gestürzt und so mit dem
Fuß hängen geblieben, dass sie kopfüber herabhing, das Gesicht
einen halben Meter über dem Boden. Thomas Barber und ein
weiterer Polizist befreiten sie und halfen ihr nach draußen.

In der Barbour Street sah Sergeant Spellman auf dem gegenüberliegenden Gehsteig eine Frau und rief ihr etwas zu. Wo es ein
Telefon gebe? Wer in der Gegend ein Telefon habe?

Direkt nebenan gebe es eins, sagte sie und deutete auf das Haus
zur Linken, Barbour Street 345. Er lief an ihr vorbei zur Veranda-
treppe.

Im Zelt war der Haupteingang von Zirkusbesuchern überflutet. Ein Kartenverkäufer versuchte mit ein paar anderen Zirkusbediensteten, den Strom der Menschen zu lenken, da er befürchtete,
sie würden sich bei diesem Tempo verletzen. Sie überrannten ihn
und stießen ihn aus dem Vorzelt.

Ein Vater aus West Hartford führte seine beiden Töchter und die
Pflegerin seiner Großmutter zum südwestlichen Ausgang zwischen der Seiten- und der Haupttribüne. Mehrere hundert Menschen waren dort bereits hinausgegangen. Als sie noch knapp zehn
Meter vom Ausgang entfernt waren, streckte ein Mann in Zirkus-
uniform den Leuten die Hände entgegen und rief: «Sie müssen
einen anderen Ausgang benutzen.» Inzwischen fielen brennende

Leinwandfetzen herab, und hinter ihnen befand sich bereits eine größere Menschenmenge. Der Vater erkannte, dass sie vielleicht sterben mussten, wenn sie zurückgingen. Er drängte nach vorn und sagte zu dem Arbeiter: «Sie verdammter Idiot, wir gehen hier raus», und schob ihn zur Seite. Ihm folgten nicht mehr als fünfundzwanzig Menschen, da die meisten wohl glaubten, dort erwarte sie eine noch größere Katastrophe.

Auf der südlichen Haupttribüne lief noch immer George Sanfords Filmkamera.

Das Dach über dem Haupteingang trieb jetzt die Menge zurück. Ein Mann, der auf der südwestlichen Seitentribüne gesessen hatte, schaffte es bis zur Rennbahn, bevor die Woge ihn, immer am Laufgitter entlang, aus dem nordwestlichen Ausgang spülte. Als er im Freien war, blieb er stehen und beobachtete, wie die anderen Leute herauskamen. Zwei kleine Jungs fragten ihn, ob er schwer verletzt sei, und er sah, dass an seinem Ärmel Blut klebte. Der Rücken seines Hemds war ganz rot. Er tastete nach einer Wunde, doch das Blut stammte nicht von ihm. In dem Gedränge musste er jemanden gestreift haben.

Das Feuer fraß sich nach Osten, das Orchester übertönte die Rufe und Schreie und das Krachen der Stühle auf den Haupttribünen. Alle versuchten jetzt, nach draußen zu gelangen; keiner hörte mehr auf irgendwen, keiner wartete mehr – selbst wenn man nur bis zu der Menschenmenge kam, die sich vor dem Geländer staute. Eine Frau warf ihre hochhackigen Schuhe weg, ließ ihre Handtasche fallen, klammerte sich an den Gürtel ihres Sohnes und lief nach unten. Ein Mann hüllte seine Tochter in seine Jacke.

Sie mussten über ein Gewirr aus Stühlen klettern. Die Stühle brachen zusammen, wenn die Leute drauftreten wollten, und dann holten sie sich an den hölzernen Stuhlbeinen blaue Flecke oder Schnittwunden. Ein Fuß verfing sich in einem Stuhl, und die Leute stolperten und stürzten. Einige traten auf die dicken Coca-Cola-Flaschen und verrenkten sich den Knöchel. Und immer noch waren Leute hinter ihnen, und dahinter noch mehr Leute, und alle kamen herunter. Ein Mann aus Hartford erklärte: «Wir konnten nichts tun. In dem Gedränge stapften die anderen einfach über sie hinweg.»

Je größer die Menge, desto schneller breitet sich Panik aus. Das Gruppenbewusstsein ist in einer zusammengewürfelten Menschenmenge wie einem Zirkuspublikum eher schwach ausgeprägt, und unter Stress reagieren Menschen erst recht egoistisch; in diesem Falle schienen sich die Ziele der einzelnen Leute sogar gegenseitig auszuschließen. Wer in einer Menschenmenge eingezwängt ist und kaum vorwärts kommt, ist davon überzeugt, dass nicht alle ins Freie gelangen. Wenn die Fluchtmöglichkeiten zusehends geringer werden – wenn die Bedrohung immer größer, ja geradezu überwältigend wird und immer mehr Menschen hinzukommen –, dann erhöht sich bei manchen Leuten die Gewaltbereitschaft. Wer ihnen im Weg steht, ist nicht länger ein Hindernis, sondern wird zum Todfeind.

Einige Männer schleuderten Stühle zur Seite, die ihnen im Weg waren, und trafen damit andere Leute, die weiter unten standen. Die Stühle schienen trügerisch leicht und klapprig zu sein; doch jeder wog dreieinhalb Kilogramm und war stabil gebaut. Ein Ehemann schwang einen davon wie eine Machete, um seiner Frau den Weg frei zu machen. Jemand preschte aus der Menge und stieß ihn zu Boden.

Donald Gale wollte einfach losrennen, doch Hulda Grant sagte, er solle bei ihr bleiben. Sie ergriff seine Hand, und dann bahnten sich die beiden einen Weg durch die Stühle nach unten. Huldas Freund kümmerte sich um Caroline. Die Menge schob und drängte alle in den Gang, doch sie gelangten ohne Probleme zum unteren Ende ihres Blocks.

Hier prallte die Menschenwoge gegen das Geländer, gegen ein Gewirr aus Stühlen, die auf eine Seite geschleudert worden waren. Sie waren eingekeilt, als sich ein stämmiger Matrose in einer blauen Uniform durchzwängte und, um sich schlagend, nach vorn arbeitete. Er traf Hulda Grant am Kinn, und sie stürzte in den Stuhlhaufen. Donald verlor den Halt, dann trampelten die Leute über ihn hinweg, und er konnte nichts mehr sehen.

Blauer Himmel

Solche Szenen spielten sich überall im Zelt ab. Jemand stieß von hinten einen älteren Mann um, und er landete in einem Gewirr aus Stühlen. Er stand auf, wurde aber sofort wieder umgestoßen. Die Jüngeren und Stärkeren schubsten die Älteren und Schwächeren über die Stühle, stießen sie um und stapften über sie hinweg. Ein Augenzeuge sagte diplomatisch: «Man kann durchaus sagen, dass viele Menschen von Leuten niedergetrampelt wurden, die einfach stärker waren als sie.»

Doch manche Menschen kümmerten sich auch um andere. Eine junge Mutter aus Hartford stieß mit ihrem zwei Jahre alten Kind gegen das Geländer von Block C und konnte sich nicht mehr befreien. Ein dünner, etwa dreißig Jahre alter Mann in Hemdsärmeln streckte von der Rennbahn die Hände aus und hob beide über das Geländer, sodass sie flüchten konnten. Er wirkte ganz ruhig, und seine Gelassenheit machte ihr Mut. Als sie davonlief, blieb er da, um noch weiteren zu helfen.

In einem anderen Block war der Gang versperrt. Ein Mann am Fuß der Tribüne wollte alle aufhalten, bis sich seine Frau zu ihm vorgearbeitet hatte. Er ließ niemanden durch, rief bloß immer wieder nach seiner Frau. Ein Mädchen schlüpfte unter dem Geländer hindurch, stieß ihn zur Seite, und alle begannen hinauszuströmen.

Ein Mann aus Middletown schilderte einen ähnlichen Vorfall aus einer ganz anderen Perspektive: «Die Leute hinter uns drängten von den höheren Plätzen herab, und ich musste ein paar von ihnen aufhalten, um [die Frau eines Nachbarn] herauslassen zu

können. Dabei hab ich mich am Bein verletzt.» Sobald die Frau
und ihre Tochter ihn erreicht hatten, stellte er die Ellbogen aus wie
ein Blocker beim Football und bahnte ihnen den Weg zum Ausgang.

Don Cook ergriff die Hand seiner Schwester Eleanor und wollte nach unten gehen, doch seine Mutter fasste sie an der anderen
Hand. Jetzt hatte sie Edward und Eleanor. Ich werde ganz ruhig
bleiben, dachte Mildred Cook, ich werde mir Zeit lassen. «Du
gehst schon mal los», sagte sie zu Don.

Er lief auf die Menschenmenge zu, doch alle rannten einander
um, und er sah keine Möglichkeit, vorbeizugelangen. Er lief wieder die Haupttribüne hinauf und wandte sich nach links – nach
Osten, weg vom Feuer, vorbei an mehreren Haufen kaputter
Stühle.

Mildred Cook zögerte, bevor sie Don nach unten folgte und
ihn in dem Gedränge aus den Augen verlor. «Wir haben eine Minute gewartet», sagte sie, «und ich glaube, das hätten wir nicht tun
sollen.» Sie führte Edward und Eleanor nach unten; als Don oben
auf der Tribüne ankam, drehte er sich um und sah sie in der
Menge, umgeben von anderen Leuten. Und dann waren sie verschwunden, waren inmitten der anderen nicht mehr zu sehen.

Auf der gegenüberliegenden Seite des Zeltes stellte Joan Smith
fest, dass alle Plätze hinter ihr frei waren. Sie sagte ihrer Mutter, sie
gehe die Haupttribüne *hinauf*, nicht hinunter. Joan war zwölf, und
ihre Mutter vertraute ihr. «Mach nur», sagte sie. Als Joan ihre Mutter und Elliott zum letzten Mal sah, kämpften sie sich gerade den
Gang hinunter. Sie war schon halb oben, als sie merkte, dass sie ihre
Coca-Cola noch in der Hand hielt.

Joan warf die Flasche weg und stieg die Stufen weiter hinauf.
Der obere Rand der Seitenwand lag direkt vor ihr, hing teilweise
durch, weil man sie wegen der Hitze hinabgelassen hatte. Joan ergriff die Leinwand mit beiden Händen und stieß sich ab, schwang
hin und her und hing einen Augenblick lang reglos da, bevor sie
losließ.

Sie kam vom Lande, war ein richtiger Wildfang und wusste, wie man auf Bäume kletterte. Als sie auf dem Boden aufkam, ging sie in die Knie und fing den Aufprall ab. Ihr war nichts passiert.

In Block G sprang Polizeipräsident Hickey beim ersten Anzeichen des Feuers auf und brüllte: «Bewahren Sie Ruhe.» Natürlich schenkte ihm niemand Beachtung. Einer seiner Neffen warf seinen Hot Dog in die Luft. Hickey brachte die Kinder schnell unter Kontrolle und ging planvoll vor. Die vier Jungs sollten an den Seitenstangen direkt hinter ihnen hinunterklettern. Mit den beiden Nichten, Isabel und dem kleinen Billy würde er den Gang hinuntergehen und das Zelt durch den mittleren Ausgang auf der Südseite verlassen. Sie gingen los, doch eine der beiden Nichten wollte sich nicht vom Fleck rühren, war vor Schreck offenbar wie gelähmt. Isabel kam zurück und gab ihr eine Ohrfeige. Das Mädchen setzte sich in Bewegung.

Die Alcorns entschieden sich für den Weg über die Rückseite; der zweiundsiebzigjährige frühere Staatsanwalt sprang als Erster und fing dann die Kinder auf, die sein Sohn herabließ. Draußen trafen sie mit den Hickeys zusammen, und Hugh senior stellte fest, dass er in der Eile seine Jacke vergessen hatte. Darin befand sich seine Brieftasche mit 150 Dollar.

Für diejenigen, die in den obersten Reihen der Haupttribüne saßen, war es am besten, den Weg über die Rückseite zu wählen. Die Eltern versuchten ein Spiel daraus zu machen, und ein paar Kinder lachten, während sie an den Masten und Seilen hinabkletterten. Am Boden hielten Erwachsene die Seitenwand hoch, damit sie einer Rutschbahn glich und die Kinder sich hineinfallen lassen konnten.

Auf der Westseite loderten über den Köpfen eines Mannes, seiner Frau und ihrer fünfjährigen Tochter schon die Flammen, als sie hinabsprangen. Erschüttert sagte das kleine Mädchen immer wieder: «Schade um das große Zelt.»

Manche Leute versuchten, andere aufzufangen. Eine ängstliche

Frau sprang von oben herab und traf einen Mann an Kopf und
Schultern; er stürzte zu Boden und wäre beinahe ohnmächtig geworden. «Wenn sie schwerer gewesen wäre – sie wog nur ungefähr fünfundfünfzig Kilo –, hätte ich dagelegen und wäre wahrscheinlich verbrannt.»

Die Eppsens und Goffs flüchteten über die Rückseite der nordwestlichen Seitentribüne. Mabel Epps sagte ihrem älteren Sohn
William, er solle an einem Mast hinabklettern, und ließ dann Richard und schließlich die kleine Muriel Goff zu ihm hinunter. Sobald William die beiden Kinder bei sich hatte, schrie Mabel Epps:
«Los! Macht, dass ihr rauskommt!» Er hob die Seitenwand an, damit die anderen beiden ins Freie kriechen konnten.

Eine andere Mutter saß mit fünf Kindern in Block H. Unten
fingen drei Männer die hinunterspringenden Kinder auf. Da die
Mutter dachte, sie seien alle in Sicherheit, sprang auch sie, doch als
sie draußen nachzählte, stellte sie fest, dass nur vier Kinder da waren. Sie lief ins Zelt zurück und sah, dass einer ihrer Söhne starr
vor Angst noch am Rand der Haupttribüne saß. Sie befahl ihm zu
springen, und er gehorchte, aber es war niemand da, der ihn auffing, und so verletzte er sich am Rücken.

Ein anderer Mann war draußen über den Platz geschlendert,
während seine Frau und seine beiden Kinder in der Vorstellung saßen. Er sah die Flammen und lief zum Hauptzelt.

Molly Garofolo führte ein paar Blocks südlich, an der Ecke Barbour und Westland Street, direkt neben Jaivin's Drugstore, einen
Schönheitssalon. Sie machte einer Kundin gerade eine Dauerwelle, und die aufgeheizten Spiralwickler steckten noch im Haar
der Frau, als diese schwarzen Rauch aufsteigen sah. «Meine beiden
Söhne sind im Zirkus!», schrie die Frau und rannte zur Tür hinaus. Die Friseuse lief ihr nach und entfernte die Spiralwickler,
während die Kundin auf dem Bordstein saß – noch ein paar Minuten und ihr Haar wäre verbrannt.

Im Zelt spielte das Orchester immer wieder «The Stars and
Stripes Forever», als könnte das Lied die Menschen beruhigen, die

Die Nordostseite des Zeltes. Im Innern sind die Raubtierkäfige zu erkennen.
Rechts im Vordergrund laufen zwei Menschen; die Suche nach Freunden und
Verwandten hat bereits begonnen. FOTO: HARTFORD COURANT

von den Seitentribünen gestoßen oder unter Stühlen begraben
wurden. Fred Bradna bat die Leute auf der Ostseite, das Zelt durch
die Seitenklappen zu verlassen, doch alle drängelten sich hilflos vor
den Ausgängen neben dem Orchesterpodium. In dem Gedränge
fielen mehrere Kinder in Ohnmacht.

Währenddessen breitete sich das Feuer auf dem Zeltdach aus
wie in einem Heuhaufen, wie ein Präriebrand, eine riesige oran-
gefarbene Welle. Die Bewohner im Landesinnern von Connecticut waren mit Tabakzelten vertraut und wussten, dass die Flammen
eines brennenden Zeltdaches selbst den schnellsten Mann einholen konnten; so ähnlich war es auch hier.

Jeder hatte ein Bild dafür. Das Zelt brannte wie Zellophan, wie
Seidenpapier, wie eine Zündschnur. Wie ein Feuerwerkskörper,
ein Stück Zeitungspapier. Es war, als würde jemand ein Stück Pa-

pier in einen Kamin werfen, ein Streichholz an einen Zelluloid-
kragen halten.

Der Wind wehte die Flammen nach oben und trieb sie über die
östliche Haupttribüne. Auf der Westseite brannte es noch immer,
doch jetzt konnten die Leute, die im Zelt eingeschlossen waren,
hinter dem orangegelben Feuerschein – strahlend und seltsam wie
eine Vision – den klaren blauen Himmel erkennen.

Raubtiere

Sobald sich das Feuer durch das Dach gefressen hatte, verwandelte
sich das Zelt in einen Schornstein, der durch die Ausgänge küh-
lere Luft ansaugte und sie oben heiß wieder ausstieß. Das Paraffin
wirkte wie ein stetiger Katalysator; die riesige Zeltleinwand lieferte einen unendlichen Vorrat an frischem Sauerstoff. Im Zelt
stieg die Temperatur, und die Panik wurde immer größer.

Ein Mann in der Mitte der Haupttribüne stürmte vorwärts, stieß wahllos Stühle, Frauen, Kinder und andere Männer um und trampelte über sie hinweg, wenn sie zu Boden stürzten. Als er zum letzten Mal gesehen wurde, kämpfte er sich gerade den Weg frei, um an allen anderen vorbeizugelangen.

Eine Frau aus Manchester war mit ihrem Mann und ihrer Enkelin da. Der Mann hob das Mädchen über das Geländer, setzte die Kleine in der Manege ab, und sie lief zum Ausgang. Die Frau kämpfte sich vorwärts, als sie «plötzlich mit einem dieser herzzerreißenden Probleme konfrontiert wurde, die zwangsläufig bei solchen Katastrophen auftreten. Ihr wurde von einer am Boden liegenden Frau der Weg versperrt. [Sie] war unschlüssig, ob sie einfach über die Frau hinwegsteigen sollte. Das Gedränge der Leute ringsum hielt sie davon ab, sich zu bücken, um der gestürzten Frau zu helfen. Doch ihre Unschlüssigkeit fand rasch ein Ende, als die brennende Zeltleinwand auf sie herabfiel und sie schwere Verbrennungen an Rücken und Armen erlitt. Da drängte sie einfach weiter.»

Das Gedränge glich einem menschlichen Wasserfall, es war, als würde man von einem gewaltigen Brecher vorwärts geschleudert. Einer Schwesternschülerin aus dem St. Francis Hospital und ihrer Freundin gelang es, eine ältere Frau, die auf die Knie gefallen war, hochzuheben und mitzuschleppen. Die beiden hielten sie fest, bis der Menschenstrom sie so weit ins Freie getragen hatte, dass sie die Frau loslassen konnten. Sie brachten sie an einen sicheren Ort und verdoppelten ihre Rettungsbemühungen.

Das Feuer fegte direkt über Edward Garrison und seine Großmutter hinweg. Seine Tante wurde umgestoßen, und jemand half ihr auf, doch da waren sie schon getrennt. In dem Gewühl konnte sich seine Großmutter nicht länger an ihm festhalten und wurde von der Menge mitgerissen. Sie drehte sich um, um zu sehen, wo er war, und wurde rückwärts weitergezerrt, den Blick fest auf ihn gerichtet.

Eine Frau erinnerte sich, dass ihre Mutter laut gebetet hatte, während sie sich an den Händen hielten und von dem Strom mitgerissen wurden.

Und die Leute von den Haupttribünen stauten sich immer noch an den Zugängen. In einem Block hatte sich im Zugang ein Stuhl verkeilt, und durch den Druck von hinten waren die vorn stehenden Leute darüber gestürzt, sodass niemand herauskam. Selbst die freien Zugänge waren nur schmal. Als eine Frau sich hindurchzwängen wollte, blieb sie auf halbem Wege stecken und wurde gegen einen Stahlmast gequetscht. Sie streckte ihrem Begleiter die Hand entgegen, er riss sie los, und die Menge strömte durch die Lücke und stürzte auf die Rennbahn.

Obwohl das Gedränge so dicht war, dass die Leute ihre Schuhe verloren, forderten die Platzanweiser die Besucher immer noch auf, in aller Ruhe das Zelt zu verlassen. Manche Leute verloren den Halt, und andere trampelten über sie hinweg. Eine Frau mit einem Kind auf dem Arm fiel hin und wurde von der Menge verschluckt. Überall herrschte heftiges Gedränge. Eine Frau ließ ihre Handtasche fallen, doch sie wusste, dass man sie umrennen würde, falls sie sich bückte, um sie wieder aufzuheben. Einem Mädchen entglitt das Programmheft; es wollte stehen bleiben, wurde aber von dem Menschenstrom mitgerissen. Ein Junge verlor seine Brille und bückte sich, um sie aufzuheben. Ein Mann stolperte über ihn, und beide stürzten zu Boden.

Viele sahen, wie Frauen und Kinder niedergetrampelt wurden, doch ein Mädchen aus West Cornwall sagte: «Wenn ich stehen geblieben wäre, um einem von ihnen aufzuhelfen, wäre ich sofort hingefallen. Wir sind einfach weitergelaufen und wurden so lange vorwärts gedrängt, bis wir im Freien waren.»

Eltern konnten sich das nicht erlauben und hielten ihre Kinder überall fest, wo sie sie erwischen konnten. Als eine Mutter sah, wie ihr kleiner Sohn umgestoßen wurde, riss sie ihn an den Hosenträgern seiner Latzhose wieder hoch. Doch meistens wurden Mütter, die sich bückten, um ihr Kind zu retten, selbst unter der Woge begraben.

Eine Mutter aus Plainville hatte ihre beiden Kinder und einen Neffen dabei, als sie zum Ausgang lief. Im Gedränge streckte plötzlich ein unbekannter Mann die Hand aus und nahm ihr den jüngsten Sohn aus den Armen. Es gelang ihr, sich mit den beiden anderen in Sicherheit zu bringen, doch konnte sie draußen weder ihren Sohn noch den Mann entdecken.

Ein Mann aus Meriden verlor im Gewühl seine Frau, entdeckte sie aber in einer Masse von Körpern und zog sie heraus. «Als ich [sie] herauszog, sah ich, dass unter ihr eine Frau lag, ich glaub, die war tot. Das Feuer über unseren Köpfen fraß sich zur Mitte des Zeltes vor, und die Hitze war unerträglich. Inzwischen war überall ein unbeschreibliches Gebrüll und Geschrei zu hören.»

Platzanweiser brachten selbstlos Kinder in Sicherheit und kamen zurück, um noch weitere zu holen, während andere Zirkusbedienstete die Kameras der Leute zertrümmerten. Einen Fotografen der *Saturday Evening Post*, der beruflich da war, baten sie, keine Fotos zu machen, und er willigte ein.

Kinder liefen schreiend umher und versuchten ihre Eltern zu finden. Ein paar von ihnen rannten direkt in die Flammen zurück.

Ein Mann drückte seinen Sohn an die Brust und lief am Orchesterpodium vorbei ins Unterholz auf der Ostseite des Platzes. «Ab und zu waren Männer, Frauen und Kinder mit schrecklichen Verbrennungen zu sehen, und viele streiften ziellos umher und begriffen gar nicht, dass man ihnen sagte, sie sollten so schnell wie möglich einen Arzt aufsuchen. Eine Frau, die anscheinend nicht merkte, dass sie an den Armen schwere Verbrennungen erlitten hatte, versuchte einen neun- oder zehnjährigen Jungen zu trösten, der ebenfalls schlimme Verbrennungen hatte, größtenteils an den Beinen. Der Junge schrie vor Schmerz, und die Frau sagte immer wieder, dass alles in Ordnung komme, sobald seine Eltern ihn gefunden hätten. Als die Leute, die gerade aus dem Zelt kamen, ihr sagten, sie und der Junge müssten zum Arzt, damit man sie behandeln könne, erwiderte sie, sie müsse erst auf ihre Familie warten – sie wisse nicht, wo die sich befinde. Anscheinend merkte sie im-

mer noch nicht, dass sie schwere Verbrennungen hatte. Es sah aus,
als würden auch die Zelte, die ans Hauptzelt grenzten, in Flammen aufgehen, darum liefen diejenigen, die durch den Hinteraus-
gang geflüchtet waren, durch das dichte Unterholz und suchten
einen Weg ins Freie. Eine Straße zur Rechten, die ungefähr dreihundert Meter von dem brennenden Zelt entfernt war, erwies sich
für Hunderte von Leuten als Zuflucht. Von dort hatte man einen
guten Blick und konnte sehen, wie sich am Himmel schwarze
Rauchwolken türmten. Auch hier waren viele Männer, Frauen
und Kinder teils mit ziemlich schweren, teils mit leichten Verbrennungen zu sehen.»

An der nordwestlichen Ecke des Platzes, ziemlich weit entfernt
im Wald, standen die Tankwagen des Zirkus. Deacon Blanchfield
hatte dafür Sorge zu tragen, dass sie während der Vorstellung mit
laufendem Motor in der Nähe des Hauptzeltes standen, doch er
hatte vergessen, sich darum zu kümmern.

Die *Hartford Times* berichtete, der erste Feueralarm sei von
einem Mann aus West Hartford ausgelöst worden, der den Rauch
entdeckt habe, als er Karten für die Abendvorstellung kaufte, doch
der erste Feuermelder, der Alarm auslöste, war Nummer 82 an der
Ecke Clark und Westland Street, eine gute halbe Meile entfernt
von der Stelle, wo sich der Mann befand. In der Innenstadt schrillte der Alarm um 14.44 Uhr, und die Löschfahrzeuge 2, 7 und 16
sowie die Drehleiterfahrzeuge 3 und 4 rückten aus.

Kurz darauf wurde der Feuermelder Nr. 828 an der Ecke Barbour Street und Cleveland Avenue betätigt, der ungefähr zweihundert Meter vom Haupteingang des großen Zeltes entfernt war,
und die Löschfahrzeuge 14, 4 und 3 und das Drehleiterfahrzeug 1
fuhren los.

Sergeant Spellman erreichte Barbour Street Nr. 345 und lief ins
Haus, sah jedoch, dass bereits ein anderer Beamter am Telefon war,
aber nichts sagte. Er erklärte, die Leitung der Feuerwehrzentrale
sei besetzt. Die Frau, die in dem Haus wohnte, sah das Feuer und
kam von draußen hereingelaufen, um die Polizei zu verständigen.

Ihr siebenundsiebzigjähriger Vater saß in der Vorstellung. Spellman nahm dem anderen Beamten den Hörer ab und wählte die Vermittlung, wo man ihm sagte, die Leitung sei besetzt. Er erklärte, was los war, und die Verbindung wurde hergestellt.

Spellman sagte, das Hauptzelt des Zirkus brenne, und man solle zwei oder drei Löschtrupps schicken. Der Mann in der Zentrale sagte, die Fahrzeuge seien bereits unterwegs.

Als Nächstes rief Spellman beim Polizeipräsidium an und sagte, der Zirkus brenne und man solle jeden verfügbaren Polizisten und Krankenwagen schicken. Ohne einen Augenblick zu zögern, benachrichtigte man die Streifenwagen: Fahrt sofort zum Zirkusgelände – mit allen verfügbaren Männern. Alle Beamten, die gerade ihre Runde machen, sind einzusammeln und mitzubringen.

Um 14.45 Uhr schrillten die Feuermelder Nr. 821 an der Ecke Charlotte und Barbour Street und Nr. 836 an der Ecke Cleveland Avenue und Hampton Street, und Löschfahrzeug 5 machte sich auf den Weg.

John C. King, Hartfords erfahrener Feuerwehrchef, war in seinem Wagen unterwegs, als ihn die Nachricht über das Kurzwellenfunkgerät erreichte. Er war ungefähr drei Meilen vom Schauplatz des Geschehens entfernt und wies seinen Fahrer an, mit Höchstgeschwindigkeit hinzufahren.

Die Reaktion der Feuerwehr war schnell und entschlossen. Beim Löschtrupp 16 in der Blue Hills Avenue nahe der Ortsgrenze von Bloomfield standen vier Leute bereit. In Sekundenschnelle sprangen sie auf ein Löschfahrzeug und fuhren los.

Die *Hartford Times* war an die Feuermelder in der Stadt angeschlossen. In der Lokalredaktion schrillte der Alarm. Da die *Times* eine Abendzeitung war, bat man die fest angestellten Reporter, morgens zu arbeiten, damit die Artikel rechtzeitig fertig wurden. Mittags machten alle Feierabend. Nur ein paar Sommerpraktikanten und Jungreporter saßen noch in der Redaktion. Ein weiterer Alarm schrillte, und alle blickten von ihren Schreibtischen auf. Das

musste ein Großbrand sein. Der Zirkus, bestätigte die Polizei. Widerwillig schickte der Redakteur vom Nachtdienst einen Jungreporter mit zwei Fotografen zum Zirkusgelände. Als sie ihre Jacken
ergriffen, wurde zum dritten Mal Alarm ausgelöst.

Die mutigste junge Frau, die ich je gesehen habe

Don Cook lief die oberste Reihe der südlichen Haupttribüne entlang. Dort oben befand sich kein Mensch, nur Stühle, Popcorn
und Coca-Cola-Flaschen. Er kam an den Rand von Block E und
überquerte das Brett, das den schmalen Eingang überbrückte, ließ
die Flammen weit hinter sich und lief zur Ostseite des Zeltes, wo
das Orchester noch immer dasselbe Stück spielte. Er warf einen
Blick auf die andere Seite und sah, wie die Menschen über den
nordöstlichen Laufgang flüchteten, wie sie über die Gitterstäbe
sprangen oder krochen, weil die Treppe versperrt war.

Als Edward J. Hickey durch dieselbe schmale Öffnung auf der
Südseite wieder ins Zelt gelaufen kam, bot sich ihm das gleiche
Bild, doch die Leute waren zu weit von ihm entfernt, und die
Hitze war unerträglich.

Der Laufgang war brusthoch, die Eisenteile waren oben gewölbt und miteinander verschraubt. Als die Leute verzweifelt über
die Gitterstäbe kletterten, befanden sich Walshs Löwen noch in
dem Gang. Die Requisiteure hatten keine Möglichkeit gehabt, das
Laufgitter abzubauen.

Ein Mann aus Middletown hatte mit seiner Familie in Block W
gesessen, und sie kamen ziemlich früh am Laufgang an, noch bevor das Gedränge seinen Höhepunkt erreichte. Als sie hochklet-
terten, versuchten drei Zirkusbedienstete auf der anderen Seite, sie
daran zu hindern. Die Männer hatten Stöcke in der Hand, um die
letzten drei Löwen durchzutreiben. «Zurück, zurück!», schrien sie
und versuchten die Leute aufzuhalten.

«Los», schrie der Vater seinen Kindern zu, «klettert irgendwie rüber.»

Bis auf seinen jüngsten Sohn, der kleiner und schwerer war als die anderen, hatte er allen hinübergeholfen. Er stellte ihn auf den Laufgang, doch der Fuß des Jungen glitt zwischen die Gitterstäbe, und als er nach unten schaute, stand direkt unter ihm ein Löwe, der ihn mit weit aufgerissenem Rachen anfauchte. Der Junge schreckte zurück und glitt in die Arme seines Vaters.

Der Vater versuchte es noch einmal und stellte den Jungen auf die Gitterstäbe, doch diesmal stieß ihn ein Zirkusbediensteter mit den Worten «Weg da» wieder hinunter. Der Junge fragte sich, warum der Mann das tat. Er glitt zwischen den Laufgang und den Rand der Haupttribüne, und irgendjemand stieß ihn um.

Sein Vater packte ihn und hob ihn, einen Arm um seine Brust und eine Hand an seinem Hosenboden, direkt über den Löwen auf das Laufgitter und sagte: «Kümmer dich nicht um das, was er sagt. Kletter rüber.» Er gab dem Jungen einen Stoß, und er landete auf der anderen Seite der Gitterstäbe.

Am nordwestlichen Laufgang sah es noch schlimmer aus, da das Feuer schon fast über den Köpfen der Leute war. May Kovar blieb in ihrem Käfig, um ihre fünf Panther hinauszutreiben. Glutfunken prasselten herab, und sie befürchtete, dass die Katzen sich gegenseitig anfallen würden.

Als die Leute in Block L nach unten hasteten, gab das Geländer am Fuß der Tribüne nach. Eine Frau stürzte und ließ das Kind los, das sie gerade auf dem Laufgang absetzen wollte. Der Arm des Kindes baumelte zwischen den Gitterstäben. Ein Zirkusbediensteter stieß mit seinem Stock nach dem in der Nähe stehenden Panther und versuchte, ihn abzulenken und vorbeizutreiben, doch die Raubkatze drehte sich um, schlug mit der Tatze nach dem Arm des Kindes und riss ein Stück vom Ärmel ab. Ein Mann, der auf dem Laufgitter stand, hob das schreiende Kind hoch und reichte es jemandem auf der anderen Seite.

Die ersten vier Panther verließen den Käfig ohne Probleme,

doch der letzte ging auf May Kovar los. Die Flammen waren direkt über ihr, brennende Zeltfetzen prasselten herab. Das ganze Durcheinander machte der Raubkatze Angst. May Kovar umkreiste sie mit ihrem Stab, gab ihr genug Spielraum, um eine Entscheidung zu treffen, und ging langsam auf sie zu, als sie sich dem Laufgang zuwandte. Diesmal drehte sich der Panther nicht um. May Kovar gab ihm mit ihrem Stab einen Klaps, schob ihn hinaus und schloss die Tür.

White Tops, die Zeitschrift der Circus Fans Association of America, berichtete, das Gedränge an der Käfigtür sei so groß gewesen, dass May Kovar ihren Panthern durch den Laufgang folgen musste, doch das ist reine Erfindung, ein dramatisches Bild, dem man nicht widerstehen konnte. In Wirklichkeit benutzte sie die Manegentür und half den Tierpflegern, die Raubkatzen in ihre Wagen zurückzuscheuchen.

Auf der Rückseite der Haupttribüne, wo der Laufgang ins Zelt mündete, waren die Eisenstäbe durch Holzlatten ersetzt. Der Holztrakt war mit der Rampe verbunden, die zu den einzelnen Wagen führte. Normalerweise kamen die Tiere einzeln heraus, durch Bretter getrennt, doch heute nicht. Zwei Panther, die sich schon lange befehdeten, waren überrascht, sich plötzlich gemeinsam im Holztrakt zu befinden, und beschlossen, gegeneinander zu kämpfen. Eine andere Katze lief durch die Flammen und brennenden Trümmer wieder ins Zelt, auf den Käfig zu, und versengte sich das Fell.

Als May Kovar wieder ins Zelt kam, half sie den Leuten, die vor dem Laufgitter standen, hob Kinder hoch und schob sie auf die andere Seite, doch daran konnte sich später niemand erinnern. Die Zeitungen konzentrierten sich allein auf ihre Heldentaten im Käfig, wo sie unter dem brennenden Dach mit ihren Panthern gekämpft hatte. Ein pensionierter Feuerwehrhauptmann aus New York City nannte sie «die mutigste junge Frau, die ich je gesehen habe».

Doch während ihre Katzen draußen und in Sicherheit waren,

standen die Laufgänge immer noch, und die Menschenmenge war jetzt noch größer. Männer warfen Kinder hinüber und sprangen dann hinterher, doch andere hatten Mühe, an den Gitterstäben Halt zu finden, und blieben mit den Knien oder den Füßen hängen. Ein paar schafften es nicht, fielen herunter und wurden von der nächsten Woge verschluckt. Die Hitze von oben fühlte sich an, als würde man am ganzen Körper von Bienen zerstochen.

Ein Mann auf der anderen Seite fing Kinder auf, die ihm zugeworfen wurden, und zog dann die Mütter herüber, doch solche Zusammenarbeit war selten. Eine junge Mutter wurde jedes Mal, wenn sie sich hinaufzuziehen versuchte, von den Leuten hinter ihr, die einen Halt suchten, wieder zurückgezerrt. Sie küsste ihren Sohn und sagte ihm, er solle nach draußen laufen, dann warf sie ihn hinüber. Wieder wurde sie von irgendwelchen Händen herabgezogen. Als sie aufschaute, sah sie, dass ihr Sohn mit dem Fuß zwischen den Gitterstäben hängen geblieben war. Er baumelte kopfüber herab, aber seine Hände reichten auf der anderen Seite nicht ganz bis zum Boden. Sie begann, sich wieder hinaufzuziehen, doch der Junge griff zwischen die Gitterstäbe und zog seinen Schuh aus. Der Schuh fiel in den Laufgang, und der Junge war frei.

Dem siebenundsiebzigjährigen Vater der Frau, von deren Haus aus Sergeant Spellman mit der Feuerwehrzentrale telefonierte, gelang es, über das Laufgitter zu kriechen und sich aus dem Zelt zu schleppen, doch in der Menschenmenge hatte er manchen Hieb abbekommen. In dem Gedränge war ihm das Hörgerät aus dem Ohr gefallen und zertrampelt worden. In völliger Stille hinkte er über den Hauptweg nach Hause.

Ein Paar aus Meriden saß ganz unten am Gang. Die beiden zögerten kurz, und der Mann wurde im ersten Gedränge niedergetrampelt. Seine Frau half ihm, durch die schmale Öffnung zwischen dem Laufgang und der Haupttribüne zu kriechen. Draußen mussten sie über die Deichseln der Wagen mit den großen Raubkatzen klettern, die brüllend in ihren Käfigen auf und ab liefen.

May Kovar bewachte ihre Leoparden, ein Tierpfleger spritzte die Tiere mit einem Schlauch ab.

Hinter den aufgereihten Wagen strömten die Menschen auf der Suche nach Nachbarn und Familienangehörigen an der Nordseite des Zeltes hin und her. Darunter waren auch Edward Garrison und seine Großmutter, die hofften, seine Tante und seine Cousins zu finden. Seine Großmutter wollte wieder hineingehen. Genau in dem Augenblick kamen die beiden Matrosen, die ihnen den ganzen Weg von East Hartford gefolgt waren, und, auf sie gestützt, auch die Tante und die Cousins aus dem Zelt.

Im Zelt fraß sich das Feuer nach Osten. Auf der anderen Seite des nordöstlichen Laufgitters forderten die Polizisten James Kenefick und Henry Griffin die Leute auf zu springen, dann streckten sie ihnen die Hände entgegen und zogen sie herüber. Die nördliche Haupttribüne fasste nahezu dreitausend Menschen, und da die Westseite in Flammen stand, landeten ein paar hundert hier. Es war wie eine Schlacht, alle wollten sofort auf die andere Seite. Griffin erinnerte sich: «Jungs steckten die Füße durch die Gitterstäbe und verrenkten sie sich dabei, sodass sie nicht wegkamen. Andere hingen fest oder waren eingeklemmt und konnten sich nicht rühren.» Sie lagen übereinander auf dem Laufgitter und versperrten den Menschen hinter ihnen den Weg.

Ein fünfzehnjähriges Mädchen aus West Hartford und ihre jüngere Schwester stürmten von der Haupttribüne in das Gedränge am nordöstlichen Laufgang. Das ältere Mädchen sah, dass die Polizisten auf der anderen Seite hin und her liefen und Leute hinüberzogen, und sie schob ihre Schwester über andere hinweg, die bereits hingefallen waren. Als sie ihre Schwester hochhob, blickte sie in das Gesicht eines jungen Mannes, der kaum älter war als sie selbst und nicht aufstehen konnte, weil seine Beine eingeklemmt waren.

Ein Polizist half dem jüngeren Mädchen auf die andere Seite und wollte sich gerade einem anderen zuwenden, doch die Kleine hielt seine Hand fest und zog ihn zu ihrer Schwester zurück.

Sie bestand darauf, dass er auch sie rettete, und das tat er auch. Die beiden haben nie erfahren, was aus dem jungen Mann geworden ist.

Die Wallendas überquerten das nordöstliche Laufgitter. Herman Wallenda: «Als die Flammen das Dach erreichten, sahen wir, dass wir schnell hinunterklettern mussten. Wir glitten an den Seilen hinab und liefen zum Sattelgang, aber dort herrschte ein solches Gedränge, dass wir keine Chance gehabt hätten. Also kletterten wir über die Käfigstangen am Laufgitter, das nach draußen führt. Das fiel uns leicht – wir sind ja Artisten. Doch die Besucher konnten da nicht rauskommen.»

Herman hatte seinen noch minderjährigen Sohn Gunther dabei; sie kletterten direkt neben einer Sturmstange über den nordöstlichen Laufgang und liefen zum Zelt hinaus. Als sie sich umdrehten, sah es so aus, als würden alle Leute ins Freie gelangen.

Fred Bradna, der schon mehrere Zeltbrände erlebt hatte, sah das Durcheinander am nordöstlichen Laufgang und lief hinüber. Er zog Kinder aus den Menschenhaufen und brachte sie in Sicherheit.

Die dreizehnjährige Dorothy Bocek hatte mit ihrer verheirateten Schwester Stella Marcovicz und ihrem vierjährigen Neffen Francis auf der nördlichen Haupttribüne gesessen. Alle drei liefen zum nordöstlichen Laufgitter. Dorothy fragte Stella, was sie tun solle. Stella hielt Francis an der Hand und sagte: «Kümmer dich bloß um dich selbst.»

Am Laufgang wurden sie getrennt. Dorothy gelangte irgendwie auf die andere Seite, wie, wusste sie nicht mehr. Doch draußen konnte sie Stella und Francis nirgends finden.

Das Orchester spielte weiter, aber nicht so laut, dass es das Geschrei übertönte. «Die Leute hörten sich an wie geprügelte Hunde», sagte Emmett Kelly.

Dichter schwarzer Rauch stieg von der Zeltleinwand auf. Brennende Fetzen fielen herab und verfingen sich in den Haaren der Frauen oder setzten ihre leichten Sommerkleider in Brand. Das unzersetzte Paraffin verwandelte sich in eine lodernde Flüssigkeit, die wie Napalm niederprasselte, die Haut bei Berührung verbrannte und erst erlosch, wenn das Feuer keine Nahrung mehr fand. Wenn diese Flüssigkeit auf die ungeschützte Haut der Kinder prasselte, entstand ein brutzelndes Geräusch, und danach waren ihre Arme wie mit Windpockenbläschen übersät.

Die Flammen arbeiteten sich von Mast zu Mast auf dem Dach vor, die Hitze über den Köpfen der Leute glich der eines riesigen Grills, und alle duckten sich und schreckten zurück. Und doch konnten sie ihr nicht entkommen. Ein Mädchen erlitt Verbrennungen am Arm, dort, wo sie ihn um den Hals ihres Vaters geschlungen hatte. Die Haare der Leute wurden abgesengt, und Kahlköpfige zogen sich Verbrennungen zu – nicht durch die Flammen, sondern durch die abgestrahlte Hitze. Die Leute wurden buchstäblich geröstet.

Das Dach über der mittleren Manege verdampfte. Die Seile, an denen große Flaschenzüge und die Trapezausrüstung hingen, brannten durch, und alles stürzte krachend in die Manegen.

Mildred Cook verlor Eleanor in der Menschenmasse am Fuß der Haupttribüne. Sie hoffte, dass ihre Tochter Don gefolgt war. Mit Edward rannte sie zum Haupteingang, auf das Feuer zu, und hoffte, sie könnten darunter hindurchhuschen.

Vielleicht liefen die drei auch, wie es in der Vermisstenakte stand, gemeinsam auf den Haupteingang zu. Die Hitze senkte sich auf sie herab und betäubte sie. Edward sagte, er sei müde und wolle sich hinlegen. Das tat er auch und verlor sofort das Bewusstsein. Dann wurde auch Mildred ohnmächtig, doch Eleanor ging weiter.

Nachdem Thomas Barber die Frau gerettet hatte, die an der Seitentribüne eingeklemmt war, zog er sich mit ihr durch den Haupteingang zurück. Im Zelt herrschte eine zu große Hitze, um noch einmal hineingehen zu können, also ging er zur Nordseite, um sich zu vergewissern, dass keine Tiere frei herumliefen. Er hatte die Nummer von May Kovar gesehen und knöpfte für alle Fälle sein

Halfter auf. Ihm kam nicht in den Sinn, dass sein Dienstrevolver einen Leoparden vielleicht nicht aufhalten konnte. Als er um die Ecke bog, sah er, dass alle Raubkatzen wohlbehalten in ihren Käfigen waren.

Auf dem Hauptweg schob sich der Streifenwagen Nr. 8 durch die dahinströmende Menschenmenge und hielt neben dem weißen Kassenwagen. Polizeichef Hallissey forderte über Funk vom Polizeipräsidium alle verfügbaren Leute an. Einer der Männer, die über Funk verständigt wurden, war der Polizist William Dineen, der wusste, dass sich seine beiden Kinder im Zelt befanden.

Hallissey verständigte die Stadtverwaltung und auf diesem Wege auch den Kriegsrat. Bei dieser Katastrophe mussten alle Leute mobilisiert werden.

In der Innenstadt bog Löschfahrzeug 4 in die Ann Street, und die Feuerwehrleute sahen eine große schwarze Rauchsäule in den Himmel steigen. Sie fragten sich, was wohl die Ursache war.

Gnädige Frau, das ist nicht der richtige Augenblick, um in Ohnmacht zu fallen

Die Flammen trieben die Menge vor sich her in Richtung Orchesterpodium. Wer gedacht hatte, er könnte sich Zeit lassen, musste jetzt erkennen, dass er die Geschwindigkeit, mit der sich das Feuer ausbreitete, unterschätzt hatte. Die Flammen fraßen sich zu schnell voran, und auf der Ostseite herrschte ein zu großes Gedränge, um dort hinauszugelangen. Das Feuer würde allen den Weg abschneiden.

Ein Mädchen lief mit brennender Bluse umher und versuchte, die Flammen auszuschlagen. Eine Frau hörte, wie jemand sagte, ihre Bluse brenne. Sie spürte die Hitze, und dann schlug ihr ein Mann ins Gesicht und sagte: «Gnädige Frau, das ist nicht der richtige Augenblick, um in Ohnmacht zu fallen.»

Ein Mädchen war zur Feier ihres achten Geburtstags in den Zirkus gegangen. Ihre Mutter hatte nicht mitkommen können, da sie im achten Monat schwanger war, deshalb wurde die Kleine von einer älteren Nachbarin begleitet. Nach der ersten Woge stiegen sie die nördliche Haupttribüne hinab. Die Leute trampelten über Menschen hinweg, die unter Stühlen eingeklemmt waren und laut schrien.

«Wir müssen ihnen helfen», sagte das Mädchen.

«Dazu haben wir keine Zeit», erwiderte die Nachbarin, und sie hatte Recht.

Als sie den Laufgang erreichten, betrachtete die Frau kurz die Menschenmenge und sagte: «Auf diesem Weg kommen wir nicht raus», dann drehte sie sich um und führte das Mädchen wieder die Tribüne hinauf, nach ganz oben, direkt zu einer Seitenstange. Es war sonst niemand da, und das Mädchen hatte Angst. Es schien tief hinunterzugehen.

«Du musst springen», sagte die Frau.

«Ich kann nicht», sagte das Mädchen. «Ich komme beim Turnen nicht mal am Klettergerüst hoch.»

«Wenn du nicht springst, geb ich dir einen Stoß.»

Das Mädchen sprang, klammerte sich an den Mast und rutschte hinunter, wobei sie sich am Arm die Haut abschürfte. Die Frau kletterte direkt hinter ihr hinab.

Die Leute merkten jetzt, dass sie es über die Ostseite nicht schaffen würden, stürmten auf beiden Seiten die Haupttribünen hinauf und suchten nach Masten und Seilen, nach irgendeinem Rettungsanker. Am Rand der Tribüne wiesen Eltern ihre Kinder an, nach draußen zu laufen und dort auf sie zu warten. Die Leute haben eine Höhe von acht, zehn oder sogar zwölf Metern in Erinnerung, obwohl es in Wirklichkeit nur drei bis vier Meter waren – doch damals waren sie noch Kinder, und für einen Sechsjährigen sind vier Meter eine beträchtliche Höhe.

Unten sammelten sich Erwachsene, um die Kinder aufzufangen, doch es waren zu wenige. Ein Mann kletterte mit zwei Kin-

dern auf dem Rücken an einem Seil hinab. Die Leute sprangen zu
den Masten hinüber, ließen sich bis zur Hälfte hinuntergleiten und
griffen nach den rauen Halteseilen. Sie schürften sich an den Seilen die Hände auf, ließen vor Schreck los und fielen hinunter.

Ein paar Leute sprangen, ohne sich um Masten oder Seile zu
kümmern. Das Lieblingsspiel einiger Jungs hieß Fallschirmjäger;
sie kletterten auf Garagen und sprangen – hurra! – hinunter,
knickten bei der Landung mit den Knien ein und rollten sich ab,
genau wie in der Wochenschau. Jetzt hatten sie die Möglichkeit,
ihre neuen Fähigkeiten einzusetzen. Doch die ganz Kleinen und
die Alten hatten so etwas nicht geübt. Es gab viele schwere Stür-
ze. Eine Frau stürzte mit dem Kopf voran. Kleine Mädchen landeten auf ihren Händen und brachen sich die Handgelenke oder
Arme. Ein älterer Herr brach sich das Bein, und die Leute mussten ihm nach draußen helfen.

Auch unter den Fängern gab es Verletzungen – Blutergüsse und
Verrenkungen, Kratzer und blaue Flecke, die sie sich durch Tritte
und Stöße zugezogen hatten. Ein geringer Preis.

Doch auch hinter den Tribünen waren die Leute nicht außer
Gefahr. An manchen Stellen war die Seitenwand so fest am Boden
vertäut, dass man nicht darunter hindurchkriechen konnte. Das
traf besonders auf die nordwestliche Seitentribüne links neben
dem Vorzelt und der Damentoilette zu – weil sich dort natürlich
gern Kinder hereinstahlen.

Der dreizehnjährige Donald Anderson sah den Spalt blauen
Himmel, als die Flammen über seinen Block hinwegfegten. Er
hängte sich an die oberste Reihe und ließ sich hinunterfallen. Er
war mit Axel Carlson da, einem älteren Mann und entfernten Verwandten seines Großvaters. Als Donald unten angekommen war,
konnte er Carlson nirgends entdecken. Eine wild gewordene
Menge versuchte sich durch den nordwestlichen Ausgang neben
dem Laufgitter hinauszuzwängen, und alle stürzten übereinander – jeder gegen jeden. Das wollte sich Donald nicht antun. Er
hatte ein Fischmesser mit einer guten, scharfen Klinge dabei,

klappte es auf und versuchte das Seil durchzuschneiden, das die Zeltwand festhielt; es war so dick, dass er eine Säge gebraucht hätte. Daraufhin stieß er das Messer mitten in die Zeltwand und arbeitete sich nach unten, bis er einen ziemlich großen Schlitz in die robuste Leinwand geschnitten hatte. Unten und oben schnitt er sie nach beiden Seiten ein, und schon hatte er eine Tür, durch die er hindurchpasste.

Er hatte aus reinem Selbsterhaltungstrieb gehandelt, doch als die anderen den Schlitz sahen, strömten Hunderte von Leuten hinter ihm her. Draußen musterte er ihre Gesichter und versuchte, Axel Carlson zu finden. Als er ihn nirgends entdeckte, schnitt er einen weiteren Schlitz in die Zeltwand und ging wieder hinein.

Der alte Mann stand direkt vor ihm, und neben ihm lag ein höchstens drei oder vier Jahre altes Mädchen, das niedergetrampelt worden war. Donald nahm sie auf den Arm und folgte Axel Carlson nach draußen.

Donald Anderson galt später – genau wie May Kovar – als einer der Helden des Zirkusbrandes; er bekam sogar einen Orden. Doch überall im Zelt schlitzten Väter mit ihren Taschenmessern die Zeltleinwand auf, überall zogen Jungs in HiJacks-Fallschirmspringerstiefeln kleine Taschenmesser aus der Scheide und stürzten Leute ins Freie.

Die meisten Seitenwände waren jedoch nicht fest am Boden vertäut; die Leute krochen unter den Falten hindurch ins Sonnenlicht, und andere trampelten dabei über sie hinweg. Auf der Nordseite mussten sie unter den Zirkuswagen hindurchkrabbeln, um sich in Sicherheit zu bringen. Im Süden mussten sie sich mit der Lichtanlage und den Menagerietieren auseinander setzen. Die Kamele, mit Seilen an einem Wagen angebunden, waren unruhig.

Eine Familie kam mitten zwischen den Elefanten heraus, die an ihren Ketten rissen und sich zum Teil auf die Hinterbeine stellten. Sie trompeteten und schüttelten drohend die Köpfe. Ralph Emerson Jr., ein Dompteur, der noch nicht lange für den Zirkus arbeitete, war erst achtzehn. Er war in Glastonbury aufgewachsen, und

mehrere Familienangehörige waren gekommen, um ihn zu sehen.
Er beschäftigte sich gerade mit den Elefanten auf der Südseite des
Hauptzeltes, als das Feuer «in der Nähe der Menagerie [ausbrach].
Ich sah Rauch. Ich denke, ich hab ihn als einer der Ersten gese-
hen. Auf dem Dach des Zeltes war ein flammendes V zu sehen. Ich
dachte: Wie sollen die Leute da bloß rauskommen? Jemand schrie:
‹Bringt die Elefanten weg.› [Vermutlich George W. Smith aus der
Verbindung.] Ich hatte den Eindruck, dass die Tiere dringend
weggebracht und davon abgehalten werden mussten, auf die Leute
loszugehen.»

Die anderen Elefanten waren hinter dem Hauptzelt und wurden auf die Gala-Revue vorbereitet. Die Tierpfleger riefen «*Tails!*»,
und die Herde bildete, mit jeweils einem Pfleger für zwei Elefanten, die vertraute Rüssel-an-Schwanz-Formation, stapfte um die
Südseite des Zeltes herum und zwängte sich zwischen der Lichtanlage und den Gemüsegärten hindurch. Als die Tiere zögerten,
schlugen die Tierpfleger sie mit der flachen Hand und trieben sie
mit ihren Haken an.

Im Zelt war der obere Teil der Seitentribünen voller Menschen.
Ein paar waren zwischen die Sitzbretter gerutscht und eingeklemmt
worden; die anderen strömten über sie hinweg und drängten zum
Rand. Nicht wie die Lemminge, sondern *gegen* ihren natürlichen
Trieb sprangen sie nach unten. Einige weigerten sich, weil sie nicht
wussten, wo ihre Kinder waren. Doch die von unten aufsteigende
Woge spülte sie hinab. Ein junges Mädchen taumelte und fiel. Sie
stürzte vier Meter tief und brach sich das Rückgrat.

Während eine Frau darauf wartete, dass ein kleines Mädchen
vor ihr hinabsprang, wurde sie Zeugin, wie ein Mann das Kind
von hinten hinunterstieß. Es war ihm nicht schnell genug gegangen.

Ein paar Leute sprangen, brachen sich den Knöchel und konnten nicht aufstehen, sodass andere auf ihnen landeten, sie wieder
zu Boden warfen und noch schwerer verletzten. Ein Mädchen erinnerte sich, dass sie neben einer Frau aufkam, die sich nicht rüh-

ren konnte; sie sah zu, wie das Mädchen davonlief. Sobald die Leute den Boden erreicht hatten, sprangen sie über die Köpfe der Gestürzten oder stiegen über sie hinweg. Ein Mann erinnerte sich an eine etwa dreißigjährige Frau in einem roten Kleid, über die er hinwegkriechen musste. Sie sah ihm direkt in die Augen, sagte aber kein Wort.

Don Cook spurtete bis zum Ende der südlichen Haupttribüne und schwang sich am Rand von Block K über das Geländer. Hier hing die Seitenwand schlaff herunter, und er schlüpfte mühelos nach draußen. Leute mit verbrannten Gesichtern rannten atemlos ins Unterholz. Da Don nicht wusste, wo seine Mutter war, ging er zur Ostseite des Zeltes, wo rings um das Orchesterpodium die größte Menschenmenge ins Freie strömte. Er stand da und betrachtete alle, die herauskamen.

Ein anderer Junge rannte mit seiner Familie durchs Zelt. Sein Vater trug die kleine Schwester des Jungen unter dem Arm, und der Junge hielt sich an seinem Gürtel fest. Sie sprangen über eine kleine Mulde, in der eine ältere Frau mit dem Gesicht nach unten im Schmutz lag. Sein Vater streckte, ohne seine Schwester loszulassen, eine Hand aus, ergriff die alte Frau am Rücken ihres Kleides und schleifte sie nach draußen.

Eine andere Frau zerriss sich das Kleid, als sie über den Schneezaun kletterte, der die Gemüsegärten umgab. Er bestand nur aus Latten und Draht, war aber erstaunlich stabil. Eine junge Mutter, der es nicht gelang, über den Zaun zu klettern, reichte einem Mann ihre Tochter und sagte, er solle sich mit ihr in der Barbour Street treffen. «Ja», sagte der Mann, «selbstverständlich.» Er lief los, doch als er den Gehsteig erreichte, blieb er stehen und sah das Mädchen verblüfft an. Er hatte sich so auf sein Ziel konzentriert, dass er sich nicht mehr erinnern konnte, sie mitgenommen zu haben.

Und dann stürmte auf der Südseite eine Menschenmenge ins Freie, die über das in der Menagerie verstreute Heu rauschte, den Schneezaun niederdrückte und dann flachlegte, durch die Gärten fegte und das ganze Gemüse zertrampelte.

Überall stellten sich den Leuten Hindernisse entgegen – Wagen und Pflöcke und Kisten, Eimer und Fässer und Heuballen. Eine Mutter, die aus dem östlichen Ausgang flüchtete, stolperte über ein aufgewickeltes Seil, stürzte auf ihren Sohn, den sie auf dem Arm trug, und verletzte ihn an der Stirn. Dort herrschte ein wirres Durcheinander, weil Menschen aus dem Zelt rannten, Traktoren die Wagen wegzogen und endlich die Zirkustankwagen eintrafen, um den Brand zu bekämpfen.

Den Leuten, die auf der Ostseite herauskamen, blieb nichts anderes übrig, als auf der Straße in den Wald zu laufen, wo sich eine Müllkippe befand. Ein Junge stieß mit seiner Mutter auf zwei ältere Frauen, die sich erschöpft hinsetzten. «Da würde ich mich nicht hinsetzen», sagte die Mutter. «Was ist, wenn sich ein paar von den Tieren losreißen?» Die Frauen sprangen auf und liefen weiter, und die beiden konnten sie nicht wieder einholen.

In dem Durcheinander ließen sich Gerüchte nicht mehr von der Wahrheit unterscheiden. Angeblich stürmten die Elefanten wütend umher und die Staatspolizei war mit Schrotflinten gekommen, um die Löwen zur Strecke zu bringen. Überlebende bedauerten die Tiere, die in den Flammen umgekommen waren; aber es waren gar keine Tiere verendet.

Doch da sie um ihr Leben rannten und gerade zwei Käfige voller Raubkatzen gesehen hatten, rechneten die Leute natürlich mit dem Schlimmsten. Nach ihrer Flucht aus dem Zelt hatten sie mehr Angst vor den Löwen als vor dem Feuer. Als sie schließlich stehen blieben und sich betrachteten, sahen sie, dass sie blaue Flecke und Verbrennungen hatten und bluteten; die Glücklicheren unter ihnen vermissten bloß ihre Handtaschen und Schuhe, vielleicht auch einen Hut oder eine Armbanduhr. Im Wald wimmelte es von Müttern, die nach ihren Kindern suchten, Leute mit schweren Verbrennungen schrien um Hilfe. Ein paar Leute hörten erst auf zu laufen, als sie – mehrere Blocks, Straßen oder Meilen entfernt – zu Hause angelangt waren.

Drehen Sie sich nicht um

Sergeant Spellman lief aus dem Haus und sagte dem Beamten, er solle den Streifenwagen vom Parkplatz bei McGovern's wegfahren und etwas weiter unten an der Straße abstellen. Spellman selbst blieb in der Barbour Street und trieb die Menschenmenge vom Gehsteig. Die Straße musste frei bleiben für die Feuerwehrfahrzeuge und Krankenwagen.

Die meisten Leute waren jetzt im Freien; sie waren fassungslos und wussten nicht genau, was sie tun oder wohin sie sich wenden sollten. Sie schlenderten umher und sahen zu, wie das Hauptzelt von den Flammen verzehrt wurde. Eine Frau erinnerte sich: «Ich stand da wie angewurzelt und sah eine Frau vor dem Zelt. Direkt vor meinen Augen setzte ein brennender Leinwandfetzen ihr Kleid in Brand, und dann war sie plötzlich in Flammen gehüllt. Alles ging so schnell. Es war so unwirklich wie ein Albtraum.»

George W. Smith ließ die Menageriewagen auf der südwestlichen Seite des Zeltes von Raupenfahrzeugen wegziehen, damit die Feuerwehr durchfahren konnte. Löschfahrzeug 16 war unterwegs. Die Feuerwache lag nur gut eine Meile vom Zirkusgelände entfernt. Als der Wagen von der Blue Hills Avenue in die Tower Avenue bog, sahen die Feuerwehrleute die Flammen und den Rauch am Himmel. Die riesige Rauchwolke war so dunkel, dass die Männer überzeugt waren, es handle sich um einen Tanklastzug oder vielleicht auch um eine Tankstelle. Sie brausten die Coventry Street entlang und bogen hinter dem Municipal Hospital in die Vine Street. Von der Vine in die Westland Street, von der Westland in die Barbour Street – und die ganze Zeit schauten sie mit fragendem Blick, außerstande, einen Zusammenhang herzustellen, zum Himmel.

Ein paar Kinder in der Blue Hills Avenue dachten, der Rauch stamme von der Müllkippe, denn von dort stieg ständig Rauch auf. Dann brausten zwei Wagen der Staatspolizei mit Blaulicht und Sirene vorbei, gefolgt von zwei Streifenwagen aus Bloomfield.

Die Flammen erklimmen den Mast und erfassen die Flagge. Während sich das
Feuer nach Osten ausbreitet, geraten die Leute im Zelt und im Freien in Panik.
Der Junge links im Vordergrund mit der Hand vor dem Mund ist Donald Ander-
son. FOTO: SPENCER TORELL/HARTFORD COURANT

John Stewart ging gerade mit den sechs Freikarten vom Morgen in der Tasche die Barbour Street entlang, um nach all der harten Arbeit zu Hause aufzuräumen. Er hoffte, in die Abendvorstellung gehen zu können. Dann sah er den Rauch und lief zurück
zum Zirkusgelände.

Südöstlich vom Zelt hatte Spencer Torell seinen Freund Wally
verloren. Er drehte sich zum Hauptzelt um, wo die Flammen gerade den Hauptmast hinauf auf die Flagge zu züngelten, und blickte unwillkürlich durch den Sucher seiner Kamera. Das ganze
Dach stand in Flammen. Die Rauchschwaden erinnerten beängs-
tigend an Pearl Harbor, an das zur Seite geneigte Schlachtschiff
Arizona.

Torell machte ein Foto und wich zurück. Brennende Leinwandfetzen schwebten ringsum wie Konfetti vom Himmel und waren, wenn sie den Boden erreichten, bereits zu Asche verglüht. Frauen fielen durch den Schock und die Hitze in Ohnmacht, und mehrere Leute leisteten erste Hilfe. Die Tierpfleger befestigten die Läden an den Käfigwagen, bevor die Traktoren die Wagen wegzogen.

Von der nordöstlichen Seitentribüne führten die Tierpfleger die dressierten Pferde weiter nach Nordosten, zu einem Wäldchen auf Sponzos Grundstück, und dann, da sie Angst hatten, noch nicht aus der Gefahrenzone zu sein, über eine unbefestigte Straße zur Hampton Street, wobei sie alle Leute aufforderten, sich in Sicherheit zu bringen. Ein Junge stand weinend mit einem federgeschmückten Pony da. Er sagte, sein Onkel sei einer der Wallendas; er wusste nicht, ob sein Onkel den Flammen entronnen war.

Hinter dem Zelt wartete Dorothy Bocek auf ihre Schwester Stella und ihren Neffen Francis. Am Laufgang waren sie noch direkt hinter ihr gewesen. Dorothy konnte nicht nach Hause fahren, weil sie mit dem Bus gekommen waren und Stella das ganze Geld hatte.

Im Zelt stieß die Menge neben der nordöstlichen Seitentribüne einen Jungen zu Boden. Um den trampelnden Füßen zu entgehen, kroch er unter die Tribüne. Unter den Sitzbrettern, zwischen Programmheften und zerbrochenen Coca-Cola-Flaschen, lag ein Baby. Der Junge hob es auf und brachte es nach draußen. Der Vater stürzte auf ihn zu. In der Nähe rief eine barfüßige Frau nach ihrem Baby.

Zwei Mädchen aus Plainville sprangen von der Seitentribüne und krochen unter der Zeltwand hindurch. Draußen stießen sie auf ein kleines Mädchen, das von seiner Nachbarin getrennt worden war. Zuerst hatte das Kind geglaubt, alles sei nur ein Spiel, doch als die Leute aus dem Zelt rannten, hatte die Kleine es mit der Angst zu tun bekommen. Durch Glück war sie ins Freie gespült worden. Nachdem sie sie beruhigt hatten, fanden die Mädchen ihren Namen heraus und riefen ihre Eltern an.

Ein Junge hatte mit seiner Mutter und seiner Schwester auf der nördlichen Haupttribüne gesessen und war bei May Kovars Laufgang von ihnen getrennt worden. Er gelangte nach draußen, indem er den großen Mann vor sich als Schild benutzte. Inmitten von Hunderten anderer Leute wartete er vor dem Haupteingang auf die beiden. Die Familie war katholisch, der Junge besuchte eine Konfessionsschule. Unter seinem T-Shirt trug er ein Skapulier, und in dem Gedränge war ein Ende herausgerutscht. Dadurch erkannte ihn seine Mutter. An der Immaculate Conception School hieß es später, der Junge sei gerettet worden, weil er ein Skapulier getragen habe.

Als ein Vater seine Familie auf der Ostseite ins Freie führte, stießen sie auf einen neunjährigen Jungen. Er weinte, weil er seine Mutter verloren hatte. Der Mann nahm ihn an der Hand. «Komm, wir versuchen sie zu finden.» Sie kämmten das ganze Gelände ab, gingen von einer Gruppe zur anderen, hatten aber kein Glück. Schließlich sah der Mann einen Polizei-Lieutenant, der von seinem Streifenwagen aus einen Funkspruch durchgab, und ließ den Jungen bei ihm.

Der Wagen des Lieutenants wurde zu einer Anlaufstelle für Kinder. Nach dem ersten Kind «wurde mir von einem unbekannten Mann ein kleiner dreijähriger Junge übergeben. Ich setzte beide in meinen Streifenwagen. Der Kleine schlief ein. Ich sagte dem älteren Jungen, er sollte bei ihm bleiben.»

Don Cook stand hinter dem Hauptzelt und suchte Edward, Eleanor und seine Mutter. Ein Paar mit zwei Kindern sah ihn, und die beiden sagten, er könne bei ihnen bleiben, bis seine Familie herauskomme. Dort waren so viele Menschen, dass er sie vielleicht übersehen hatte. Sie würden bei ihm bleiben und ihm bei der Suche helfen.

Ein besorgter Vater lief ziellos über den Platz und sagte immer wieder, dass er gedacht habe, er habe seinen Sohn gerettet, doch als er draußen angekommen sei, habe er festgestellt, dass er ein anderes Kind an der Hand hielt, eins, das er noch nie gesehen hatte.

Die Polizei und ein paar Zirkusbedienstete hielten ihn davon ab, sich wieder in die Flammen zu stürzen.

Kinder riefen nach ihren Müttern, Mütter nach ihren Kindern. Und immer noch liefen Leute an beiden Seiten des erhöhten Orchesterpodiums vorbei und strömten zum Klang der Musik nach draußen. Clowns und andere Zirkusleute drängten die Menschen weiterzugehen. «Drehen Sie sich nicht um», sagte einer.

Ein vierjähriger Junge aus der Windsor Street hatte am Vortag gesehen, wie der Zirkuszug mit den Tieren vorbeifuhr. Jetzt lief er mit seiner Großmutter aus dem Zelt. Sie waren zu lange drinnen gewesen; durch die Hitze über ihrem Tribünenblock hatte er an beiden Armen von den Ellbogen abwärts Verbrennungen. «Meine Hände und Arme fühlten sich an wie Erdnussbutter.» Seine Großmutter hatte Verbrennungen an den Schultern erlitten. Da sie einen Schuh verloren hatte, wollte sie noch einmal hineingehen, doch der Junge klammerte sich so lange an ihr fest, bis sie wieder zur Besinnung kam.

Die Herausströmenden stießen mit denen zusammen, die wieder hineinliefen, um nach ihren Angehörigen zu suchen. Eine Frau sah ein kleines blondes Mädchen, das nach seiner Großmutter rief und wieder ins Zelt laufen wollte. Sie hielt das Mädchen zurück. Es war erst vier oder fünf Jahre alt.

Ein Mann aus Middletown rettete seine Kinder, doch seine Frau war noch im Zelt. Er setzte die Kinder unter einem Imbisszelt ab und lief wieder hinein. Die Kinder saßen dort im Schatten, bis er ein paar Minuten später mit ihrer Mutter zurückkam.

«Weitergehen!», rief Emmett Kelly. «Sie können nicht wieder rein!»

Aber das stimmte nicht.

Eine Frau kam aus dem Gedränge und konnte ihre Nichte nirgends finden. Sie kämpfte sich durch die Herausströmenden wieder ins Zelt. Ohne ihr Wissen war das Mädchen bereits nach draußen gelangt. Die Frau kam nicht wieder heraus. Später wurde sie von ihrem Bruder, der Arzt war, im staatlichen Waffenarsenal identifiziert.

Eine Mutter kam aus dem Zelt und stellte fest, dass ihr Sohn und ihre Tochter nicht direkt hinter ihr waren. Sie rannte wieder hinein und verbrannte zusammen mit ihrer Tochter. Der Sohn entkam unverletzt.

In dem Gedränge am Haupteingang spürte William Epps, wie ihm die Hand seiner Cousine Muriel Goff langsam entglitt, doch an der anderen Hand hielt er seinen jüngeren Bruder Richie und konnte nicht loslassen, um ihre Hand fester zu fassen. Die Leute rempelten sie von allen Seiten an, mit der Hüfte, den Schultern oder den Ellbogen. Und dann war sie ihm entglitten, und er hielt nur noch Richie an der Hand.

Mabel Epps sprang von der Seitentribüne, ohne dass jemand sie auffing. Sie versuchte, sich in der Luft zu drehen, um das Baby zu schützen, und landete hart auf dem Boden. Sie schleppte sich zur Zeltwand und kroch nach draußen, aber irgendetwas stimmte mit ihren Beinen nicht, sie taten ihr bei jedem Schritt weh. Später teilten ihr die Ärzte mit, dass sie sich das Becken gebrochen hatte, doch im Moment wollte sie bloß von dem Zelt wegkommen.

Ihre Schwester Maurice Goff gelangte unverletzt nach draußen, doch als sie Muriel nicht finden konnte, wurde sie hysterisch. «Wo ist mein Baby?», schrie sie. «Wo ist mein Baby?» William und Richard waren nirgends zu sehen. Jemand sagte ihr, das Kind sei ins Zelt zurückgelaufen – höchstwahrscheinlich, um sie zu suchen. Maurice Goff glaubte ihm und lief ebenfalls wieder hinein.

Stars and Stripes forever

Der Wind trieb die Flammen nach Osten, und Glutfunken fielen auf das Umkleidezelt der Frauen, das mit derselben Paraffinmischung behandelt worden war. Ein Luftakrobat kletterte Hand über Hand ein Seil hinauf, und jemand reichte ihm einen Eimer, damit er die Flammen löschen konnte.

Jeder Artist hatte einen Wascheimer. Als das Feuer ausbrach, wuschen sich gerade einige Ballettmädchen an den Eimern; ein paar der Mädchen rannten splitternackt hinters Zelt. Mitglieder der Zirkustruppe sammelten ihre Kostüme ein, schütteten Wasser auf ihre Truhen und schlüpften unter der Seitenwand hindurch. Es bildete sich eine Eimerbrigade – die Garderobiere, zwei Liliputaner und ein weißgesichtiger Clown –, und bald hatten sie die Situation unter Kontrolle.

John Stewart, der Junge aus dem Viertel, der am Morgen bei der Elefantenfütterung geholfen hatte, erreichte das Gelände und sah das Feuer. Zuerst wollte er weglaufen. Er lief auf die andere Straßenseite und stellte sich vor einem Haus auf den Rasen. Bei E. B. McGurk's hatten die Nachbarn eine Sammelzone für die Verletzten eingerichtet. In der Ferne heulten näher kommende Sirenen. Die Leute kamen mit qualmenden Kleidern vom Hauptweg und hielten sich die Köpfe. John Stewart war erschüttert, wie gelähmt, weil er ihnen nicht helfen konnte, und dann – er konnte nicht erklären, warum – überquerte er wieder die Barbour Street und begann die Verletzten zu McGurk's zu führen.

Im Hauptzelt hatte sich anscheinend kaum etwas verändert. Das Orchester spielte, die Leute schrien. Auf der Ostseite hielt Emmett Kelly die Leinwand beiseite, damit die Leute herauskommen konnten. Doch die Flammen waren noch näher gekommen, die Hitze lastete auf der Menge. Allein von der heißen Luft erlitten die Leute Verbrennungen an den Ohren; Frauen rannten mit brennenden Haaren umher.

Ein Mann aus West Hartford hatte seine Tochter und den Sohn eines Nachbarn dabei. An einem verstopften Gang auf der südlichen Haupttribüne kamen sie nicht mehr weiter. Der Mann hatte vor kurzem bei der Armee ein Überlebenstraining absolviert. Als er die Flammen kommen sah, stieß er die Kinder zu Boden, kniete sich auf sie und hielt ihnen die Hände vor den Mund. Seine

Tochter biss ihn so fest, dass sich die Abdrücke ihrer Zähne für den Rest seines Lebens in seine Hand gruben, doch er ließ nicht los. «Wir wurden von einer schrecklichen Hitzewelle getroffen. Ich konnte riechen, wie mein Haar brannte und die Hitze durch mein Hemd drang. Ich stand auf, und inzwischen hatte sich die Haupttribüne so weit geleert, dass man die Plätze sehen und in die Manege hinuntergelangen konnte. Die Tribüne fing an zu glimmen. Wir liefen auf direktem Weg nach unten und sprangen kopfüber durch den Eisenzaun [das Geländer]. Das war am einfachsten, denn ich habe ein lahmes Bein. Als wir auf dem Boden aufkamen, sahen wir, dass das Gras in der Manege brannte. Die Kinder versuchten, sich aus meinem Griff zu befreien. Wenn eins von ihnen entwischt wäre, hätte ich es nicht mehr wiedergekriegt. Unsere einzige Chance war, durchs ganze Zelt auf die andere Seite zu laufen. Ich fing an zu laufen, doch inzwischen drängte sich eine große Menschenmenge in der Manege. Ich rannte mehr oder weniger ungehindert und stürzte, aber ich stand wieder auf und lief weiter. Ich hatte das Gefühl, von einem Schutzwall umgeben zu sein, die Flammen waren direkt hinter uns. Die Hitze lag vor uns. Beim Laufen konnte ich den Himmel sehen, konnte sehen, wie die Flammen durchs Zeltdach loderten. Und es fielen brennende Leinwandfetzen runter.»

Barbara und Mary Kay Smith und ihre Mutter liefen denselben Weg, wobei sie sich von den Raubtierkäfigen fern hielten. Barbara hatte ihre Schuhe verloren; ihre Mutter trieb sie auf dem Stroh und dem zertrampelten Gras voran. Irgendwo in der Nähe des östlichen Käfigs sahen sie Eva Norris im Gedränge. «Eva», brüllte Mae Smith, «wir müssen hier raus.» Die Mädchen hatten bereits an vielen Stellen Verbrennungen, da ihre Sommerkleider der Haut kaum Schutz boten. Die Menge wogte hin und her und spülte die Norrisens davon.

In der Hitze fielen mehrere Leute in Ohnmacht. Sie stürzten zu Boden, und die Menge trampelte über sie hinweg.

Bill Curlee, dem seine Mutter angedroht hatte, ihn in einem

Sarg nach Hause zu schicken, führte seinen Sohn David zum nordöstlichen Laufgang. David weinte; sein Vater sagte, er solle aufhören, weil das nichts nütze. «Lauf zum Wagen, da treffen wir uns»,
sagte er und warf den Jungen auf die andere Seite.

Curlee stieg auf die Gitterstäbe, als wollte er ihm folgen, hielt
dann aber inne. Er sah einen anderen Jungen hinter sich, streckte
die Hand aus, ergriff ihn am Handgelenk und zog. Es klappte. Da
waren noch mehr Hände, mehr Kinder, Mütter, die ihm kleine
Kinder entgegenstreckten. Curlee stellte sich auf das Laufgitter
und brachte ein Kind nach dem anderen in Sicherheit. Er war ein
großer, schwerer Mann und noch dazu jung, im Publikum eher
eine Ausnahme. Am Laufgang sahen ihm Dutzende von Leuten
ehrfürchtig zu; später erzählten sie den Reportern von ihrer Be-
wunderung, und seine Geschichte kam auf die Titelseite. Doch im
Gegensatz zu Donald Anderson und May Kovar wurde Curlee zu
einem tragischen Helden. Als er eins der vielen Kinder auf die andere Seite hob, rutschte er mit einem Fuß zwischen die Gitterstäbe, und die Menge zog ihn herab und begrub ihn unter sich.

Die Flammen hatten sich jetzt auch nach den Seiten ausgebreitet. Eine Frau hatte ein Kind dabei, das nicht vom oberen Rand
der Haupttribüne springen wollte, obwohl das Feuer bereits direkt
über ihren Köpfen war. Ihre Arme waren schon ganz verbrannt,
weil sie sie schützend über das Kind gehalten hatte, und so warf sie
das Mädchen über die Seitenwand und sprang hinterher.

Vor der nordwestlichen Ecke des Zeltes wandte sich Thomas
Barber gerade von den Raubtierwagen ab, als zwei Jungs durch
Donald Andersons Schlitz in der Seitenwand herauskletterten. Er
zwängte sich durch die Öffnung und brachte ein paar kleinere
Kinder in der Nähe des Laufgangs ins Freie. Etwas weiter drinnen
fand er eine auf dem Rücken liegende Frau, deren Kleider brann-
ten. Er zog seine Jacke aus und erstickte die Flammen, half ihr am
Arm nach draußen und setzte sie am Waldrand ab.

Die Flammen loderten jetzt über Block H, und die Hauptmasten begannen zu schwanken. Das Zelt war größtenteils abge-

Angefacht vom Wind, verbreitet durch lodernde Leinwandfetzen, brennen die Flammen das Dach bis zur Seitenwand ab. FOTO: SPENCER TORELL/CONNECTI-CUT HISTORICAL SOCIETY

brannt, nur die Ostseite stand noch, auch die Flaggen auf dem Dach standen in Flammen. Im Rauch stiegen große Leinwandstücke in den Himmel.

Mae Smith und ihre Töchter liefen am Orchesterpodium vorbei. Die Haut an Barbaras Armen hing in Fetzen herab.

Im Zelt war der nordöstliche Laufgang der reinste Albtraum. Marion LeVasseur und ihr sechsjähriger Sohn Jerry warteten, während die Polizeibeamten Griffin und Kenefick die Freunde, mit denen sie hergekommen waren, auf die andere Seite hoben. Als sie an der Reihe waren, streckte Marion ihre freie Hand aus. Der Polizist auf den Gitterstäben beugte sich herunter, um sie zu ergreifen, doch die Leute in der Menge traten ihr die Beine weg, und sie stürzte zusammen mit Jerry zu Boden.

Stanley Kurneta warf seinen Sohn Tony über das Laufgitter, half

Das Feuer wütet in der Drahtverspannung über dem östlichen Ende der südlichen Haupttribüne. Noch immer befinden sich Menschen im Zelt. FOTO: SPEN-
CER TORELL/ART KIELY

dann seiner Mutter und seiner Nichte Betsy hinauf. Als er sich
nach seiner Schwester Mary und seinem Neffen Raymond Erickson umdrehte, waren beide verschwunden. Er kletterte hinüber
und rannte.

Hinter ihnen kamen Elliott und Grace Smith, die sich an der
Hand hielten. Es herrschte ein großes Gedränge, und Elliott konnte nur Taille und Rücken der Leute sehen. Die Smiths kamen
kaum vom Fleck, doch durch das ständige Drängeln, das Gerem-
pel der Körper, wurden sie getrennt. Hin- und hergestoßen, von
der Menge verschluckt, schwang Elliott die Fäuste, schlug auf die
Leute ein, versuchte sich zu befreien. Die Menge riss ihn mit sich.
Er hatte keine Ahnung, wo er war, und versuchte bloß, auf den
Beinen zu bleiben. Die Leute schrien, er konnte das Orchester
nicht mehr hören, und dann rammte ihn jemand, er spürte, wie er

hinfiel, wie auch die Leute in seiner Nähe stürzten und auf ihn fielen, und dann lag er flach auf dem Bauch, das Kinn auf dem Boden.

Irgendwo hinter Elliott Smith befanden sich die vier Norrisens, die in dem Getümmel nach Norden, zwischen die Raubtierkäfige, gespült worden, aber zusammengeblieben waren.

Auf dem Laufgitter spürte der Polizist Kenefick einen Hitzeschwall. «Lauf!», schrie Griffin, und Kenefick schaute nach oben und sah, dass über ihnen das Dach in Flammen stand. Er sprang auf der anderen Seite hinunter und rannte zum nordöstlichen Ausgang in der Nähe der Raubtierwagen hinaus. Dort stand einer der Zirkustankwagen, hatte aber Probleme mit dem Wasserdruck.

Überall wurden Menschen in letzter Sekunde gerettet. Ein Clown schleppte einen zehnjährigen Jungen aus dem Zelt und brachte ihn in Sicherheit. Ein Mann packte ein dreizehnjähriges Mädchen und trug es nach draußen, obwohl es ihm wütend das Gesicht zerkratzte. Das Mädchen hatte versucht, seinen Bruder zu finden.

Diejenigen, die als Letzte herauskamen, hatten die schlimmsten Verbrennungen. Bei einer Frau war die Haut von den Hüften bis zum Kopf verbrannt. Ein Mann, dem jemand nach draußen half, war von der Taille aufwärts ganz schwarz, seine Lippen waren zur doppelten Größe angeschwollen.

Die Leute, die das Zelt verließen, blickten unwillkürlich auf die weniger Glücklichen zurück. Während sich ein Mann an einem Seil herabhangelte, sah er Leichen auf den Tribünen liegen. Ein anderer sagte auf dem Weg zur Barbour Street: «Ich konnte kaum ertragen, daran zu denken, was sich hinter mir abspielte.»

Ein älterer Zirkusfan half, eine Frau zu retten, deren Arme bis zu den Schultern verbrannt waren, deren Haut herabhing, als wären es leere Ärmel. Sie schrie, ihre drei Kinder seien verschwunden. Der Zirkusfan und ein anderer Mann stützten sie und führten sie zum Sattelgang hinaus.

Überlebende streiften barfuß, in zerfetzten Kleidern über das Gelände und würgten rußigen Schleim hervor. Ein paar von ihnen fielen in Ohnmacht. Es gab kein Wasser, mit dem man ihnen das Gesicht benetzen konnte, deshalb benutzten die Retter rosa Limonade.

Stanley Kurneta vergewisserte sich, dass seine Mutter und Betsy weit genug vom Zelt entfernt waren, dann hob er Tony über einen Zaun und sagte ihm, er solle weiterlaufen. Mary Kurneta und Raymond Erickson waren noch im Zelt, und Stanley war für sie verantwortlich. Er lief dort wieder hinein, wo er herausgekommen war. Die Hitze verbrannte ihm Gesicht und Hände, und er musste blutend den Rückzug antreten.

Eine junge Frau, die ein Kostüm trug, lief dreimal ins Zelt und kam zweimal mit Kindern heraus. Beim dritten Mal kehrte sie mit leeren Händen zurück und stürzte zu Boden.

Ein Mann aus New Britain führte seine Frau und sein Kind an den Seitenstangen entlang und ging dann noch einmal hinein, um eine Frau und zwei Kinder zu retten, die schreiend auf dem Boden lagen. Beim Verlassen des Zeltes sah er, dass am nordöstlichen Laufgang mindestens fünfzig Menschen übereinander lagen.

Polizeipräsident Hickey bekam von der Ostseite aus alles mit. «Ich sah, wie die Leute versuchten, von der Rennbahn auf der Nordseite über das Laufgitter zu klettern, und als ich wegen der Hitze und der Flammen das Zelt verließ, lagen neben dem Laufgang viele Menschen übereinander, die brannten und in Flammen standen und die ganze Zeit schrien und brüllten. Ich sah, dass sich viele Leute brennend am Boden wälzten. Vom Ausgang her konnte ich sehen, dass auf der Ostseite immer noch Menschen auf der Rennbahn lagen, deren Kleider in Flammen standen, und unter den Tribünen lagen brennende Leichen.»

Er lief los, um Hilfe zu holen.

Noch ein paar Takte!

Das Orchester spielte in voller Lautstärke weiter, die Musiker saßen da, während das Feuer direkt auf sie zukam und die Menge sich am Orchesterpodium wie ein Fluss teilte. Die Flammen waren über den letzten Tribünenblöcken, nicht mehr weit entfernt. Es regnete Feuer. Heiße Kabel, Asche, Glutfunken fielen herab. Durch die Hitze platzten die Pauken.

«Springt!», rief Merle Evans, und die Orchestermitglieder sprangen hinab – als wahre Musiker nahmen sie ihre Instrumente mit. Eine brennende Sturmstange stürzte um und fiel wie ein Hammer auf das Podium.

Mit verschmierten Gesichtern und versengten weißen Uniformen gruppierten sie sich draußen wieder und spielten für die verstörte Menschenmenge, die dastand und beobachtete, wie die Trommeln und die Orgel brannten.

Ein Mann kam mit zwei Kindern aus dem Zelt. «Als wir am Ende des Zeltes ankamen, entschieden wir uns für den Ausgang rechts vom Orchesterpodium. Ich erinnere mich, dass ich aus dem Zelt kam, und da war plötzlich der Kapellmeister, der seine Trompete blies, und ringsum standen noch ein paar Musiker. Sie spielten direkt vor dem Zelteingang.» Beide Kinder hatten am ganzen Körper Verbrennungen dritten Grades, der Mann Verbrennungen zweiten Grades an den Lippen.

Neben dem südöstlichen Ausgang fing ein Coca-Cola-Zelt Feuer, und die Flammen hüllten die aufgestapelten gelben Holzkästen voll leerer Pfandflaschen ein. Das Glas schmolz und bildete Pfützen, als ob es Wasser wäre.

In der ausdörrenden Hitze des Zeltes erreichten ein zwölfjähriger Junge und seine Mutter den oberen Tribünenrand. Sie ließ ihn hinab und sagte ihm, er solle loslaufen. Er gehorchte.

Hoch oben lösten sich die Halteseile, gab die Verspannung nach, die Masten in der Nordostecke stürzten um, und dann sank die Leinwand in der Mitte ein. Das Zelt hing durch – ganz langsam und nicht schlagartig neigten sich die Flaggen auf dem Dach, bis sie fast waagerecht lagen – und dann fiel das Hauptzelt zischend und rauschend in sich zusammen, die großen Hauptmasten stürzten einer nach dem anderen um, zerschmetterten die Raubtierkäfige und zerquetschten Menschen. Die Sturmstangen – dick wie Telefonmasten – fielen krachend auf die Haupttribünen und drückten die Geländer ein.

Robert Onarato filmte von einer Anhöhe östlich des Zeltes und hielt die Szene auf Zelluloid fest. Wenn man sich den Film verlangsamt ansieht, züngeln die Flammen an der sichtbaren Spitze des östlichen Hauptmastes empor und hüllen die Flagge ein. Die Flagge fängt Feuer und senkt sich, als würde sie schmelzen, stürzt herab, und sofort fällt das Zelt schlaff in sich zusammen, wie ein Ballkleid, dessen Trägerin einen Knicks macht, wie ein Segel, das nicht länger vom Wind gebauscht wird.

An der Südseite machte Spencer Torell eine Aufnahme nach der anderen, und die Fotoserie zeigt, wie die Flammen die Zelthaut verschlingen und nur das Skelett der Verspannung zurücklassen, die Sturmstangen noch immer vergeblich durch Stahlkabel verbunden.

Als die Zeltleinwand herabstürzte, wurde die Hitze an den Seitenwänden herausgepresst. Der heiße Luftzug hätte die Leute fast zu Boden geworfen.

Eine Frau mit schweren Verbrennungen im Gesicht und an den Armen stürzte aus dem Sattelgang und schrie: «Sucht mein Kind! Sucht mein Kind!» Ein Polizist brachte sie auf dem schnellsten Weg zum Zelt des Arztes. Sie fragte immer wieder nach ihrem Sohn, wollte wissen, wo er war, ob es ihm gut ging.

Eine andere Mutter kroch in dem Augenblick, als das Zelt zusammenstürzte, mit ihrem Sohn unter der Seitenwand hindurch, und ein barmherziger Samariter zog sie nach draußen.

An Armen, Beinen und Rumpf verbrannt und blutend, Kopf und Hals voller Brandblasen, kamen die Letzten ins Freie gerannt.

Dunkle Rauchwolken steigen von dem brennenden Dach auf, die Seitenwand ist
noch unversehrt. Links erkennt man ein kleines Coca-Cola-Zelt, davor einen
Prunkwagen. FOTO: CIRCUS WORLD MUSEUM

Der Gestank von verbranntem Haar drehte den Leuten den Magen um.

Nicht alle entkamen. Wer das Pech hatte, noch im Zelt zu sein,
wurde unter der Leinwand begraben. Viele Leute, die von draußen beobachteten, wie das Zelt einstürzte, hatten keine Ahnung,
wo sich ihre Angehörigen befanden – darunter auch Don Cook,
Joan Smith und Stanley Kurneta, Barbara und Mary Kay Smith
und Mabel Epps.

Das brennende Zelt stürzte auf die Zurückgebliebenen herab
und warf sie zu Boden. In dem Haufen übereinander liegender
Menschen am nordöstlichen Laufgang hörte Elliott Smith, wie
über ihm Leute stöhnten und beteten. Begraben unter dem Hügel aus Leibern, der auf der Rennbahn lag, dachte Donald Gale, er
hätte sich das Bein gebrochen. Er versuchte, sich hochzustemmen,

Torell hält fest, wie das Coca-Cola-Zelt in Flammen aufgeht.
FOTO: SPENCER TORELL

musste aber feststellen, dass er sich nicht vom Fleck rühren konnte.

Die Flammen fraßen sich prasselnd, mit dem leisen Rauschen aufkommenden Windes, über die mit Paraffin beschichtete Leinwand.

Die Gebete verstummten, und dann waren nur noch Schreie zu hören. Die Leute draußen waren wie gelähmt, als sie hörten, wie Frauen und Kinder stöhnten und um ihr Leben schrien. Zeugen sagten aus, es habe sich angehört wie das Geheul von Tieren. Schreckliche, unheimliche Schreie.

Mehrere Überlebende sagten, die Schreie der bei lebendigem Leib verbrennenden Tiere würden sie in ihrem ganzen Leben nicht vergessen. Doch es sind gar keine Tiere verbrannt.

Das Ende für das Zeltdach.
Man erkennt, dass die Seiten-
wand hinter der südlichen
Haupttribüne nur teilweise
abgebrannt ist. Wenig später
sprangen die Flammen auf die
Haupttribüne über, und die
mehrmals überstrichenen
Stühle brannten wie ein Schei-
terhaufen. FOTO: SPENCER
TORELL/CONNECTICUT
HISTORICAL SOCIETY

Das Dach stürzt auf einen
Block der nördlichen Haupt-
tribüne. Ein kleines Stück
Seitenwand ist noch
unversehrt.
FOTO: HERTZBERG CIRCUS
MUSEUM, SAN ANTONIO

Durch den Rauch ist noch
ein Teil der Verspannung zu
erkennen. Das mit Paraffin
behandelte Dach ist bereits
abgebrannt, und der Rauch
ist heller. FOTO: SPENCER
TORELL/CONNECTICUT
HISTORICAL SOCIETY

Tod durch Verbrennen

Die Leute, die ganz oben lagen, verbrannten. Unter ihren Körpern eingeklemmt, flach auf dem Bauch liegend, hörte Elliott Smith, wie sie schrien. Er konnte normal atmen, sie drückten ihm nicht die Luft ab. Direkt vor sich auf dem Boden sah er den Widerschein des Feuers. Er spuckte ins Sägemehl, um es zu löschen.

Mehrmals verspürte er einen kurzen stechenden Schmerz im Rücken, als würde jemand immer wieder mit einem Messer auf ihn einstechen. Über ihm verstummten die Schreie.

Donald Gale nahm seine ganze Kraft zusammen, um die Hände und dann Arme und Gesicht freizubekommen – genau in dem Moment, als die Flammen über die Rennbahn fegten. Er sah einen Lichtblitz und wich zurück, versuchte sich in dem Wall aus Leibern zu verbergen, aber es war zu spät. Es fühlte sich an, als würde ihn jemand am ganzen Körper kräftig zwicken, ihm Nadeln in die Hände stechen. Durch die Hitze verschmorten seine Fingerknöchel, seine Arme verbrannten bis zu den Schultern. Kurz darauf wurde er ohnmächtig.

Die übereinander liegenden Leiber am nordöstlichen Laufgang bedeckten Jerry LeVasseur nur von der Brust an abwärts. Die Flammen peitschten über seinen Kopf und seine Hände und Schultern hinweg, verbrannten seine Haut und fegten dann weiter.

Normalerweise sterben die Menschen bei einem Feuer durch den Rauch, weil er nirgends entweichen kann – wie bei dem Brand im Cocoanut Grove. Eingeklemmte Opfer wie Mildred und Edward Cook werden bewusstlos. Unwillkürlich atmen sie überhitzte, ihre Lunge verbrennende Luft und Giftgase ein. Der Körper reagiert, indem er die Lunge mit Flüssigkeit tränkt, und die Opfer ersticken an ihren eigenen Körpersäften. In den allermeisten Fällen sterben Brandopfer, bevor die Flammen sie erreicht haben. Das hier war eine Ausnahme, in ganz großem Maßstab.

Wer vom oberen Rand einer Haupt- oder Seitentribüne ge-

Die Stützbalken, Durchzüge und Stühle brennen. Links im Vordergrund steht ein Prunkwagen aus der Gala-Revue «Panto's Paradise» mit einem aus dem Meer springenden Delphin; rechts im Vordergrund steht der Requisitenwagen Nr. 201.
FOTO: SPENCER TORELL/ART KIELY

sprungen war, sich den Knöchel oder die Beine gebrochen hatte und nicht mehr laufen konnte, steckte hilflos unter der brennenden Leinwand fest. Die Flammen verschlangen die Kleider und dann die Haut und das Körpergewebe, das Fett brannte lichterloh wie Benzin.

Die Tribünen brannten, die Fußbodenplatten und die Sitzbretter – einfach alles. Hier war es während des gesamten Brandes vermutlich am heißesten. Vor Beginn der Saison hängte der Zirkus seine Tribünenstühle an Haken auf und tauchte sie in die für dieses Jahr gewählte Farbe. So bildete sich im Lauf der Jahre eine dicke, leicht entzündliche Farbschicht. Als fast fünfzig Jahre später ein Polizist aus Hartford ein Streichholz an den Farbsplitter von einem übrig gebliebenen Stuhl hielt, loderte der Splitter auf wie ein Feueranzünder.

Torell geht weiter nach Westen, da zu seiner Rechten ein Imbisszelt in Flammen aufgeht. Wir befinden uns auf der anderen Seite des Prunkwagens, der Requisitenwagen Nr. 201 ist noch im Bild. FOTO: SPENCER TORELL/ART KIELY

Durch die Hitze verdorrten die Zweige der Bäume, und die Leute flüchteten, weil sie Angst hatten, es könnte einen Waldbrand geben. Deacon Blanchfield dirigierte seine Tankwagen. «Ich hatte die Tankwagen gerade zum Schutz der Raubtierkäfige losgeschickt, da sagte mir jemand, in dem brennenden Zelt seien noch Menschen, und ich nahm die Anweisung zurück und dirigierte die Wagen um ... Man sagte mir, am Ausgang stehe ein kleiner Junge in Flammen, und als die Tankwagen dort ankamen, ließ ich sie anhalten und die Leute mit Wasser bespritzen.»

Die Wagen auf der Südseite des Zeltes und ein paar Imbisszelte brannten. Ein Zirkusarbeiter sprang in einen Coca-Cola-Lastwagen und fuhr ihn rückwärts aus der Gefahrenzone.

Die Flammen waren der Lichtanlage und den Generatoren, die mit Diesel gefüllt waren, gefährlich nahe gekommen. In seinem Weary-Willie-Kostüm – komplett mit den riesigen Schuhen –

Die Überreste der Seitenwand auf der Südseite brennen. Im Hintergrund steht noch immer ein Hauptmast. FOTO: RALPH EMERSON SR./CONNECTICUT HISTORICAL SOCIETY

kam Emmett Kelly mit einem Wascheimer voll Wasser herübergelaufen, sein geschminktes Gesicht ein perfektes Bild des Entsetzens und der Hilflosigkeit.

Arbeiter füllten ihre Eimer in einem Segeltuchtrog auf Rädern, der in der Nähe der Menagerie stand. Scharen von Hilfskräften bemühten sich, die Lichtwagen vom Zelt wegzuschieben, weil die Reifen brannten. Deacon Blanchfield ließ Traktoren kommen, um die Wagen wegzuziehen, und der Tankwagen Nr. 133 besprengte die Reifen mit Wasser.

Löschfahrzeug 7 traf als Erstes ein. Als der Wagen sich dem Feuermelder 82 an der Ecke Clark und Westland Street näherte, fuhr er langsamer. Zwei Jungs auf der Straße deuteten in Richtung Zirkus, und der Fahrer gab Gas. Das Zelt war bereits eingestürzt, es brannte nur noch auf der Ostseite. Auf den ersten Blick sah der Feuerwehrhauptmann, dass sie trotz George W. Smiths Bemühun-

Emerson zieht sich zurück wegen des starken Rauchs, der vom Imbisszelt und der Seitenwand aufsteigt. Links von der Bildmitte erkennt man den Coca-Cola-Last-wagen. FOTO: RALPH EMERSON SR./CONNECTICUT HISTORICAL SOCIETY

gen an der Südseite mit dem Löschwagen nicht durchkommen würden. Sie mussten eine Schlauchleitung legen. Direkt am Gelände stand ein Hydrant, dennoch musste eine große Menge Schläuche verlegt werden. Der Hauptmann bat die umstehenden Zivilisten, mit anzupacken. John Stewart trat vor und meldete sich freiwillig.

Sie verlegten dreihundert Meter Schläuche und mussten dann noch einmal fünfzig Meter hinzufügen. Die Schlauchleitung erstreckte sich bis zur Südostecke, wo das Coca-Cola-Zelt nur noch eine Lache aus Glas und Asche war. «Das ist kein Wasser», warnte jemand die Feuerwehrleute, und sie legten die Schläuche in einem Bogen außen herum. Als sie auf der Ostseite ankamen, war vom Zelt nichts mehr übrig, nur noch die Seitentribünen brannten, und so richteten sie ihre Aufmerksamkeit auf die Wagen.

Polizeipräsident Hickey rannte den Hauptweg entlang und

An der Südseite bleibt Emerson
stehen, um zu fotografieren, wie
Emmett Kelly einen Eimer Wasser
zur Lichtanlage schleppt. Im Hinter-
grund der Requisitenwagen
Nr. 201. FOTO: RALPH
EMERSON SR./HARTFORD
COURANT

entdeckte einen Polizisten. Er bat den Beamten, alle Autos mit
Krankentragen so bald wie möglich zur Ostseite zu schicken,
auch wenn sie über die Schläuche fahren müssten. Dann stieg er
in den Streifenwagen Nr. 8, in dem Polizeichef Hallissey saß.
Nach einer kurzen Besprechung meldete sich Hickey über Funk
bei Gouverneur Baldwin, einem Freund und republikanischen
Parteigenossen. Sie müssten alle Zivilschutzkräfte im näheren
Umkreis der Stadt mobilisieren. Sofort. Ja, so schlimm stehe es.
Der Transport und die Kontrolle über die Menge würden zu
einem Problem werden.

«Hör zu», sagte Baldwin, «ich fordere die Leute über den Rund-
funk auf, nicht zum Zirkusgelände zu gehen, wenn sie von dem
Brand erfahren, sondern sich mit meinem Büro in Verbindung zu
setzen.»

Hickey stimmte ihm zu.

Wenige Minuten nach den ersten Löschtrupps traf Bürgermeister William Mortensen ein. Er sah die Leichen am Laufgang und beriet sich mit Hickey, dann rief er von McGovern's aus im staatlichen Waffenarsenal an. Man würde die riesige Exerzierhalle vorübergehend als Leichenhalle nutzen.

Der Gouverneur setzte sich mit der Staatspolizei in Verbindung und bat die Connecticut State Guard, ihre Reservisten in Alarmbereitschaft zu versetzen. Dann forderte er alle Ärzte, Krankenschwestern und Arzneimittel an, die er vom Veterans' Home in Rocky Hill und vom Veterans' Hospital in Newington bekommen konnte. Im Kapitol stellte er einen Trupp von Angestellten zusammen, die sich um die Schreibarbeit im Waffenarsenal kümmern sollten, und bereitete dann seine Ansprache auf WTIC vor.

Obwohl er ein beliebter Gouverneur war, hatte Baldwin vor kurzem angekündigt, er werde sich nicht zur Wiederwahl stellen. Generalstaatsanwalt H. Meade Alcorn und ein paar andere Republikaner hatten eine Petition abgefasst, in der sie ihn drängten, das Ganze noch einmal zu überdenken – zum Wohle des Staates, nicht nur der Partei –, doch Baldwin hielt an seinem Entschluss fest. Er wollte die letzten Monate im Amt ohne große Aufregung hinter sich bringen. Und jetzt das.

Doch Baldwin stand mit seinen Bemühungen nicht allein da. Der Staat und die Stadt waren auf eine Katastrophe dieser Größenordnung bestens vorbereitet. Nach der Überschwemmung von 1936, dem großen Hurrikan von 1938 und dem Einsturz der Charter Oak Bridge im Jahre 1941 hatte man weit reichende Organisationen geschaffen, die imstande waren, auf jegliche Katastrophe gemeinsam zu reagieren. Nach Pearl Harbor kamen durch den Kriegsrat Tausende von Freiwilligen und ein Maß an Wachsamkeit hinzu, wie es nie wieder erreicht wurde. Nach dem Brand im Cocoanut Grove koordinierte Dr. Donald B. Wells vom Hartford Hospital all diese Organisationen mit der Staatspolizei, dem Roten Kreuz und den sieben zivilen Krankenhäusern im Bezirk Hartford.

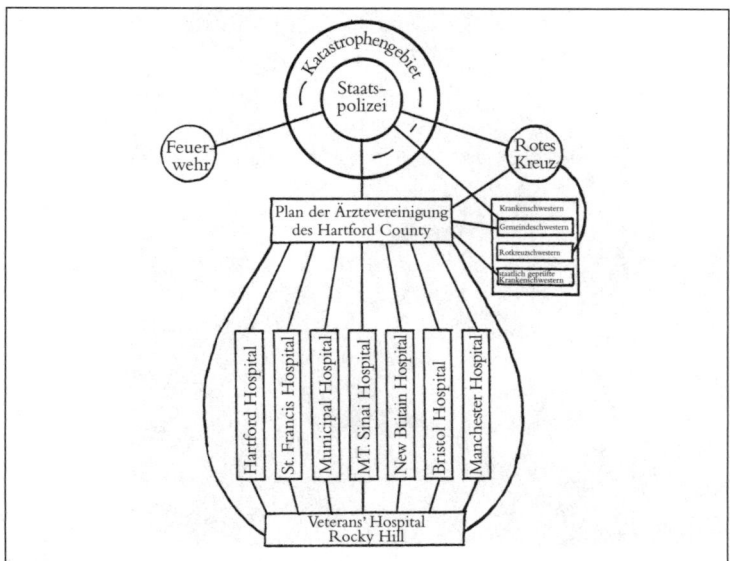

Plan der Ärztevereinigung des Hartford County für zivile
Katastrophenbereitschaft

Ein großer Luftangriff, ein Tornado, eine Explosion im Waffenarsenal – Plan und Ausrüstung lagen vor, bis hin zu Dutzenden von
Warenhauslieferwagen, die eigens mit Querstangen zum Transport
von Tragbahren ausgestattet worden waren. Verbandsmaterial.
Blutplasma. Das neue Wunderheilmittel Penizillin.

All das würde man brauchen.

Die letzten Überlebenden

Als Löschfahrzeug 2 eintraf, kamen gerade die Elefanten auf die
Barbour Street. Die Pfleger reihten sie auf der anderen Straßenseite nebeneinander auf. Sie trompeteten, schwangen die Köpfe
hin und her und versuchten sich im Kreis zu drehen, womit sie

Von der Barbour Street aus fotografiert Emerson am Abnormitätenkabinett vorbei den Rauch von den Tribünen. Rechts im Vordergrund führen Tierpfleger die Elefanten weg. FOTO: RALPH
EMERSON SR./HARTFORD COURANT

alle Leute nervös machten. Die Männer vom Löschtrupp 2 befestigten an dem Hydranten gegenüber von McGovern's einen Anschluss mit zwei Ventilen, damit die anderen Einheiten ihn auch
benutzen konnten, dann verlegten sie eine dreihundert Meter
lange Schlauchleitung, wobei sie sich einen Weg durch die Menge
bahnten, mit Leuten zusammenstießen und sich um Scharen von
Zuschauern herumschlängelten.

Direkt nach ihnen trafen auch Löschfahrzeug 4 und der stellvertretende Polizeichef Michael J. Godfrey in seinem Streifenwagen ein. Die Elefanten versperrten die Straße, und die Tierpfleger
führten sie Rüssel an Schwanz in südlicher Richtung die Barbour
Street entlang, vorbei an den Häusern Nr. 345 und 337 und am
städtischen Entbindungsheim, auf ein grasbewachsenes Grundstück an der Ecke Charlotte und Barbour Street, auf dem nur eine

Die Besatzung von Löschfahrzeug 4 spritzt Wasser auf die Haupttribüne. FOTO:
SPENCER TORELL/ART KIELY

Reklametafel stand. Die Männer vom Löschtrupp 4 kämpften sich
an der Schlauchleitung entlang über den Hauptweg und stießen
immer wieder Leute zur Seite.

Polizeipräsident Hickey sah, welche Probleme die Feuerwehrleute damit hatten, sich durch das Gedränge zu schlängeln. Er
winkte ein paar Polizisten zu sich und bildete mit ihnen eine
Kette, die die Menge zur Barbour Street zurückdrängte.

Auf der Südseite des Platzes war das Feuer auf den Haupttribünen so heiß, dass die Beleuchtungscrew in Deckung gehen musste. Der Wind fachte die Flammen an. Im Boden steckende Pflöcke brannten, Halteseile setzten das trockene Gras in Brand. Mehr
als zehn Meter vom Zelt entfernt stehende Wagen fingen Feuer –
darunter zwei Dieselgeneratoren. Ein Zirkustankwagen richtete
seinen Schlauch darauf, doch ein Mann kam angelaufen, schnapp-

te sich die Düse und versuchte, den Wasserstrahl auf die immer
noch brennende Zeltleinwand zu richten. Die Arbeiter wurden
handgreiflich und warfen ihn zu Boden.

Es war ein Feuerwehrmann aus Hartford, der seinen freien Tag
hatte. Er hatte die Vorstellung mit seiner Frau und seinen drei Kindern besucht und wusste, dass sich noch Menschen im Zelt befanden. Später erstattete er Anzeige, und die Stadt erließ Haftbefehle
gegen die Beteiligten. Die Mannschaften aller vier Tankwagen
mussten sich einer Gegenüberstellung unterziehen, doch der
Mann konnte niemanden identifizieren.

Inzwischen hatten der Feuerwehrchef John C. King und sein
Fahrer ihren Funkwagen verlassen und rannten auf den Rauch zu.
King sagte später: «Feuerwehrleute versuchten die von panischem
Schrecken ergriffenen Frauen und Kinder zu retten, die von den
heranfegenden Flammen überrascht wurden. Mehrere von ihnen
kamen mit brennenden Kleidern, gekrümmt vor Schmerz, auf uns
zugelaufen. Als ich eine ältere Frau unter dem Zelt hervorzog,
wollte sie wieder hineingehen und ihren kleinen Sohn holen.
Doch die Feuerwehrleute hielten sie zurück, da so ein weiteres Leben gerettet wurde. Wenn sie noch einmal ins Zelt zurückgekehrt
wäre, wäre sie nicht wieder lebend herausgekommen.»

Ein Streifenwagen voller Polizisten, die man auf ihrer Runde
eingesammelt hatte, holperte über den Platz. Die Männer sprang-
en heraus und liefen auf das Zelt zu. Unter ihnen war auch William Dineen, dessen zwei Kinder mit ihrem Onkel die Vorstellung
besucht hatten. Er rannte wie alle anderen.

Die Männer des Löschfahrzeugs 16 befestigten ihren Schlauch
am zweiten Anschluss von Löschtrupp 2 und verlegten mit der
Hilfe von Zivilisten ihre Leitung. Sie waren verblüfft, als sie sahen, dass das Zelt bereits am Boden lag. Man hatte sie erst vor ein
paar Minuten alarmiert. Sie richteten den Wasserstrahl auf die Bestuhlung und die Seitentribünen, übernahmen Aufräumungsarbeiten.

Die Wagen mit den Raubkatzen auf der Nordseite waren ver-

Tribünen und Bestuhlung schwelen. FOTO: HARTFORD COURANT

sengt, brannten aber nicht. Die Löwen brüllten, während Arbei-
tertrupps die Käfigwagen vom Zelt wegzogen.

Ein Zirkusartist erinnerte sich daran, dass ein Arzthelfer mit
wunden Armen und Händen ein Mädchen, das schwere Verbrennungen erlitten hatte, aus den Trümmern trug. Das Kind sah den
Mann an und sagte: «Du bist nicht mein Daddy.»

«Ich weiß, dass ich nicht dein Daddy bin», erwiderte der Mann,
«aber ich werde mich um dich kümmern.» In dem Moment, als er
das Zelt des Arztes betrat, starb das Mädchen.

Am Laufgang auf der Ostseite fauchten und züngelten die
Flammen über die aufeinander liegenden Leiber hinweg. Thomas
Barber und John Stewart beobachteten, wie die Feuerwehrleute
den Wasserstrahl darauf richteten.

William Cieri gehörte zur Besatzung von Wagen 4, einem
Drehleiterfahrzeug des Löschtrupps 14. Er war noch neu. Seine
Hauptaufgabe bestand darin, Leben zu retten, und als sie auf dem

Gelände ankamen, sprang er vom Wagen und hielt nach jemandem Ausschau, dem er helfen konnte. Die erste Person, die er sah,
war eine Frau in einem brennenden Kleid. Sie stürzte zu Boden,
und der Stoff verbrannte an ihrem Rücken. Er wollte sie umdrehen, um die Flammen zu ersticken, und packte sie am Oberarm.
Ihr Arm fühlte sich an wie Kitt; das Fleisch war richtiggehend ge-
kocht. Sie wurde noch in seinen Händen steif. O mein Gott, dachte Cieri, von jetzt an trage ich Handschuhe. Er drehte sie um und
sah, dass sie schwanger war, und ihn überkam ein Gefühl der Sinn-
losigkeit. Er lief weiter.

Im Innern des Zelts – da, wo das Zelt gestanden hatte – fand er
neben May Kovars Manege einen Jungen. Er kniete da, als würde
er beten, und hatte die Hände vor dem Körper gefaltet, sein Kopf
lag auf der Manegenumrandung. Er war nicht verkohlt, doch
durch die Hitze war sein Schädel aufgeplatzt wie ein zu lange ge-
kochtes Ei und aus den Rissen schaute sein Hirn hervor. Wenn
Cieri nicht so bestrebt gewesen wäre zu helfen, hätte er sich übergeben müssen.

Er lief weiter. Die Bühnen waren nahezu unversehrt, doch in
der Nähe lag eine Frau auf dem Boden, die ihre Arme und Beine
in die Luft streckte wie die Karikatur eines toten Tieres. Dahinter
lag ein Mann mittleren Alters in der Manege, der von einem Mast
in zwei Teile gespalten worden war, die eine Hälfte hier, die andere da. Cieri ging weiter.

Unter dem Wall aus Leibern, der auf der Rennbahn lag, kam
Donald Gale zu sich, als er mit kaltem Wasser bespritzt wurde. Es
kam schnell, strömte von den auf ihm liegenden Leibern herab.
Donald hielt sich die Hand vor Mund und Nase, damit er atmen
konnte. Er spürte, wie jemand die Leichen von ihm herunterzog,
und dann griffen zwei Hände nach ihm und hoben ihn hoch. Ein
uniformierter Soldat nahm ihn in die Arme, trug ihn zum Laufgang und reichte ihn einem weiteren Soldaten auf der anderen
Seite.

Die am Laufgitter übereinander liegenden Leiber ließen sich

nicht so schnell entwirren. Ganz unten fanden die Feuerwehrleute Jerry LeVasseur, der schlimme Verbrennungen erlitten hatte, aber noch am Leben war und nicht einmal weinte.

Elliott Smith hatte zu keinem Zeitpunkt das Bewusstsein verloren. Nachdem die Schreie verstummt waren, hatte er mit anhaltenden, dumpfen Schmerzen dagelegen und gewartet. Er konnte bloß den Boden vor seinen Augen sehen. Schließlich hörte er Männerstimmen und das Wasser, das auf die oben liegenden Leiber gespritzt wurde. Ein Teil des Wassers rieselte kühl und schmerzlindernd auf seinen Rücken herab.

«He, das tut gut», sagte er. «Macht weiter!»

Die Feuerwehrleute hörten ihn und ließen so viel Wasser auf ihn hinabströmen, dass sich vor seinem Gesicht eine Pfütze bildete, in der das Wasser immer höher stieg. Elliott konnte sein Kinn nicht aus dem Schlamm heben, da das Gewicht der Leiber ihn zu Boden drückte. «Aufhören!», brüllte er. «Oder wollt ihr mich ertränken?»

Sie hörten auf und zerrten die Leichen zur Seite. Den letzten Körper konnten sie nicht festhalten, und er fiel wieder herunter. Sie ergriffen ihn mit bloßen Händen, doch erneut entglitt er ihnen und prallte auf Elliott. Beim dritten Mal krallten sie ihre Finger in den Toten und zogen ihn weg. Ein Mann mit dunklem Haar und Schnurrbart hob Elliott hoch und hielt ihn in den Armen. Er trug ein weißes Button-down-Hemd. Elliott schaute auf den Boden und sah, was auf ihm gelegen hatte.

Die Leichen waren schwarz und gesichtslos und hatten die Arme erhoben, als wollten sie ihr Gesicht schützen. Sie hatten menschliche Konturen, doch da sie weder Hände noch Füße hatten, kamen sie ihm vor wie Flickenpuppen.

Der Mann mit dem Schnurrbart trug ihn weg. Elliott hatte schwere Verbrennungen, war überall feucht und blutete. In den Armen des Mannes dachte Elliott Smith unter anhaltenden Schmerzen: Er wird sich sein Hemd ruinieren.

Haben Sie ihn gesehen?

Oben auf dem Laufgitter und an der Rennbahn lagen vereinzelt weitere Menschen, doch sie waren offensichtlich verkohlt, ihnen war nicht mehr zu helfen. Die Feuerwehrleute und Zirkusbediensteten suchten in dem großen Haufen neben dem Laufgang – wo Thomas Barber zufolge oft sieben oder acht Menschen übereinander gelegen hatten – und hofften, darunter weitere Überlebende zu finden. Die oben liegenden Leiber waren miteinander verschmolzen wie abgekühltes Lavagestein; die Rettungstrupps mussten sie auseinander brechen, um an Jerry LeVasseur und Elliott Smith heranzukommen.

Es gab noch mehr Überlebende. Vier oder fünf entdeckten die Feuerwehrleute unter den Leichen.

Bei der gerichtlichen Untersuchung erinnerte sich Deacon Blanchfield: «Ganz unten lagen zwei Frauen, die noch lebten, und eine von ihnen hatte nur ein kleines Brandloch in ihrem Strumpf, während all die anderen Leichen splitternackt waren. Ich hab eine der beiden Frauen rausgetragen.»

Sie trennten die Lebenden von den Toten. Clowns mit rußiger Schminke halfen, die Verletzten über das Laufgitter zu heben. Männer fluchten und schüttelten die Köpfe. Ein Polizist trug ein Mädchen in einem blauen Trägerkleid nach draußen, das entsetzliche Verbrennungen hatte. Ihm liefen die Tränen herunter, doch das Kind war stumm, zu schwer verletzt, um zu weinen.

Die Rettungstrupps benutzten Wagenwände, in Decken gehüllte Leitern und große Leinwandstücke als provisorische Tragbahren und schleppten die wenigen Verletzten, die noch lebten, zum Sattelgang hinaus. Darunter war auch der heldenhafte Bill Curlee, der von einer Sturmstange eingequetscht worden war und schlimme Verbrennungen hatte, doch wie durch ein Wunder noch lebte. Sie brachten ihn rasch nach draußen.

Der Rest war tot, sechzig oder siebzig Leichen lagen ineinander verschlungen am Laufgang, ein paar von ihnen mit so schweren Verbrennungen, dass selbst altgediente Feuerwehrleute nicht erkennen konnten, welches Geschlecht die Toten hatten. Die Polizisten Griffin und Kenefick halfen, diejenigen hinauszutragen, die sie nicht mehr hatten retten können. Thomas Barber packte mit an und schleppte nach seiner eigenen Zählung achtzehn Leichen nach draußen. Es war furchtbar; sie waren alle zusammengebacken. Ein anderer Polizist hatte zwei Neffen, die im Zelt gewesen waren, und wusste nicht, ob sie ins Freie gelangt waren. Er wusste nur, dass sie braune Schuhe trugen. Er sah, wie seine Kollegen Kinder mit braunen Schuhen wegtrugen, doch sie hatten so schlimme Verbrennungen, dass er nicht erkennen konnte, ob sie es waren oder nicht.

John Stewart hatte die Schreie von der Straße aus gehört; jetzt stand er neben dem Leichenberg und sah, was ein Feuer anrichten konnte. Ringsum durchsuchten die Feuerwehrleute die Seiten- und Haupttribünen. Der Boden war heiß; ein Arzt, der aus dem nahe gelegenen Municipal Hospital herbeigerufen worden war, trug Schuhe mit Gummisohlen: Sie schmolzen. Es roch stark nach geröstetem Fleisch.

Weiter drinnen, auf der Rückseite der Haupttribünen und unter den Seitentribünen, lagen ebenfalls verkohlte Leichen – Leute, die herabgestürzt oder in Ohnmacht gefallen waren. Ein Feuerwehrmann aus Norwich hatte die Vorstellung besucht und half jetzt natürlich. Er kniete an der Seitenwand und streckte die Hand nach einem kleinen Mädchen aus, das unter einer Zeltfalte lag. Aus irgendeinem Grund hing ihr Körper fest. Er hob die Zeltwand an und sah, warum. Das Kind lag in den Armen seiner Mutter.

Die Rettungstrupps trugen die am Laufgang liegenden Leichen vor dem Zelt zusammen und bedeckten sie mit mehreren Stoffbahnen aus der Seitenwand des Umkleidezeltes. Polizeipräsident Hickey sorgte dafür, dass die Toten nicht zum Waffenarsenal gebracht wurden, bevor der Gerichtsmediziner Dr. Walter Weissenborn, der bereits unterwegs war, sie sich ansehen konnte.

Das Polizeipräsidium hatte nicht nur Weissenborn, das Rote

Kreuz und das Büro des Generalstaatsanwalts (dessen drei Staatsanwälte unterwegs waren), sondern auch die nahe gelegene Pfar-
rei St. Michael's verständigt. Bei so vielen Toten und Sterbenden
dachte sich Hickey, dass man Priester benötigen würde.

Als Erster traf der junge Pfarrer Joseph G. Murphy aus St. Justin's ein, das fünf Minuten entfernt lag. Er war erst im Mai ordi-
niert worden. Als Student am Priesterseminar hatte er in den Som-
merferien auf Spielplätzen in Waterbury die Kinder beaufsichtigt.
St. Justin's war seine erste Pfarrstelle; vor einem Monat war er zum
Kuraten ernannt worden. Er kam zu den Rettungsbemühungen
am Laufgang, als man gerade die Leiber der Toten auseinander
brach. Das erste Opfer, zu dem er ging, hatte anscheinend einen
schrecklichen Todeskampf gehabt. Die sterblichen Überreste hatten kaum noch menschliche Gestalt. Es gab keine Möglichkeit, der
Leiche die Letzte Ölung zu geben, alle fünf Sinnesorgane einzu-
salben; sie hatte keine Augen, Ohren und Hände mehr. Und wer
wusste schon, welchem Glauben dieser Mensch angehangen
hatte? Doch bestimmt hatte er am Ende seine Sünden bereut und
sich gewünscht, dass man ihm die Absolution erteilte. Zumindest
das konnte er mit einiger Sicherheit sagen.

Pater Murphy zog ein Fläschchen Öl aus der Tasche. «Durch
diese heilige Salbung helfe dir der Herr in Seinem reichen Erbar-
men und stehe dir bei mit der Kraft des Heiligen Geistes. Der
Herr, der dich von den Sünden befreit, rette dich; in Seiner Gnade
richte Er dich auf», sagte er auf Lateinisch und rieb dem Toten ein
paar Tropfen Öl auf die Stirn. Und dann dem Nächsten und wieder dem Nächsten. Fünf Stunden lang blieb Pater Murphy auf dem
Gelände.

Pater Thomas Looney aus St. Michael's lief aus dem Pfarrhaus
und hielt einen vorbeifahrenden Wagen an. Der Fahrer brachte ihn
direkt zum Zirkusgelände. Als sie hielten, sah Pater Looney, dass
mitten auf der Straße eine Frau auf einer Tragbahre lag, die an den
Armen keine Haut mehr hatte. Er kniete sich neben sie, erteilte
ihr die Absolution und salbte sie, bevor zwei Militärpolizisten, die

Die Toten auf Tragbahren. An der Leiche hinter dem Bein des Matrosen erkennt man die Faustkämpferhaltung. FOTO: HARTFORD COLLECTION/HARTFORD PUBLIC LIBRARY

gerade von Bradley Field herübergekommen waren, sie rasch davontrugen. Die Armee hatte drei Lastwagen voll Soldaten geschickt, die bei der Bergung der Toten und Verwundeten helfen sollten. Inmitten der verkohlten Tribünen ging Pater Looney zu den Leichen auf der Rennbahn und begann, alle zu salben, an die er herankam. Dort lag auch Hulda Grant, tot, mit gebrochenem Kiefer.

«Ich werde den körperlichen Zustand dieser Leichen nicht beschreiben», schrieb der Pater später. «All das versuche ich aus meinem Gedächtnis zu löschen.»

In der Innenstadt saß ein Hilfssheriff des Bezirks Hartford in einem Anwaltsbüro und beendete gerade seine Arbeit. Der Staat war damals so strukturiert, dass Anwälte den Sheriff und seine Hilfssheriffs für das Schreiben von Vorladungen bezahlten, fünf Dollar pro Stück. Als er fertig war und gehen wollte, klingelte das

Telefon des Anwalts. Der Hilfssheriff wollte sich verabschieden,
doch der Anwalt sagte: «Augenblick mal.» Er sagte, der Zirkus
brenne; es sehe nicht gut aus. Wahrscheinlich werde in den nächsten paar Tagen eine Menge Arbeit auf ihn zukommen.

Ein Mann aus Wallingford parkte seinen Wagen im Geschäfts-
viertel und sah im Norden die Rauchsäule. Er hatte eben erst seine
Schwiegermutter und seine beiden Kinder am Zirkus abgesetzt.
Krankenwagen und Feuerwehrfahrzeuge brausten mit heulenden
Sirenen durch die Straßen. Er fragte einen Verkehrspolizisten, wo
es brenne. Beim Zirkus, sagte der Polizist. Der Mann sprang in seinen Wagen und folgte dem Sirenengeheul, überfuhr rote Ampeln,
ohne sich um den anderen Verkehr zu kümmern.

Der reguläre Betrieb von Krankenwagen wurde damals in
Hartford erst aufgebaut. Normalerweise holten die Bestattungsin-
stitute die Opfer ab, eine Methode, die inoffiziell «einsacken und
abschleppen» genannt wurde, da die Fahrer die Verletzten in Decken hüllten, sie in den Leichenwagen schoben und zu einem der
Krankenhäuser brachten. Nach Pearl Harbor änderte sich das. Für
den Fall, dass die Deutschen Colt's oder United Aircraft bombar-
dierten, stellte der Kriegsrat einen Notfall-Transportplan auf.
Dann wurde bei G. Fox, Sage-Allen und Brown Thomson – den
großen Warenhäusern – Alarm ausgelöst, und alle würden sofort
ihre Lieferwagen zur Verfügung stellen. Der Kriegsrat und das
Rote Kreuz veranstalteten Übungen, um sicherzugehen, dass der
Plan nötigenfalls auch funktionierte. Nach der erfolgreichen Invasion in der Normandie sah es so aus, als müsste er nie in Kraft treten.

Bei Brown Thomson arbeitete im Versandlager ein siebzehn-
jähriger Junge, der gerade Möbel ausliefern wollte. Auf dem
Schreibtisch seines Chefs klingelte das Telefon; sie sollten zum Zirkusgelände fahren und helfen, die Leichen zum Waffenarsenal zu
bringen.

Sein Chef fuhr. Ihr Lieferwagen war braun und für den Transport von Tragbahren hinten mit Seitenstangen ausgestattet. Die

Polizei hatte die Main Street abgeriegelt, damit die Hilfsfahrzeuge schneller zum Zirkusgelände gelangten. Während der Fahrt herrschte kaum Verkehr. Der Junge wusste, dass das Zelt abgebrannt war und dass es Tote gegeben hatte, aber sonst hatte er keine Ahnung, was ihn erwartete.

Weit vor ihnen brauste ein Fotograf des *Courant* in dem 41er Ford der Zeitung nach Norden. Er hatte seine 9 × 13 Speedgraphic und eine Reporterin dabei. Er war ein zwanzigjähriger Sommerpraktikant, hatte das Einverständnis des Chefredakteurs erhalten und wollte aus der Sache das Beste machen. Am Abend zuvor waren die beiden nach Bristol gefahren, um ein paar Artigkeiten über eine aus dem Ort stammende Luftakrobatin und ihre Familie zu schreiben. Jetzt hatten sie eine richtige Story. Armeelastwagen mit Sirenen am Kühlergrill rasten die North Main Street entlang. Postautos, Milchautos, ein gepanzerter Wagen. Alle fuhren zur Barbour Street.

Vor dem Zelt rannten Menschen verzweifelt umher; andere standen teilnahmslos da, als ob sie hypnotisiert wären, die Hände wund, weil sie an den Seitenstangen oder Seilen heruntergerutscht waren. Der Fotograf und die Reporterin liefen den Hauptweg entlang, sprangen über die Schläuche. Vom Hauptzelt stand nur noch das Vorzelt, das seltsamerweise unversehrt war und wo noch immer DIE GRÖSSTE SCHAU DER WELT angekündigt wurde.

Drinnen stand Löschtrupp 16 auf der westlichen Bühne und hatte den Wasserstrahl auf die letzten hartnäckigen Flammen gerichtet. Der Boden war schlammig vom Wasser. Auf der Rennbahn lag ein kleiner Haufen von Leibern, von der Hitze zusammengeklebt. Sie waren von einer Menschenmenge umringt – Polizisten und Feuerwehrleute und Zirkusarbeiter. Ein Feuerwehrmann war damit beschäftigt, die Leiber zu trennen. Der Fotograf des *Courant* stellte sich hinter zwei Arbeiter, blickte durch den Sucher und drückte ab.

Die gemischte Zusammensetzung der Rettungstrupps ist ty-

pisch für den Brand, alle packen mit an, sind aber hilflos angesichts
der Toten. Die Feuerwehrleute gehören zum Löschtrupp 5; der
Priester im Hintergrund ist Pater Hewitt – aus St. Justin's wie Pater Murphy. Am unteren Rand des Fotos liegt eine verkohlte
Sturmstange schwer auf dem Geländer der Haupttribüne, sodass
es fast senkrecht durchgebogen ist; nach einem stärkeren Pfosten
geht das Geländer weiter, zeichnet sich vor der Hose eines Polizisten ab – der Beweis, dass es sich nicht, wie gewöhnlich in der
Bildunterschrift behauptet wird, um den Laufgang handelt, der jedoch ganz in der Nähe ist.

Sobald der Fotograf seine Aufnahme gemacht hatte, stürzten sich
die Arbeiter auf ihn, wirbelten ihn herum und stießen ihn weg.
Scheißkerl, fluchten sie. Sie bedrohten ihn mit Knüppeln, und als
er sich nicht schnell genug davonmachte, versetzten sie ihm ein
paar Hiebe. Da er Angst hatte, sie könnten seine Kamera zertrüm-
mern, reichte er sie der Reporterin. Los, raus hier, fuhren sie ihn
an, und das war völlig ernst gemeint. Er zog sich zurück, aber nicht
weit genug; sie jagten ihn wieder zum Haupteingang hinaus.

Bevor die beiden zur Redaktion des *Courant* in der State Street
zurückkehrten, machte er noch ein Foto von zwei Rekonvaleszenten aus Bradley Field, die am Heck des Zirkusbusses standen.
Dem Chefredakteur gefielen die entwickelten Bilder. Doch das
Foto mit den Leichen konnten sie nicht bringen – zu grauenvoll.

Im Innern des Zeltes wurden die Rettungsbemühungen fort-
gesetzt. Die Leute aus dem Abnormitätenkabinett und von den
Imbissständen arbeiteten Schulter an Schulter mit Militärpolizisten und Zivilisten, mit Ärzten, Krankenschwestern und freiwilligen Rotkreuzhelfern. Die Ballettmädchen schleppten Eimer voll
Wasser zu den Trupps, die in der heißen Sonne arbeiteten. Mr. und
Mrs. Fischer, die beiden Riesen, weinten. Die Wallendas waren alle
unversehrt nach draußen gelangt, obwohl Karl nicht mehr wusste,
wie. Sein Trikot war versengt, sein Gesicht schwarz von der Asche.
«Das ist das Ende der Großzelte», prophezeite er. «Und das ist auch
gut so.»

Blick von der östlichen Bühne nach Westen über die mittlere Manege (links im Hintergrund das Abnormitätenkabinett und das Haus in der Barbour Street). An den umgestürzten Hauptmasten erkennt man die Mastringe. Sobald die Leinwand nicht mehr richtig gespannt war, stürzten die Stahlringe zu Boden. Der dritte und vierte Hauptmast, die an der mittleren Manege standen, fielen genau nach Westen auf den Haupteingang zu, während die anderen vier (äußeren) Hauptmasten nach Osten in Richtung des Orchesterpodiums stürzten. Die Sturmstangen neigten sich nach Osten und fielen größtenteils nach außen. FOTO: PAUL R. SHAFER

Die Leute, die keine so schweren Verbrennungen hatten, lagen mit wunden Knien und versengten Haaren und Kleidern benommen im Gras. Ein Junge, der von seiner Familie getrennt worden war, konnte sich nur an seinen Vornamen erinnern und sagte ihn immer wieder vor sich hin.

Eine Frau fragte Dorothy Bocek, ob sie auf jemanden warte. Dorothy erzählte ihr, sie habe ihre Schwester Stella und ihren Neffen am Laufgang verloren. Die Frau fragte, ob sie die Möglichkeit habe, nach Hause zu fahren, und Dorothy verneinte. Die Frau hatte einen Wagen und bot Dorothy an, sie heimzufahren. Vielleicht war ihre Schwester dort.

Blick nach Norden die Barbour Street entlang. Die Elefanten haben ihren Kot auf der Straße zurückgelassen und befinden sich an der Ecke Charlotte und Barbour Street. Das Abnormitätenkabinett ist unversehrt. FOTO: SPENCER TORELL/ART KIELY

Auf dem Hauptweg sind Schläuche ausgelegt. Das Vorzelt und die Reklametafeln des Abnormitätenkabinetts stehen noch, doch das Hauptzelt ist abgebrannt. Links erkennt man den Imbissstand und die dahinter stehenden Kassenwagen. FOTO: SPENCER TORELL/ART KIELY

Joan Smith konnte weder Elliott noch ihre Mutter finden, also stieg sie auf der Nordseite des Zeltes eine leichte Anhöhe hinauf, um einen besseren Blick zu haben. Doch es streiften einfach zu viele Menschen über den Platz. Zufällig sahen ein paar Nachbarn aus Vernon sie dort stehen und nahmen sie mit zu ihrem Wagen. Sie würden beim Büro ihres Vaters halten und ihn über die Lage unterrichten.

Ein anderes Mädchen weinte, weil es das Taschentuch verloren hatte, das seine Mutter ihm am Morgen mit der strikten Anweisung gegeben hatte, gut darauf aufzupassen. Die Kleine hatte Angst vor den Tieren, und ihr Vater musste sie auf die andere Straßenseite tragen.

Auf dem Rasen des Entbindungsheims hatten Leute aus der Nachbarschaft eine Anlaufstelle für vermisste Kinder eingerichtet und zeigten verzweifelten Eltern den Weg dorthin. In den Höfen an der Barbour Street warteten die Menschen neben ihren Autos und suchten in der Menge nach vertrauten Gesichtern.

Die siebenjährige Janet Moore Sapolis war mit ihrer Tante, ihrer Großmutter, ihrer fünfjährigen Cousine und ein paar Freundinnen in den Zirkus gegangen. Nachdem sie auf der Flucht vor den Flammen getrennt worden waren, stieß sie auf eine Freundin, die sich daran erinnerte, wo ihr Wagen geparkt war. Als ihre Tante und ihre Cousine schließlich auftauchten, erzählte ihr die Tante, dass ihre Großmutter Verbrennungen erlitten habe und auf dem Weg ins Krankenhaus sei.

Eine junge Frau fand ein kleines blondes Mädchen, das vier oder fünf Jahre alt war. Der Vater der Frau durchkämmte das ganze Gelände nach den Eltern der Kleinen, doch niemand kannte sie. Er sagte, sie würden an einem Polizeirevier halten, dort eine Beschreibung von ihr hinterlassen und sie dann mit nach Hause nehmen.

Inzwischen waren starke Polizeikräfte eingetroffen, Mannschaftswagen hielten vor dem Gelände, und die Polizisten sprangen heraus. Hickey befahl ihnen, den Hauptweg zu räumen und Seile zu spannen, um die Leute fern zu halten.

Auch innerhalb der Absperrung herrschte ein großes Durcheinander. Eine verzweifelte Frau ging mit ausgestreckten Armen umher. Sie sagte immer wieder: «Er ist nur so groß – haben Sie ihn gesehen?» Sie warf einen Blick unter einen Leinwandfetzen und wiederholte dann ihre Frage.

Eine andere Frau kniete sich zusammen mit einem Mann hin, um zu beten. Kurz darauf tauchten ihre beiden Kinder mit verschmierten Gesichtern und zerrissenen Kleidern aus der Menge auf und liefen in ihre Arme.

Ein Ballettmädchen hatte während des Brandes mehrere Kinder gerettet. Jetzt kümmerte sie sich um die Verwundeten und riss ihren Unterrock in Streifen, um den Arm einer Frau zu verbinden, deren Haar ganz verbrannt war. Als Nächstes versuchte sie einem Vater zu helfen, der seinen schwer verletzten Sohn trug. Der Mann war hysterisch, lachte und weinte zugleich.

Die Leute klagten und beteten laut. Frauen streiften ohne Schuhe, mit zerrissenen Strümpfen umher und riefen weinend nach ihren Kindern. Verängstigte Kinder rannten blindlings über das Gelände und riefen nach ihren Müttern.

Don Cook stand mit dem Ehepaar und deren zwei Kindern an der Ostseite des Zeltes und wartete so lange, bis klar war, dass niemand mehr herauskam. Dann ging er mit ihnen zu ihrem Wagen.

David Curlee hatte es bis zum Wagen seines Vaters geschafft. Durch die Sonne war das Metall heiß, und überall wimmelte es von Menschen. Schließlich traf sein Onkel mit den anderen Kindern ein.

«Wo ist dein Dad?», fragte er.

David deutete auf das Hauptzelt. «Da drin.»

Der Abtransport der Toten

Der Mann mit dem Schnurrbart trug Elliott Smith nach draußen und hob ihn auf die Ladefläche eines Armeelastwagens. Dort kniete ein Soldat, der sich um zwei andere Verletzte kümmerte. Der Mann mit dem Schnurrbart schlug gegen die Seitenwand und rief: «Los, los!», und der sechsrädrige Wagen rollte über den Platz. Jede Bodenwelle verursachte Schmerzen.

Ein anderer Soldat half Donald Gale in den weißen Zirkusbus, der sich mit Leuten füllte, die Verbrennungen erlitten hatten. Die Federung des Busses war kaputt, und er hatte Schlagseite. Der Soldat hielt Donald den ganzen Weg zum Municipal Hospital im Arm.

Ein Taxi voller Mütter und Kinder nahm Jerry LeVasseur mit. Alle außer Jerry weinten. Er hatte das Gefühl, dass es nichts nutzte.

Mae Smith fand einen Mann, der die Mädchen fuhr, alle drei saßen auf dem Rücksitz.

Ein anderer Mann fuhr Mildred und Edward Cook zum Municipal Hospital. Edward wimmerte wegen seiner Verbrennungen. Mildred, die selbst in schlechter Verfassung war, nahm ihn auf den Schoß und versuchte ihn zu beruhigen. Als sie ihn berührte, blieb seine Haut an ihren Händen kleben. Er stöhnte immer wieder. Wegen des starken Verkehrs und allem, was vorgefallen war, fauchte der Fahrer sie an: «Können Sie nicht dafür sorgen, dass er still ist?»

Stanley Kurneta entdeckte seinen Neffen Raymond Erickson unter den Verwundeten. Er lag im Schatten eines Zirkuswagens auf einem Brett. Raymonds Gesicht und Hals waren braun verbrannt, und seine Kleider waren durchnässt; er hatte in dem Wall aus Leibern am Laufgang gelegen. Er schluchzte leise und verdrehte die Augen. Sein Onkel hob ihn behutsam hoch und trug ihn zu einem Armeelastwagen voller Verletzter. Er stieg hinter ihm auf, und sie fuhren los.

Die Wagen des Roten Kreuzes, in denen die Rekonvaleszenten von Bradley gekommen waren, wurden mit eingespannt. Einige Soldaten hatten sich auf der Flucht aus dem Zelt leichte Verletzungen zugezogen, aber auch diejenigen, die unverletzt geblieben waren, durften nicht helfen. Sie waren Patienten. Enttäuscht standen sie mitten in dem ganzen Chaos.

Der Notfallplan funktionierte. Auf der Barbour Street warteten die Lieferwagen von Pratt & Whitney und Colt's darauf, dass die Autos und Armeelastwagen wegfuhren, damit sie ihre Tragbahren und Decken auf den Platz bringen konnten. Die Kriegsindustrie hatte ihre eigenen Werkschutztruppen und medizinischen Abteilungen – ein paar Firmen hatten Kombis zu Krankenwagen umgebaut –, diese trafen jetzt in großer Zahl ein, und die Ärzte, Krankenschwestern und Sicherheitsleute verteilten sich über das Gelände.

Die Connecticut Company bot der Polizei und dem Roten Kreuz ihre Busse an. Es gab genug Wagen für die Toten und Verletzten, doch die Krankenhäuser würden zusätzliche Hilfe benötigen. Der Kriegsrat schickte die Busse zum Trinity College, wo sie hundertfünfzig Seekadetten mit Erste-Hilfe-Ausbildung abholen sollten.

Vor dem Sattelgang auf der Ostseite lagen die Verletzten überall auf dem Boden verstreut oder standen in einer langen Schlange vor dem Zelt des Zirkusarztes. Dort war zu wenig Platz, sodass er in dem teilweise abgebrannten Umkleidezelt eine Notfallstation einrichtete. Arbeiter brachten auf einem breiten Brett vier Opfer herein – zwei Männer, eine Frau und ein Kind. Die Männer waren tot, das Kind hatte sich in Embryonalstellung zusammengekrümmt, sein Gesicht war von Flüssigkeit aufgedunsen. Die Frau stöhnte, ihre Haut war rostbraun, die Augen nur schmale Schlitze. Ein Mann, der all das mit angesehen hatte, kam auf die Barbour Street, wo seine Familie völlig unversehrt vor ihrem Wagen wartete. Er ging an ihnen vorbei und sah sich überall um, als wären sie gar nicht da. «Wir sind hier», rief seine Frau.

Eine Frau hatte Plastikkämme im Haar getragen. Das Plastik war geschmolzen und auf ihrem Kopf hatten sich Brandblasen gebildet.

Auf dem Gehsteig drückte eine Mutter ihr Kind an die Brust und weinte. Ein Mann ging hin, um ihr zu helfen. Er nahm ihr das Baby ab und sah, dass ihre Brust und der Bauch des Babys völlig verbrannt waren.

Eine andere Mutter hielt ein Kind mit furchtbaren Verbrennungen in den Armen, trat auf einen Mann auf dem Gehsteig zu und fragte ihn, was sie tun solle. Der Mann nannte ihr ein Haus in der Straße, wo Brandopfer aufgenommen wurden. Er sah auf den ersten Blick, dass das Kind tot war, brachte aber nicht fertig, es der Frau zu sagen.

Auf der Ostseite des Zeltes brachten Thomas Barber und seine Kollegen noch immer Leichen nach draußen. Eine Frau aus Wethersfield sah, wie sie eine Tragbahre heraustrugen, auf der sie ein Tier zu erkennen glaubte, das die Pfoten in die Luft streckte. Sie legten es in den Kofferraum eines Streifenwagens und schlugen den Deckel zu. Da wurde ihr plötzlich klar, dass es kein Tier war, sondern ein Mensch.

«Die Leichen, die rausgetragen wurden, sahen aus wie Gelatine», erinnerte sich eine andere Frau. «Ganz schlabberig. Mein einziger Gedanke war, dass sie wie schwarzer Wackelpudding aussahen.»

Die am schlimmsten Verunstalteten sahen aus wie vertrocknete Reliquien, wie Kohleklumpen, verkohltes Holz oder schwarzer Bimsstein. Die Rettungstrupps verhüllten sie mit Pferdedecken aus dem Stallzelt oder mit Decken, auf denen Pratt & Whitney stand.

Als sie in die Barbour Street bogen, konnten der Junge von Brown Thomson und sein Chef das Feuer riechen. Sie fuhren mit ihrem Lieferwagen über den Gehsteig direkt auf das Zirkusgelände. Mein Gott, das kann doch nicht wahr sein, dachte der Junge. Überall lagen Leichen und liefen Leute herum. Die Trümmer qualmten noch, und dem Gestank der Toten konnte man nirgends entrinnen, er war stärker als bei faulen Eiern.

Sie sprangen aus dem Lieferwagen. Die Leute hoben Leichen auf. Ein paar lagen unverhüllt, in grotesker Stellung erstarrt auf Tragbahren. Eine Frau, die goldbraun verbrannt war, lag nackt, starr wie eine Statue auf dem Rücken; ihre Blase leerte sich, und der Urinstrahl schoss in hohem Bogen heraus.

Ein Mann erzählte dem Jungen, er habe versucht, eine Leiche hochzuheben, und seine Hände hätten sich durch das Fleisch direkt bis auf den Knochen gedrückt. Der Knochen sei heiß gewesen, und er habe sich die Hand verbrannt und sei zurückgezuckt, als hätte er einen heißen Ofen berührt.

Der Junge und sein Chef wollten so schnell wie möglich weg. Er hielt den Atem an und schluckte ein paar Mal. Die Arbeit widerstrebte ihm, doch sie musste getan werden; sie waren hergekommen, um zu helfen. Ganz vorsichtig hoben sie eine schwarz verkohlte Leiche hoch, legten sie auf eine Tragbahre und schoben sie in den Lieferwagen. Dann noch eine und noch eine dritte. Danach stiegen sie wieder in den Lieferwagen, fuhren Richtung Broad Street, wo das Waffenarsenal lag, und versuchten nicht daran zu denken, was in jeder Kurve im Heck rumpelte.

Ein anderer Mann aus Hartford kam mit einem Lieferwagen von Colt's. Die Leichen, mit denen er es zu tun hatte, waren unter einem großen Stück Leinwand, vermutlich der Seitenwand des Umkleidezeltes, verborgen. Es stank nach verbranntem Hähnchen. Irgendwann lief er in den Wald und musste sich übergeben. Die Feuerwehrleute und Polizisten zogen die Leinwand weg; sechzig oder siebzig Tote lagen darunter. Sie hatten keine Kleider und keine Haare mehr. Die Hitze hatte ihr Zellgewebe ausgetrocknet, sodass die Haut aufgeplatzt war und ihre hart gekochten Organe hervorschauten. Alle – Männer, Frauen und Kinder – sahen aus, als wären sie im neunten Monat schwanger.

Eine junge Frau führte für zwei ihrer Onkel, die bei der Navy waren, den Aetna Florist Shop. Ihr Lieferwagen war für Notfälle

Helfer laden die Toten auf einen Armeelastwagen, der neben dem Wolkenwagen für die Gala-Revue «Panto's Paradise» steht. FOTO: AP/WIDE WORLD PHOTOS

ausgerüstet, und die Frau transportierte Verletzte in die Kranken-häuser und fuhr Familien, die nach ihren Angehörigen suchten, zur Leichenhalle. «Man sah Leute mit so schweren Verbrennungen, dass einem übel wurde», erinnerte sie sich. «Ich konnte tagelang nichts essen.»

Ein Mitarbeiter des O'Brien Funeral Home in Bristol war mit seinem Wagen früh am Schauplatz des Geschehens und brachte fünf Leichen ins Waffenarsenal. Er sagte, die Leichen hätten so schlimm ausgesehen, wie er es noch nie erlebt habe.

Und mittendrin streiften Mütter und Väter über das Gelände und suchten nach ihren Kindern. Ein Mann war beim Verlassen des Zeltes von seinem dreijährigen Sohn getrennt worden und be-fürchtete, dass man den Jungen zu Tode getrampelt hatte. Schließ-lich fand ihn der Vater in einem Garten in der Barbour Street, auf der Flucht waren ihm sämtliche Kleider, sogar die Schuhe, vom Leibe gerissen worden.

Polizeipräsident Hickeys Nichten und Neffen waren wohlbehalten wieder in Tante Isabels Haus – alle bis auf einen, der sich aus irgendeinem Grund entschieden hatte, nach Hause zu gehen. Die Jungs waren über den Schneezaun in die Gemüsegärten geklettert und durch einen Hof zur Barbour Street gegangen. Tante Isabel kümmerte sich um den kleinen Billy und die Mädchen. Als alle da waren, setzte Adolph Pastore sie in den Cadillac und fuhr auf das Zirkusgelände, um den Polizeipräsidenten davon zu unterrichten, dass alles in Ordnung war.

Einer der Neffen, der mit den anderen Jungs auf dem Rücksitz saß, war sich dessen aber nicht so sicher. In dem Gedränge war sein Hemd aus seiner Gesäßtasche geglitten. Das würde seiner Mutter nicht gefallen.

Mädchen hatten ihre Haarbänder, Frauen ihre Handtaschen verloren. Einem älteren Herrn war seine Zahnprothese abhanden gekommen.

Ein fünfjähriger Junge war ganz aufgeregt, weil er sein Programmheft verloren hatte. Eine Frau kam zu ihm und sagte: «Hier, Kleiner, du kannst meins haben.» Ihre Arme waren von den Handgelenken bis zu den Schultern verbrannt, doch sie gab ihm das Programmheft, als ob alles in Ordnung wäre.

Die Polizisten sammelten herumirrende Kinder auf und setzten sie erst einmal in ihre Streifenwagen.

Der Mann aus Wallingford, der in der Innenstadt den Rauch gesehen hatte, schrie auf und rannte auf den Hauptweg zu. Er hatte sich drei Meilen lang das Schlimmste ausmalen können, doch der Anblick überstieg sein Begriffsvermögen. Die Polizisten an der Absperrung wollten ihn nicht durchlassen, damit er nach seinen Kindern und seiner Schwiegermutter suchen konnte. Sie hielten ihn wie alle anderen zurück. Ein Polizist überredete ihn schließlich zu warten, da er auf dem Gelände nichts ausrichten könne. Noch immer aufgewühlt, trottete er zur Barbour Street zurück und sah, dass seine Schwiegermutter und die beiden Kinder dort auf ihn warteten. Seine Tochter hatte seinen Wagen erkannt.

Eine Frau entdeckte auf der Straße ihre vermisste Tochter und bahnte sich einen Weg durch die Menge, den Blick fest auf das Mädchen gerichtet, weil sie Angst hatte, es könnte wieder verschwinden. Ein Feuerwehrauto schwenkte zwischen die beiden und hätte die Mutter fast überfahren.

Das Zirkusgelände war ein Gewirr aus Schaulustigen, Autos und Feuerwehrschläuchen. Durch dieses Gewirr schlängelte sich eine endlose Prozession von Lieferwagen, Bussen und provisorischen Krankenwagen voll Verletzter. Die Lieferwagen holperten über die Erde, die auf dem Gehsteig aufgeschüttet war, bogen in die Barbour Street und fuhren nach Westen zum Municipal oder nach Süden zum Hartford Hospital. Dahinter kam ein Konvoi der Toten, langsamer, aber mit genauso eindringlichem Sirenengeheul, und verteilte sich wie eine einmarschierende Armee über die Stadt.

Die Einstufung der Verletzten

Um 14.45 Uhr, sobald man von Sergeant Spellman erfahren hatte, dass das Hauptzelt brannte, rief ein Polizist aus dem Hauptquartier im Municipal Hospital an und bat darum, dass man alle Ärzte zum Zirkusgelände schickte. Der Anruf sollte das Krankenhaus zugleich in Alarmbereitschaft versetzen. Das Municipal Hospital lag nur wenige Minuten von der Barbour Street entfernt. Dort würde man die meisten Opfer versorgen müssen.

Obwohl es auch unter dem Namen Hartford City Hospital bekannt war, hätte keiner das Municipal je mit dem Hartford Hospital, der viel größeren Privatklinik, verwechselt. Das Municipal Hospital war das Armenkrankenhaus, wo man hinging, wenn man nicht zahlen konnte. Die Patienten waren Arme und Bedürftige, und in den letzten Jahren war das Krankenhaus ihnen immer ähnlicher geworden. «Es war eine Ruine», sagte eine Schwester, die im Municipal und im Hartford Hospital arbeitete. Es gab kein Geld zur Instandhaltung. Die Ausstattung war veraltet und der Fußboden löcherig. Das Municipal war ein Ort, wo niemand sein wollte, doch jetzt wurden alle dort hingebracht.

Während die Krankenwagen rollten, wurde im Municipal Hospital alles in Alarmbereitschaft versetzt. Aus allen Stockwerken wurden die Schwestern, die man entbehren konnte, zur Aufnahme hinuntergeschickt. Die Zentrale rief das ganze Personal zurück, das dienstfrei hatte, und bat das Hartford und das St. Francis Hospital um zusätzliche Ärzte. Die Schwestern bereiteten die vier Operationssäle vor. Die Pflegerinnen sammelten Morphium, Plasma und Verbandsmaterial ein und brachten alles rasch nach unten. Die Hausmeister stellten auf den Stationen und in den Fluren zusätzliche Betten auf und legten Matratzen aus.

Das Hartford Hospital in der Innenstadt hatte ein paar Minuten mehr Zeit, sich vorzubereiten. Der Personalchef sprach über Lautsprecher zu allen Mitarbeitern und versetzte sie in Alarmbereitschaft. Nach Pearl Harbor hatte das Krankenhaus einen Notfallplan für zivile Katastrophen aufgestellt. Im vorigen Herbst hatte man eine Übung durchgeführt, sodass jeder seine Aufgabe kannte. Im Erdgeschoss des brandneuen Südgebäudes hatte man auch einen großen Raum zur Einstufung von Verletzten eingerichtet, der mit Spinden voller Instrumente, direkter Sauerstoffzufuhr, Absaugeinrichtungen und Stromanschlüssen ausgestattet war und wo einhundert Patienten behandelt werden konnten. Eine zusätzliche Entbindungsstation war zufällig gerade leer, und eine große chirurgische Station war vor kurzem leer geräumt worden, weil sie neu gestrichen werden sollte. Bereits wenige Minuten nach dem Anruf wusste man im Hartford Hospital, wo man die Verletzten unterbringen würde.

Und außerdem war Dr. Donald B. Wells, der den Notfallplan des Bezirks koordinierte, der ansässige Experte für Verbrennungen. Nach dem Brand im Cocoanut Grove war er mit einem Ärzteteam aus Hartford ins Massachusetts General Hospital gefahren, um dort die neuen Notfallmaßnahmen zu studieren.

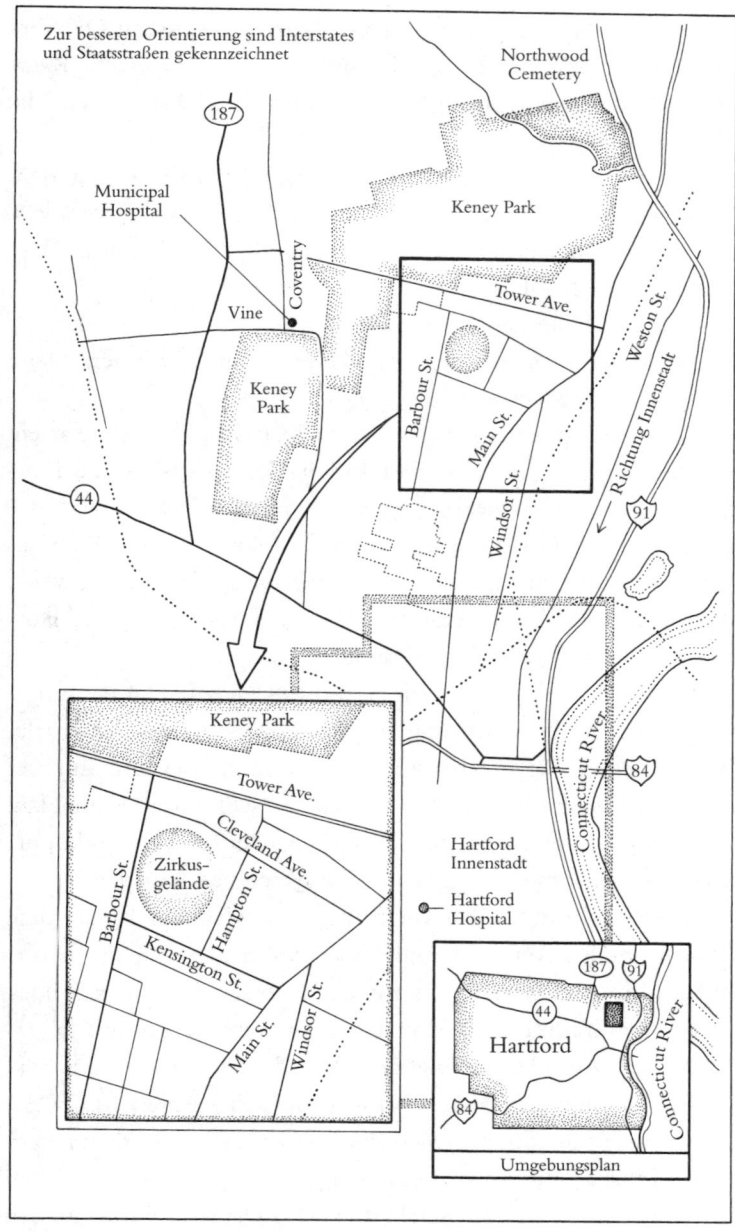

Nach ihrer Rückkehr hatte er einen speziellen Ausschuss für Verbrennungen eingerichtet und Richtlinien für eine ähnliche Katastrophe in Hartford aufgestellt. Jetzt würden sie zum ersten Mal danach vorgehen.

Auf der Westland Street schlängelte sich der Lastwagen, in dem Elliott Smith transportiert wurde, hupend durch den Verkehr.

«Es tut weh, auf dem Rücken zu liegen», sagte Elliott zu dem Soldaten, der bei ihm war.

«Dreh dich auf den Bauch.»

Elliott verspürte die ganze Zeit einen dumpfen Schmerz. Dann wurde er ohnmächtig.

Das erste Auto, das vor dem Municipal Hospital hielt, war ein Streifenwagen. Direkt dahinter kamen der Zirkusbus, die Rotkreuzwagen, die Armeelastwagen, die privaten Krankenwagen – sie füllten den Hof aus, parkten auf dem Gras. Wie der Rest des Landes hatte auch das Krankenhaus wegen des Krieges zu wenig Personal; es gab keine bezahlten Pfleger, und so halfen die Hausmeister, die Verletzten hineinzutragen.

In den Fluren roch es nach geröstetem Fleisch. Die Rettungstrupps hatten alle Opfer hergebracht, sodass die Ärzte noch vor der Einstufung der Verletzten die Toten aussondern mussten. «Ein paar von den Kindern waren völlig schwarz, so schlimm war ihre Haut verbrannt», sagte ein Fahrer des Roten Kreuzes. «Einige konnte man nicht mal mehr als menschliche Wesen bezeichnen.»

Die Flure waren voller Tragbahren. Ein Mädchen lag auf dem Bauch, ihr Rücken war vom Gesäß bis zu den Schultern verbrannt. Ein paar Verletzte schrien, andere standen unter Schock und waren stumm. Kinder sprangen vor Schmerz auf und ab.

Neben Donald Gale kniete ein Arzt, der ruhig mit ihm sprach. Donald nannte ihm seinen Namen und seine Adresse. Der Arzt sagte: «Lieg still», doch es war unbequem, auf dem Rücken zu liegen. Donald wollte sich umdrehen und sah, dass das Kissen, auf dem er lag, schwarz vor Asche war. Da legte er sich wieder auf den Rücken.

Er wusste, dass er Verbrennungen erlitten hatte, wusste aber nicht, wie schlimm sie waren. Seine Arme sahen aus, als hätte er einen Sonnenbrand. Die Haut schälte sich bereits überall, und aus dem darunter liegenden Zellgewebe trat Flüssigkeit aus. Aus der Spitze seines rechten Zeigefingers ragte der Knochen hervor. Donald hatte keine Angst, sondern war eher verblüfft, sprachlos. Er wusste nicht genau, was vor sich ging.

Zwei Schwestern kamen mit einer Schere, um seine Kleider aufzuschneiden. Da fiel ihm sein Chamäleon ein; plötzlich machte er sich Sorgen darum. Er betrachtete sein Hemd. Dort saß es noch immer an seiner Leine, starrte ihn aber steif und reglos mit leblosem Blick an.

Elliott Smith kam in einen Raum, in dem ein paar weitere Überlebende auf Notbetten lagen. Eine Pflegerin ging herum und verteilte kleine Pappbecher mit Orangensaft. Elliott nahm einen. Der Saft schmeckte so gut, dass er um noch einen bat, doch die Frau hatte nur eine bestimmte Menge, und alle baten um mehr. Er wurde erneut ohnmächtig. Als er wieder zu sich kam, schnitt man gerade seine Kleider auf.

Jerry LeVasseur erwachte unter einem Sauerstoffzelt, von der Welt getrennt durch eine Wand aus Segeltuch und Plastik. Jemand fragte ihn nach seinem Namen, und er nannte ihn. Weit weg sagte jemand anders: «Er schafft es vielleicht nicht.»

Als Stanley Kurneta Raymond Erickson hereintrug, sagte ihm jemand, er solle in den dritten Stock hinaufgehen. Er fuhr mit Raymond in den Armen im Fahrstuhl. Oben sagte ihm jemand anders, er solle seinen Neffen am Rand des Flurs auf eine Matratze legen. Dort stand ein hoch gewachsener, stämmiger Priester mit einem Strohhut. Er hatte ein rosiges Gesicht.

«Das ist Raymond Erickson», sagte Stanley zu ihm. «Geben Sie ihm die Letzte Ölung.»

«In Ordnung», erwiderte der Pater. Er nahm den Hut ab und begann aus einem Buch ein Gebet vorzulesen.

Stanley ging. Er musste seine Schwester Mary und den Rest der

Familie suchen. Er war wie betäubt und konnte den Fahrstuhl
nicht finden, daher stieg er die Treppe hinunter, bahnte sich einen
Weg durch die Menge und ging auf der Vine Street zurück zum
Zirkus.

Unten setzte Mae Smith ihre Töchter in den Flur. Sie machte
ein Münztelefon ausfindig und wollte ihrem Mann in Middletown mitteilen, was passiert war, doch ihre Finger waren so ge-
schwollen, dass sie die Wählscheibe nicht betätigen konnte.

Bill Curlee war da, auch wenn man nichts für ihn tun konnte,
und auch Mildred und Edward Cook waren eingetroffen. Sie
konnte sich kaum noch an die Fahrt erinnern. Jetzt kam jemand
und nahm ihr Edward ab, brachte ihn zur Behandlung.

Zunächst verabreichte man den Opfern Morphium, um ihre
Schmerzen zu lindern, dann injizierte man ihnen Blutplasma, um
den Blutverlust auszugleichen, und rehydrierte ihr Zellgewebe,
damit sie keinen Schock erlitten. (Das blieb noch jahrelang die übliche Verfahrensweise; heute sieht man von der Injektion ab, weil
das Plasma in die Lunge eindringt.) Da die meisten Patienten an
Armen und Beinen schwere Verbrennungen hatten, mussten die
Schwestern – besonders bei kleinen Kindern – nach einer geeigneten Vene suchen und manchmal sogar einen Venenschnitt machen, um die großen Nadeln einstechen zu können. Die Schwestern schnitten den Verletzten die Kleider auf und deckten sie mit
keimfreien Tüchern ab. Man ging vor wie im Massachusetts General Hospital nach dem Cocoanut Grove und nahm an den verbrannten Stellen keine Wundtoilette vor, sondern ließ die Bläschen unbehandelt. Spezielle Verbandstrupps umwickelten die
Brandwunden der Patienten mit Vaselinekompressen und legten
ihnen leichte Gipsverbände an, damit ein gleichmäßiger Druck
herrschte. Mit Tetanusspritzen und Sulfonamidpräparaten beugte
man Infektionen vor.

Nicht alle eingelieferten Patienten hatten Verbrennungen. Ein
paar hatten sich den Knöchel oder das Handgelenk gebrochen
oder hatten schlimme Platzwunden, andere hatten sich bloß an

einem Seil die Haut abgeschürft oder sich Blutergüsse zugezogen, weil man über sie hinweggetrampelt war. Eine zweiundzwanzigjährige Frau hatte eine schlimme Mischung aus beidem: zwei Knöchelbrüche und Verbrennungen am ganzen Körper. Sie hatte ihre Nichte zum Geburtstag in den Zirkus eingeladen und versucht, sie zu schützen, als die Flammen über sie hinweggefegt waren. Die Nichte war ebenfalls da, auch sie in ernstem Zustand. Und ohne dass Elliott oder Joan Smith etwas davon wussten, war auch ihre Mutter mit Verbrennungen an Kopf und Schultern eingeliefert worden.

An der Aufnahme stand ein junger Arzt und schickte die leichter Verletzten zur Ambulanz; dennoch waren es zu viele. Die Operationssäle waren voll, die Sterbenden verstopften die Flure. Er rief beim Roten Kreuz an und bat um weitere Ärzte und Pflegerinnen. Man versprach ihm, seine Bitte an die Radiosender weiterzugeben, doch es würde eine Weile dauern, die Leute zu mobilisieren. Anscheinend waren alle im Urlaub.

Die ganze Zeit über belagerten Verwandte der Toten und Vermissten die Eingangshalle und versuchten ihre Angehörigen zu finden: Sie forderten Antworten, schrien und jammerten, standen dem Personal im Weg. Es war ein einziges Durcheinander. Draußen saßen die Verletzten und die Hinterbliebenen im Gras. Ein Mann, der mit seiner Frau vorfuhr, warf einen Blick auf den verstopften Eingang und drehte wieder um.

Dem Hartford Hospital, das mehr Platz und genügend Personal hatte, erging es besser, doch im Wesentlichen sah es genauso aus – eingelieferte Patienten, denen die Haut in Fetzen von den verkohlten Armen hing, das offen liegende Fleisch wund und rot. Gebrochene Arme oder Beine, Opfer, die bewusstlos oder stöhnend auf Notbetten lagen. Eine der Schwestern dort sagte: «Wem es nicht so schlecht ging, der konnte sich mit einem unterhalten, und man versuchte, ihm zu sagen, dass alles wieder gut wird.» Besorgte Eltern gingen auf der Suche nach ihren Kindern von einem Patienten zum anderen.

Wenn die Krankenwagen die Verletzten einlieferten, legten Ärzte und Schwestern sie in den Fluren auf Tragbahren, stuften sie in den Aufnahmeräumen nach der Schwere der Verletzungen ein, brachten dann die stabilen Patienten auf die Stationen. Ein Assistenzarzt ersann eine schnellere Methode, den Kindern Blutplasma zu injizieren: Er suchte weder an Armen noch Beinen nach einer geeigneten Vene, sondern benutzte die geschütztere Oberschenkelvene in der Leistengegend und konnte so auf jegliche Venenschnitte verzichten. Auch hier wurden die gleichen Maßnahmen wie beim Cocoanut Grove ergriffen – keine Wundtoilette, sondern Vaselinekompressen. Statt der Gipsverbände, die im Municipal Hospital benutzt wurden, verwendete man Schienen aus zusammengerollten Zeitungen und sterile Verbandwatte, die mit Ace-Bandagen umwickelt wurden. Zusätzlich zu den Sulfonamidpräparaten hatte das Hartford Hospital auch Zugang zu Penizillin und machte davon freigebig Gebrauch. (Wie bei der Verwendung von Blutplasma zur Schockbekämpfung sieht man heute bei Verbrennungen vom Gebrauch von Penizillin ab, da es ins Blut dringt, während sich das verbrannte, abgestorbene Zellgewebe entzündet; moderne Krankenhäuser vertrauen auf antibiotische Salben.)

Trotz des Notfallplans und seiner Durchführung sah es im Krankenhaus aus wie in einem Kriegslazarett mit allen Schrecken des Krieges. Ein Junge war mit seiner Großmutter da, beide mit Brandwunden, der Junge hatte möglicherweise einen Schädelbruch, seine Großmutter wies Verbrennungen im Gesicht auf. Viele Erwachsene hatten Verbrennungen auf dem Kopf. Im Südgebäude roch es, als hätte ein Braten zu lange im Backofen gelegen.

Obwohl die Zahl der Toten hier viel geringer war, herrschte ebenso großes Leid. Eine Mutter bat eine Krankenschwester, nach ihrem Sohn zu sehen, doch als die Schwester auf seine Station kam, war das Kind gerade gestorben. Im Krankenhaus galt die Regel, dass sie den Tod einem Arzt melden musste; der Arzt würde die

Mutter informieren. Die Schwester war erleichtert. Sie hätte nicht den Mut gehabt, es der Frau zu sagen.

Eine andere junge Frau wies zwar keine Verbrennungen auf, hatte aber eine Fehlgeburt gehabt. Bei einem älteren Mann hatten die Anstrengungen der Flucht das Herzleiden verschlimmert. Andere hatten Beckenbrüche oder ein gebrochenes Rückgrat. Nachdem sie die im unteren Stockwerk liegenden Opfer gesehen hatten, waren sie froh, noch am Leben zu sein.

In St. Francis, dem großen katholischen Krankenhaus in der Stadt, wurde der erste Patient um 15.25 Uhr eingeliefert, eine ganze Weile nach dem Brand, doch letztendlich behandelte man dort fast sechzig Menschen, wobei man für ihre Verbrennungen die altmodischere Borsäuresalbe benutzte. Unter den hier Eingelieferten war auch Mabel Epps, die hysterisch war, weil sie sich um ihr ungeborenes Kind und ihre zwei Söhne, um ihre Schwester und ihre Nichte Sorgen machte – alle wurden noch vermisst. Sie hatte keine Verbrennungen, daher schickte der untersuchende Arzt sie auf die Entbindungsstation. Dort wussten die Schwestern nicht, was sie tun sollten. Die Frau hörte nicht auf zu weinen.

Nach Mt. Sinai, dem kleinen jüdischen Krankenhaus in der Innenstadt, kamen nur wenige Opfer. Ein plastischer Chirurg, der dort arbeitete, wusste, dass seine Frau vorgehabt hatte, mit ihrer Tochter in die Nachmittagsvorstellung zu gehen. Als er zu Hause anrief, hob niemand ab. Die Spezialgebiete des Arztes waren Verbrennungen und Hauttransplantationen, und so leitete er ein Notaufnahmeteam. Bei jeder Tragbahre hielt er den Atem an.

Unerwartete Gäste

WTHT, eine Tochtergesellschaft der Mutual Broadcasting Company, übertrug live aus Fenway Park das «Spiel des Tages»: die Boston Red Sox gegen die Detroit Tigers. Die Sox schienen das Spiel

zu gewinnen, da Bobby Doerr gerade vier Hits bei vier Versuchen
geschafft und Tex Hughson locker dreizehnmal gepitcht hatte, als
die Nachrichtencrew des Senders durch die Lokalredaktion der
Times von dem Brand erfuhr. Die Studios in den oberen Stockwerken des American Industrial Building boten einen Blick auf
das North End; aus den Fenstern konnten die Mitglieder der
Nachrichtencrew den Rauch sehen. Sie überlegten gerade, ob sie
die Übertragung unterbrechen sollten, als die Mutual-Nachrich-
ten ihnen mit einem kurzen Bericht zuvorkamen.

In New Britain hörten Fans, die dem Spiel lauschten, vorbei-
fahrende Krankenwagen, die mit heulenden Sirenen nach Hartford brausten. Als der Nachrichtensprecher die Sendung unterbrach, ergab das Sirenengeheul plötzlich einen Sinn.

Um 15.00 Uhr wandte sich Gouverneur Baldwin an die Öffentlichkeit. Bevor er auf Sendung ging, «versuchte ich, ruhig zu
bleiben. Das ging mir ständig durch den Kopf. Ich hatte schon öfter schwierige Situationen erlebt. Im Ersten Weltkrieg war ich in
der Navy und musste viele schwierige Situationen meistern, und
ich weiß, dass man alles nur noch schlimmer macht, wenn man
aufgeregt ist, es zu eilig hat.»

Er ging auf Sendung und nannte die wesentlichen Fakten, bat
dann alle Hörer, sich vom Zirkusgelände fern zu halten und die
Rettungstrupps ihre Arbeit verrichten zu lassen. «Ich bitte Sie eindringlich, Ruhe zu bewahren. Denken Sie daran: Hysterie stiftet
noch mehr Verwirrung. Das hält uns bloß davon ab, uns so gut wie
möglich um die Verletzten zu kümmern und die Toten zu identifizieren.»

Die Leute, die mühelos das Zelt verlassen hatten, waren bestürzt, als sie hörten, dass andere ums Leben gekommen waren.
Obwohl sie dabei gewesen waren, begriffen sie erst, als sie im Radio von dem Brand hörten, in welcher Gefahr sie geschwebt hatten.

Die Nachricht verbreitete sich in der ganzen Stadt. Im Palace,
im Strand und im Allyn wurden alle Freiwilligen und Pflegerin-

nen über Lautsprecher aufgefordert, sich an der Kinokasse zu melden. Der Geschäftsführer des State Theater hielt *Schneewittchen und die 7 Zwerge* mitten im Film an, die Leinwand war plötzlich blendend weiß. In Loew's Poli alarmierten die Platzanweiser das Publikum; im Lenox gingen Polizisten die Gänge auf und ab.

In der Innenstadt hörten die Leute, die bei G. Fox einkauften, alle zehn Minuten den Aufruf an Ärzte und Krankenschwestern: Melden Sie sich im Büro, ein Lieferwagen wird Sie zum Zirkusgelände bringen.

Ein Vater arbeitete gerade in der Frühschicht bei Pratt & Whitney in East Hartford, als die Durchsage über Lautsprecher kam. Er machte sofort Feierabend und fuhr zu Shepherd Tobacco in der Windsor Street, um seine Frau abzuholen. Wie viele Eltern würden die beiden stundenlang suchen.

Während die Soldaten in der Barbour Street Leichen auf die mit Latten verkleideten Armeelastwagen luden, kamen zwei kleine Jungs, die keinen Kratzer abbekommen hatten, zum weißen Kassenwagen. Als sie begriffen hatten, dass sie nicht die ganze Vorstellung zu sehen bekamen, fanden sie, dass man ihnen wenigstens einen Teil des Eintrittsgelds zurückerstatten sollte.

Das Zelt des Abnormitätenkabinetts war unversehrt. Der Wind hatte die Flammen nach Osten getrieben, weg von der Menagerie. Nicht ein einziges Tier war verletzt. Kamele und Esel standen in den benachbarten Gärten im Schatten, waren an Bäumen festgebunden. Die Elefanten befanden sich wohlbehalten auf dem Grundstück Ecke Barbour und Charlotte Street, waren aber immer noch verängstigt und trompeteten laut. Die Pfleger mussten sie schlagen, damit sie sich ruhig verhielten.

Ein Jungreporter der *Times* machte eine Bemerkung über ihre unheimlichen Trompetenstöße, während er auf das Zirkusgelände zuging. Auf den Gehsteigen wimmelte es vor Menschen, die Feuerwehrschläuche auf dem Boden waren so fest wie Beton.

Überlebende gingen zu ihren Wagen zurück und stellten fest, dass die Schlüssel in ihrer Jacke waren und sie ihre Jacke im Zelt

Blick von der Barbour Street: Neben dem Abnormitätenkabinett parkt ein Drehleiterfahrzeug; die Elefanten sind verschwunden, Streifenwagen nehmen ihren
Platz ein. FOTO: RALPH EMERSON SR./HARTFORD COURANT

vergessen hatten. Zwei Frauen aus Bolton kehrten in den Hof zurück, wo sie geparkt hatten, und sahen, dass ihr Pontiac nicht mehr
da war. Sie hatten die Schlüssel stecken lassen, damit der Wächter
ihn notfalls wegfahren konnte. Vermutlich hatte ihn jemand als
Krankenwagen benutzt. Sie meldeten den Vorfall der Polizei und
vertrauten darauf, dass sie den Wagen zurückbekommen würden.

Die Familien in der Barbour Street luden die Opfer in ihre
Häuser ein. Eine ältere Frau gab Kindern, die von ihren Familien
getrennt worden waren, Milch und Eiswasser. Stände, die noch vor
einer Stunde zu überhöhten Preisen Limonade verkauft hatten,
schenkten sie jetzt kostenlos aus. Eine Frau nähte einem kleinen
Mädchen einen Knopf wieder an; dessen Mutter war so dankbar,
dass sie einen Brief an den Herausgeber der Zeitung schrieb.

Das Haus Barbour Street 378, das erste nördlich des Zirkusgeländes, war voller Menschen, die Veranda glich einem Feldlazarett.

Die Fahrer der Lieferwagen hielten am Bordstein und luden ihre Fracht aus, damit sie Brandopfer transportieren konnten. Auf dem Gehsteig stapelten sich chemisch gereinigte Kleider und frisches Brot.

Überall in der Straße durchwühlten Mütter ihre Arzneischränkchen nach Salben, mit denen sie die oberflächlicheren Verbrennungen behandeln konnten. Einige griffen auf bewährte Hausmittel zurück. Eine Mutter schickte ihre Kinder mit dem Auftrag los, so viele Säcke Kartoffeln zu besorgen wie möglich. Sie legte rohe Kartoffelscheiben auf die Brandwunden, bis die Säcke leer waren. Eine andere Mutter kochte eine Kanne Kaffee und begann, die Bettlaken und Handtücher der Familie zu zerreißen, um sie als Verbandsmaterial zu benutzen. Später musste sie alles neu kaufen.

Die Leute wollten zu Hause anrufen, um ihren Angehörigen zu sagen, dass alles in Ordnung war. In der Hitze standen sie in langen Schlangen vor den Häusern, und die Hausbesitzer kamen heraus und gaben ihnen Wasser zu trinken. Ein Anruf von einem Münztelefon kostete damals fünf Cent. In der Barbour Street verlangten manche zehn Cent, manche sogar einen Dollar. Eine Frau forderte fünf Dollar für jedes Gespräch und bekam sie auch. Andere waren froh, helfen zu können, und verlangten nichts, weigerten sich kategorisch, von den Anrufern Geld anzunehmen.

Viele kamen zu den Außenbezirken nicht durch, da die Leitungen überlastet waren. Eine Frau konnte ihre Mutter in New Britain nicht erreichen. Ihr Bekannter rief seine Frau an, und die telefonierte mit der Mutter. «Es ist alles in Ordnung», sagte sie, «sie sind in Sicherheit.» Die Mutter wusste zuerst nicht, wovon die Frau sprach; sie hatte das Radio nicht eingeschaltet. Ihr Sohn war Pilot bei der Navy gewesen und im letzten Januar ums Leben gekommen. Sie hatte genug von schlechten Nachrichten.

Manche Leute, die in einer der Schlangen standen, weinten. Eine Frau war so mitgenommen, dass ihr, als sie an die Reihe kam, nicht mehr einfiel, wo ihr Mann arbeitete.

Andere beschäftigten sich mit praktischeren Dingen. Eine Frau mit zwei Kindern an der Hand schüttelte den Kopf über ihr ruiniertes Kleid. Obendrein hatte sie ihre Handtasche verloren. Ihr Mann sagte, sie solle sich keine Sorgen um das Geld machen. Sie solle Gott danken, dass die Kinder in Sicherheit seien.

Die Sammelstelle bei E. B. McGurk's, wohin John Stewart die Verletzten gebracht hatte, war überfüllt. Während die Angestellten erste Hilfe leisteten, beruhigten zwei Sekretärinnen die Kinder.

Nebenan, in der Barbour Street 353, stand der Hausbesitzer auf seiner Veranda, unterhielt sich mit einem Luftakrobaten des Zirkus und ließ den Blick über das Gelände schweifen. Der Artist sagte, das Feuer sei am Ende der Raubtiernummer ausgebrochen, direkt nach dem Aussschalten eines Scheinwerfers. Jemand habe das Licht ausgeschaltet oder den Scheinwerfer weggedreht, als die Raubkatzen die Laufgänge betraten.

Unterdessen lagen in den Gemüsegärten und hinter den Häusern in der Barbour Street die Verletzten, die in dem Gedränge auf der Flucht vor den Flammen zu Boden gestürzt waren. Ein Polizist entdeckte einen Mann, der an der Kensington Street im Gras lag und wirres Zeug redete. Man konnte nichts tun. Er lag mit dem Gesicht nach unten auf dem Boden und sprach wimmernd von den armen Kindern, die verbrannt waren. Als der Beamte ihm aufhalf, setzte er sich nicht zur Wehr. Die Polizei erfuhr von ihm bloß, dass er Joe heiße und in der Barbour Street wohne. Man sorgte dafür, dass er ins Municipal Hospital gebracht wurde. Einen Block weiter südlich, in der Earle Street, wankte eine Frau mit Verbrennungen in ein Haus und bat die Besitzer, einen Krankenwagen zu rufen.

In Jaivin's Drugstore an der Ecke Barbour und Westland Street gab es ein Münztelefon. Dort bildete sich schon früh eine Schlange. Während die Leute warteten, schenkte Mr. Jaivin den Kindern ein Eis und behandelte ihre Verbrennungen mit Salbe. Molly Garofolo kam aus ihrem Schönheitssalon nebenan, wo sie sich um ein paar Kinder kümmerte, die ihre Eltern verloren hatten. Sie hatte ihre Gesichter gewaschen und Heftpflaster auf ihre Schnittwunden geklebt, um sie zu beruhigen; doch vielleicht würde sich ein Eis als wirksamere Arznei erweisen.

Eine junge Mutter ging mit ihrem Sohn die Barbour Street entlang und blieb gegenüber von Jaivin's stehen. Die beiden setzten sich auf den Bordstein, um sich über ihre Lage klar zu werden. Die Frau hatte schlimme Verbrennungen, ihr Bein war voller Blutergüsse, ihr Haar versengt. Sie sah die vielen Leute bei Jaivin's und sagte ihrem Sohn, er solle aufstehen.

Sie hatten zu Hause kein Telefon, also rief sie eine Nachbarin an. Das fünfjährige Kind der Nachbarin hob ab. Zögerlich nahm das Kind die Nachricht entgegen, lief dann nach draußen und schrie dem Ehemann der Frau – der auf einer Leiter stand und das Haus strich – zu: «Ihre Frau ist bei dem Zirkusbrand!»

Eine andere Frau ging in der Barbour Street mit ihrer Tochter an Jaivin's vorbei zu einem jüdischen Lebensmittelgeschäft – Levine's Fruit Market oder Fleishman's Meats oder Weinbaum's Delicatessen –, wo eine Frau Eis auf ihren Arm packte.

Ein paar der Brandopfer gingen die eine Meile zum Municipal Hospital zu Fuß. Wenn sie zur Tür hereinkamen, sahen sie noch gesund und munter aus, doch sobald die Schwestern sie berührten, schrien sie vor Schmerz. Die überhitzte Luft hatte zwar ihre Kleider nicht in Brand gesetzt, aber ihre Haut geröstet.

Zusammen mit den Helfern waren auch die Ankläger unterwegs in die Barbour Street. Aus ihrem Büro in der Innenstadt wurde ein Bote mit fünfundzwanzig frisch ausgestellten Vorladungen an Unbekannt zu McGovern's geschickt. Auch der Protokollführer des Polizeigerichts wurde zu McGovern's bestellt, um die Aussagen der unbekannten Beklagten aufzunehmen. Polizeipräsident Hickey schickte einen Polizisten zu McCoy's Music in der Asylum Street (wo auch er seine Karten gekauft hatte), um zu sehen, ob man dort einen Bestuhlungsplan hatte. Nach wenigen Minuten rief der Beamte zurück: Nein, es gebe keinen.

Ungefähr um diese Zeit kehrten der Zeltmeister Leonard Aylesworth und seine Leute aus Springfield zurück.

Sie hatten nicht damit gerechnet, so lange weg zu sein, doch der offene Lastwagen hatte sich auf der Hinfahrt verfahren, und sie hatten warten müssen; dann hatten sie im Speisesaal eines guten Hotels lange zu Mittag gegessen. Als sie sich dem Zirkusgelände näherten, hörten sie die Sirenen, die mit jedem Block lauter wurden. Bei ihrem Eintreffen sahen sie, dass das Hauptzelt nicht mehr stand und die Höfe von Eltern mit Kindern wimmelten.

Es wurden so viele Kinder vermisst, dass Eltern, die die Umstehenden fragten, ob sie einen Jungen dieser Größe oder ein Mädchen in einem blauen Sonnenanzug gesehen hätten, vergeblich losgeschickt wurden. Am leichtesten wird man gefunden, wenn man sich nicht von der Stelle rührt, doch das erfordert mehr Geduld, als die Überlebenden aufbrachten. Erwachsene und Kinder liefen die Straße auf und ab, zum Zirkusgelände und wieder zurück, in der Hoffnung, auf ihre Angehörigen zu stoßen.

Manchmal hatten sie Glück. Ein sechsjähriger Junge ging nach Norden zum Eingang des Keney Parks. Er stellte sich hin, als ob er überlegte hineinzugehen. Da kam ein Soldat auf ihn zu.

«Würden Sie mich nach Hause bringen, Mister?»

«Klar, mein Junge», sagte der Soldat. «Wie heißt du denn und wo wohnst du?»

Der Soldat brachte ihn zu einer Bushaltestelle und stieg mit ihm in einen Bus. Als sie sich der Wolcott Avenue näherten, erkannte der Junge seine Straße wieder. Er stieg aus und lief nach Hause zu seinen Eltern, und der Soldat blieb im Bus sitzen. Die Eltern waren enttäuscht; sie hätten sich gern persönlich bei dem Mann bedankt.

William Epps wusste nicht, wo sich seine Mutter, seine Tante oder seine Cousine Muriel befanden. Er wohnte am Bellevue Square; dieser Teil des North End war ihm völlig fremd, hier kannte er sich nicht aus. Mit Richie an der Hand folgte er der Menge auf der Barbour Street nach Norden bis zur Tower Avenue. Auf der anderen Seite der belebten Kreuzung erstreckten sich die grünen Felder und Bäume des Keney Parks wie ein großer Wald. Er wartete, bis die Ampel umsprang, und lief dann mit seinem Bruder weiter.

Ein Mädchen bat eine Polizistin, ihr bei der Suche nach ihrer Mutter und ihrer Tante zu helfen. Die Polizistin riet dem Mädchen, bei ihrem Auto zu warten. Nach ein paar Minuten kam die Tante und erzählte dem Mädchen, die Mutter sei ins Krankenhaus gebracht worden, sie wisse aber nicht, in welches. Die Polizistin schlug vor, es zuerst beim Municipal Hospital zu versuchen. Während die beiden im Krankenhaus nach der Mutter suchten, kämmte diese das ganze Zirkusgelände nach ihrer Tochter ab und meldete sie bald als vermisst.

Die Polizei versammelte alle Kinder, die ihre Eltern verloren hatten, und brachte sie durch den Wald im Osten zu einer Reihe von Streifenwagen, die in der Hampton Street geparkt waren. Polizeipräsident Hickeys Männer stellten vor dem Zirkusgelände einen Lautsprecherwagen auf und baten alle Leute, elternlose Kinder in die Hampton Street zu bringen. Die Beamten würden sie zum Polizeipräsidium fahren.

Im Präsidium in der Innenstadt wurde ein Team aus Polizisten und Polizistinnen beauftragt, in der Jugendabteilung eine Anlaufstelle einzurichten. Sie sollten beim Eintreffen der Kinder ihre Namen und Adressen aufnehmen und dann versuchen, sich mit ihren Eltern in Verbindung zu setzen.

Auf dem Zirkusgelände suchte Stanley Kurneta nach seiner Schwester Mary. Er konnte sie nirgends finden. Genauso wenig wie Tony oder seine Mutter – keinen von ihnen. Sein Kopf, sein Hals und seine Arme waren verbrannt, die Kleider zerknautscht, weil er seinen Neffen Raymond Erickson herumgeschleppt hatte. Die Polizisten sahen Stanleys Zustand und machten ihm klar, dass er behandelt werden musste. Sie packten ihn in einen Krankenwagen und schickten ihn zum Hartford Hospital, obwohl immer noch keiner wusste, was aus Stanleys Familie geworden war.

Extrablatt, Extrablatt

Offiziell hatte man die Lage unter Kontrolle. Das Feuer war gelöscht, um die Leute mit den schwersten Verletzungen kümmerte man sich. Die Toten hatten es nicht eilig. Die Panik und Verwirrung vom Zirkusgelände schwappte jetzt, ausgelöst von den Sirenen, in die ganze Stadt über. In der Barbour Street begannen die Behörden und ihre vielen Freiwilligen mit den Aufräumungsarbeiten. Lastwagen rollten leer aufs Gelände und fuhren voll beladen wieder weg.

Zur seltsamsten Verletzung kam es, als die Polizei das Gelände bereits abgeriegelt hatte. Ein Polizist, der den Auftrag hatte, die Menge unter Kontrolle zu halten, kümmerte sich gerade darum, dass die Gaffer hinter einem provisorischen Zaun blieben, als ihn eine Biene in den Hals stach. Der Hals schwoll an – ein klassischer Fall von anaphylaktischem Schock. Ein anderer Polizist fuhr ihn zum Municipal Hospital, wo sie warten mussten, bis die überarbeiteten Ärzte dringendere Fälle behandelt hatten.

Der Vorsitzende des Kriegsrats war jetzt auf dem Gelände und gab seinen Leuten Anweisungen. Bürgermeister Mortensen hatte eine Schar von Reportern angelockt, die auf ein Interview hofften, doch er war nur gekommen, um zu helfen und moralischen Beistand zu leisten. Thomas Barber und seine Kollegen folgten der Gruppe des Bürgermeisters über den Platz und führten Aufträge für sie aus, bis höhere Beamte eintrafen und eine förmlichere Begleitung gewährleisteten. Der Bürgermeister blieb zwei Stunden, packte mit an und vergewisserte sich, dass für alles gesorgt wurde.

Auf dem Platz gab es kein Telefon, deshalb verlegte Southern New England Telephone vier Leitungen, die von Polizei und Feuerwehr benutzt werden konnten. Die Mitarbeiter der Telefongesellschaft montierten die Telefone auf kurze Stangen, die sie in den Boden gesteckt hatten.

Auf Befehl des Staatsanwalts Burr S. Leikind hinderte die Polizei das Zirkuspersonal daran, Trümmer wegzuräumen, und sorgte

Das Aufsammeln der Habseligkeiten am nordöstlichen Laufgang. FOTO: WESLEY MASON/ART KIELY

dafür, dass sich im Innern des Zeltes außer der Wachmannschaft der Armee niemand aufhielt. Die Frau eines Polizisten aus Willimantic sammelte herumliegende Handtaschen ein, bis sie beide Arme voll hatte; eine, die sie am nordöstlichen Laufgang entdeckt hatte, erwies sich als die von Mary Kurneta. Ungefähr hundertfünfzig Militärpolizisten und Truppen der Flugabwehreinheit riegelten den Platz ringsum ab. In der Woodland Street beobachteten Anwohner, wie ein Lastwagen nach dem anderen vorbeifuhr, alle voller Soldaten mit Schaufeln in den Händen.

Im Süden kam die Motorradtruppe A der State Guard mit dröhnenden Motoren aus Niantic als Geleitschutz für das Sanitätskorps des 10. Bataillons in die Stadt gefahren. Sie waren in Camp Baldwin gewesen und hatten Softball gespielt, als sie von dem Brand erfuhren. Sie hatten sich umgezogen, waren auf ihre Motorräder gestiegen und losgefahren. In der ersten Kurve war ein

Mann mit seiner Maschine gestürzt. Es hieß, er sei umgekommen;
doch in Wirklichkeit hatte er nur ein paar blaue Flecke – das
Ganze war ihm ziemlich peinlich. Er war wieder auf sein Motorrad gestiegen. Berichten zufolge legten sie die fünfzig Meilen in
dreiunddreißig Minuten zurück.

Das Amt für Zivilschutz alarmierte seine Luftschutzwarte und
schickte die eine Hälfte zur Barbour Street und die andere zum
Waffenarsenal.

Der Leiter der Coca-Cola-Abfüllanlage in East Hartford konn-
te mit seinen Kindern aus dem Zelt flüchten und rief sofort im
Büro an. Daraufhin fuhren sieben Coca-Cola-Lastwagen mit
Erste-Hilfe-Ausrüstungen los.

Und noch immer kamen die improvisierten Krankenwagen
von Sage-Allen und Max Sanders und Underwood Elliott Fisher
und schlängelten sich zwischen den von Blasen überzogenen Zirkuswagen hindurch, wo die Menschen im Gras saßen und ins
Leere starrten.

In der Garden Street, die an der kürzesten Strecke zum Waffenarsenal lag, saß eine junge Mutter mit ihrer zweijährigen Tochter
vor ihrem Haus auf den Stufen und beobachtete, wie die Lastwagen mit ihrer seltsamen Fracht vorbeifuhren. Sie hatten vorgehabt,
an jenem Tag in den Zirkus zu gehen, hatten es aber nicht geschafft.

Überall in der Stadt waren Sirenen zu hören. In allen Vierteln
Hartfords strömten die Leute auf die Straßen, um zu sehen, was los
war. Sie stellten sich auf ihr Verandageländer oder auf den Weg
vorm Haus und schauten in den Himmel. Im Westen konnte man
leicht dem Irrtum erliegen, dass der Rauch aus East Hartford kam.
Einige dachten, die Deutschen hätten Pratt & Whitney bombardiert. Andere glaubten an einen Flugzeugabsturz, vielleicht eine
B-25 in der Nähe von Bradley Field.

Von den Rundfunksendern war WTIC als Erster am Schauplatz des Geschehens. Als die Aufnahmecrew den Platz überquerte
und die vielen Toten und das Durcheinander sah, begriff sie, dass

eine Livesendung die Panik nur vergrößern würde. Sie beschloss, den wilden Gerüchten, die bereits im Umlauf waren (zum Beispiel das von den Amok laufenden Löwen), entgegenzutreten und sich auf die gesicherten Fakten zu konzentrieren. Bei der Überschwemmung von 1936 hatte TIC mit den Behörden zusammengearbeitet und Vermisstenmeldungen durchgegeben. Jetzt unterbrach man das normale Programm und stellte die Studios dem Roten Kreuz, der Polizei und anderen Hilfsorganisationen zur Verfügung.

In der Blue Hills Avenue beobachteten die Kinder aus dem Viertel, wie die Polizei mit heulenden Sirenen vorbeiraste, als plötzlich eine Frau auf ihre Veranda gelaufen kam und schrie, dass der Zirkus brenne und die Leute in den Flammen umkämen. Natürlich hatte jedes der Kinder Freunde, die an jenem Nachmittag in den Zirkus gegangen waren, aber es gab keine Möglichkeit, etwas über sie in Erfahrung zu bringen.

Erwachsene hatten diese Möglichkeit. Die Leute fuhren direkt zum Zirkusgelände – oder so nah heran, wie sie es bei dem starken Verkehr bewerkstelligen konnten. Sie verließen ihre Wagen und gingen zu Fuß weiter, wurden jedoch von dem Polizeikordon aufgehalten.

Ein Mann, der seine beiden Schwestern suchte, ließ sich nicht abweisen. Er schlug einen Polizisten nieder und zwängte sich an der Kette vorbei auf das Gelände, wo er wie durch ein Wunder seine Schwestern fand, die eine mit leichten Verbrennungen, die andere unverletzt.

Zum ersten Mal in ihrer Geschichte schickte die Lokalredaktion der *Hartford Times* telegraphisch eine Kurzmeldung an Associated Press. Kurz darauf ging ihr erstes Extrablatt in Druck. Die Schlagzeile lautete: FEUER ZERSTÖRT ZIRKUS. Es gab keine Fotos zu dem Artikel, und die Redaktion hatte nicht genug Zeit gehabt, die Fakten zu überprüfen. Die *Times* legte sich bei der Zahl der Opfer nicht fest, doch in einem gut sichtbaren Untertitel hieß es, drei Artisten seien ums Leben gekommen. Dem Arti-

kel zufolge wurden vom Municipal Hospital Krankenwagen angefordert, und es gab Gerüchte, dass «ziemlich viele» Menschen
verletzt waren. Der Silver-Spur-Reitclub, dessen Ställe und Vor-
führplatz sich in der Barbour Street befanden, bestätigte, dass das
Hauptzelt gegen 14.45 Uhr eingestürzt war.

Die näheren Einzelheiten waren unpräzise, manchmal sogar widersprüchlich. «Ein Augenzeuge sagte, er glaube, dass alle vor dem
Einsturz des Zeltes entkommen seien, da das Feuer sich nur langsam ausgebreitet habe.» Doch dann, im nächsten Absatz: «Anscheinend sind viele Menschen in den Flammen oder in dem Gedränge
beim Verlassen des Zeltes ums Leben gekommen.»

Der Artikel wurde von AP telegraphisch an alle Zeitungen im
Land weitergegeben. Auch der *New Britain Herald* druckte ihn im
selben Wortlaut. Direkt daneben stand – als sollte ein Zusammenhang hergestellt werden – ein Artikel mit der Schlagzeile: 41 385
TODESOPFER IN HAMBURG. Die Stadt war bereits im
vorigen Sommer bombardiert worden, doch der deutsche Pressechef hatte die Zahlen – wie er zugab – erst jetzt bekannt gegeben,
um auf Churchills Entrüstung über den Einsatz der V2-Raketen
gegen zivile Ziele zu antworten.

In Bristol bevölkerten die Menschen die Pressestelle, da sie sich
darauf verließen, dass sie über die AP-Leitung am schnellsten vom
Schicksal ihrer Familien erfahren würden. Sie überflogen die Mel-
dungen aus dem Fernschreiber nach Verletztenlisten.

Als die Nachricht in Sarasota, dem Heimatort des Zirkus, eintraf, kam das Leben fast der ganzen Stadt zum Erliegen. Die *Herald
Tribune* wurde von Freunden und Verwandten der Zirkusangestellten belagert. Sie hatten gehört, dass drei Artisten ums Leben gekommen seien. Wie die Leute aus Bristol warteten sie auf Namen.

Die Nachricht ging per Fernschreiber um die Welt. Der Bruder einer Frau, der bei den Luftstreitkräften in Neuguinea war,
hörte den Bericht und hatte das Gefühl, dass jemand aus seiner Familie im Zirkus gewesen war. Er unterbrach seine Tätigkeit, ging
in sein Quartier zurück und betete den Rosenkranz.

In der Innenstadt betrat Spencer Torell, der nach seinem langen Marsch verschwitzt war, die Büros des *Courant* in der State Street. Er sagte, er habe ein paar Fotos von dem Brand, die der Zeitung vielleicht gefallen würden. Ein Mann in der Fotoabteilung sagte, sie müssten sie erst entwickeln und sie sich ansehen. Gut, sagte Torell; er werde warten, wenn das in Ordnung sei.

Während er im Vorzimmer saß, kehrten ein paar Reporter vom Zirkusgelände zurück. Da er Augenzeuge war, interviewte ihn einer von ihnen. Während sie sich unterhielten, fragte Torell, ob jemand verletzt worden sei. Die Antwort des Mannes schockierte ihn. Er und Wally hatten in Block K so weit unten, so weit von dem Feuer entfernt, so nah am Ausgang gesessen, dass sie bloß hatten aufstehen und um die Ecke biegen müssen, um in Sicherheit zu sein. Er hatte gedacht, dass auch alle anderen ins Freie gelangt seien.

Der Fotograf kam mit den Abzügen aus dem Labor zurück. Es waren die besten Aufnahmen, die er bis dahin gesehen hatte; wenn nichts Besseres mehr käme, würden sie sie am nächsten Tag vielleicht abdrucken. Der *Courant* zahlte Torell 25 Dollar. Als er ging, kam er sich vor wie ein Glückspilz – er war unverletzt und hatte sich obendrein ein bisschen Geld verdient. Er überquerte die Straße und ging zu der Verkehrsinsel, um mit dem Bus nach New Britain zurückzufahren. Für ihn fing der Tag jetzt erst an. Er musste noch zur Arbeit gehen.

Hartford, wir kommen nicht durch

Eine halbe Stunde nach dem Brand bevölkerten Hunderte von Verwandten die Eingangshalle des Municipal Hospital und suchten nach ihren Angehörigen. Zu diesem Zeitpunkt war die Chance, jemanden zu finden, gering, da die Aufnahme keine Zeit gehabt hatte, eine Liste anzufertigen. Ein Großvater entdeckte seine

Enkelin, nachdem er überall nachgesehen hatte, draußen vor der Tür, wo sie noch immer ihr Zirkusprogramm umklammert hielt. Dreißig Hilfspolizisten aus New Britain räumten die Halle. Zusammen mit einem Trupp MPs aus Bradley Field standen sie auf der Vordertreppe und dem Rasen Wache, während Luftschutzwarte den unwichtigeren Verkehr über die Coventry oder die Holcomb Street umleiteten.

Drinnen füllten die Verletzten die Stationen und lagen entlang der Flure. Das Municipal Hospital hatte eine Kapazität von 145 Betten. An jenem Nachmittag waren 143 Patienten da, viele von ihnen in kritischem Zustand.

Ein Anästhesist vom Hartford Hospital stattete dem Municipal Hospital einen Besuch ab. «Die Menschen starben in den Fluren», sagte er. «Das Personal war überfordert. Niemand schien zu wissen, wer die Verantwortung hatte, und die Verantwortlichen schienen sich ihrer Aufgabe nicht bewusst zu sein.»

Eine Krankenschwester, die auch im Hartford Hospital arbeitete, musste schließlich im Municipal Hospital aushelfen. Es war ein einziges Chaos, überall schrien Menschen. Ein paar Kinder wussten nicht einmal ihren Namen. Ein Arzt fragte die Schwester, ob sie schon einmal im Operationssaal gearbeitet habe; sie sagte ja, sie sei früher OP-Schwester gewesen. Das genügte ihm. Sie betrat den Operationssaal. Auf dem Tisch lag ein ungefähr fünfzehnjähriges Mädchen mit dunklem Haar. Die Frau erkannte sie – es war ein Nachbarskind. Die Ärzte zogen ein Bettlaken über sie. Sie rollten sie nach draußen und brachten den nächsten Patienten herein.

Die Hausmeister waren so damit beschäftigt, Tragbahren zu schleppen, dass sie keine Zeit hatten, um aufzuwischen. In einer Ecke der Eingangshalle stand ein Haufen aufgerissener Pappkartons mit der Beschriftung: Plasma – für menschlichen Gebrauch. Im Flur beugte sich ein Priester mit einer lilafarbenen Stola um den Hals über ein Bett und gab jemandem die Letzte Ölung. Eine Schwester wartete, bis er fertig war, und fragte dann: «Können Sie in den fünften Stock kommen, Pater? Da liegt eine Frau im Sterben.»

Das Krankenhaus teilte jedem Patienten eine Pflegerin zu. Eine hatte es mit einer Frau mit schweren Verbrennungen zu tun. «Die Frau sagte: ‹Ich hab eine Dauerwelle gehabt, und sie haben mir die ganzen Haare abgeschnitten.› Und ich sagte: ‹Oh, das ist nicht so schlimm. Wenn es nachwächst, werden Sie Naturlocken haben.› Ihr war so übel. Sie hat auf meinen ganzen Kittel gebrochen.»

Die Pflegerin musste eine fahrbare Krankentrage in die Leichenhalle hinunterbringen. «Als sich im Kellergeschoss die Fahrstuhltür öffnete und ich die Trage rausschieben wollte, standen da ganz viele Männer. Auf dem Fußboden lagen überall Bandagen. Sie ließen mich nicht rein, ich blieb einfach im Fahrstuhl. Ich wollte da sowieso nicht rein. Ich ließ ihnen die Trage da und fuhr wieder nach oben.»

Die Männer, die sie gesehen hatte, waren Soldaten. Die Lastwagen, die Elliott Smith und Raymond Erickson gebracht hatten, transportierten jetzt die frisch Verstorbenen zum Waffenarsenal in der Broad Street. Fünf waren bei der Ankunft bereits tot gewesen. Weitere sechs Menschen erlagen ihren Verletzungen innerhalb einer Stunde.

Inzwischen hatte die Radiodurchsage ein Heer von Pflegerinnen mobilisiert. Wegen ihrer blauen Trachten wurden sie Blaumeisen genannt. Sie strömten aus den umliegenden Städten in die Krankenhäuser und stellten zusätzliche Betten auf, brachten die Patienten von der Aufnahme auf die Stationen, verteilten Becher mit Orangensaft, rollten Baumwollstoff zu Binden auf, legten Verbände an und injizierten Blutplasma – taten alles, worum sie gebeten wurden. Manchmal waren sie für die Verletzten ein größerer Trost als alles andere, sie saßen bei den Kindern und hielten ihre Hand, damit sie sich nicht allein fühlten.

Im Hartford Hospital befanden sich einundfünfzig Patienten, von denen neunzehn ambulant behandelt und wieder entlassen

wurden. Die anderen wurden durch Flüssigkeit stabilisiert,
mit Mullbinden umwickelt und auf ihre jeweilige Station gebracht.

Zwei Geschwister saßen in der Eingangshalle des alten Sand-
steingebäudes und warteten auf ihre Eltern. Der Vater war Uro-
loge, die Mutter Kinderärztin. Sie hatten sich den Tag freigenommen und waren in den Zirkus gegangen, und jetzt hatte man sie
wieder zur Arbeit gerufen. Im Südgebäude auf der anderen Seite
des Hofes behandelten sie Opfer, die beim Kampf am Laufgitter
blaue Augen oder gebrochene Rippen davongetragen hatten. Ihre
Kinder würden stundenlang warten müssen.

Obwohl im Hartford Hospital weitaus weniger Opfer lagen
und viel mehr Platz war, musste man dennoch mit derselben Schar
von Verwandten fertig werden wie im Municipal Hospital. Der
Chef des Planungsstabs musste im Radio folgende Durchsage machen: «Wir bitten die Öffentlichkeit eindringlich, weder ins Hartford Hospital zu fahren noch sich telefonisch dort nach Katastro-
phenopfern zu erkundigen. Nicht mehr als zwei Mitglieder des
engsten Familienkreises dürfen die Katastrophenopfer in den
nächsten vierundzwanzig Stunden besuchen, und die Besuchszeit
ist auf zehn Minuten begrenzt. Patienten, deren Zustand kritisch
ist, können von Mitgliedern des engsten Familienkreises jederzeit
besucht werden.»

Das hätte klappen können, wenn die Leute gewusst hätten, wo
sich ihre Verwandten befanden oder ob ihr Zustand kritisch war.
So wie die Dinge lagen, wussten viele bloß, dass ihre Angehörigen
in den Zirkus gegangen und nicht wieder nach Hause gekommen
waren.

Im St. Francis Hospital schnitten die Schwestern die Kleider der
Opfer auf, schälten den Stoff behutsam von der Haut und tränk-
ten dann die offenen Brandwunden in Gerbsäure. Ihre OP-Mas-
ken tauchten sie in Wintergrünöl, um den Gestank zu überdecken.

Ein älterer Arzt aus Meriden und seine Begleiterin hatten Verbrennungen an Kopf, Armen und Händen, doch er entschied sich,

weder ins Municipal noch ins Hartford, St. Francis oder gar in das kleine Mt. Sinai Hospital zu fahren. Da ihm klar war, dass die Zahl der Opfer die Krankenhäuser der Stadt überfordern würde, beschloss der Arzt, nach Meriden zurückzukehren.

Als sich die Nachricht verbreitete, begannen sich die Vorbereitungen auszuzahlen, die Connecticut für den Krieg getroffen hatte. Die Blutbank des Bezirks, die ein paar Wochen nach Pearl Harbor eingerichtet worden war, hatte jede Menge tiefgekühltes Plasma eingelagert. Kirchliche Frauengruppen hatten sich jahrelang einmal im Monat getroffen, um Binden zu wickeln, stolz darauf, dass sie ihr Quantum schafften; dank ihnen stand allen Krankenhäusern ein großer Vorrat zur Verfügung. Die Fabriken schickten Teams von Krankenträgern, die für Luftangriffe ausgebildet worden waren. Der Kriegsrat beheizte seine Küche auf Rädern und fuhr zum Waffenarsenal.

Das ganze Land war in ständiger Bereitschaft, und nach der Invasion in der Normandie war die Moral der Leute gut. Die Ideale von Opferbereitschaft und gemeinsamer Anstrengung waren ihnen inzwischen in Fleisch und Blut übergegangen. Viele Menschen verließen ungefragt ihren Arbeitsplatz, um zu helfen, als sie von dem Brand hörten. Die Blutbank des Roten Kreuzes in der Pearl Street konnte sich vor Spendern kaum retten.

Aus New York sicherte Bürgermeister LaGuardia seine volle Unterstützung zu. Aus Boston schickte Bürgermeister Tobin das Expertenteam, das in nur vier Tagen alle 492 Opfer aus dem Cocoanut Grove identifiziert hatte.

Auch der Geistliche der Circus Fans Association of America nahm den ersten Flug aus Boston. Er hatte die Barbour Street erst am Mittag verlassen. Eins der Zirkusmädchen war während des Gastspiels im Boston Garden von einem Lastwagen angefahren worden, und die Truppe hatte 300 Dollar für die Behandlungskosten gesammelt. Der Pater hatte ihr das Geld gerade in einem Bostoner Krankenhaus übergeben, als er die Neuigkeit erfuhr. «Wie furchtbar», sagte er, und dann, anscheinend als Reaktion auf die

frühen Berichte, dass drei Artisten ums Leben gekommen seien:
«Das waren alles meine Freunde.»

In Waterbury hörte ein Maschinenschlosser auf der Arbeit von
dem Brand. Sein Vorarbeiter sagte ihm, seine Frau und seine drei-
jährige Tochter seien unverletzt, aber seine Schwiegermutter
werde noch vermisst. Er sprang in seinen Wagen und brauste nach
Hartford.

Es war sinnlos anzurufen. Alle Ferngespräche liefen über die
Vermittlung. Doch dort waren sämtliche Leitungen überlastet. In
der Zentrale von Southern New England Telephone in der Trumbull Street sahen die Telefonistinnen, dass fast alle Lämpchen an ihren Schalttafeln aufleuchteten. Sie stießen ihre Stecker in die offenen Buchsen. Telefonistinnen von außerhalb schalteten sich ein
und schimpften: «Hartford, wir kommen nicht durch.»

«Die Zentrale leuchtete wie ein riesiger Weihnachtsbaum»,
sagte eine Telefonistin. «Vor dem Gebäude heulten die Sirenen. Ein
paar von den Mädchen waren wegen der Anspannung ganz aufgeregt. Ein Mädchen brach weinend zusammen; man musste sie
ablösen.»

Zwischen den einzelnen Stadtvierteln wurde besonders viel te-
lefoniert. Überall in der Stadt waren die Schalttafeln der Telefon-
gesellschaften durch ausgehende Anrufe blockiert. Im Regierungsgebäude und im staatlichen Verwaltungsgebäude konnte man
zwischen 15.00 und 17.00 Uhr weder nach draußen telefonieren
noch irgendwelche Anrufe empfangen; schließlich wurden die
Fernleitungen blockiert, um die Belastung zu verringern. Der
Courant und die *Times* strapazierten ihre Leitungen überhaupt
nicht; dort erklang bei allen eingehenden Anrufen das Besetztzei-
chen.

So viele Anrufe hatte es seit dem Hurrikan von 1938 nicht
mehr gegeben. SNET mobilisierte so viele zusätzliche Telefonistinnen wie möglich, rief einige sogar aus dem Urlaub zurück. Am
Donnerstagabend arbeiteten dort zweihundertfünfzig statt der üblichen hundertfünfzig Frauen. Fürs Abendessen gab die Telefon-

gesellschaft allen eine halbe Stunde frei und einen Coupon für die Cafeteria.

Die Leute aus den umliegenden Städten, die nicht durchkommen konnten, riefen bei ihrer Lokalzeitung an, da sie verzweifelt auf Neuigkeiten warteten. In Winsted probierten es die Familien beim *Citizen*, in Willimantic beim *Daily Chronicle*. Noch immer lag keine Liste der Toten vor.

In der Blue Hills Avenue war es leichter, Informationen zu erhalten. Kinder warteten scharenweise an den Bushaltestellen. Sobald ein Junge ausstieg, der im Zirkus gewesen war, stellten sie ihm tausend Fragen und hörten sich dann schweigend an, was passiert war. «Wir Kinder haben alle geweint», sagte ein Zehnjähriger.

In West Hartford spielten die Jungs aus der Linbrook Road gerade mitten auf der Straße Baseball, als einer ihrer Freunde verwirrt und rußverschmiert auf sie zukam. Er konnte seine Mutter nirgends finden, und sein Vater war auf der Arbeit, also nahm eine Nachbarin den Jungen bei sich auf.

Die im achten Monat schwangere Mutter, die den Geburtstag ihrer Tochter nicht zusammen mit ihr im Zirkus feiern konnte, hörte im Radio von dem Brand und rief ihren Mann an. Er wartete an der Haltestelle, als der Bus mit dem Mädchen hielt. Er schloss sie in die Arme und trug sie den ganzen Weg nach Hause.

Dorothy Bocek kam nach Hause und fragte ihre Mutter, ob sie schon etwas von ihrer Schwester Stella gehört habe. Doch das war nicht der Fall.

Die Familie, die das kleine blonde Mädchen gefunden hatte, nahm es mit nach Hause. Die Tochter wusch das Gesicht des Mädchens, ging dann mit ihm nach draußen und las ihm etwas vor, während ihr Vater bei allen Polizeirevieren in Connecticut anrief. Schließlich stellte sich heraus, dass die Kleine aus Springfield, Massachusetts, stammte. Später am Abend kam ihre Familie herüber, um sie abzuholen.

In Southampton, Massachusetts, hörte die Frau, die die Hälfte des Hauses von Mildred Cooks Schwester Emily Gill gemietet hatte, eine Durchsage im Radio. Die Frau wusste, dass die Kinder im Zirkus waren. Sie lief durch den Flur, um Emily zu suchen. «Haben Sie gehört, was passiert ist?», fragte sie.

Emily Gill ging sofort zu ihrem Schwager Ted Parsons. Marion Parsons befand sich im Osten des Staates. Sie hatten nicht genug Zeit, um auf sie zu warten, und so brachen sie gemeinsam nach Hartford auf.

Die Wall-Street-Ausgabe der *Times* erschien und versprach den Lesern «sämtliche Börsenkurse». Die neue Schlagzeile lautete: DUTZENDE VON TOTEN BEI ZIRKUSBRAND. «Eine unbestimmte Zahl von Personen kam ums Leben», begann der Artikel. Ein Bezirkspolizist wurde zitiert, der die Zahl der Toten auf «mindestens hundert» schätzte, und dann hieß es weiter: «Die Staatspolizei gab eine Stunde nach der Katastrophe bekannt, dass das staatliche Waffenarsenal als Notfallkrankenhaus genutzt werde, da das Ausmaß der Katastrophe die Kapazitäten der örtlichen Krankenhäuser übersteige.» Und: «In dem Chaos drängte die Menge jedes Mal, wenn eine Leiche herausgetragen wurde, vergeblich gegen die Polizeikette, um zu sehen, um wen es sich bei dem Opfer handelte.» Und noch immer gab es keine Liste.

Da die Zirkusleute Angst hatten, dass ihre Verwandten sich Sorgen machen würden, gaben sie einem örtlichen Mitglied der Circus Fans of America mehr als siebzig Telegramme, die er für sie zum Büro der Western Union in Hartford bringen sollte.

Im Erdgeschoss des Polizeipräsidiums versammelten Beamte die Kinder, die ihre Eltern verloren hatten, und brachten sie dann in einen Gerichtssaal hinauf. Eine Polizistin nahm der Reihe nach von allen die Personalien auf. Freiwillige von der American Legion versuchten, ihnen die Zeit zu vertreiben. Ein anderer Polizist kehrte mit ein paar Müttern vom Zirkusgelände zurück, die hofften, hier ihre Kinder zu finden, was ihnen auch unter Tränen gelang.

Vor dem Waffenarsenal hielten der Junge und sein Chef in ihrem Brown-Thomson-Krankenwagen. Sie mussten warten, während ein paar andere Lieferwagen rückwärts zum Westeingang fuhren, dann stiegen sie aus und entluden ihre Leichen. Im Waffenarsenal wimmelte es von Helfern. Die hintere Wand der höhlenartigen Exerzierhalle war von Leichen gesäumt, die auf Feldbetten lagen; in der Mitte waren weitere Betten aufgereiht. Der Gestank war schrecklich.

Als sie fertig waren, stiegen sie in den Lieferwagen. «Willst du nochmal zum Zirkus?», fragte der Chef.

«Nein», sagte der Junge.

«Da bin ich aber froh, ich nämlich auch nicht.»

Sein Chef hielt vor einer Kneipe am Bushnell Park. Der Junge war noch minderjährig und wollte ihn nicht in Schwierigkeiten bringen.

«Komm schon», sagte sein Chef, «du bist alt genug.»

Sie gingen hinein und setzten sich an die Theke. Der Barkeeper sah den Jungen streng an.

«Geben Sie dem Jungen einen Drink», sagte sein Chef. «Er kann's gebrauchen.»

Der Barkeeper stellte keine Fragen. Sie tranken ein paar Gläser Whisky und kehrten bei Arbeitsschluss ins Lager zurück. Dann fuhren sie nach Hause.

Eine G.I.-Party

Um 15.50 Uhr schickte die Einsatzzentrale alle verfügbaren Streifenwagen zum Zirkusgelände. Die Wagen, die von der Barbour Street kamen, fuhren über die Schläuche und stauten sich dann auf dem Hauptweg und hinter dem Abnormitätenkabinett. Das Präsidium wies alle Einheiten an, die unbefestigte Nebenstraße der Hampton Street zu benutzen. Im Schritttempo fuhren die Wagen durch den Wald zu Sponzos Grundstück und mussten ständig ausweichen, um Lastwagen und Krankenwagen vorbeizulassen.

Die Polizisten auf der Tower Avenue und der Main Street stellten die Ampeln auf Gelb und regelten den Verkehr mit der Hand. Die Überlebenden, die den Flammen glücklich entronnen waren, zwängten sich in die restlichen Busse, doch viele mussten schließlich zu Fuß gehen, ein paar von ihnen sogar ohne Schuhe. Ein Mann entdeckte unterwegs ein Schuhgeschäft und kaufte seiner Frau ein Paar, dann gingen die beiden weiter.

Ein Mädchen war mit seiner besten Freundin in den Zirkus gegangen. Als sie in ihre Straße bogen, sahen sie, dass die Nachbarn vor ihren Häusern auf dem Gehsteig standen. Jemand rief: «Da kommen sie.»

«Lauf schnell nach Hause», sagte jemand zu der Freundin, «deine Mutter ist schon ganz hysterisch», und so überquerte sie die Straße und rannte los.

Wenig später sahen die Eltern des anderen Mädchens, wie die Freundin allein vorbeilief, und dachten, ihre Tochter sei ums Leben gekommen. Als sie ihre Tochter sahen, umarmten sie sich und weinten.

Das Mädchen war überrascht, dass sie von dem Brand wussten. Ihre Mutter erklärte ihr, ein Onkel in St. Louis habe im Radio davon gehört und sie angerufen. Sie ging mit dem Mädchen in die Küche, gab ihr ein Eis und hörte sich ihre Geschichte an.

Viele Kinder wurden zu Hause mit einem Eis begrüßt. Die Eltern eines Mädchens waren so dankbar, dass sie ihr fünf Portionen gaben.

Anna Cote und ihre Schwester Iva waren während des gesamten Infernos ruhig geblieben. Als sie sich schließlich durch die Haustür schleppten, fragte ihr Vater, warum sie schon so früh zu Hause seien. Anna brach in Tränen aus. Weder ihr Vater noch Iva konnten sie beruhigen.

Anderen Überlebenden ging es gut, doch wenn sie im Radio hörten, wie viele Menschen ums Leben gekommen waren, brachen sie zusammen. Die meisten kamen wohlbehalten zu Hause an, vielleicht mit ein paar blauen Flecken, ein bisschen schmutzig, aber im Grunde unversehrt. Mütter bestanden darauf, dass ihre Kinder vor dem Abendessen ein Bad nahmen. Ein Vater ließ die ganze Familie niederknien und ein Dankgebet sprechen. Nur in ein paar seltenen Fällen fand ein Ehemann sein Haus leer vor, mussten die Nachbarn überlegen, wer hingehen und ihm die Nachricht überbringen sollte.

Die Kinder, die ihre Eltern verloren hatten, sollten an einen anderen Ort gebracht werden. Im Polizeipräsidium waren die Leitungen so überlastet, dass die Eltern nicht durchkommen konnten. Die Verantwortung für die zu diesem Zeitpunkt noch übersichtliche Aufgabe – um 16.30 Uhr befanden sich nur zehn Kinder im Gerichtssaal – wurde einem Lieutenant übertragen. Doch als sich die Menge in der Barbour Street zerstreute, fanden die Rettungstrupps immer mehr Kinder. Bald waren mehrere Streifenwagen voll unterwegs.

Dem Lieutenant lagen bereits ein paar Telefonnummern von Eltern vor, doch die Leitungen waren durch die eingehenden Anrufe so überlastet, dass er zu Weiner Fruit and Produce in der Market Street gehen und von dort telefonieren musste. Irgendwie war das Gerücht aufgekommen, dass sich die elternlosen Kinder im Waffenarsenal befanden; bald drängten sich dort die verzweifelten Eltern. Um beide Probleme zu lösen, wurde angeordnet, die Kinder in die nahe gelegene Brown School zu bringen.

Die Beamten brachten die Kinder die Market Street hinauf. Zwei Helfer vom Kindergarten öffneten die große Eingangshalle, drei Klassenräume und die Tür zum Spielplatz und gaben den Kindern etwas, womit sie sich beschäftigen konnten. Freiwillige vom Roten Kreuz, der American Legion und der Blutspendervereinigung halfen, einen Empfang einzurichten, wo die Namen und Adressen aufgenommen werden konnten. Von jetzt an war hier die Anlaufstelle für alle, die jemanden vermissten. Die Einsatzzentrale wies alle Streifenwagen an, Kinder am Eingang in der Talcott Street abzuliefern.

Unter den Polizisten, die zum Zirkusgelände abgeordnet wor-

den waren, befand sich auch Detective Sergeant Edward Lowe. Er
traf um 16.30 Uhr in einem Funkstreifenwagen ein. Das Büro des
Staatsanwalts hatte bereits mit den Ermittlungen zur Brandursache begonnen. Lowe sollte aufpassen, dass sich die Vorstandsmitglieder und die Abteilungsleiter des Zirkus nicht untereinander
absprechen konnten.

Der Marineinfanterist James Kinsella war aus Bradley Field gekommen, um bei den Aufräumungsarbeiten zu helfen. Der Ar-
mee-Lieutenant, der den Sondertrupp befehligte, sagte: «Wir machen eine G.I.-Party.» Kinsella hatte keine Ahnung, was das
bedeutete, da der Ausdruck nur in der Armee verwendet wurde
und er Marineinfanterist war. Doch er sollte es bald erfahren. Es
bedeutete Bergung und Identifizierung der Toten. Es bedeutete,
dass sie in der heißen Sonne Leichen schleppen mussten.

Gerüchte waren im Umlauf, dass einige der Opfer brennend in
den Wald auf der Nordseite des Zeltes gelaufen seien – menschliche Fackeln, die das Unterholz in Brand gesetzt hätten. Ein Polizist und ein Trupp Militärpolizisten (MPs) suchten das Gebiet ab,
hoben Zweige hoch und stocherten mit ihren Gummiknüppeln
in den Büschen. Doch sie fanden nicht das Geringste.

Die G.I.-Party dauerte bis 16.45 Uhr. Auf der Ostseite des Zeltes gab der Gerichtsmediziner Dr. Walter Weissenborn die letzten
Toten frei, dann folgte er mit Polizeipräsident Hickey der Prozession der Lastwagen zum Waffenarsenal. James Kinsella fuhr zurück
nach Bradley, betrank sich und musste sich übergeben.

Auf der Barbour Street schob sich ein Lautsprecherwagen
durch die Menschenmenge, forderte die Leute auf, die Gegend zu
verlassen, und gab bekannt, dass das Waffenarsenal als Leichenhalle
und die Brown School als Sammelstelle für vermisste Kinder
diene. Für alle, die zum Waffenarsenal fahren wollten, ständen
Transportmittel zur Verfügung. Doch viele Schaulustige weigerten sich zu gehen. Sie standen vor den Seilen und provisorischen
Zäunen, die sie zurückhielten, und starrten die Überreste des
Hauptzeltes an.

Die Menschenmenge auf der Südseite des Platzes, hinter einem Stück Garten-
zaun, das immer noch steht. FOTO: HARTFORD COLLECTION/HARTFORD PUBLIC
LIBRARY

Seltsamerweise war die südwestliche Seitentribüne, wo das
Feuer ausgebrochen war, am wenigsten beschädigt. Die gesamte
südliche Haupttribüne war abgebrannt; von der nördlichen stand
noch das Gerippe. Dazwischen lag ein Fischgrätmuster nach Osten gestürzter Sturmstangen, wobei die äußeren Stangen über das
Geländer bis in die Bestuhlung ragten. Die Hauptmasten waren
senkrecht umgestürzt und hatten die Bühnen, die Manegen und
die verbogenen Raubtierkäfige sauber in zwei Hälften geteilt –
wobei die meisten von May Kovars und Joseph Walshs Podesten
erstaunlicherweise noch unverändert dastanden. Eine Sturmstange
lehnte am Orchesterpodium, dessen Metallstühle völlig schräg
standen; ganz oben standen die ausgebrannten Gerippe der Pauken und der Orgel.

Die Plattformen der Wallendas lagen jetzt, zusammen mit ihren
Fahrrädern und den schweren Kabeln ihrer Luftakrobatiknum-
mer, auf dem Boden. Zu den Requisiten, die als Erste verbrannt
waren, gehörte auch das Papphaus, das die Clown-Feuerwehrleute
zweimal täglich vor den Flammen retteten, und inmitten der

Trümmer lag die mit Blasen bedeckte, zerquetschte Kiste, die einer der Clowns als Hot-Dog-Maschine benutzte und in deren Geheimfach der lebendige Dackel in eine Kette Wiener Würstchen verwandelt wurde. Neben dem Orchesterpodium stand der Wascheimer eines Luftakrobaten, der während der Rettungsbemühungen dort vergessen worden war.

Während die an den Bäumen festgebundenen Kamele und Esel Gras fraßen, suchten Polizisten und MPs alles ab; sie gingen vornübergebeugt wie Strandgutsammler und füllten Eimer, stählerne Mülltonnen und Pappkartons mit den gefundenen Gegenständen. Am Geländer fanden sie mehrere Handtaschen, von denen einige nur noch aus dem zugehakten Metallrahmen und einem kleinen verkohlten Haufen bestanden: Puderdosen, Lippenstifte und Zigarettenetuis, von der Hitze verbogene und verfärbte Münzen, verbrannte, wertlose Geldscheine. Ein Polizist entdeckte eine Halbdollarmünze, die wie ein trockenes Blatt zusammengeringelt war.

Am nordöstlichen Laufgang lag ein so großer Haufen Schuhe, dass man einen riesigen Korb damit hätte füllen können – Pumps, Turnschuhe und Kindersandalen. An den eisernen Gitterstäben klebten Kleiderfetzen. In einem kaputten Regenschirm hatten sich mehrere kleine Gegenstände verfangen. In den Trümmern fand die Polizei ein winziges silbernes Kreuz an einer Kette, die während des Kampfes vermutlich abgerissen worden war, und unter einer Schicht aus Schuhen und Handtaschen, von Fliegen übersät, die Haut von zwei Händen.

Das Feuer war so heiß gewesen, dass es den Leuten die Hände und Füße vom Körper gebrannt hatte. Polizeichef Hallissey entdeckte einige und steckte sie in einen Sack. Ein weiterer Beamter fand eine kleine Hand. Sergeant Spellman, der den Brand gemeldet hatte, sammelte verschiedene Körperteile auf.

Ein anderer Polizist kehrte auf den Platz zurück, nachdem er den von einer Biene gestochenen Kollegen nach Hause gebracht und ein paar Schwestern ins Krankenhaus gefahren hatte. Er kam genau im falschen Moment. «Polizeichef Hallissey sagte, er hätte

Blick von der unversehrten südwestlichen Seitentribüne nach Osten, links im Vordergrund May Kovars Raubtierkäfig. FOTO: HARTFORD COURANT

eine Aufgabe für mich. Er trug mir auf, dem Gerichtsmediziner im staatlichen Waffenarsenal einen Sack mit Arm- und Beinstümpfen und Schädelstücken von kleinen Kindern zu bringen. Ich fuhr ins staatliche Waffenarsenal und gab dem Gerichtsmediziner den Sack.»

Die Polizei trug all die Eimer, Säcke und Kartons voll eingesammelter Gegenstände in das Büro des Geschäftsführers von E. B. McGurk's und brachte sie dann, in der Hoffnung, sie könnten bei der Identifizierung helfen, in die Asservatenkammer im Kellergeschoss des Präsidiums.

Hinter dem abgesperrten Zelt kümmerten sich die Zirkusleute um ihre eigenen Verletzungen. Der Arzt behandelte die Musiker und ein paar Arbeiter, die sich bei ihren Rettungsbemühungen Verbrennungen an Händen und Armen zugezogen hatten. Es gab

nur leichte Verletzungen – eine Tatsache, um die die Zeitungen
später viel Wind machten, womit sie die Zirkusbediensteten indi-
rekt beschuldigten, ihre eigene Haut gerettet und ihr Publikum
dem Tod überlassen zu haben. Doch die Bestürzung und Anspannung der Zirkusleute ließ sich nicht mit Worten ausdrücken; das
Zirkuszelt war schließlich ihre Heimat. Da sie sich nicht auf die
nächste Vorstellung vorbereiten konnten, saßen sie wie betäubt da.
Ein Ballettmädchen brach mehrere Stunden nach dem Brand zusammen und musste ins Municipal Hospital gebracht werden.

Dort befand sich bereits ein anderer Zirkusbediensteter: Harry
Lakin von der Beleuchtungscrew, der glaubte, dass er sich das Bein
gebrochen hatte. Lakin war noch neu, hatte erst vor einer Woche
in Portland angeheuert. Als die Krankenträger ihn hereinbrachten,
rief er eine freiwillige Rotkreuzhelferin zu sich. «Kommen Sie mal
her. Würden Sie bitte meine Hand halten?» Die Frau dachte, er sei
hysterisch oder betrunken, und beschloss, seinem Wunsch nachzukommen.

Er sagte, er sei Elektriker und kümmere sich um die Scheinwerfer. «Ich verrate nichts», sagte er und fing an zu weinen. «Ich bin
nicht feige, aber ich werde nichts sagen.»

Die Frau sagte, er solle sich zusammenreißen, es seien viele
Leute da, die schwerer verletzt seien als er.

Er fragte nach den Ballettmädchen, sagte dann: «So ein Mädchen wie Lydia gibt's nur einmal.»

Die Frau konnte ihm nur zustimmen.

«Ich hab nicht gewusst, dass es so ausgehen würde», sagte Lakin.
«Ich weiß nicht, ob ich das verkraften kann.»

Zwei Freiwillige hoben die Trage hoch und brachten ihn zum
Röntgen, und die Frau blieb verwirrt und argwöhnisch zurück.

Auf dem Zirkusgelände erzählte ein Imbissverkäufer der Polizei, er habe beim Ausbruch des Feuers einen betrunkenen Zirkusbediensteten aus der Herrentoilette kommen und zur Barbour
Street wanken sehen. Als er ihn gefragt habe, wohin er wolle, habe
der Mann gesagt: «Machen Sie, dass Sie von hier verschwinden.

Hier geht gleich alles in Flammen auf.» Während die Flammen das Hauptzelt zerstörten, sei er die Straße hinuntergelaufen.

Die Polizei verhaftete den betrunkenen Arbeiter Ernest Westgate, nachdem Zeugen behauptet hatten, als das Zelt in Flammen aufging, habe er gesagt: «Okay, lasst es abbrennen, ich weiß über alles Bescheid.»

Die Leute drängten sich noch immer vor den Zäunen, doch inzwischen waren es fast nur noch Neugierige. Die Überlebenden waren auf dem Heimweg.

«Aber ich muss da rein!», flehte ein Vater. «Mein Kind war in der Vorstellung!»

«Immer mit der Ruhe», sagte ein Polizist. «Es ist niemand mehr da, alle sind weg.»

Ein Lautsprecherwagen fuhr langsam vorbei, und ein Polizist verkündete das Neueste aus der Brown School: «Falls die Begleitperson von Danny Dawson in der Gegend sein sollte, soll sie den Jungen bitte sofort abholen.»

Auf der anderen Seite der Barbour Street hing im Fenster eines Mietshauses ein handgeschriebenes Schild, auf dem stand: «Im zweiten Stock gibt es ein Telefon», doch die Warteschlangen hatten sich aufgelöst.

Der Löschtrupp 16 hatte die letzten Glutfunken gelöscht und rollte seine Schläuche auf. Die städtische Polizei zog ihre Leute ab und überließ die Bewachung des Geländes der Staatspolizei und den MPs. Thomas Barber und Edward Lowe mussten in der Leichenhalle im Waffenarsenal weiter Dienst tun. Sie sollten sich um 17.30 Uhr melden, um Dr. Weissenborn bei der Freigabe der Leichen zu helfen.

Barber hatte genug Zeit, um nach Hause zu fahren, ein Bad zu nehmen und sich umzuziehen. Von der Hitze und den Schläuchen war er klatschnass. Sobald er die Tür hinter sich geschlossen hatte, brach er zusammen. Es war das erste Mal, dass seine Tochter Gloria ihren Vater weinen sah.

Die *Hartford Times* gab ein weiteres Extrablatt heraus mit der

Schlagzeile ZIRKUSBRAND KOSTET 200 MENSCHEN
DAS LEBEN und einem Foto der qualmenden Seitentribüne. Die
Zahl sei eine inoffizielle Schätzung – von wem, wurde nie gesagt.
Die Behörden brächten die Leichen ins staatliche Waffenarsenal.
Ansonsten hatte sich der Text kaum verändert: Der Polizist sprach
immer noch von «mindestens hundert» Toten; die drei Artisten galten immer noch als tot. Die Brandursache sei noch ungeklärt, doch
es gebe Gerüchte, dass eine Zigarette auf die Zeltleinwand gefallen sei. Und immer noch keine Liste.

Das würde sich schnell ändern. Da Bürgermeister Mortensen
selbst einen Neffen vermisste, schickte er zu jedem der drei großen Krankenhäuser einen Streifenwagen mit der Anweisung, ein
Verzeichnis der Toten und Verletzten mitzubringen – egal, ob vollständig oder nicht.

Im nächsten Extrablatt nannte Gouverneur Baldwin für Leute,
die sich nach vermissten Personen erkundigen wollten, eine Telefonnummer, unter der sie anrufen konnten. SNET hatte in einem
Konferenzzimmer mit Blick auf die Exerzierhalle des Waffenarsenals vierundzwanzig Telefone installiert. Wer Hartford 7-0181
wählte, wurde mit dem Hauptquartier des Kriegsrats verbunden,
das mit freiwilligen Helferinnen besetzt war, die sich Name und
Adresse der vermissten Person und des Anrufers notierten.

Selbst die Freiwilligen wurden nicht von schlechten Nachrichten verschont. Ein Mann hatte sich zum Connecticut Mutual
Life's Emergency Medical Assistant Corps gemeldet, erhielt aber
die Nachricht, dass die Familie seines Bruders vermisst werde, und
machte sich auf die Suche.

Eine Frau aus Rockville war mit ihrer neunjährigen Tochter
und deren Freundin in den Zirkus gegangen. Die Freundin war als
Erste draußen, doch ihre Tochter hatte sich bei der Flucht am Rücken verletzt; während sich ihre Mutter um sie kümmerte, ging
die Freundin in der Menschenmenge verloren. Die Frau begleitete ihre Tochter ins Hartford Hospital und fuhr dann mit einer
Beschreibung zum Roten Kreuz, um nach der Freundin zu su-

chen. Das Mädchen trug ein bedrucktes gelbes Kleid, ein gelbes Haarband und schwarze Schuhe.

Eine Frau aus Plainville verließ das Gelände in dem Glauben, ihr Sohn sei bei dem Brand ums Leben gekommen. Sie hatte ihn überall gesucht und war dann mit dem Bus nach Hause gefahren. Dort erhielt sie einen Anruf von seiner Großmutter in Bristol, die ihr sagte, ein Fremder habe den Jungen zu ihr gebracht. Ihr Sohn erzählte, der Mann habe ihm aus dem Zelt geholfen. Als sie seine Mutter nirgends finden konnten, nannte der Junge dem Mann seinen Namen und seine Adresse. Der Mann fuhr ihn mit dem Wagen nach Plainville, aber es war niemand zu Hause. Doch das machte dem Jungen keine Angst, und er nannte dem Mann die Adresse seiner Großmutter. Die Großmutter erfuhr nie, wie der Fremde hieß.

Im Municipal Hospital wartete eine Frau aus Middletown darauf, ambulant behandelt zu werden. Sie hatte ihre vierjährige Tochter bis zum Orchesterpodium getragen, als jemand sie anstieß, worauf sie zu Boden stürzte und das Kind fallen ließ. Ein Mann reichte ihr die Hand, half ihr hoch und brachte sie ins Freie. Sie hatte Verbrennungen, und die Menschenmenge war so groß und strömte so schnell vorwärts, dass sie nicht sehen konnte, was aus ihrer Tochter wurde, ob jemand sie rettete oder nicht. Und jetzt wusste sie nicht, wie sie sie finden sollte. Doch es würde ihr gelingen.

Die Namen der Toten

Die Arbeiter in den Gebäuden der Innenstadt sahen, wie die olivgrünen Armeelastwagen mit einer Motorradeskorte in südlicher Richtung die Main Street entlangfuhren. Der Konvoi bog rechts in die Asylum Street. Der Gestank der verkohlten Leichen war so stark, dass man ihn noch im vierten Stock roch.

Vor dem Eingang des Waffenarsenals hatte sich bereits eine
Schlange gebildet. Als die Lastwagen an der wuchtigen Granit-
und Kalksteinfassade vorbeirollten, ließen die Verwandten der Vermissten ihnen düstere Blicke folgen. Ein Trupp Soldaten und städtische Polizisten hatte die Broad Street vom Westeingang bis zur
Capitol Avenue von Zivilisten geräumt. Ein Lastwagen fuhr langsam rückwärts über die Brücke zum Westeingang, ein Beamter
winkte ihn heran; der Wagen hielt an, und die Ladeklappe fiel
scheppernd herunter.

Da die Exerzierhalle des Waffenarsenals für Übungen in geschlossenen Räumen genutzt wurde, war sie 55 mal 60 Meter
groß. Das Dach war 20 Meter hoch, hatte ein riesiges, spitz zulau-
fendes Oberlicht, und die Fenster in den unten dunkelgrün und
oben cremefarben gestrichenen Backsteinwänden waren bloß
Schlitze, Schießscharten, die zu einer Festung passten. Der Fußboden bestand aus lackiertem Holz, wie in einer Turnhalle. Die
Exerzierhalle nahm den ersten Stock des Gebäudes ein; darunter
lagen zwei Schießstände für Pistolen und Gewehre und ein komplett ausgerüstetes Versorgungslager.

Als die Leichen eintrafen, befestigte der Polizist William Menser, soweit das möglich war, grüne Schilder an ihren Handgelenken oder Knöcheln. Thomas Barber und Ed Lowe halfen, die Leichen nach Geschlecht und Alter zu trennen und sie auf schmalen
Armeefeldbetten aufzubahren. Größtenteils waren es Frauen und
ältere Mädchen; fünfundsiebzig von ihnen lagen in der nordöstlichen Ecke in der Nähe des Osteingangs. Die Kinder wurden in
drei Reihen am Westeingang aufgebahrt, die zehn Männer in der
Mitte. Viele hatten keine Gesichter mehr, oder ihnen fehlten Arme
oder Beine. Da die Verwandten von Süden durch die lange Halle
kommen würden, legten Barber und Lowe die Leichen, die in
einem besseren Zustand waren, in die vorderen Reihen; je weniger Tote sie zu Gesicht bekamen, desto besser.

Menser ging mit Dr. Weissenborn und dem Zahnarzt Dr. Edgar
Butler von einem Feldbett zum anderen und trug auf den Schil-

dern das vermutliche Geschlecht und Alter der Leichen ein. Für jeden Toten notierte er auf einem Blatt Papier Größe, Gewicht und Körperbau und vermerkte die Kleidung, den Zustand der Zähne und alle Identifizierungsmerkmale wie Narben, Tätowierungen oder Schmuckstücke. Diese Papiere ergaben eine Loseblattsammlung, die sie später bei der Vermisstensuche zu Rate ziehen konnten.

Einer der traurigsten Fälle war eine Frau in den Fünfzigern, die keine Augen und keinen rechten Unterarm mehr hatte und an deren Körper noch die Überreste eines rosa Korsetts klebten. Ein dreijähriges Mädchen, das sie getragen hatte, war mit ihrem Bauch verschmolzen. Das waren die beiden, die der Feuerwehrmann aus Norwalk unter den Zeltfalten entdeckt hatte. Als ob er sich trösten wollte, notierte Menser über das Kind: «Kein Zeichen von Angst.»

Auch bei den Leichen mit den schlimmsten Verbrennungen fehlten meistens die Kleider. Manchmal fand Menser die Rückseite eines Rock- oder Hosenbunds oder ein Stück vom Kragen, doch sonst kaum etwas.

In der Größe des Raums verlor sich der Gestank ein bisschen, doch die Leichenbestatter vom Newkirk and Whitney Funeral Home besprühten die Toten trotzdem, um das Ganze für alle erträglicher zu machen.

Soldaten breiteten olivgrüne Decken über die Toten, aber in vielen Fällen waren die Decken nicht groß genug. Das Feuer hatte bewirkt, dass die Leichen die Haltung von Faustkämpfern einnahmen. Durch die Hitze ziehen sich die Muskeln zusammen; je größer der Muskel, umso mehr zieht er sich zusammen. Die starken Muskeln wie der Bizeps und der Quadrizeps gewinnen das Tauziehen, sodass die Knie an den Körper gezogen werden und die Arme sich heben, als wollten sie das Gesicht schützen. Die Soldaten breiteten die Decken so gut wie möglich über die Toten, doch bei manchen schauten unten die Schuhe heraus.

Der Gouverneur und die führenden Köpfe des Kriegsrats und

der State Guard waren da, aber Polizeipräsident Hickey stellte sich, von Mitgliedern der State Guard, Krankenschwestern und freiwilligen Rotkreuzhelfern umringt, mitten in der provisorischen Leichenhalle auf ein Podium und übernahm das Kommando. Er war in Hemdsärmeln, seine Hose hatte am Knie einen Riss; seit Verlassen der Barbour Street hatte er sich nicht umgezogen und roch nach Asche.

Das Ganze müsse folgendermaßen ablaufen, sagte Hickey. Die Verwandten würden sich im Erdgeschoss anmelden und eine Beschreibung der Person geben, die sie suchten. Jedes Mal würde ein Dutzend Leute heraufkommen, jeder in Begleitung eines Polizisten und einer Krankenschwester. Je nach Alter und Geschlecht der vermissten Person würde der Verwandte in einem der drei Bereiche nachsehen − oder, falls jemand nach mehr als einer Person suchte, in mehreren der drei Bereiche. Für den Fall, dass jemand ohnmächtig wurde, würden drei Sanitätswachen zur Verfügung stehen. Die Schwestern würden auch Riechsalz dabeihaben. Wenn jemand seine Angehörigen bei dem Rundgang nicht identifizieren könne, dürfe er es noch ein zweites Mal versuchen. Um 17.45 Uhr würde es losgehen. Die Leute warteten bereits draußen.

Unten in der Eingangshalle stellten Soldaten vier lange Tische für die Sekretärinnen und Krankenschwestern auf und schafften Platz für die Rotkreuzküche und eine Sanitätswache. Oben in den Büros des Kriegsrats vervielfältigten Sekretärinnen Formulare, auf denen die Angaben der Suchenden eingetragen werden sollten. Das Konferenzzimmer mit seinen vierundzwanzig Telefonen glich einem Bienenstock.

Dr. Weissenborn bekam Verstärkung durch Dr. Henry Onderdonk. Die beiden richteten am Osteingang eine Anlaufstelle mit mehreren Sekretärinnen ein, die mit Schreibmaschine die Totenscheine ausfüllen sollten. Hier mussten alle Leichen registriert werden, bevor sie für die Leichenhallen freigegeben wurden. Und hier warteten auch die fünf Toten, die in makellosem Zustand waren, auf ihre Identifizierung. Thomas Barber und Ed Lowe saßen

auf einem freien Feldbett, und Barber stellte sich vor, dass sein
Sohn Harry unter einer der Decken lag. Zum Glück hatte Onkel
Boots sein Versprechen, mit Harry in den Zirkus zu gehen, mal
wieder vergessen.

Noch bevor die Leute eingelassen wurden, trafen sechs Priester
ein. Sie gingen von einem Feldbett zum anderen, hoben die
Decken hoch und salbten die von Blasen überzogene Haut der
Toten.

Unten standen die großen Türen offen, um frische Luft einzulassen, doch ein schweres Drahtgitter hielt die Leute zurück, während die Sekretärinnen die Tische bereitmachten.

Draußen zog sich die Schlange von der Tür den Weg entlang
bis um die Ecke des Gebäudes. Anfangs waren es überwiegend Väter, ein paar Mütter und in einem Fall sogar ein kleines Mädchen.
Ein weiterer Lautsprecherwagen gab die neuesten Listen der verletzten und aufgefundenen Personen bekannt. Ein paar Väter und
Mütter verließen erleichtert die Schlange, doch die meisten blieben mit verschränkten Armen und zusammengekniffenen Lippen
stehen. Die Hitze setzte den Leuten zu; viele waren direkt von der
Arbeit gekommen. Eine Krankenschwester stand bereit, und die

Edward Lowe (mit Hut) und
ein weiterer Polizist sitzen an
der Freigabe auf einem Feldbett. FOTO: PRIVATBESITZ
JUDITH LOWE

Küche auf Rädern verteilte Becher mit Milch, Limonade oder
Ginger Ale. Denjenigen, die etwas essen konnten, bot man Sandwiches und Kaffee und zum Nachtisch Kekse an. Auf der anderen
Straßenseite hatte sich eine Gruppe von Schaulustigen versammelt, die jedes Mal, wenn ein Lastwagen vorbeifuhr, mit den Fin-
gern darauf zeigten.

Oben fuhr ein Lautsprecherwagen der Polizei zum Westeingang
herein, rollte zur Mitte der Exerzierhalle, wo die Männer aufgebahrt waren, und hielt an. Man würde ihn als Sprechanlage benutzen. Jetzt, wo alles an seinem Platz war, gab Hickey das Zeichen,
die Leute hereinzulassen.

Ein Angehöriger der State Guard öffnete das Gitter, und die
erste Woge füllte die Eingangshalle. Wenn man bedenkt, wie lange
die Leute gewartet hatten und worauf sie warteten, gab es nur wenig Gedrängel und kaum Lärm. Alle bemühten sich, höflich zu
sein. Die Sekretärinnen trugen die Vermissten in eine Liste ein,
und dann stieg das erste Dutzend, von ihren Begleitern geführt,
die Treppe hinauf.

Jennie Heiser beaufsichtigte unten die Sekretärinnen, als ein

Die Schlange vor dem Waffenarsenal. Viele sind direkt von der Arbeit gekommen.
FOTO: WESLEY MASON/HARTFORD COURANT

früherer Nachbar aus Storrs hereinkam, der nach seiner Frau und Tochter suchte. «Jennie», fragte er, «hilfst du mir, Betty und Mary zu finden?» Sie begleitete ihn nach oben.

Die Exerzierhalle war so groß, dass der Bereich mit den Leichen nur einen kleinen Teil des Raums an der nördlichen Wand einnahm. Als sie über den gebohnerten Holzfußboden schritten, hallten ihre Schritte dumpf, wurden von der riesigen Halle verschluckt. Es war heiß, und die Luft stand still.

Jennie führte ihren Bekannten in die Ecke mit den Frauenleichen. Unter einer Decke schauten zwei Beine hervor, eins mit Schuh und eins ohne. Ein anderes Opfer war zugedeckt, das klobige Paar flache weiße Schuhe stand ordentlich am Fußende. Jennie Heiser begann in der ersten Reihe und hoffte, es würde schnell gehen. Diejenigen, die in dem Leichenberg am nordöstlichen Laufgang gelegen hatten, sahen noch erträglich aus. Wie bei Jerry

Blick von der Galerie über die Exerzierhalle, rechts die Freigabe. Links von der Bildmitte erkennt man den Streifenwagen. Mit dem Banner unter der Uhr wird der Kriegstoten Connecticuts gedacht sowie der Soldaten, die noch an der Front sind. FOTO: LIBRARY OF CONGRESS

LeVasseur waren die Körperteile, die frei gelegen hatten, verbrannt, doch sonst waren sie nahezu unversehrt. Sie hatten noch ein paar Kleider am Leib, manchmal sogar ihre Strümpfe aus Kunstseide.

Jennie Heiser kannte die Frau des Mannes; sie sah sich die Schilder an, bis sie zu einer möglichen Kandidatin kam. Als sie die Decke hochhob, erkannte sie, dass es nicht die Gesuchte war. Sie sahen sich eine andere an – wieder Fehlanzeige. Der Mann schwieg die ganze Zeit, war von dem, was er sah, wie betäubt.

Je weiter sie kamen, umso schwerer wurde es. Die Schlimmsten sahen aus wie abstrakte Kunstwerke. Sie hatten ihre Kleider, ihre Gesichtszüge, sogar ihr Schamhaar eingebüßt. Mit jeder weiteren Leiche wurde der Mann mutloser. Diejenigen, deren Geschlecht nicht mehr zu bestimmen war – die aufgedunsen dalagen, den Unterleib von der Hitze aufgerissen, die Zähne strahlend weiß zwischen den schwarzen Lippen –, wollte Jennie Heiser ihm nur dann zeigen, wenn es unbedingt nötig war.

Es war nötig, doch selbst dort wurden sie nicht fündig.

Sie betrachteten die Frauen noch einmal, aber diesmal übersprangen sie die besser erhaltenen und blieben länger bei denen stehen, wo sie sich nicht völlig sicher waren. Nichts.

Als Nächstes versuchten sie seine Tochter zu finden und sahen sich die Reihen mit den kleinen Mädchen an. Der Mann konnte nicht genau sagen, ob seine Tochter dabei war, da die Leichen so schrecklich verunstaltet waren. Ringsum herrschte ehrfürchtiges Schweigen, das nur vom Schlurfen der Füße oder einer dröhnenden Lautsprecherdurchsage unterbrochen wurde. Der Anblick machte die Leute fassungslos, doch kaum jemand wurde hysterisch – wahrscheinlich weil die Leichen nichts Menschliches mehr hatten. Das Feuer hatte ihnen nicht nur das Leben, sondern auch die Identität geraubt, sie zu Objekten gemacht, vor denen man sich fürchten oder die man bedauern konnte. Ohne Gesichter ließen sie sich nicht mehr unterscheiden und riefen immer wieder dieselben Reaktionen hervor, bis die inzwischen wie betäubten Verwandten ihre Suche aufgaben. Der Mann bedankte sich bei Jennie Heiser und ging bedrückt nach Hause.

Einige konnten den Anblick der Leichen nicht ertragen. Eine junge Frau war sich sicher, ihre Eltern hier zu finden, doch nach vier Toten machte sie kehrt und lief wieder nach unten.

Detective Sergeant William Dineen hatte seinen Sohn Billy und seine Tochter Marion weder auf dem Zirkusgelände noch in einem der Krankenhäuser gefunden. Er meldete sie in der Brown School als vermisst und stieg dann wie so viele andere die Treppe zur Exerzierhalle hinauf. In dem Bereich mit den Kindern fand er einen Achtjährigen, auf den Billys Beschreibung passte. Er kniete nieder und untersuchte die Zähne und dann die Zehennägel des Jungen. Ja, das war er, er war sich sicher. Der Polizist notierte alles und korrigierte die Angaben auf dem grünen Schild. Es war

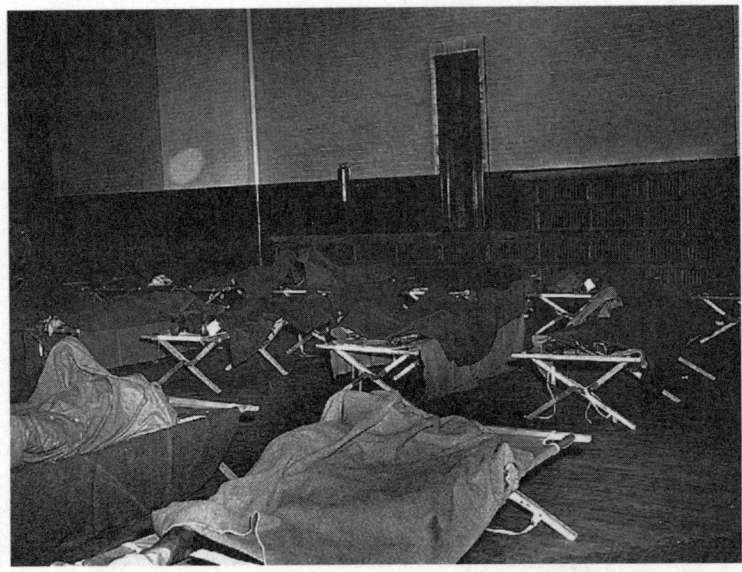

Der Frauenbereich in der Nordostecke der Exerzierhalle. FOTO: AP/WIDE WORLD
PHOTOS

18.20 Uhr. Die erste Leiche war nach fünfunddreißig Minuten
identifiziert worden. Dineen sah zu, wie die Soldaten das Feldbett
hochhoben und zur Freigabe trugen, wo Barber und Lowe warteten, dann machte er sich auf die Suche nach Marion.

Aus vielen Gründen ging es nur langsam voran. Kinder haben
nur selten einen Ausweis dabei. Das Feuer hatte die leichten Sommerkleider der Mädchen verbrannt, und die Frauen hatten keine
Handtaschen mehr. In dem Gedränge bei der Flucht waren sich
die Leute gegenseitig auf die Füße getreten und hatten ihre Schuhe verloren. Auch die Tatsache, dass viele Menschen nur vorübergehend in Hartford wohnten, weil sie in der Kriegsindustrie arbeiteten, und viele mit Hilfsarbeiten betraute Zirkusbedienstete
nur ungelernte Gelegenheitsarbeiter waren, trug zu der Ungewiss-
heit bei. «Ich hab gehört, dass einer unserer Kartenverkäufer um-

gekommen ist», sagte ein Arbeiter, «aber ich glaub, er ist wieder aufgetaucht.»

Und es lag auch an der Intensität des Feuers und der einzigartigen Konstruktion des Zeltes. Im Gegensatz zum Cocoanut Grove, wo die meisten Opfer erstickt oder von dem Rauch, der von der brennenden Inneneinrichtung des Nachtclubs aufstieg, vergiftet worden waren, hatten bei dem Zirkusbrand die meisten Opfer nur wenig oder gar keinen Rauch eingeatmet. Es gab kein Dach, das den Abzug des Rauches verhindert hätte. Die Menschen verbrannten; ein paar wurden auch zu Tode getrampelt, doch Dr. Weissenborn stellte keinen einzigen Fall von Erstickung fest. Auf dem Totenschein stand Verbrennung vierten Grades, Trauma an Kopf und Torso oder beides. Der Arzt war sich sicher, dass ein gutes Drittel der Leichen nie identifiziert werden würde.

Trotzdem schlugen die Schwestern die Decken zurück, und die Polizisten richteten den Strahl ihrer Taschenlampe auf die verkohlten Gesichter der Toten. Zahnärzte beugten sich mit einem Zungenspatel herab, bogen ihnen den Kiefer auseinander und notierten alles auf einem Krankenblatt. Und dennoch erreichten Suchende das Ende der letzten Reihe und fragten: «Sind Sie sicher, dass das alle sind?»

Ein Mann identifizierte Frau und Sohn und dann noch seine Schwiegermutter und seine Nichte.

Ein prominenter Arzt aus Unionville identifizierte seine Frau und seine Tochter. Sein Freund Gouverneur Baldwin war gegangen, um sich um etwas anderes zu kümmern, und verpasste ihn um wenige Minuten.

Der Mann, der Donald Gale mitgenommen hatte, identifizierte seine Freundin Hulda Grant. (Ihr Exmann kam am nächsten Tag, um die Angaben zu bestätigen.)

Ein Vater identifizierte eine seiner Töchter durch ein winziges Goldmedaillon. Eine zweite Tochter starb in jener Nacht im Municipal Hospital, wo auch ihre Mutter und ihr Bruder in kritischem Zustand lagen. Die dritte Tochter war den Flammen unver-

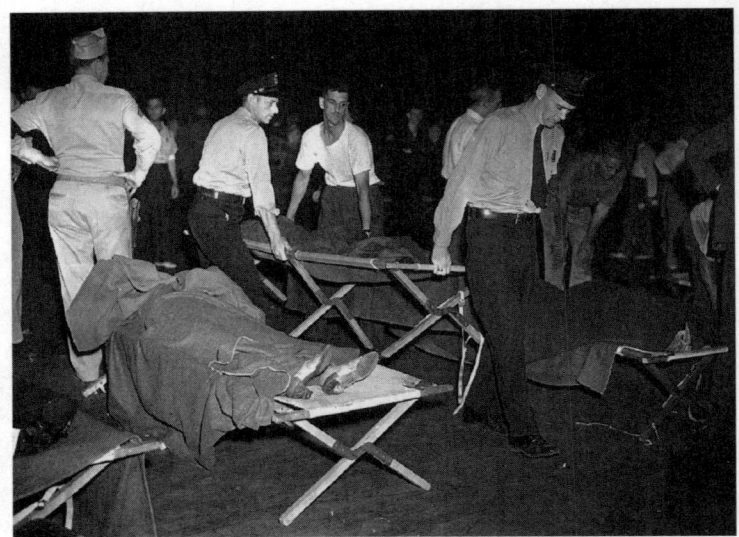

Polizisten bringen eine identifizierte Leiche zur Freigabe. FOTO: AP/WIDE WORLD
PHOTOS

sehrt entronnen. «Es sollte eine Party für sie werden», sagte eine
Tante. «Regina hat am Ersten und Joan am Dritten Geburtstag gehabt. Sie hatten ihre erste Dauerwelle und besuchten zum ersten
Mal einen Zirkus. Regina starb im Krankenhaus, aber Joan kam
nicht einmal lebend aus dem Zelt. Sie hätte nie jemanden gestoßen, weil sie das ungezogen fand.»

Da der Vater sich Sorgen um die Gesundheit seiner Frau machte, hatte er ihr noch nichts gesagt – und der überlebenden Tochter genauso wenig, damit sie es ihr nicht erzählte.

Unten schob sich die Schlange durch die Eingangshalle, und
alle Suchenden gaben die Kleider an, die die vermisste Person zuletzt getragen hatte. Die Sekretärinnen erkundigten sich nach be-
sonderen Kennzeichen. «Hatte er eine große Zahnlücke?», fragten
sie über ihre Schreibmaschine hinweg. «Hatte er irgendwelche
Narben? Waren es Gold- oder Porzellanfüllungen?»

Jennie Heisers Mann stand draußen bei der Schlange Wache. Er gehörte zu der Truppe, die mit ihren Motorrädern hergefahren war. In der Schlange wartete ein weiterer Bekannter aus Storrs, ein Musikprofessor; er suchte nach seiner Frau und seinen Kindern. Carl Heiser sprach ihm kurz sein Beileid aus, kehrte dann auf seinen Posten zurück. Plötzlich wurden die Namen der Angehörigen des Mannes über Lautsprecher ausgerufen – man hatte sie gefunden. Carl Heiser erwartete, dass der Professor überglücklich sein würde, und ging zu ihm hinüber. Doch er stand mit ausdruckslosem Gesicht da. Er war so benommen, dass er die Namen gar nicht gehört hatte.

Am Westeingang hielten zwei Wagen von Mercer & Dunbar und entluden ihre Fracht – acht unidentifizierte Leichen aus dem Municipal Hospital, wodurch sich die Zahl der Toten im Waffenarsenal auf 135 erhöhte. Unter ihnen befand sich auch der heldenhafte Bill Curlee, doch das wusste niemand. Man befestigte ein grünes Schild an ihm, dann legten ihn zwei Männer von der State Guard auf ein Feldbett, breiteten eine kratzige Decke über ihn und schoben ihn zu den Männerleichen.

Eine der frisch eingetroffenen Leichen war ein kleines Mädchen, das von den Flammen größtenteils verschont geblieben war und nur an der linken Halsseite und Wange Verbrennungen aufwies. Sie trug die Überreste eines geblümten weißen Kleids und ein Paar braune Schuhe. Auf ihrem Schild schätzte Dr. Weissenborn ihr Alter auf fünf Jahre. «Ich hab sie bei den Kinderleichen in die erste Reihe gelegt», sagte William Menser, «denn ich hatte das Gefühl, sie würde die Erste sein, die den Saal verlässt.»

Sie war nicht zu übersehen, und man konnte sie den Leuten unbesorgt zeigen. Da ihr Gesicht kaum verunstaltet war, bestand tatsächlich die Möglichkeit, dass jemand sie erkennen würde. Doch immer wieder schüttelten die Leute den Kopf, und es tat ihnen geradezu Leid, dass ihre Antwort nein lautete. «Ich hab das kleine Mädchen oft gesehen», sagte Jennie Heiser. «Sie war wunderschön. Die anderen waren verstümmelt, aber sie war ganz leicht zu identifizieren.»

Thomas Barber und Ed Lowe bemerkten sie auf ihren Rund-
gängen. «Ihr Gesicht erregte meine Aufmerksamkeit», erinnerte
sich Barber. «Sie war ein hübsches kleines Ding. Es sah fast so aus,
als würde sie schlafen.» Sie war ungefähr so alt wie Harry.

Die Suchenden hielten sich Taschentücher oder mit Ammoniak
getränkten Verbandmull vor die Nase, während sie mit ernsten Gesichtern zwischen den Feldbetten hindurchgingen. Staatspolizisten mit Tropenhelmen und uniformierte Schwestern nahmen sie
zwischen sich, jederzeit bereit einzugreifen. Aus den Lautspre-
chern dröhnten die Namen von Leuten, die in einem anderen Teil
des Waffenarsenals gebraucht wurden; ansonsten war es in der riesigen Halle so ungewöhnlich still, dass sich das gelegentliche
Schluchzen wie eine Druckwelle ausbreitete und es einen kalt
überlief, als wäre man nur um Haaresbreite einem Unglück ent-
gangen.

Es bedurfte nur eines schwarz verbrannten Schmuckstücks,
eines fehlenden Schneidezahns, einer Blinddarmnarbe. Ein kleines
Mädchen hatte sich am Morgen an der Hand geschnitten, und ihr
Vater hatte ein Heftpflaster auf die Wunde geklebt. Ihre geballte
Faust umschloss noch immer das Pflaster. Ansonsten war sie kaum
wieder zu erkennen, außer ihren schwarzen Lackschuhen waren
alle Kleider verbrannt. Ein anderes Mädchen hatte einen Sonnenanzug getragen. Zwischen ihren Beinen klebte noch so viel Stoff,
dass man die Farbe erkennen konnte – für ihre Familie der Beweis, dass sie es wirklich war.

Manchmal mussten die Begleiter das Gesicht gar nicht enthül-
len, sondern bloß eine Hand mit einem Ring, ein Handgelenk mit
einem Armband, einen Fuß mit einem Turnschuh. Ab und zu zeigten sie den ganzen Körper; das bewährte sich besonders dann,
wenn ein Mann nach seiner Frau oder eine Frau nach ihrem Mann
suchte.

Obwohl niemand in Ohnmacht fiel und es auch keine Anzeichen von Panik gab, war es nicht völlig still. Eine Frau schrie verzweifelt, als sie den Körper ihres Sohnes identifizierte. Sie schlug

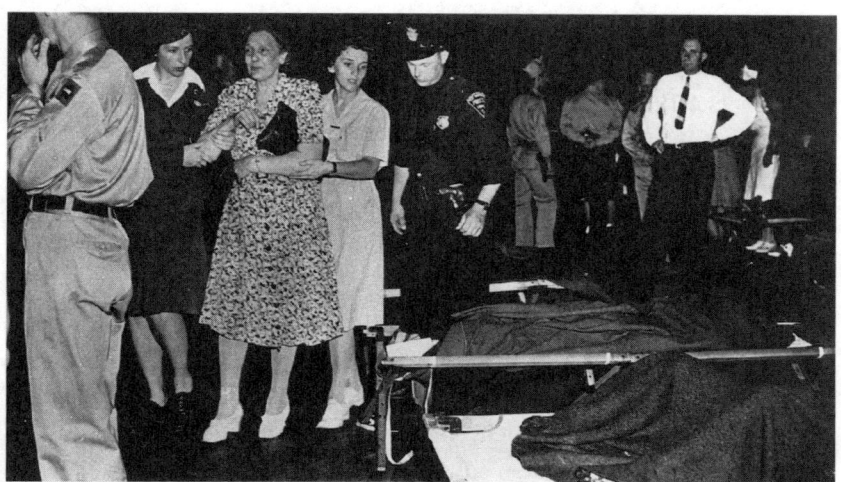

Jeder Suchende wird von einer Krankenschwester oder Pflegerin und einem
Polizisten begleitet. FOTO: ART KIELY

sich klagend an die Stirn, während die Krankenschwester sie weg-
führte. Ein Soldat zog die Decke wieder über das Gesicht des Jungen. Einige drehten sich um und gingen, die Augen voll Tränen,
schnell davon; einige standen da und hielten sich die Hand vor den
Mund; andere fassten sich an den Kopf.

Nachdem Salvatore DiMartino seine Frau Anna identifiziert
hatte, mussten seine Begleiter ihn stützen. Sie fassten ihn an den
Händen und am Bizeps und führten ihn wie einen Gefangenen
hinaus. Die DiMartinos hatten acht Kinder. Sie wohnten in der
Barbour Street. Anna mochte den Zirkus nicht einmal; sie ging lieber ins Princess Theater, wo sie kostenlos Teller für ihre Küche bekam, einen pro Vorstellung. Sie war bloß mit einer Cousine hin-
gegangen, weil Mr. DiMartino, der Schreiner war, vom Inhaber
eines Möbelgeschäfts, für das er etwas angefertigt hatte, Freikarten
erhalten hatte. Mr. DiMartinos Schmerz wurde noch größer, weil
er nicht genug Geld für eine richtige Beerdigung hatte.

Dr. Weissenborn stellte ihren Totenschein direkt vor DiMartinos Augen aus: «Verbrennungen vierten Grades durch Feuer (Großbrand).» Sie war in Beila Blanca, Argentinien, geboren und erst 1923 nach Hartford gezogen.

Wenn man sich die Totenscheine genau ansah, stellte man fest, wie viele europäische Einwanderer der ersten oder zweiten Generation damals in der Stadt lebten. Es waren Litauer, Russen, Rumänen, Polen, Schweden, Griechen, Ungarn, Österreicher und natürlich immer wieder Italiener darunter.

Einige Tote stammten aus den umliegenden Städten, ein paar aus weit entfernten Orten wie Brooklyn oder Pittsburgh. Durch eine Zeile auf dem Formular, die «In dieser Gemeinde» lautete, sollte ermittelt werden, wie lange die Leute schon in der Stadt lebten. Bei zwei Leuten aus Rockville lautete die Antwort: «1 Tag.»

Wie viele der italienischen Toten wurde Anna DiMartino ins Laraia-Sagarino Funeral Home in der Washington Street gebracht. Ein Leichendiener in einem weißen Kittel verstaute sie in einem Sack, legte sie auf einen Wagen und schob sie zum Osteingang hinaus zu einem wartenden Leichenwagen. Als der Wagen in die Capitol Avenue bog, folgten ihm die Blicke der Schaulustigen.

Salvatore DiMartino brach zur Barbour Street auf, um es seinen Kindern zu erzählen. Das älteste war achtzehn, das jüngste, erst ein Jahr alt, würde noch nichts verstehen.

Nur eine Identifizierung wurde anhand von Papieren vorgenommen. Am nordöstlichen Laufgang hatte ein Rettungstrupp unter der Leiche, die jetzt die Nummer 4540 trug, eine Handtasche gefunden. Die Frau hatte furchtbare Verbrennungen, ihr fehlten beide Hände und sogar ein Stück von der Brust. Ihr Körper hatte die Tasche geschützt; darin befand sich ein Bezugsscheinbuch mit ihrem Namen. Die Behörden setzten sich mit dem Polizeichef von Glastonbury in Verbindung, der einen Beamten beauftragte, bei ihr zu Hause anzurufen.

Der Ehemann der Frau hob ab. Der Polizist brachte ihm die Nachricht schonend bei.

«O nein», sagte der Mann, «sie ist doch bei mir.»

Der Polizist war es gewohnt, dass die Leute in ihrem Schmerz alles abstritten. Geduldig forderte er den Mann auf, ins Waffenarsenal zu fahren und sich die Leiche anzusehen.

«Sie ist hier», beharrte der Mann.

Und das stimmte auch. Sie hatten mit ihrem Sohn in der Mitte der Haupttribüne gesessen, als das Feuer ausgebrochen war. In dem Gedränge war die Frau zweimal umgestoßen worden, aber sie war dennoch ins Freie gelangt. Ihr Sohn war wohlbehalten, und es machte ihr nichts aus, dass sie ihre Handtasche verloren hatte.

Trotzdem musste der Mann in die Leichenhalle kommen – damit die Polizei ihren Namen offiziell von der Leiche entfernen konnte. Er fuhr zum Waffenarsenal und warf nur einen flüchtigen Blick auf Nr. 4540. Natürlich war sie es nicht. Doch seine Frau bekam ihre Handtasche zurück. Am nächsten Tag wurde sie im *Courant* unter den Toten aufgeführt.

Verlässlicher waren Eheringe und Krankenblätter. Der Schmelzpunkt von Gold liegt bei 1060 Grad Celsius, der von Zahngold sogar noch höher, da es eine Legierung ist. Silberfüllungen überstehen sogar die völlige Einäscherung einer Leiche. Auf Ringen und Uhren ist oft etwas eingraviert. Als der Abend sich herabsenkte, begann Dr. Butler Krankenblätter anzulegen. Er ging mit einem Klemmbrett durch die Reihen, hockte sich hin, um den Toten tief in den Mund zu schauen und sich Wurzelstifte, Kronen und Brücken zu notieren.

Im Erdgeschoss machte Emily Gill ihre Angaben. Nein, sie wisse nicht, was für Kleider die Cook-Kinder getragen hätten. Als sie mit Ted Parsons zur Wohnung ihrer Schwester in der Marshall Street 4 gekommen war, hatten sie keinen der Cooks angetroffen. Ted war dageblieben, damit er ans Telefon gehen konnte, falls jemand anrief, und sie war zur Brown School gefahren. Dort hatte auf einer Liste gestanden, dass Mildred im Municipal Hospital lag. Emily hatte alle drei Kinder als vermisst gemeldet, war in ihren Wagen gestiegen und zum Krankenhaus gefahren. Dort hatte sie

Mildred und auch Edward gefunden, beide in kritischem Zustand und immer nur kurz bei Bewusstsein. Edward hatte Verbrennungen im Gesicht; man hatte ihn eingewickelt wie eine Mumie. Mildred wusste nicht, was aus Donald oder Eleanor geworden war.

Die Begleiter führten Emily die Treppe hinauf in die Exerzierhalle. Die Schwester gab ihr eine Mullmaske, die sie vor die Nase halten sollte. Sie nahm sie dankbar entgegen.

Sie führten sie in die Ecke mit den Kindern, zu den Mädchen. Auf das gut erhaltene Mädchen, das gerade hereingebracht worden war – Nr. 1565 –, schien die Beschreibung Eleanors zu passen. Die Schwester sah sich das Schild an und schlug dann die Decke zurück.

Ihr Haar hatte die richtige Farbe, hellbraun, doch es war ein bisschen lockig, zu unordentlich für Eleanor. Die Menge war über sie hinweggetrampelt, und ihre Stirn war angeschwollen wie ein Kürbis. Und ihre Zähne passten nicht, außer den beiden unteren vorderen Schneidezähnen hatte sie nur Milchzähne. Eleanor hatte oben mindestens acht bleibende Zähne – das glaubte Emily Gill zumindest. Eleanor wohnte nicht bei ihr. Vielleicht sollte Marion einen Blick auf das Mädchen werfen.

Nein, sagte Emily, das sei sie nicht.

Der Vater eines Mädchens identifizierte ihre Mutter anhand ihrer Fußsohlen, weil er die Hornhaut abgeschmirgelt hatte. Der Bruder des Mädchens wurde nie sicher identifiziert. Ihr Vater wählte einfach eine Leiche von der Größe und Gestalt seines Sohnes aus.

Manche Identifizierung ging leichter vonstatten. Ein Mann aus Canton erkannte seine Mutter sofort. Er sagte, sie sei vermutlich an einem Herzinfarkt gestorben, denn sie hatte nur leichte Verbrennungen. Es sei ein schwerer Schlag; am 7. Juli des vergangenen Jahres habe er erst seinen Vater verloren.

Den Helfern im Waffenarsenal kam es seltsam vor, dass an jenem ersten Abend anfangs nur so wenige Leute identifiziert wur-

den. Hunderte von Suchenden kamen, um sich die Toten anzusehen, doch nur ungefähr ein Dutzend Leichen verließen die Exerzierhalle.

Nach dem Brand im Cocoanut Grove hatte ein Polizist ein
ortsansässiges Paar zu dem Leichenschauhaus im Süden Bostons
begleitet, damit sie sich ihre Tochter anschauten. Bei den Suchenden im Waffenarsenal sah er jetzt dasselbe Zögern; dass sie sich den
Feldbetten nur widerwillig näherten, wurde deutlich, weil sie so
langsam gingen. Und es war nur natürlich, dass sie Angst hatten,
ihre Angehörigen zu identifizieren, da die vorgeführten Leichen
kaum noch Ähnlichkeit mit ihnen hatten. Die Leute hofften, die
Person, nach der sie suchten, *nicht* zu finden. Einige der Suchenden verhielten sich so, als würden sie nichts von dem verstehen,
was ihre Begleiter sagten. Sie waren wie betäubt.

Andere weigerten sich immer noch zu glauben, dass sich dieses
tragische Unglück tatsächlich zugetragen und dass es sie getroffen
hatte. Mrs. Grace Fifield war mit ihrem sechzehnjährigen Sohn im
Zirkus gewesen. Der Junge hatte gedacht, seine Mutter sei vor
ihm, als er ins Freie kam, doch dann konnte er sie nirgends entdecken. Ihr Mann hatte alle Krankenhäuser abgeklappert und war
schließlich zum Waffenarsenal gefahren. Da er sie auch hier nicht
fand, kam er zu dem Schluss, dass sie das Gedächtnis verloren hatte
und irgendwo umherirren musste. Die Familie stammte aus Newport, Vermont; Mr. Fifield sagte sich, dass sie mit dem Zug in Richtung Montreal gefahren sein konnte.

Wie bei allen anderen Hauptphasen des Zirkusbrandes rankten
sich auch um das Waffenarsenal viele Geschichten. Ein Freiwilliger half einer Familie bei der Suche nach ihrem Sohn. Sie blieben
vor einem Feldbett stehen. Die Eltern brachten es nicht fertig, die
Decke vom Gesicht des Opfers zu ziehen, und der Begleiter tat es
für sie. Der tote Junge war der Sohn des Begleiters; der Mann hatte
nicht einmal gewusst, dass er im Zirkus gewesen war.

John Cleary, Grace Fifields Stiefschwiegersohn und Reporter
der *Times*, erinnerte sich, dass er die Exerzierhalle verließ, um auf

dem Gang zu telefonieren. Ein Mann wankte aus der Halle und
wäre auf der Treppe fast zusammengebrochen.

«Ist alles in Ordnung mit Ihnen?», fragte Cleary.

«Ja», sagte der Mann leise, «es geht mir gut. Ich hab meine Frau
und meine drei Kinder da drin gefunden.» Er verbarg das Gesicht
in den Händen und saß ganz still.

Doch den Aufzeichnungen zufolge hatte im Waffenarsenal niemand seine Frau und seine drei Kinder identifiziert.

Eine oft erzählte Geschichte, deren Wahrheitsgehalt sich nur
schwer überprüfen lässt, besagt, dass die Beerdigungsunternehmer
den Leichen Arme und Beine brachen, um sie in die Gummisä-
cke zwängen zu können – aber direkt vor den Augen der Leute?
Ebenso (un)glaubwürdig klingt John Clearys Behauptung, dass jemand gegen ein Feldbett gestoßen und ein verkohlter Fuß auf den
Boden gefallen sei.

Obwohl es unnötig war, über das Waffenarsenal – oder den
Brand selbst – reißerische Geschichten zu erzählen, konnten die
Leute der Versuchung nicht widerstehen. Das Ereignis löste so
überwältigende Gefühle aus, so viel Entsetzen und Fassungslosigkeit, dass jede Art, von der Zerstörung und dem Schrecken zu erzählen, in Ordnung war. Die reißerischsten Geschichten konnten
nicht schlimmer sein als das, was wirklich passiert war.

Doch das Waffenarsenal war keine Geschichte. Sie endete nicht
mit einer schaurigen Wendung oder einem herzzerreißenden
Mollakkord. Sie ging immer weiter, Minute um Minute, Stunde
um Stunde. Es mussten immer noch hundert Leichen identifiziert
werden.

Wer seine Angehörigen gefunden hatte, konnte gehen. Nach
der Freigabe wurden sie von einem Polizeibeamten begleitet, der
sie an der Menge vorbei durch die dunklen Straßen nach Hause
fuhr. Niemand redete viel. Der Polizist setzte sie ab und kam dann
zurück, um weitere Leute zu fahren. Das tat er den ganzen Abend
lang. Draußen stand immer noch eine Schlange, und ständig kamen neue Leute hinzu. In einer ruhigen Ecke der Exerzierhalle

schlangen Schwestern ihr Abendessen hinunter, das aus Kaffee und Doughnuts bestand, und unterhielten sich flüsternd. Oben, hinter der Glastür des Konferenzzimmers, klingelten ununterbrochen die Telefone.

Die Verletztenliste

Eltern, die ihre Kinder vermissten und optimistisch waren, begannen ihre Runde beim Zirkus, dem Polizeipräsidium und der Brown School, danach erkundigten sie sich im Municipal, im Hartford und im St. Francis Hospital und landeten schließlich im Waffenarsenal. Die Pessimisten fuhren direkt zum Waffenarsenal, machten wegen ihres mangelnden Glaubens eine Art Fegefeuer durch und brausten dann zu den Krankenhäusern.

Um 18.00 Uhr, drei Stunden nach dem Brand, befanden sich alle Kinder, die im Polizeipräsidium gewesen waren, in der Brown School, glitten die Rutschbahnen auf dem Spielplatz hinunter oder spielten drinnen unter den wachsamen Blicken der Polizistinnen. Die Radiosender hatten durchgegeben, dass die Eltern dort nach ihnen fragen sollten, und draußen bildete sich eine Schlange, die zwar kürzer war als die vor dem Waffenarsenal, doch aus ebenso verzweifelten Menschen bestand.

Ein Vater zweier Kinder hatte eins von ihnen in Sicherheit gebracht und es in der Obhut eines Fremden zurückgelassen, während er wieder ins Zelt lief, um das andere zu suchen. Als sie wohlbehalten ins Freie kamen, waren der Fremde und das Kind verschwunden.

In der Brown School ging die Erfassung der Namen in viel kleinerem Rahmen vonstatten. Der Kriegsrat hatte eine Stenographin geschickt, und an einem Tisch saßen die freiwilligen Helfer der American Legion und des Roten Kreuzes. Sie notierten Name, Adresse und Alter der Vermissten und verglichen alles mit dem Blatt, auf dem die aufgefundenen Kinder aufgelistet waren, doch den Eltern in der Schlange ging alles viel zu langsam.

Auf ihrer ersten Runde durch die Stadt hinterließen besorgte Verwandte oder Freunde unter anderem die Namen von Barbara und Mary Kay Smith, Jerry LeVasseur und Grace Fifield. Von den fünfunddreißig Müttern und Kindern auf dieser frühen Liste waren sechzehn bereits tot.

Hinter dem Tisch warteten in der Eingangshalle, auf dem Spielplatz und in den Klassenräumen die dreißig Kinder, die nicht wussten, was aus ihren Eltern, Geschwistern oder Cousins und Cousinen geworden war.

Ein Paar aus Hartford nannte die Namen seines dreijährigen Sohnes und dessen Cousins, der schon ein Teenager war. Ein Freiwilliger ging die Liste durch – sie hatten Glück. Einen Augenblick später waren die vier wieder vereint. Während der panischen Flucht waren sie getrennt worden. Der Halbwüchsige hatte seinen Cousin über den nordöstlichen Laufgang geschoben, und die Menge hatte ihn verschluckt. Er musste mehrere Stunden lang über das Zirkusgelände streifen, um den Kleinen wieder zu finden, doch er hatte es geschafft.

Nach der vergeblichen Suche im Waffenarsenal und im St. Francis Hospital fand ein weiteres Paar seinen siebenjährigen Sohn in der Brown School. Sie hatten auf der östlichen Seitentribüne gesessen. Als das Feuer ausbrach, hatte der Vater seinen Sohn und seine Frau zwischen den Sitzbrettern hinabgelassen und sich dann ebenfalls hindurchgezwängt. Als er nach draußen kam, war das Kind verschwunden. Der Junge erklärte, eine Frau habe ihn in einen Laden gebracht. Sie habe die Polizei verständigt und sei bei ihm geblieben, bis ein Streifenwagen kommen und ihn zu der Schule bringen konnte.

Doch jedem Happy End standen zehn Enttäuschungen gegenüber. Die Schlange war lang, und es war nur eine bestimmte Zahl von Kindern da. Einige, die leer ausgegangen waren, wussten nicht mehr, wo sie noch suchen sollten. Sie fuhren zum Waffenarsenal zurück, um noch einmal bei den Kinderleichen nachzusehen, oder zum Municipal Hospital, um erneut an der Aufnahme nachzufragen. Ein paar Leute standen ratlos in der Market Street auf dem Gehsteig.

Ein Captain der Polizei sprach im Waffenarsenal mit Polizeipräsident Hickey, um sich zu vergewissern, dass dort keine vermissten Kinder mehr waren, und begab sich dann zur Barbour Street. Er fuhr um die Blocks am Zirkusgelände und hielt Ausschau nach elternlosen Kindern. Dann hielt er an, stieg aus und suchte zu Fuß die Hinterhöfe und Parkplätze ab. Von der Kensington Street bis zur Cleveland Avenue klapperte er alle Häuser und Mietskasernen ab, ging von Tür zu Tür, von Stockwerk zu Stockwerk.

Ein anderer Beamter hatte schon einen langen Tag hinter sich. Er hatte seinen Dienst bereits vormittags angetreten und wegen der vielen Menschen auf der Barbour Street den Verkehr geregelt. Jetzt übernahm er in der Brown School die Leitung. Dort kamen drei Erwachsene auf ihn zu. Sie fragten: «Wo bekommen wir das Eintrittsgeld für den Zirkus zurück?»

Der Mann war so verdutzt, dass er nicht einmal lachen konnte. «Tut mir Leid», sagte er. «Keine Ahnung. Darum kümmern wir uns hier nicht.»

Die Schlange riss nicht ab. Der Küchentrupp des Roten Kreuzes versorgte das Personal und die restlichen Kinder mit Abendessen.

Das Telefonnetz war noch immer völlig überlastet. Die Helfer aus der Brown School mussten im Polizeipräsidium anrufen, um den Namen eines Patienten zu überprüfen, doch sie kamen nicht durch. Schließlich schickte der leitende Beamte eine Polizistin zum Municipal Hospital, damit sie eine Verletztenliste besorgte.

Bürgermeister Mortensen war bereits dort und besuchte die Stationen, während Mrs. Mortensen als Freiwillige bei den Kindern arbeitete, die Verbrennungen erlitten hatten. Inzwischen waren durch die Radiosendungen jede Menge Pflegerinnen mobilisiert worden; zwei von ihnen waren sogar mit dem Zug aus New York gekommen. Das größte Problem war jetzt der Platzmangel. Von Kopf bis Fuß bandagierte Patienten lagen in Notbetten auf den Fluren. Krankenschwestern gingen mit Masken vor dem Gesicht vorbei – nicht wegen Ansteckungsgefahr, sondern wegen des Gestanks. An den Fenstern hatte man zur Frischluftzufuhr große Ventilatoren aufgestellt, doch alles war überfüllt, und es blieb heiß. Die Kinder in den Notbetten blickten mit schmerzverzerrten Gesichtern auf. Der Bürgermeister blieb stehen, um ein paar tröstende Worte zu sagen, und ging dann weiter. In einem Zimmer spielten zwei kleine Mädchen, die anscheinend unverletzt waren. Das waren die einzigen gehfähigen Kinder, die er zu Gesicht bekam.

Sein Gefolge stieg in einen Fahrstuhl. Bevor sich die Tür schloss, rollte eine Schwester eine fahrbare Trage mit einem Jungen herein, dessen Gesicht in Mull gehüllt war. Nur seine stark angeschwollenen Lippen waren zu sehen. Sein Atem war nur ein unregelmäßiges, schwaches Keuchen.

«Er wird jetzt operiert», erklärte eine Pflegerin.

Die Tür öffnete sich, und er wurde hinausgeschoben. Die Gruppe des Bürgermeisters blieb im Fahrstuhl.

Als Mortensen oben ein Zimmer betrat, um die darin untergebrachten Verletzten aufzuheitern, starb dort gerade ein Kind. Ein kleines Mädchen – unidentifiziert, sagte der Direktor des Krankenhauses. Man hatte ihre Eltern nicht ausfindig machen können. Alter, Geschlecht und Todeszeit des Mädchens sprechen dafür, dass es sich um das Mädchen handelte, das später als «kleine Miss 1565» bekannt werden sollte.

Im Municipal Hospital fehlte es allmählich nicht nur an Platz, sondern auch an den notwendigen Materialien. Man musste das New Britain General Hospital anrufen und um weitere Betten und Tragen, um weiteres Verbandsmaterial bitten. Das New Britain Hospital belud sofort einen Lastwagen.

Die Überfüllung war Mitleid erregend. Schwestern halfen Jerry LeVasseur aus seinem Sauerstoffzelt und legten ihn mit einem fünfjährigen Jungen, der ebenfalls schwere Verbrennungen hatte,

Bürgermeister William Mortensen
besucht David Fitzgerald, der nur
leichte Verbrennungen erlitten
hatte. Sein jüngerer Bruder James
starb im Municipal Hospital. Seine
Mutter hatte schwere Verbrennungen, wurde aber wieder gesund.
FOTO: AP/WIDE WORLD PHOTOS

ins selbe Bett. Der Junge hatte ein Kissen, Jerry nicht. Er bat um
eins, aber es gab keins mehr. (Hundert Kissen, eine Spende des
Veterans' Hospital in Newington, waren unterwegs; die Ärzte
brauchten sie, um Arme und Beine der Patienten darauf zu betten.)

In derselben Etage teilten sich auch Barbara und Mary Kay
Smith ein Bett. Beide hatten Verbrennungen an Armen, Beinen
und Rücken. Agnes Norris lag ein Stockwerk höher, doch das
wussten sie nicht. Auf demselben Flur lag auch ihre Mutter. Sie
hatte ihren Mann nicht erreicht; er hatte durch die Tante von dem
Brand erfahren und war aus Middletown gekommen, um nach ihnen zu suchen, zuerst im St. Francis, dann im Hartford Hospital
und schließlich im Waffenarsenal. Da er sich in der Stadt nicht auskannte, hatte er noch nie etwas vom Municipal Hospital gehört.

Dr. Alfred Burgdorf, der Beauftragte des Gesundheitsamts, traf
Bürgermeister Mortensen zufällig im Flur. Die Überbelegung be-

unruhigte ihn. Er schlug vor, die Verletzten auf die anderen Krankenhäuser der Stadt umzuverteilen, da das St. Francis und besonders das Hartford Hospital bei weitem nicht ausgelastet waren. Der
Bürgermeister willigte ein – sobald sich der Zustand der Patienten stabilisiert habe.

Das Personal des Municipal Hospital gab unter den gegebenen
Umständen sein Bestes. Freiwillige hatten ständig die Lücken gefüllt, es hatten sich staatliche, gemeinnützige und sogar private Organisationen gemeldet. Die rollende Küche des Roten Kreuzes
hatte in jedem Stockwerk einen Stand eingerichtet, um das Personal und die Verletzten mit kaltem Wasser und Fruchtsaft zu versorgen. Das Kaufhaus G. Fox schickte auf Geheiß von Mrs. Beatrice Auerbach, der Inhaberin, fünfhundert Sandwiches und
hundert Liter Kaffee, damit die Leute weitermachen konnten. Sie
hörte, dass Bettzeug und Nachtwäsche fehlten, also schickte sie
eine Wagenladung. Die Schwestern öffneten die Wäscheschränke
und fanden brandneue Bettlaken und Schlafanzüge, an denen
noch die Preisschilder von G. Fox befestigt waren.

Als der Bürgermeister wieder ging (nur vorläufig; er würde
wiederkommen und Mrs. Mortensen würde die ganze Nacht da-
bleiben), rief der Direktor des Krankenhauses einer Gruppe freiwillig helfender Schwestern zu, die zur Pause gingen: «Bitte, kommen Sie, wenn möglich, alle heute Abend wieder. Ich glaube, wir
werden jede verfügbare Schwester brauchen.»

«Wir kommen wieder», versprachen die meisten.

Der Direktor konnte keine Pause machen. Gouverneur Baldwin sollte bald kommen.

Die Verletztenliste – weiter unvollständig, nicht zur Veröffentlichung freigegeben – wurde noch länger, als die Leute zu Hause
ankamen und feststellten, dass sie überall Schmerzen hatten. Die
Liste der ambulant behandelten Verletzungen reichte von ver-
stauchten Rücken über Gehirnerschütterungen und verrenkte
Daumen bis zu «Hautabschürfungen in beiden Armbeugen»,
«Abschürfungen im Brustbereich» und «ausgeprägtem Nerven-

schock». Ein paar ältere Leute waren lediglich von blauen Flecken übersät, ihre Schienbeine aufgeschürft und blutig, weil sie zwischen den Stühlen auf der Haupttribüne hindurchgestolpert waren.

Hautabschürfungen waren die häufigste Verletzung, da viele Leute an den Seilen oder Masten hinabgerutscht waren. Als Nächstes kamen Quetschungen und Blutergüsse. Eine Frau hatte sich den Knöchel verstaucht und sich an Kopf, Schultern und Beinen blaue Flecke zugezogen. Einer anderen war jemand auf den Fuß getreten, und sie hatte sich den zweiten Mittelfußknochen gebrochen. Ein Junge kam mit Verbrennungen an beiden Unterarmen; obwohl es wehtat, machte er sich in erster Linie Sorgen um seine Mutter, die noch vermisst wurde.

Die Liste derjenigen, die auf den Stationen lagen, war noch schrecklicher und nicht für die Öffentlichkeit bestimmt. Von der zehnjährigen Edith Budrick hieß es: «schlimme Verbrennungen im Gesicht und an Armen und Beinen».

Bei Mildred Cook, deren Alter man seltsamerweise auf zwanzig geschätzt hatte: Zustand ernst. Mrs. Emily Gill, Schwester E. Hampton. Clarence Colson verständigen.

Edward Cook, Zimmer 505: Beine, Arme, Gesicht.

Agnes Norris, vierter Stock: Zustand kritisch.

Marion Dineen, fünfzehn Jahre alt: Zustand nicht ernst.

Gerald LeVasseur, dritter Stock: Gesicht, Arme, Kopf, Gesäß.

Doch auf der ersten Verletztenliste des Municipal Hospital, die an Polizei, Zeitungen und Radiosender weitergegeben wurde, gab es noch schlimmere Einträge. Ein Patient war als «John, 5» aufgelistet – keine weiteren Angaben. Viele waren nur mit einem Namen aufgeführt (Logan, 11) oder mit Namen, die, wie sich später herausstellte, eine Entstellung ihres richtigen Namens waren (Freddie Bryarz und Freddie Bryant erwiesen sich als Freddie Boyajian). Ihr geschätztes Alter war, wie bei Mildred Cook, oft völlig falsch. Bei Verwandten, die die Liste im Radio hörten, wuchsen bloß Verwirrung und Besorgnis. Und was sollte man von der

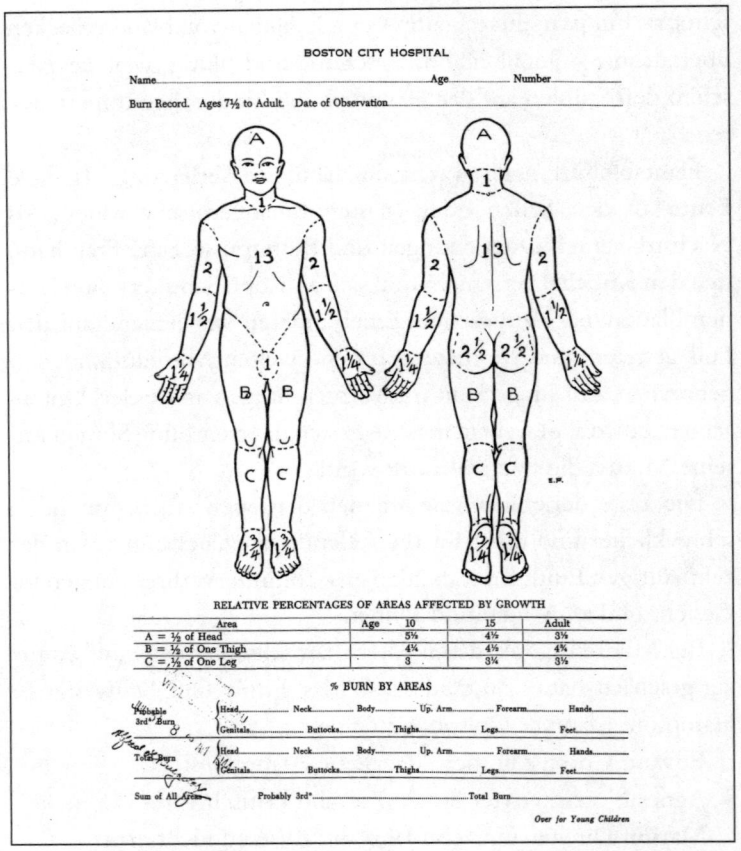

BOSTON CITY HOSPITAL

Name_____Age_____Number_____

Burn Record. Ages 7½ to Adult. Date of Observation_____

RELATIVE PERCENTAGES OF AREAS AFFECTED BY GROWTH

Area	Age 10	15	Adult
A = ½ of Head	5½	4½	3½
B = ½ of One Thigh	4¼	4½	4¾
C = ½ of One Leg	3	3¼	3½

% BURN BY AREAS

Probable 3rd° Burn { Head_____ Neck_____ Body_____ Up. Arm_____ Forearm_____ Hands_____
{ Genitals_____ Buttocks_____ Thighs_____ Legs_____ Feet_____

Total Burn { Head_____ Neck_____ Body_____ Up. Arm_____ Forearm_____ Hands_____
{ Genitals_____ Buttocks_____ Thighs_____ Legs_____ Feet_____

Sum of All Areas   Probably 3rd°_____Total Burn_____

Over for Young Children

Eines der damaligen Krankenblätter, mit denen berechnet wurde, zu wie viel Prozent der Körper eines Patienten verbrannt war. Bei Shirley Snelgrove waren zum Beispiel mehr als 50 Prozent des Körpers betroffen, bei Jerry LeVasseur waren es 25 Prozent, bei Mildred Cook 20 Prozent bei Stanley Kurneta 5 Prozent.

Angabe «unidentifizierter Junge von acht oder zehn Jahren» halten?

Unten in der Eingangshalle nahmen das Rote Kreuz und die Sozialarbeiter des Krankenhauses Vermisstenmeldungen auf, und dann lief alles genauso weiter wie im Waffenarsenal und der Brown School, mit ähnlichen Ergebnissen.

All diese Bemühungen waren ein erster Schritt, um sich nach dem heillosen Durcheinander bei dem Brand wieder zu reorganisieren. Im Polizeipräsidium in der Innenstadt wurde die Ordnung auf andere Art wiederhergestellt. In der Asservatenkammer im Kellergeschoss leiteten zwei Sergeants eine Sondereinheit, die alle Gegenstände, die man auf dem Gelände an der Barbour Street gefunden hatte – die Schuhe, Handtaschen, Brillen und Ohrringe, die Murmeln, Münzen und Knöpfe, die Sparbücher und Lebensmittelmarken –, mit Schildchen versahen und katalogisierten. Draußen drängte sich eine Schar Schaulustiger um einen vergitterten Fensterschacht, um zu sehen, was man gefunden hatte. Die Polizisten brachten alle Wertsachen in den Tresorraum im Erdgeschoss. Der Lärm im Wachraum wurde von einer Stimme im Radio übertönt, die langsam die Namen der Toten verlas.

James Haley, der stellvertretende Direktor des Zirkus, konnte der Durchsage nicht entrinnen; sie lief ständig auf allen Sendern. Er verließ das Zirkusgelände und fuhr zum Hotel Bond in der Asylum Street, wo er und einige der Starartisten wohnten. Haley hatte sich in Florida als Buchhalter mit Immobilien beschäftigt; er hatte so viele politische Verbindungen gehabt, dass der Staat ihn zum Bevollmächtigten für John Ringlings Nachlass ernannt hatte, dann hatte er sich in Aubrey Ringling verliebt und in das Unternehmen eingeheiratet. Er war Finanzexperte, bestenfalls Kommunalpolitiker, aber kein Zirkusmensch. Als Frontkämpfer im Ersten Weltkrieg hatte er bereits die Hölle erlebt, aber das hier war etwas anderes.

Er parkte den Wagen und betrat das luxuriöse Foyer, ging zwischen den Pflanzen und Messingaschenbechern hindurch. In der Bar herrschte schon reger Betrieb. Auch hier hatte die Aufregung über das Feuer die Leute aufgewühlt. Haley nahm den Fahrstuhl, spürte in den Beinen, wie er nach oben glitt, wartete, bis sich die Tür öffnete. Er steckte den Zimmerschlüssel ins Schloss.

Haley fragte sich, was Robert Ringling in Evanston, Illinois, wohl gerade tat. Er dachte, dass Ringling inzwischen wohl Bescheid wusste; einer seiner engeren Vertrauten hatte bestimmt davon gehört. Ein Grund mehr, anzurufen.

Schließlich erreichte er die Vermittlung. Er gab der Telefonistin die Nummer und wartete dann, bis jemand abhob.

Beweismaterial

Auf dem Zirkusgelände begleitete ein Polizist einen Fotografen der *Times*, der das verbrannte Zeltinnere Stück für Stück mit der Kamera festhielt. Im Rahmen der polizeilichen Ermittlung hatte Staatsanwalt Burr Leikind ihn beauftragt, aus allen möglichen Blickwinkeln Aufnahmen zu machen. Er wollte, dass alles vollständig dokumentiert wurde, und der Fotograf tat ihm gern den Gefallen. Wie alle Fachleute brauchte er eine Ewigkeit.

Das Hauptzelt war zum Schauplatz eines Verbrechens geworden, doch die Tausende von Überlebenden und die Rettungstrupps hatten, abgesehen von dem, was völlig augenfällig war, jede Spur eines Beweises gelöscht. Der Fotograf konzentrierte sich auf die Trümmer der nördlichen Haupttribüne, die Reihen der umgestürzten Masten. Die Menschenmenge war verschwunden, die zertrümmerten, platt gedrückten Stühle waren herabgestürzt, unter der Tribüne lag ein umgekippter Wassereimer. Die Tierpfleger hatten die Menageriewagen weggeschoben und die Leinwandplanen über die Gitterstäbe gezogen. An den Seiten stand mit einer Schablone aufgemalt:

Wilde Tiere
Achtung
Nicht anfassen

In der Herrentoilette lagen noch die Eimer von den Toiletten, der halbierte Urinaltrog und eine große Tonne voll Abfall, sonst war alles verschwunden. Hinter der Tonne lagen ein paar verkohlte Stützbalken der südwestlichen Seitentribüne, andere waren erstaunlicherweise unversehrt geblieben. Der Fotograf trat einen Schritt nach Westen und machte eine weitere Aufnahme von dem Ganzen – Stützbalken, Herrentoilette, Menageriekäfige. Kein tolles Bild, aber er wurde nicht für künstlerische Arbeit, sondern für eine gründliche Dokumentation bezahlt.

An den Bühnen, Laufgängen und Geländern wurde weiter aufgeräumt, MPs stocherten mit ihren Gummiknüppeln im Staub. Gloria Barbers Verlobter Orville Vieth, der auf einem Lastwagen aus Bradley hergebracht worden war, stand an der Absperrung rings um das Zirkuszelt Wache. Noch immer wurden Gegenstände gefunden. Ein Zivilist und ein Hilfspolizist meldeten einem Beamten, dass sie das Bein eines Kindes, ein paar Geldmünzen und andere persönliche Habseligkeiten entdeckt hatten. Sie hatten alles in einen Sack gesteckt. Statt den Sack selbst weiterzuleiten, entschied sich der Polizist, den Zivilisten zum Waffenarsenal zu bringen, damit er ihn dem Gerichtsmediziner eigenhändig übergeben konnte.

Auf der Nordseite des Geländes machten die Ermittler eine seltsame Feststellung. In der Nähe des Zeltes war das Gras zum Teil unversehrt, während bei Bäumen, die fünfzehn bis zwanzig Meter weit entfernt standen, die Blätter verdorrt und die Stämme versengt waren.

In der Barbour Street standen überall Gruppen von Männern und Frauen auf den Veranden, die sich unterhielten, Bier und Eiswasser tranken und sich Luft zufächelten. Die Kinder aus dem Viertel saßen auf dem Bordstein wie eine Mannschaft, die eine Niederlage erlitten hatte. All die Säcke mit Hot-Dog-Brötchen, die Tüten voller Erdnüsse und die vielen Liter Orangenlimonade würden dieses Jahr nicht verkauft werden, und alle waren bedrückt.

In St. Michael's, ein paar Blocks entfernt in der Clark Street, hörte der erschöpfte Pater Looney, wie im Pfarrhaus das Telefon klingelte. Es war ein Kollege, der aus dem Waffenarsenal anrief. Er

Die Überreste der Herrentoilette hinter der südwestlichen Seitentribüne, wo vermutlich der Brandherd lag. FOTO: HARTFORD COURANT

hatte schlechte Nachrichten. Der kleine Billy Dineen war bei dem Brand ums Leben gekommen. Pater Looney kannte die Dineens gut; sie gehörten zu seiner Gemeinde, und Billys Schwester Marion besuchte die kirchliche Schule.

Es sei schwierig, aus dem Waffenarsenal zu telefonieren, erklärte der andere Priester, und Mr. Dineen habe Marion noch nicht gefunden. Der Polizist habe ihn gefragt, ob Pater Looney Mrs. Dineen Bescheid geben könne.

Natürlich, sagte Pater Looney.

Auf dem Zirkusgelände führte Burr Leikind Beamte von Polizei, Feuerwehr und Bauaufsicht durch das Hauptzelt; die Gruppe blieb oft stehen, um den Schaden zu untersuchen. Die Männer waren in Hemdsärmeln, schwitzten aber dennoch. Sie fanden zwei Eimer voll Wasser unter den Tribünen, einen unter der südöstlichen Seitentribüne und den anderen in der Nähe des mittleren Ausgangs der nördlichen Haupttribüne. Leikind und die Beamten der Feuerwehr zeigten ein besonderes Interesse für die vier Tankwagen; sie konnten nur zwei ausfindig machen, weit entfernt am

Ostrand des Platzes. Den Arbeitern zufolge, die sie befragten, verfügte der Zirkus über eigene Feuerlöscher. Leikind beauftragte einen Polizeitrupp, alle Wassereimer oder Feuerlöscher, die sie finden konnten, zum Büro von McGovern's zu bringen. Die offizielle Ermittlung hatte begonnen.

Polizeipräsident Hickey hatte im Waffenarsenal so viel zu tun, dass er nicht abkömmlich war, deshalb ernannte er einen Captain der Staatspolizei an seiner Stelle zum Branddirektor. Zwei weitere Polizisten würden ihn zu McGovern's begleiten und der Staatsanwaltschaft bei der Vernehmung der Zirkusbediensteten helfen.

Sie trafen Leikind noch innerhalb der Absperrung an, wo seine Gruppe mit dem Messen der Ausgänge beschäftigt war. Mitten im südwestlichen Ausgang fanden sie einen großen Pfosten, der noch immer aufrecht an seinem Platz stand und den Ausgang in zwei Hälften teilte. Jemand sagte, er müsse den Flüchtenden den Weg versperrt haben.

Als Nächstes gingen sie zum mittleren Ausgang auf der Südseite und kontrollierten die elektrischen Kabel, die von der Lichtanlage herüberführten. Sie nahmen einen großen Teil des Ausgangs in Anspruch, sodass die Öffnung nur noch knapp anderthalb Meter breit war. Bei der Lichtanlage fanden sie drei mit Wasser gefüllte Feuerlöscher, von denen zwei unbenutzt waren.

Generalstaatsanwalt Meade Alcorn traf ein, kurz bevor sich die Gruppe zu McGovern's begeben wollte und den Fotografen, der von den Seitentribünen eine Aufnahme nach der anderen schoss, allein zurückließ. Auf Grund von Beobachtungen, Berichten aus zweiter Hand und jahrelanger Erfahrung stellten Alcorn und Leikind eine Liste von zwanzig Personen zusammen, die sie vernehmen wollten – Platzanweiser und Tribünenarbeiter, Herbert DuVal, John Brice, den Chef der Zirkuspolizei. Sie besaßen genug Vorladungen an Unbekannt für die Leute auf der Liste, und so entsandten sie einen Ausschuss zu dem Bürowagen auf dem Hof.

Der stellvertretende Zirkusdirektor James Haley war nach einer äußerst unangenehmen Unterredung mit Robert Ringling vom

Ein Polizist bewacht Teile des nordöstlichen Laufgangs, die als Beweismittel dienen sollen. FOTO: PAUL R. SHAFER

Bond Hotel auf das Zirkusgelände zurückgekehrt. Der Ausschuss
forderte ihn auf, dafür zu sorgen, dass die Leute auf der Liste zur
Vernehmung bereitständen. Haley sagte, er werde versuchen, den
Wünschen so gut wie möglich nachzukommen.

Meade Alcorn verwandelte das Büro von McGovern's in einen
Gerichtssaal, komplett mit Stenographin. Staatsanwalt Leikind
stellte die Fragen. Die Zeugen – anfangs hauptsächlich John Carsons Platzanweiser – warteten draußen im Gewahrsam der Polizei, damit sie ihre Aussagen nicht untereinander absprechen konnten. Ein paar der wichtigeren Zeugen, wie Betriebsinspektor
George W. Smith, waren nirgends aufzufinden. Der einzige Abteilungsleiter, den man ausfindig machen konnte, war Edward «Whitey» Versteeg, der Chef der Beleuchtungscrew.

Da seine Abteilung für die Dieselgeneratoren verantwortlich
war, hatte Whitey Versteeg auch die Kontrolle über die meisten
Feuerlöscher des Zirkus. Auf Alcorns Wunsch vernahm ihn der
Polizist, der als Branddirektor fungierte.

Versteeg betonte, dass sie zu wenig Personal hätten, dass dreißig
Leute die Arbeit von fünfzig verrichten müssten. Ja, sie besäßen
Feuerlöscher; er nannte die unterschiedlichen Ausführungen und

sagte, wo sie sich befänden – alle seien draußen, in der Nähe seiner Anlage, und genau dort müssten sie auch sein. «Soweit ich
weiß, gibt es im Hauptzelt keine Feuerlöscher.»

Er sagte, alles sei normal gelaufen, bis jemand «Feuer» gebrüllt
habe. Daraufhin habe sein Techniker den Strom abgeschaltet, und
seine Männer hätten sich die Feuerlöscher geschnappt.

Für die Tankwagen sei Mr. Blanchfield verantwortlich; sie hätten vier oder fünf Minuten gebraucht, um auf die Südseite zu gelangen und Wasser auf die Leinwand zu spritzen. (In Wirklichkeit
hatten sie das überhaupt nicht getan. Das Zelt war schon zu weit
abgebrannt gewesen, um es noch retten zu können. Sie hatten die
brennenden Reifen gelöscht und die Lichtanlage befeuchtet; nur
aus diesem Grund waren sie dort.)

«Ich weiß nicht, wie viele Männer heute bei den Tankwagen
waren», sagte Versteeg. «Ich glaube, dass sie normalerweise rings um
das Hauptzelt stehen.» Seine Ausdrucksweise war ein Wink, sie
verriet alles. Für den Fall, dass ein Feuer ausbrach, standen die
Tankwagen *normalerweise* mit laufendem Motor bereit; heute war
das aus irgendeinem Grund anders gewesen – ein Punkt, auf den
Deacon Blanchfield später eine Antwort geben musste.

Auf die Frage nach dem Zelt antwortete Versteeg aufrichtig:
«Im Winterquartier wurde die Leinwand mit einer Lösung aus
Paraffin und Benzin behandelt und dann mit Besen bearbeitet. Das
war die Aufgabe der Zeltarbeiter, ich hab ihnen dabei zugesehen.»

Erneut war es das Problem einer anderen Abteilung; seine Leute
hatten gute Arbeit geleistet. Was die Ausgangsschilder betraf, so
könne er sich nicht erinnern, welche gesehen zu haben. Die Platzanweiser und Tribünenarbeiter? Er könne beim besten Willen
nicht sagen, ob sie auf ihren Posten gewesen seien oder nicht. Aber
mit der Beleuchtung sei alles in Ordnung gewesen, alle Stecker
und Schalter seien vor und nach dem Brand überprüft worden. Im
Zelt hätten die Scheinwerfer geleuchtet, und draußen seien die
großen Dieselgeneratoren gelaufen, doch bei keiner seiner Maschinen habe er sprühende Funken entdeckt.

Blick von der südwestlichen Seitentribüne nach Osten auf die südliche Haupttribüne. FOTO: ROBERT D. GOOD/CIRCUS WORLD MUSEUM

Nach Versteegs Bestätigung, dass das Zelt wasserdicht gemacht
worden war, wurden weitere Namen auf die Zeugenliste gesetzt,
darunter auch Zeltmeister Leonard Aylesworth und James Haley.
Deacon Blanchfield kam wegen der Tankwagen hinzu. Polizisten
mit Vorladungen an Unbekannt verteilten sich über das Gelände.

Offiziell erzählte Herbert DuVal der Presse, der Zirkus habe
keine brennbaren Stoffe verwendet, doch die Zeitungen schrieben
auch, dass die städtischen Brandermittler das Gerücht prüften, das
Zelt sei mit leicht entzündlichen Substanzen wetterfest gemacht
worden. Leitende Zirkusangestellte leugneten das und behaupteten, der Stoff sei vom Hersteller behandelt worden, um ihn feuerhemmend, aber nicht feuerfest zu machen.

Draußen warfen die unbeschrifteten Grabsteine lange Schatten
ins Gras. Auf dem Hauptweg gingen die Lichter an. Als der Himmel sich rot färbte, erfuhr der Fotograf, dass er aufbrechen musste.

Blick nach Nordwesten von einer Stelle hinter dem Orchesterpodium. Eine Sturmstange lehnt dagegen. Nachdem sich Merle Evans mit einem Sprung in Sicherheit gebracht hatte, soll angeblich einer der Hauptmasten auf das Podium gestürzt sein. Eine gute Geschichte, die aber nicht stimmt; der sechste Hauptmast kam kurz vor dem Orchesterpodium auf. FOTO: HARTFORD COURANT

Die *Times* hatte eine andere Aufgabe für ihn. Ein Captain der Polizei übernahm seine Arbeit und ging schnell außen um das Zelt herum, damit er noch vor Einbruch der Dunkelheit fertig wurde.

Die Polizei fand Leonard Aylesworth, doch als man im Bürowagen nachschaute, stellte man fest, dass James Haley verschwunden war. Man durchkämmte das Gelände, konnte ihn aber nirgends entdecken. Zwei Polizisten stiegen mit einer Vorladung in ihren Wagen und fuhren zum Bond Hotel in der Innenstadt. Sie fragten offiziell am Empfang nach.

«Oh», sagte der Hotelangestellte, «der Herr ist leider gerade gegangen.»

Bei Sonnenuntergang

Wenn die Epidermis verbrennt, färben sich am Bauch alle Narben lila. Ein Gerichtsmediziner aus Boston, der die Toten aus dem Cocoanut Grove untersucht hatte, erteilte William Menser Anschauungsunterricht. Wenn man genau hinsehe, könne man selbst durch die schwarze Kruste hindurch erkennen, ob eine Frau einen Kaiserschnitt, ein Mann eine Blinddarmoperation gehabt habe. Hier sei ein gerissener Nabel, dort habe man eine Brust abgenommen. Der Körper sei eine Landkarte, ein Tagebuch, ein Hinweisschild.

Wenn sich Eltern über die Toten beugten, begriffen sie plötzlich, wie gut sie das Gebiss ihrer Kinder kannten – die fehlenden Schneidezähne, die Sechsjahrmolaren, die gerade kamen. Was für eine Erleichterung es war, zu sehen, dass ein Mädchen eine Zahnlücke, ein anderes übereinander stehende Eckzähne hatte. Das bedeutete, dass man weitersuchen konnte, dass man das Kind hier vielleicht nicht finden würde.

Soldaten brachten die identifizierten Leichen zur Freigabe, vorbei an Thomas Barber und Ed Lowe, die hilflos dastanden wie eine Ehrenwache. Dort nahmen ihnen Dr. Weissenborn oder Dr. Onderdonk die persönliche Habe ab – manchmal die einzige Möglichkeit, den Toten zu identifizieren – und verpackten die Gegenstände in einer Schachtel, damit der Leichenbeschauer sie den nächsten Verwandten aushändigen konnte. Sekretärinnen des Kriegsrats tippten auf ihren Underwood-Schreibmaschinen Listen der Gegenstände.

Im Konferenzzimmer waren über dreitausend Anrufe eingegangen, ein paar von so weit her wie Iowa oder Indiana – damals ziemlich bemerkenswert, da sich nur wenige den Luxus eines Ferngesprächs leisteten. Die Menschenmenge in der Capitol Avenue war noch nicht kleiner geworden, die Leute standen so aufmerksam da, als warteten auch sie auf Neuigkeiten. Die ganze Stadt befand sich im Wartezustand.

Ein Polizist führte den Zivilisten, der in einem Sack das Kinderbein brachte, die Treppe hinauf zu Dr. Weissenborn, der es zu den Körperteilen legte, die er bereits eingesammelt hatte. Später lieferte noch ein anderer Beamter einen Sack mit menschlichen Überresten ab. Auch die wurden hinzugefügt. Offiziell wurde das Ganze unter der Bezeichnung «Unidentifiziert Nr. 1» geführt. Niemand sah es sich an.

Ein Sergeant, der geholfen hatte, die auf dem Zirkusgelände geborgenen Gegenstände zu sortieren, identifizierte seine Nichte und Großnichte. Der Ehemann der Nichte war Zahnarzt gewesen, war aber jetzt als Captain bei der Armee im Südpazifik. Das Mädchen war ihr einziges Kind. Das Rote Kreuz musste es ihm mitteilen.

Ein Mann aus Hartford arbeitete in der Innenstadt beim Gesundheitsamt. Sein jüngerer Bruder und seine Schwester waren mit Freikarten, die ihr Vater erhalten hatte, im Zirkus gewesen. Als ihr Vater von dem Brand hörte, war er am Boden zerstört.

«Ich hab dauernd zu Hause angerufen», erinnerte sich der Mann, «doch es hieß immer bloß, sie seien noch nicht zurückgekehrt.»

Er fuhr ins Waffenarsenal und suchte bei den Kinderleichen, wo er seinen Bruder schließlich entdeckte. Die Mädchen betrachtete er immer wieder, hob die Bettlaken hoch und starrte die entstellten Gesichter an. Seine erst dreizehnjährige Schwester war für ihr Alter groß gewesen. Sie lag bei den jungen Frauen. Der Mann identifizierte sie anhand des Klassenrings ihrer Mutter von der Hartford High School.

Aber das war eine Ausnahme. Als Bürgermeister Mortensen um 21.30 Uhr in die Exerzierhalle zurückkehrte, waren erst fünfundzwanzig Leichen identifiziert worden.

Zahnärzte hatten begonnen, die Eltern die Treppe hinaufzubegleiten. Dr. Butler schickte sie zu den Feldbetten, die am ehesten in Frage kamen.

Charles Coughlan aus Bristol suchte nach seiner Tochter Hortense Murphy und ihrer noch jungen Familie. Bis auf das Baby

Jimmy waren alle im Zirkus gewesen. Coughlan hatte seine vierjährige Enkelin Patty, die schlimme Verbrennungen an Armen und
Beinen hatte, im dritten Stock des Municipal Hospital ausfindig
gemacht, doch seine Tochter, sein Schwiegersohn und der vierjährige Enkel Charles wurden noch vermisst. Kurz vor 22.00 Uhr
entdeckte er seinen Namensvetter unter den anderen Jungs. Vor
ihm lag noch eine lange Nacht.

Dr. Paul de la Vergne, dem es nichts ausgemacht hatte, hoch
oben zu sitzen, identifizierte seine Frau Elizabeth anhand eines
Rings, den sie trug. Sie war niedergetrampelt worden und dann
verbrannt.

Schlafenszeit

Um 22.15 Uhr hielt Bürgermeister Mortensen eine kurze Rund-
funkansprache, in der er die Öffentlichkeit über die Vermissten
und Verletzten informierte und die Hilfsorganisationen der Stadt
und des Staates für ihre prompte Reaktion lobte. WDRC und
WTHT übertrugen die Ansprache live. Dieselbe Rede hatte er bereits um 21.00 Uhr, direkt nach seinem Besuch im Municipal
Hospital, gehalten. Beim ersten Mal war er mehrmals ins Stocken
geraten, und die Menschen, die ihm zu Hause oder in ihrem Wagen, in einer Bar oder auf der Arbeit gelauscht hatten, hatten gehört, wie ihm die Stimme versagte.

Jetzt nahm er seinen ganzen Mut zusammen und beugte sich
über das Mikrophon. Er dankte dem Roten Kreuz und dem
Kriegsrat, der Heilsarmee und den Krankenhäusern. Polizeipräsident Hickey und den stellvertretenden Polizeichef Michael J.
Godfrey pries er ausdrücklich für ihre Arbeit.

Es war eine höfliche Rede voller Komplimente, sofern man
nicht wusste, worüber sich der Bürgermeister in Schweigen hüllte. Auffällig war, dass auf seiner Liste der Polizeichef Charles Hal-

lissey fehlte. Genau wie John Brice, der Chef der Zirkuspolizei, war Hallissey schon senil und riss sich kein Bein mehr aus. Mortensen, ein reformfreudiger Bürgermeister, der von den Einwanderern im North End unterstützt wurde, hatte ihn von dem ehemals riesigen Verwaltungsapparat übernommen. Er hatte schon vor dem Brand den Eindruck gehabt, dass Hallissey seine Aufgaben vernachlässigte oder sich bestenfalls beiläufig darum kümmerte. Jetzt hatte er im Stillen beschlossen, ihn in den Ruhestand zu versetzen. Politische Journalisten des *Courant* und der *Times* notierten, dass er Godfrey als seinen verantwortlichen Mann in allen Polizeiangelegenheiten bezeichnet hatte. Hallissey, der während des Brandes auf dem Zirkusgelände gewesen war, wurde plötzlich nicht mehr erwähnt, in den Schatten gestellt von dem dynamischen Bull Hickey.

Die Rede des Bürgermeisters war aus gutem Grund kurz. Die Hörer hatten ihr Radio nicht seinetwegen eingeschaltet. Sie warteten auf die neuen Listen. Zuerst verlas er die Namen der wenigen Kinder, die noch in der Brown School warteten. Dann kamen die Listen, die sein Büro von den vier Krankenhäusern erhalten hatte, in absteigender Reihenfolge der Belegungszahlen: Municipal, Hartford, St. Francis und schließlich Mt. Sinai Hospital. Dann las er die Namen der Toten vor. Langsam. Deutlich. Er war überrascht, wie viele er kannte und wie viele – die bei Tagesanbruch für ihn noch Fremde gewesen waren – ihm jetzt vertraut erschienen und ans Herz gewachsen waren. Diesmal versagte ihm die Stimme nicht.

Im Polizeipräsidium sortierten die Polizisten in der Asservatenkammer die letzten Gegenstände vom Zirkusgelände. Der leitende Beamte packte sie in einen Karton und stellte sie zu den anderen in den Tresorraum, machte die Tür zu und drehte den Schlüssel im Schloss. Er dachte, dass am nächsten Tag noch mehr Sachen und auch mehr Leute kommen würden, die danach suchten.

Im Municipal Hospital hatte der Andrang schließlich nachgelassen. Pflegerinnen und Hausmeister brachten die Eingangshalle

und die Flure im Erdgeschoss wieder in Ordnung, fegten die
Hautfetzen vom Linoleum auf. In hartnäckigeren Fällen mussten
sie niederknien und alles mit einer Bürste abschrubben. Eine Pflegerin hatte sich durch die Verletzungen der Patienten einschüch-
tern lassen, machte aber tapfer weiter. Sie hatte vor, später einmal
Krankenschwester zu werden. Eine Kollegin konnte ihr die Anspannung offenbar am Gesicht ablesen. «Ist nicht nötig, dass jemand in Ohnmacht fällt», warnte sie sie.

Das Personal im Municipal Hospital setzte den Plan des Bürgermeisters und Dr. Burgdorfs in die Tat um. Man wählte dreiund-
zwanzig Patienten aus, die zumeist keine ernsteren Verletzungen
hatten, und ein paar andere, um die man sich im Hartford oder im
St. Francis Hospital besser kümmern konnte, weil es dort Spezia-
listen gab. Darunter befand sich auch Jerry LeVasseur. Endlich
würde er ein eigenes Bett bekommen.

Die Gales fanden ihren Sohn Donald schließlich im Municipal
Hospital. Sie hatten kein Telefon. Hulda Grants Freund hatte ihnen erzählt, Donald sei tot; andere Nachbarn hatten gesagt, er sei
ins Freie gelangt und in den Wald gelaufen. Da sie das Schlimmste
befürchtet hatten, waren die Gales direkt zum Waffenarsenal gefahren. Donalds Vater war allein hineingegangen. Als er ihn dort
nicht fand, hatten sie es in den Krankenhäusern versucht.
Die Gales wohnten noch nicht lange in der Gegend, arbeiteten
in der Kriegsindustrie; sie wussten nichts vom Municipal Hospital.

Nachdem Donald das Bewusstsein wiedererlangt hatte, nannte
er einer Schwester die Telefonnummer ihres Nachbarn. Als einer
der freiwilligen Helfer dort anrief, war es viel zu spät, um die Eltern noch zu erreichen. Sie fuhren bereits voller Verzweiflung
durch die Stadt, übersahen eine rote Ampel, und ein Polizist auf
einem Motorrad hielt sie an. Donalds Vater erklärte ihm die Sach-
lage.

«Haben Sie es mal im Municipal Hospital probiert?», fragte der
Polizist.

Statt ihnen den Weg zu weisen, begleitete er sie bis vor die Tür. Mrs. Gale hatte Angst mitzukommen und blieb auf dem Parkplatz im Wagen sitzen.

Der Vater unterhielt sich mit Donald. In Zimmer 509 lagen noch drei weitere Jungs. Am Morgen würden zwei davon tot sein. Donald war zuversichtlich. Trotz seiner Verletzungen versicherte er seinem Vater, dass es ihm gut gehe. Er glaubte, in ein oder zwei Tagen wieder nach Hause zu kommen.

Auch Pater Murphy aus St. Justin's war im Municipal Hospital und salbte die Sterbenden, wie er es schon auf dem Zirkusgelände getan hatte. Ein junger Mann bat ihn, seinen Sohn zu segnen. Bald darauf starb der Junge. Pater Murphy blieb bei dem Vater. Der Mann war innerlich zerrissen, hielt aber an seinem Glauben fest; der Pater fand die Kraft des Mannes bezeichnend für die Würde und den Mut, die alle, um die er sich an diesem Tag gekümmert hatte, gezeigt hatten.

In Zimmer 502 verlor Elliott Smith, dessen Körper in Eissplitter gehüllt war, unter seinem Sauerstoffzelt immer wieder das Bewusstsein. Nach wie vor wusste er nichts von seiner Mutter, doch sie wusste über ihn Bescheid. Grace Smith hatte unten im Flur neben dem Fahrstuhl auf einer fahrbaren Trage gelegen, als sich die Tür öffnete. Sie hatte plötzlich den unwiderstehlichen Drang verspürt, sich aufzurichten und sich umzuschauen. Da sah sie, wie ihr Sohn auf einer anderen Trage davongeschoben wurde.

Die Smiths in Vernon wussten, dass die beiden im Municipal Hospital lagen, doch sie hatten es erst nach einiger Verwirrung erfahren. Das Krankenhaus hatte irgendwann angerufen, um zu sagen, dass es Mrs. Smith gut gehe, aber dass sie Joan nirgends habe ausfindig machen können. Joan war am Apparat gewesen; sie hatte gesagt, es gehe ihr gut, und hatte den Hörer ihrer Großmutter gegeben. Erst viel später hatten sie begriffen, dass der Anruf nicht ihnen gegolten hatte. Die freiwilligen Helfer im Krankenhaus hatten die Nummer, die Elliotts und Joans Mutter Grace Smith ihnen gegeben hatte, irgendwie mit der Nummer der Familie Edward

Smith in Bloomfield verwechselt. Deren Tochter Joan Lee-Smith wurde noch immer vermisst.

Mr. Smith war wie Mr. Gale zum Waffenarsenal gefahren und hatte niemanden gefunden. Als er zu Hause anrief, erzählte ihm Joan, dass ihre Mutter im Municipal Hospital lag. Er fuhr hin und stellte fest, dass auch Elliott auf der Patientenliste stand.

In Middletown versuchte Sophie Kurneta Erickson herauszufinden, was ihrem Sohn Raymond und ihrer Schwester Mary zugestoßen war. Sie war nicht mit in den Zirkus gegangen, weil sie sich um das Baby Joann kümmern musste. Ihre Mutter, ihre jüngere Schwester Betsy und ihr Neffe Tony waren alle nach Hause gekommen. Ihr Bruder Stanley lag im Hartford Hospital. Mary hatte er seit dem Brand nicht mehr gesehen, doch Raymond hatte er ins Municipal Hospital gebracht. Er erzählte Sophie die ganze Geschichte am Telefon – wie er ihn in den dritten Stock gebracht, auf eine Matratze gelegt und in der Obhut eines Priesters zurückgelassen hatte –, doch als sie im Krankenhaus anrief, teilte man ihr mit, man habe keine Unterlagen über einen Raymond Erickson. Ja, da sei man sich sicher. Man habe die Listen mehrmals durchgesehen. Mit diesem Namen sei niemand aufgenommen worden.

Und so meldete Sophie Erickson, da sie nicht genau wusste, was los war, ihren Sohn mehrere Stunden nach dem Brand als vermisst. Raymond senior war bei der Navy in Gulfport, Mississippi, stationiert. Sie brauchte ihn jetzt.

Das Personal im Municipal Hospital hatte gehofft, Mildred Cook mit den anderen Patienten ins Hartford Hospital verlegen zu können. Es ging ihr nicht gut, doch ihr Zustand war so stabil, dass man sie transportieren konnte. Das Problem war Edward. «Kind nicht transportfähig», stand auf einem Zettel neben Mildreds Namen. Sie würden vorläufig bleiben.

Emily Gill hatte Mildred bereits gefunden; jetzt kamen auch Marion und Ted Parsons zusammen mit Donald zu Besuch. Er hatte bei der Familie, die ihn nach Hause mitgenommen hatte,

Abendbrot gegessen und den Leuten dann die Adresse seiner Mutter genannt. Dort hatten Onkel Ted, Tante Marion und James Yee, der für die Familie zuständige Pfarrer, der sie von Southampton herbegleitet hatte, auf ihn gewartet.

Mildred war nicht bei vollem Bewusstsein. Ihr Kopf war ein einziges Mullknäuel, nur ihre Augen und eine Öffnung für ihren Mund waren zu sehen. Der Besuch dauerte nicht lange.

Edward lag im vierten Stock. Sie nahmen den Fahrstuhl und beobachteten, wie die Zahlen wechselten. In seinem Zimmer lagen drei weitere Jungs. Das Licht war gedämpft, damit sie schlafen konnten. Draußen auf der Vine Street rollten Autos vorbei, die nach der Kurve am Keney Park beschleunigten und in die Nacht davonbrausten. Donald konnte kaum etwas sehen. Edwards Bett stand in einer dunklen Ecke, seine bandagierten Arme waren nur weiße Linien auf der Bettdecke. Mit schwacher Stimme fragte er, was aus Eleanor geworden sei.

Auf der anderen Seite des Zimmers lag auch Donald Gale in einer dunklen Ecke und schlief.

Unten gab es Schwierigkeiten. Die Krankenschwestern stellten fest, dass die Gipsverbände, die man einigen Patienten angelegt hatte, sich in die Haut gruben. In dem verbrannten Zellgewebe hatten sich Ödeme gebildet, und jetzt war alles stark angeschwollen. Die steifen Verbände unterbrachen den Blutkreislauf; Hände und Füße der Leute färbten sich lila. Das Personal begann, die Verbände aufzuschneiden, doch bald war klar, dass man mit so vielen Menschen nicht fertig wurde, und man musste im Hartford Hospital anrufen und um weitere Assistenzärzte bitten. Doch dort waren keine mehr; sie hatten den ganzen Abend lang hart gearbeitet. Jedenfalls waren sie gegangen. «Inzwischen waren wir erschöpft», erinnerte sich ein Arzt. «Wir mussten ein paar Tassen Kaffee runterstürzen, um zu Kräften zu kommen, und dann wieder anfangen zu schneiden.»

Bürgermeister Mortensen kehrte mit der Sekretärin des Bushnell ins Municipal Hospital zurück. Sie hatte die Eintrittskarten

ihrer Mutter gegeben, damit sie mit ihrer Tochter und einem Kostgänger in den Zirkus ging. Jetzt suchte sie die beiden.

Der Kostgänger lag im zweiten Stock. Charles Tomalonis war
Litauer und erst vor kurzem nach Amerika gekommen; er sprach
kein Englisch. Auf den Listen im Municipal Hospital wurde sein
Name jedes Mal anders geschrieben – Kamelonis, Tabolcoks. Zu
der Sprachbarriere kam noch hinzu, dass Charles Tomalonis sehr
starke Schmerzen hatte und sein Gesicht, wie das von Mildred
Cook, völlig mit Mull umhüllt war. Die Sekretärin sprach Litau-
isch. Sie beugte sich dicht über den Schlitz für seine Lippen.

«Geht es Mrs.V. gut?», fragte er. Er meinte ihre Mutter.

Sie wussten, dass sie tot war, da sie gerade aus dem Waffenarsenal kamen, wo ihr Mann sie identifiziert hatte. Doch sie wollten
ihm keine schlechte Nachricht überbringen, nicht in seinem Zustand. Also sagten sie, es gehe ihr gut.

«Oh», sagte er erleichtert. «Jetzt kann ich sterben.»

In den vier Operationssälen im Erdgeschoss waren die Chirurgen mit den schlimmsten Fällen beschäftigt. Auf einem Tisch lag
die Frau, die sich über ihre Nichte gekauert hatte, weil beide sich
die Knöchel gebrochen hatten und nicht laufen konnten. Die
Ärzte bemühten sich stundenlang, sie wieder zusammenzuflicken,
und mussten mit ansehen, wie ihr Blutdruck schwankte und der
Puls immer schwächer wurde und schließlich ganz aussetzte.

Eine Freiwillige aus New Britain sprach von einem Arzt, der
sich die ganze Nacht mit den Toten und Sterbenden abmühte, obwohl er bei dem Brand ein Kind verloren hatte. Im Hartford Hospital stellten die Hausmeister Notbetten auf, damit die erschöpf-
ten Schwestern ein Nickerchen machen konnten. Niemand ging
nach Hause.

Der Sohn einer Frau konnte zu Hause nicht einschlafen. Er
hatte bloß eine Brandblase am Ohr. Er schloss die Augen, doch
es nutzte nichts, und so blieb seine Mutter zusammen mit ihm
auf.

Auch die zehnjährige Betsy Kurneta in Middletown konnte

nicht schlafen. Sie hatte leichte Verbrennungen am rechten Arm, doch das war nicht die Ursache. Sie würde mehrere Tage lang keinen Schlaf finden.

Joan Smiths Vater sagte, sie dürfe diese Nacht in seinem Bett schlafen. Sie hatte keine Ahnung, warum sie das tun sollte. Es kam ihr nicht in den Sinn, dass sie Albträume bekommen könnte.

Meade Alcorn und Burr Leikind rechneten nicht damit, in den nächsten Stunden ins Bett zu kommen. Mit jedem neuen Zeugen kamen ihre Ermittlungen bei McGovern's ein Stück voran. Die Polizisten, denen es nicht gelungen war, die Vorladung an Haley zuzustellen, kehrten zurück, holten zur Verstärkung zwei Staatspolizisten und fuhren zum Güterbahnhof in der Windsor Street. Sie gingen von einem Waggon zum anderen und durchsuchten die Schlafwagen, konnten ihn jedoch nirgends finden. Sie kehrten wieder in die Barbour Street zurück. Herbert Du Val – nach seiner Aussage zu schließen, kein großer Freund Haleys – schlug vor, als eine Art Führer mitzukommen. Sie sahen erneut auf dem Güterbahnhof nach. Diesmal fanden sie ihn mühelos.

Inzwischen war Polizeipräsident Hickey bei McGovern's eingetroffen, und man hatte ihm erzählt, was er bisher verpasst hatte. Als die Polizisten Haley hereinbrachten, waren alle wichtigen Personen anwesend. Hickey brauchte bloß ein paar Antworten zu hören, ehe er beschloss, die ganze Vernehmung in die Innenstadt zu verlegen. Es würde eine Weile dauern, den Hergang zu rekonstruieren. Im Hauptquartier der Staatspolizei gab es ein Vernehmungszimmer, das für diese Aufgabe perfekt war. Vorläufig kam die Aussage, dass die Leinwand mit einer Mischung aus Paraffin und Benzin behandelt worden war, dem Eingeständnis einer strafbaren Fahrlässigkeit gleich. Die Staatsanwälte stellten gegen den stellvertretenden Zirkusdirektor James Haley, gegen den Betriebsinspektor George W. Smith, den Zeltmeister Leonard Aylesworth, den Chef der Beleuchtungscrew Whitey Versteeg, den Fahrmeister Deacon Blanchfield, den Zirkuspolizeichef Brice und den Boss der Platzanweiser John Carson an Ort und Stelle Haftbefehle aus.

Sie unterbrachen die Vernehmung, und Leikind beauftragte einen Polizisten, die anderen vorgeladenen Zirkusleute zu befragen. Der Polizist sollte ihre Aussagen aufnehmen und sie dann mit dem Versprechen, dass sie die Stadt nicht verlassen würden, wieder auf freien Fuß setzen. Leikind fuhr mit Haley im selben Wagen; in einem anderen fuhren zwei Polizisten mit Aylesworth, Blanchfield und Smith. Die Straßen waren menschenleer. Sie brauchten keine Sirenen.

Unterdessen wehrte Ringlings Öffentlichkeitsmaschinerie in einer größeren Arena die Fragen der Presse ab. Roland Butler versicherte dem ganzen Land, dass der Zirkus ganz und gar nicht am Ende sei. Man habe ja noch das Großzelt vom letzten Jahr. Die Hauptmasten seien zwar verkohlt, aber von der Struktur her in gutem Zustand. Den Artisten gehe es gut, die Menagerie sei unversehrt. Man werde sich wahrscheinlich nach Sarasota zurückziehen, die Ausrüstung erneuern und dann die Tournee fortsetzen.

Hal Olver, ein Mitarbeiter der Presseabteilung, sagte, man schenke den Brandstiftungs- und Sabotagetheorien keinen Glauben. Er konnte nicht wissen, dass genau in jenem Moment J. Edgar Hoovers FBI diese Möglichkeit ernsthaft untersuchte. Schließlich herrschte Krieg.

Im Waffenarsenal waren Marion und Ted Parsons mit einfacheren Fragen beschäftigt. Sie ließen Donald im Wagen. James Yee begleitete sie.

Marion war eine starke, selbstsichere Frau. Sie hatte die Kinder ihrer Schwägerin, ohne zu überlegen, bei sich aufgenommen und liebte sie, als wären es ihre eigenen. Edward wohnte seit seinem ersten Lebensjahr bei ihr und Ted. Wenn sie einmal getrennt waren, schrieb Eleanor ihr jeden Tag. In mancher Hinsicht kannte sie die Kinder besser, als es ihrer Mutter je möglich sein würde.

Die Begleiter brachten die Parsons direkt zu Nr. 1565 in der ersten Reihe des Mädchenbereichs. Marion sah auf den ersten Blick, dass es nicht Eleanor war. Nr. 1565 hatte schulterlanges Haar; das Haar ihrer Nichte war kurz geschnitten. Sie trug auch andere Sachen – ein weißes Kleid, dem die Flammen kaum etwas angehabt hatten. Eleanor hatte einen roten Spielanzug getragen. Sie kannte Eleanors Sachen, und so ein Kleid besaß das Mädchen nicht. Dasselbe galt für die braunen Schuhe. Bei näherer Betrachtung wurden die letzten Zweifel ausgeräumt: Nr. 1565 hatte noch alle Milchzähne; Eleanor hatte schon acht bleibende Zähne, vier oben und vier unten. Ja, sie war sich sicher, dass sie es nicht war.

Ted und der Pfarrer sagten dasselbe.

Die anderen hatten keine Ähnlichkeit mit Eleanor, und so kehrten die drei in die Marshall Street zurück. Dort wartete Emily Gill. Sie verglichen ihre Beobachtungen und waren sich einig, dass das Mädchen, das sie gesehen hatten, nicht Eleanor war. Marion und Ted beschlossen, Donald und Pfarrer Yee nach Southampton zurückzubringen. Emily würde die Nacht in der Wohnung verbringen, am Morgen Mildred und Edward besuchen, dann die Suche nach Eleanor fortsetzen. Sie wünschte ihnen eine gute Nacht und sah dem wegfahrenden Wagen nach.

In der Broad Street kehrte Gouverneur Baldwin zum Waffenarsenal zurück, bestürzt, einige der Patienten, mit denen er noch am Nachmittag gesprochen hatte, unter den Toten zu finden.

Ungefähr um diese Zeit erhielt das Büro von Bürgermeister Mortensen einen Anruf von Salvatore DiMartino. Er erläuterte seine Lage. Seine Frau sei umgekommen, und er habe acht Kinder. Er wisse nicht genau, wie er die Beerdigung ausrichten solle. «Ich hab kein Geld», sagte er. Ob die Stadt die Kosten übernehmen könne?

Der Bürgermeister versprach, alles zu tun, was in seiner Macht stand.

Kurz vor 23.00 Uhr wurde in der Brown School das letzte Kind mit seinen Eltern nach Hause geschickt. Man hatte die Namen von hundertdreizehn vermissten Personen aufgenommen, darunter auch Billy Dineen und Muriel und Maurice Goff. Der leitende Beamte übergab die Liste der Nachtschicht und sah sich den Dienstplan an. Sein Dienst war noch nicht vorbei.

Im Municipal Hospital begann die Nachtschicht mit zusätzlichen Schwestern und Pflegerinnen. Eine Schwester ging nach Hause und bekam dort schreckliche Albträume. Der Gestank hatte sich in ihrer Tracht und ihrem Haar festgesetzt.

In der Barbour Street sah Mrs. Dewey Howrigan, die zwei Häuser nördlich des Zirkusgeländes wohnte, dass hinter ihrem Haus noch drei Autos geparkt waren. Sie ging nach draußen, um sie sich näher anzusehen. Es roch nach nasser Asche, frischem Heu und Elefantenkot. Die Luft war immer noch heiß und schwül. Zwei Chevys standen mit der Schnauze zum Garten, eine Limousine und ein Suburban; und auf der anderen Seite, in der Ecke, die an den Zirkusplatz grenzte, war unter den Bäumen ein schwarzer Buick rückwärts eingeparkt. Mrs. Howrigan schaute durch die Fenster des Buick und sah, dass auf dem Rücksitz eine Decke und ein Regenschirm lagen. Die Tür war offen; sie beschloss, beides zur sicheren Verwahrung ins Haus mitzunehmen.

Einen Block nördlich, im Keney Park, schlief William Epps neben seinem Bruder Richie auf dem weichen Boden. Keine Decke, kein Nachtlicht. Doch die Jungs hatten keine Angst. Es war eine warme, sternklare Nacht.

Schlechte Nachrichten

Von den beiden großen Tageszeitungen in Hartford war der *Courant* die seriösere. Er erschien ohne Unterbrechung seit 1764, wurde wegen seiner brahmanischen Unabhängigkeit «die alte grauhaarige Dame aus der State Street» genannt und war oft so ausführlich, dass er als unlesbar galt. Die *Times* hatte einen kürzeren, zupackenderen Stil, der zu ihren bodenständigeren Themen und den mächtigen Verbündeten in der Demokratischen Partei des Staates passte. Beide waren gediegene Großstadtzeitungen, und beide waren von dem Zirkusbrand völlig überwältigt.

Noch nie in der Geschichte Amerikas war eine sorgfältige Be-
richterstattung wichtiger gewesen als im Zweiten Weltkrieg. Zen-
sur und Selbstzensur waren Dinge, die nicht nur Journalisten, sondern auch den Durchschnittsbürger betrafen. Um das den Leuten
klar zu machen, die in der Kriegsindustrie arbeiteten, druckten
beide Blätter am Fuß ihrer Spalten kurze Ermahnungen. «Verbreiten Sie keine Gerüchte», schrieb die *Times*. «Passen Sie auf, was Sie
in der Öffentlichkeit sagen», riet der *Courant*. Dieselben Regeln
galten für ihre Reporter. Berichte aus zweiter Hand und Gerüchte
waren nutzlos. Selbst Augenzeugen waren verdächtig; die Ära der
Reportage aus erster Hand – manchmal live – hatte begonnen,
und die Geschichten mussten der Wahrheit entsprechen und zugleich pünktlich erscheinen, was oft nicht zu bewerkstelligen
war.

Der *Times*, die nachmittags erschien, bereitete der Brand viel
größere Schwierigkeiten als dem *Courant*. Die ersten Berichte waren bestenfalls bruchstückhaft und lagen in einigen sehr wichtigen
Punkten falsch. Bei dem Brand waren keine Zirkusleute umgekommen, doch über den Fernschreiber von AP wurde mehrere
Stunden lang der Untertitel «Drei Artisten ums Leben gekommen» verbreitet. Vierzig Jahre später sprach ein einheimischer Ra-
dioreporter während der Recherchen zu einer Radiodokumentation über das tragische Unglück mit dem Journalisten, der für die
Falschmeldung verantwortlich war. Der Mann hatte drei Leichen
mit stark geschwollenen Lippen und knallroten Wangen gesehen
und daraufhin seine Vermutungen angestellt. Ein verständlicher
Irrtum, der von Reportern, die die nackten Tatsachen mit Sätzen
wie «Drei Artisten wurden tot nach draußen getragen, die leuch-
tende Schminke auf ihren Gesichtern rußgeschwärzt» aus-
schmückten, später noch verschlimmert wurde.

Ein paar Reporter ließen die Vorstellung mit einer großen Parade oder Gala-Revue mit Pferden und Elefanten beginnen; bei
anderen trat Alfred Court mit seinen großen Raubkatzen in der
mittleren Manege auf (er war zu diesem Zeitpunkt im Bond Ho-

tel in seinem Zimmer gewesen). Ein Journalist behauptete, mehrere Stallmeister und Platzanweiser hätten versucht, mit der Menge «Old Black Joe» zu singen, um die Leute zu beruhigen. Die Wallendas, hieß es, hätten sieben Minuten ihrer zwanzigminütigen Nummer absolviert.

Nicht bloß einer, sondern zwei Zeugen erinnerten sich, dass einer der Wallendas abgestürzt sei: «Am schrecklichsten war der Anblick, wie der Bursche vom Trapez sprang. Und als er auf dem Boden landete – es gab kein Netz –, war das eine Bein seltsam schief vor seinem Körper angewinkelt, und ein Knöchel befand sich hinter dem Körper. Ich hab den ganzen Sturz beobachtet. Er hat um Hilfe geschrien.» Und später ein anderer Mann: «Während wir auf der Straße warteten, fuhr ein Kipper mit einem Hochseilartisten auf der Ladefläche vorbei. Er lag flach da wie ein Sack Getreide.» Beide Vorfälle entbehrten jeglicher Wahrheit; von den fünf Luftakrobaten war nur Helen verletzt, die in dem Gedränge niedergetrampelt worden war.

Wie vorauszusehen, kam es bei der Erörterung der wichtigsten Fragen zu den schlimmsten Unwahrheiten. «Es heißt, dass in der Panik fast alle Toten erstickt, an Schock gestorben oder umgestoßen und von den Füßen Tausender, die zu den Ausgängen stürmten, zu Tode getrampelt worden sind.» (Stimmt nicht. Mindestens hundert Leichen wiesen keine Quetschungen auf, niemand erstickte, und Tod durch Schock war bloß eine wilde Vermutung.) In vielen Zeitungen stand, die Toten seien größtenteils Kinder gewesen; der *Waterbury American* ging sogar so weit, von zwei Dritteln zu sprechen. Jahrelang haben die Zeitungen diese Zahlen nachgedruckt, als würden sie der Wahrheit entsprechen. Sie stimmten aber nicht. Nur 67 der 167 Opfer waren Kinder unter fünfzehn Jahren.

Doch in gewisser Hinsicht ist es verständlich, warum die beiden Unwahrheiten nötig waren. In der stark übertriebenen Darstellung stecken zwei wichtige Wahrheiten; der Leser, der nicht dabei war, erfährt zwei wichtige Dinge. Erstens herrschte im Zelt

eine unvorstellbare Panik. Und zweitens sind unglaublich viele
Kinder ums Leben gekommen.

Der Stil der Reporter klang melodramatisch und übersteigert –
vielleicht wiederum, weil sie das Gefühl hatten, dass man auf die
tatsächlichen Ereignisse gar nicht genug Nachdruck legen konnte. Ein paar Kostproben: «Die Flammen schossen zum Zeltdach
hinauf wie Blitzstrahlen.» «Dann brach durch die Panik explo-
sionsartig ein Kreischen und Stöhnen und wahnsinniges Geschrei
los.» «Die Musik des Orchesters wurde von der schreienden
Menge übertönt.» «Danach war kein einziger Leinwandfetzen
mehr zu finden, der größer als zehn Zentimeter war.» «Es war, als
würde man ein riesiges Skelett betrachten, an dem kein Fetzen
Fleisch mehr hing.»

Ein Reporter, dessen Artikel für United Press nur wenig Ähnlichkeit mit den tatsächlichen Ereignissen hatten, schrieb, Gargantua und M'Toto seien in ihren klimatisierten Käfigen jämmerlich
in Tränen ausgebrochen.

Und es gab jede Menge Gerüchte und phantastische Geschichten, die nie oder erst Jahre später in den Zeitungen abgedruckt
wurden. Sie wurden ein Teil der Legenden über den Zirkusbrand,
nicht beweisbar, seltsam. In dem Gerücht, das die größte Verbrei-
tung fand, hieß es, ein Säugling, der bei dem Brand ums Leben gekommen war und dann nicht identifiziert werden konnte, sei im
Hartford Hospital im Verbrennungsofen eingeäschert worden. Das
eingeäscherte Baby. In Wirklichkeit handelte es sich um die unidentifizierte Leiche Nr. 1, den Sack voller Körperteile, den Dr.
Weissenborn im Waffenarsenal keinem der Suchenden gezeigt
hatte. Die Beamten begingen am Anfang den Fehler, Nr. 1 bei den
Toten mitzuzählen, als würden die einzelnen Körperteile einen
ganzen Menschen ergeben. Das entspricht aber nicht der Wahrheit, und so ist die Zahl von 168 Toten (unheimlicherweise ebenso viele wie bei dem Bombenanschlag in Oklahoma City) falsch.
In Wirklichkeit sind bei dem Zirkusbrand 167 Menschen ums Leben gekommen.

Eine weitere berühmte Geschichte ist die von der falschen Ärztin im Municipal Hospital. In dem Durcheinander habe sich dort eine Geistesgestörte freiwillig gemeldet, die schon immer Ärztin sein wollte und eine kleine schwarze Tasche dabeigehabt habe. Niemand habe an ihrer Befähigung gezweifelt. Sie habe in einem Flur gebrochene Arme und Beine eingerichtet. Später, als sie schon verschwunden gewesen sei, hätten die Schwestern ihre dilettantische Arbeit entdeckt. Bei den Leuten, die sie verarztet habe, hätten Arme und Beine amputiert werden müssen. Vielleicht ist das eine sexistische Version des Fiaskos mit den Gipsverbänden, dessen Folgen ebenso schrecklich gewesen sein könnten.

Trotz all der wertlosen und falschen Informationen und der zweitausendsiebenhundert Vermisstenmeldungen innerhalb der ersten vierundzwanzig Stunden nach dem Brand gelang es den Zeitungen gemeinsam mit den staatlichen Behörden, nahezu fehlerlose Verlustlisten aufzustellen. Das war ein Trost für die Öffentlichkeit, eine schnelle Möglichkeit, zu begreifen, was passiert war. Die Leser kannten so etwas durch die Kriegsberichterstattung. Da waren die Toten, die Verwundeten, die Internierten, die Vermissten. Zusammen mit den Bildern der Opfer des Zirkusbrandes wurden die Porträts einheimischer Jungs abgedruckt, die im Krieg gefallen waren – «PFC J. A. Longo, gefallen in Frankreich».

Nicht so exakt und tröstlich waren die Antworten, die von leitenden Ringling-Angestellten in Sarasota auf Fragen nach dem Hauptzelt gegeben wurden. Der Zirkus behauptete jetzt, das Zelt sei behandelt worden, damit es feuerhemmend sei, aber da es aus Leinwand bestehe, könne man es nicht feuerfest machen. Als man Robert Ringling in Evanston, Illinois, erreichte, sagte er: «Jeder Test, dem wir es unterzogen haben, hat gezeigt, dass es einem Feuer standhalten würde. Ein Brand könnte zwar einen Teil der Ausstattung, aber keine Menschenleben gefährden.»

Später griff der Zirkus wieder auf die Behauptung zurück, dass man eine Zeit lang versucht habe, Chemikalien zu finden, mit denen man das Zelt feuerfest machen konnte, dass die Armee im Krieg aber Vorrang gehabt habe.

Auch das nahm ihnen niemand ab. Seit dem Cocoanut Grove musste die Inneneinrichtung in allen städtischen Restaurants und Nachtclubs feuerfest sein. Der stellvertretende Feuerwehrchef von New York City, der für alle öffentlichen Versammlungsorte zuständig war, sagte, dass bei einer Leinwand stets ein Lötlampentest vorgenommen werde, bevor die Erlaubnis erteilt werde, sie bei öffentlichen Versammlungen zu benutzen. Die Feuerwehr habe mehrere Arten von Chemikalien genehmigt, die auf die Leinwand gesprüht werden mussten, und den behandelten Stoff mindestens viermal im Jahr mit der zweihundert Grad heißen Flamme einer Lötlampe getestet, um zu beweisen, dass er feuerfest blieb.

Außerdem gab der Clyde Beatty and Russell Bros. Circus, der gerade in Portland, Oregon, gastierte, bekannt, dass all seine Zelte feuerfest seien. Man transportiere mehrere hundert Liter Chemikalien in den Wagen und sprühe die Zeltleinwand alle vier Wochen ein, für den Fall, dass die feuerfeste Schutzschicht beim Auf- oder Abbau Schaden erlitten habe. Die meisten Bediensteten waren ehemalige Ringling-Angestellte, die sagten, die Behauptung, man habe die große Schau nicht vorrangig behandelt, entspreche nicht der Wahrheit.

Die Auseinandersetzung um diesen Punkt war juristisch und angesichts der Geschehnisse sinnlos. Die Toten waren tot, die Sterbenden lagen im Sterben. Im Municipal und im Hartford Hospital herrschte in den Operationssälen und auf den Fluren noch immer reger Betrieb – genau wie in den Kellern und Fluren von Weinstein's Funeral Home, Dillon's, Farley's und O'Brien's.

Während in der Barbour Street alles ruhig wurde, machte Bürgermeister Mortensen seine letzte öffentliche Durchsage an jenem Tag. Den Kriminellen in der Stadt teilte er mit, er habe den stellvertretenden Polizeichef Godfrey gebeten, dass sich ein Dutzend Polizisten um die Autos auf den Parkplätzen und der Straße in der

Nähe der Brandstelle kümmerten. Sie sollten die Kennzeichen
notieren und die Besitzer ermitteln. Und er habe die Polizei gebeten, darauf aufzupassen, dass niemand die Autos beschädigte.

Waren Sie in Cleveland dabei?

Polizeipräsident Hickey begann die Vernehmung im Hauptquartier der Staatspolizei in der Washington Street mit der Befragung
des stellvertretenden Direktors James Haley, des höchsten Ringling-Angestellten in Polizeigewahrsam.

Damit die Zeugen sich nicht untereinander absprechen konnten, ließ er Smith, Aylesworth, Blanchfield, Versteeg, Brice und die
Platzanweiser und Tribünenarbeiter, die ihrer Vorladung nachge-
kommen waren, im Flur von mehreren Polizisten bewachen, bis er
sie hereinrief. Von den sieben Angeklagten fehlte nur John Carson,
der Chef der Platzanweiser.

Im Vernehmungszimmer sah sich Haley nicht nur Hickey, sondern auch Generalstaatsanwalt Alcorn und Staatsanwalt Leikind
gegenüber.

Polizeipräsident Hickey stellte die Fragen. Als Erstes vergewisserte er sich, ob Aylesworth für die Behandlung und Instandhaltung der Leinwand verantwortlich war. Er ließ sich bestätigen,
dass John Carson die Platzanweiser für die einzelnen Blöcke bestimmte, doch Haley konnte nicht sagen, ob Carson darüber
Buch führte. Haley schätzte das Fassungsvermögen des Zeltes auf
neun- bis zehntausend Menschen – sechstausend auf den Haupttribünen und drei- bis viertausend auf den Seitentribünen –, aber
als Hickey ihn bat, genau zu beschreiben, wie die mit Buchstaben
gekennzeichneten Blöcke angelegt seien, blieb Haley vage. Mit
den Feuerlöschern kenne er sich nicht aus; da wisse Smith Bescheid. Und obwohl er glaubte, die Haftpflichtversicherung des
Zirkus sei auf mehrere Träger verteilt, konnte er diese nicht be-

nennen; seine Sekretärin könne das. Doch es gebe neun Ausgänge, da sei er sich sicher.

Haley gab zu, dass er Robert Ringling vom Bond Hotel aus angerufen hatte. Hickey drängte nicht auf nähere Einzelheiten des Gesprächs. Doch er bat um Ringlings Adresse in Evanston und erhielt sie auch. Als Haley gefragt wurde, was er in den nächsten Tagen vorhabe, sagte er, er werde sich in seinem Waggon auf dem Güterbahnhof in der Windsor Street aufhalten. Hickey sagte ihm, er solle dem Gericht Bescheid geben, wenn er vorhabe, die Stadt zu verlassen. Und ob er irgendwas dagegen habe, dass Hickey mit Mr. Ringling spreche? Natürlich nicht, sagte Haley.

Die Befragung war vorbei. Hickey erinnerte ihn daran, dass er zur gerichtlichen Leichenschau vorgeladen werde, deren genauer Termin noch nicht feststand. Er übergab die Frage, ob Haley festgenommen werden sollte, offiziell an Leikind, mit der Empfehlung, dass der Staatsanwalt eine angemessene Kaution festsetzen solle. Unterdessen konnte Haley draußen warten.

Als Zweiter war George W. Smith an der Reihe, der den tagtäglichen Ablauf bei der großen Schau besser kannte als jeder andere. Smith war durch und durch Zirkusmensch. Er hatte bei Forepaugh-Sells als Hilfskellner im Küchenzelt angefangen und sich im Lauf der Jahre zum Betriebsinspektor der größten Schau der Welt hochgearbeitet.

Smith bestätigte, dass Carson der Chef der Platzanweiser war, sagte aber, dass Aylesworth die Tribünenarbeiter unter sich habe. Es gebe insgesamt acht Tribünenarbeiter, einen unter jeder Seitentribüne und einen unter jeder der vier langen Haupttribünen. Aylesworths Männer seien dafür verantwortlich, die Wassereimer zu füllen und unter die Tribünen zu stellen – vierundzwanzig unter die Haupttribünen, den Rest unter die Seitentribünen.

Die Feuerlöscher seien Whitey Versteegs Problem. Es gebe insgesamt vierundzwanzig Stück, die jedes Jahr von der Feuerwehr in Sarasota kontrolliert würden.

In jedem der vier Tankwagen säßen zwei von Blanchfields Fahrern, doch Smith gab zu, dass sie nicht zur Feuerbekämpfung ausgebildet seien. Die Tankwagen würden hauptsächlich dazu benutzt, die Tiere und das Küchenzelt mit Wasser zu versorgen.

Smith bezeichnete das Gelände an der Barbour Street auch als einen «engen Platz», auf dem man die Wagen gerade noch an den Zeltpflöcken vorbeimanövrieren könne.

«Waren Sie in Cleveland dabei?», fragte Hickey.

«Ich war damals nicht beim Zirkus», erwiderte Smith. «Ich war das ganze Jahr bei der Kriegsschau der Army beschäftigt.»

Hickey kam auf die Frage der Feuerfestigkeit zu sprechen und erreichte, dass Smith ohne Umschweife die Wahrheit sagte, was der Zirkus in der Öffentlichkeit nicht tun konnte.

F. Wurde irgendetwas getan, um die Leinwand feuerfest zu machen?

A. Nein.

F. Überhaupt nichts?

A. Nein. Soweit wir ermitteln konnten, gibt es nichts, was die Leinwand zugleich feuerfest und wasserdicht macht, und dieses Jahr war es nicht möglich, eine so genannte Feuerfestigkeitsausrüstung zu kaufen.

Sie sprachen über die Behandlung mit Paraffin, wie es die Poren der Leinwand schloss, wenn man es auftrug. Dann kehrte Hickey zum Thema Feuerfestigkeit zurück.

F. Hab ich Sie richtig verstanden, dass Sie in diesem Jahr kein Material bekommen konnten, um die Zeltleinwand feuerfest zu machen?

A. Ja, das stimmt.

F. War das Zelt in den vergangenen Jahren feuerfest?

A. Nein, Sir.

F. Wann haben Sie es zum letzten Mal feuerfest gemacht?

A. Das haben wir noch nie getan.

Zwei Polizisten mit einem Stück aus der verbrannten Seitenwand. FOTO: HART-
FORD COURANT

Smith sprach von der Hooper Manufacturing Company, einer
Firma in Baltimore, mit der sie in Korrespondenz gestanden hätten, sagte, sie hätten sogar eine Probe von deren Produkt auspro-
biert, doch: «Es gelang uns damit nicht, die Leinwand feuerfest zu
machen.»

Diese Aussage erweckte den Anschein, dass sie einen Versuch
unternommen hatten, das Zelt feuerfest zu machen, doch Hickey
gab sich nicht zufrieden.

F. Soweit ich Sie verstanden habe, waren Sie 1943 nicht im-
    stande, das Zelt feuerfest zu machen?
A. Ja, das stimmt.
F. 1942 auch nicht?
A. Stimmt.
F. 1941 dasselbe?
A. Stimmt.
F. Wann ist es zum letzten Mal feuerfest ...?

A. Also, Herr Polizeipräsident, ich bin seit 1910 bei diesem Zirkus, und das Zelt war noch nie feuerfest.
F. Es wurde noch nie feuerfest gemacht?
A. Noch nie.

Auf die Frage, warum sie die Möglichkeit überhaupt in Erwägung gezogen hätten, antwortete Smith, das sei die Idee ihres neuen Direktors Robert Ringling gewesen. Er sagte auch aus, dass die Schläuche an den Tankwagen sechseinhalb Zentimeter dick seien, was bedeutete, dass sie mit den städtischen Hydranten kompatibel waren. Das Fassungsvermögen des Zeltes schätzte er auf 9048 Menschen – 6048 auf den Haupttribünen, 3000 auf den Seitentribünen. Diese Zahl verband Hickey willkürlich mit Haleys Angaben und kam auf eine Gesamtmenge von 10 048 Personen.

Jetzt wandte sich Hickey den Laufgängen zu und fragte, ob die beiden Treppen, die hinüberführten, vor dem Abgang der Raubkatzen weggenommen worden seien. Nein, sagte Smith, die Treppen seien an ihrem Platz gewesen.

Hickey bat Smith, draußen zu warten und mit den anderen nicht über seine Aussage zu sprechen. Smith versicherte, dass er das nicht tun werde.

Als Nächstes kam Leonard Aylesworth, der Zeltmeister. Hickey verschwendete keine Zeit und fragte als Erstes, ob Aylesworth in in Cleveland dabei gewesen sei. Aylesworth sagte, jenes Feuer habe er miterlebt, das heutige jedoch nicht, denn er sei in Springfield gewesen – als würde ihn das von jeglicher Schuld freisprechen. Doch Hickey erinnerte ihn daran, dass er für die Behandlung des Hauptzeltes verantwortlich sei.

F. Wer legte fest, was für eine Mischung verwendet wurde?
A. Tja, das wurde einfach vom Vorgänger übernommen.

Da Aylesworth Chef der Tribünenarbeiter war, kam Hickey auf deren Rolle beim Ausbruch des Feuers zu sprechen. John Carson und seine Platzanweiser trugen anscheinend keinerlei Schuld. Draußen im Flur wartete William Caley.

F. Ist jemals irgendwo ein Feuer an der Seitenwand ausgebrochen, das sofort gelöscht wurde?

A. Ja. Es kam vor, dass Leute ihre Zigaretten wegwarfen oder so was Ähnliches. Meine Tribünenarbeiter achten gewöhnlich auf solche Dinge. Ab und zu entdecken wir kleine Löcher.

Hickey fand heraus, dass Aylesworth vor jeder Vorstellung einen Rundgang machte, um sicherzugehen, dass seine Männer an ihrem Platz waren. Wenn er unterwegs war, übernahm das sein Stellvertreter William Dwyer, doch Dwyer war wegen eines Todesfalls in der Familie nicht da gewesen, und Aylesworth hatte vergessen, einen Stellvertreter zu bestimmen.

Hickey holte eine Liste der Zeltarbeiter hervor und bat Aylesworth, die Namen der acht Tribünenarbeiter anzukreuzen. Aylesworth nannte Caley als einen der Männer unter der südwestlichen Seitentribüne. John Cook, der andere, war seit dem Brand verschwunden.

Aylesworth sagte, seine dreißig Eimer hätten unter den Tribünen gestanden und seien wahrscheinlich voll gewesen.

F. Welche Mittel zur Feuerbekämpfung befinden sich sonst noch unter der Bestuhlung?

A. Die Elektrizitätsabteilung stellt dort Feuerlöscher auf.

F. Es standen dort Feuerlöscher?

A. Sie sollen dort aufgestellt werden.

F. Haben Sie sie vorgestern Abend dort gesehen?

A. Nein.

F. Haben Sie sie gestern dort gesehen?

A. Ich hab gesehen, wie sie gestern ausgeladen wurden, aber unter der Bestuhlung hab ich sie nicht gesehen.

Am Mittwoch habe er seinen Rundgang eine Stunde vor Beginn der Abendvorstellung gemacht. Seine Leute und die Eimer seien da gewesen, doch die Feuerlöscher hätten gefehlt.

F. Wer hat die Aufgabe, sich darum zu kümmern, dass die Feuerlöscher an ihrem Platz stehen?
A. Der Chef der Elektrizitätsabteilung.
F. Wie lautet sein Name, bitte?
A. Versteeg.

Er würde als Nächster an die Reihe kommen.

Den ganzen Abend lang

Auf dem Gelände dröhnten die Dieselgeneratoren des Zirkus und sorgten auf dem Hauptweg und rings um die Absperrung für Licht. Die Kinder in der Barbour Street dachten, die Armee suche in dem dunklen Wald nach Leichen.

Um Mitternacht lösten die städtischen und staatlichen Polizisten die MPs aus Bradley ab. Sie bewachten das Gelände bis zum Tagesanbruch. Polizeichef Godfreys Streifenwagen patrouillierten durch die menschenleeren Straßen, notierten Autokennzeichen und erstellten eine weitere Liste.

Im Municipal Hospital teilte sich die Polizistentochter Marion Dineen – die man inzwischen unter den Lebenden entdeckt hatte – im zweiten Stock ein Zimmer mit Shirley Snelgrove aus Plainville, die jetzt, da Mitternacht vorbei war, offiziell dreizehn war. Der 7. Juli war ihr Geburtstag. Der Besuch im Zirkus sollte ihre Geburtstagsfeier sein. Die Snelgroves waren schon am Mittwoch da gewesen, doch da die Nachmittagsvorstellung ausgefallen war, waren sie am Donnerstag wiedergekommen. Als das Feuer ausbrach, stiegen sie die nördliche Haupttribüne hinauf, um von dort zu flüchten, aber als sie am Rand standen, verloren sie den Mut. Shirleys Eltern kletterten über den nordwestlichen Laufgang; sie selbst schaffte es nicht. Sie lief wieder die Haupttribüne hinauf, sprang hinunter, und irgendjemand zog sie unter der Seitenwand hindurch ins Freie. Sie hatte Verbrennungen an Armen, Beinen und Rücken. Ihre Eltern wurden noch immer vermisst.

Marion trug die Perlenkette, die sie im Zirkus angehabt hatte, über ihrem Krankenhemd. Sie hatte ihren Bruder Billy an der Hand gehalten. Als sie am nordöstlichen Laufgang angekommen waren, war ihr seine Hand entglitten. «Ich ließ seine Hand los, um über den Raubtierkäfig zu klettern, und blieb mit dem Fuß hängen, aber ich zog ihn aus dem Schuh und kletterte auf die andere Seite. Dann lief ich zu einem Ausgang und habe meinen Bruder [seitdem] nicht mehr gesehen. Er war noch drin, als das Ding einstürzte.»

In den Fluren war alles still. Im Erdgeschoss wickelten freiwillige Helfer Binden. Im St. Francis Hospital auf der anderen Seite der Stadt wachten Nonnen über die Verletzten. Im Hartford Hospital schliefen die Assistenzärzte in Vierstundenschichten.

Das Waffenarsenal war noch geöffnet. Maurice Goffs Ehemann Arnold, der als Soldat bei der Army war, identifizierte sie anhand ihres Eherings. Ihr Vater Robert Wells identifizierte Muriel anhand einer Schuheinlage. Die Epps-Jungs konnten sie nicht ausfindig machen.

Draußen stand keine Schlange mehr. Über einen Lautsprecherwagen wurde verkündet, dass die Leichenhalle um 1.00 Uhr für diese Nacht schließen würde. Oben identifizierte Albert Cadoret mit der Hilfe eines Freundes Nr. 4588 als seinen Schwager Bill Curlee. Curlees Sonnenbrille hatte auf dem falschen Feldbett gelegen, doch sie hatten es unter sich geklärt.

Wie angekündigt, schloss das Waffenarsenal um 1.00 Uhr, und
Staatspolizei und MPs räumten das Gebäude. Ein paar Leute hatten stundenlang gesucht, waren immer wieder vergeblich durch
die Reihen gegangen. Von den hundertfünfunddreißig Leichen
waren erst sechzig identifiziert worden. Wachen schoben das Gitter vor und schlossen die große Eingangstür. Über den Lautsprecherwagen verkündete eine Stimme, dass die Leichenhalle um
8.00 Uhr wieder öffnen werde. Als sich die Menge schon längst
zerstreut hatte und die Leute nach Hause gegangen waren, standen die Soldaten noch immer unter den Scheinwerfern Wache.

Jennie Heiser kam erschöpft nach Hause. Sie goss sich einen
ziemlich starken Brandy ein, trank das Glas aus, fiel ins Bett und
schlief wie ein Stein.

Thomas Barber schleppte sich zu seiner Wohnung an der Ecke
Edgewood und Garden Street. Er legte sein Pistolenhalfter ab und
versteckte seine Dienstwaffe an einem Ort, wo die Kinder nicht
herankamen. Barber war es gewohnt, um diese Uhrzeit noch wach
zu sein. Manchmal lud er nach Schichtende seine Kollegen ein,
kochte einen großen Topf Spaghetti mit Muschelsoße und spielte
mit ihnen bis zum Morgengrauen Poker; danach ließen sie Münzen auf den Teppich fallen, damit die Kinder sie fanden. Jetzt musste er an Harry, an das kleine Mädchen in der ersten Reihe, an all
die Kinder denken. Die Hitze und der Gestank. Die Verwandten.
Morgen früh würde er wieder dort sein, Ed Lowe ebenfalls. Bis
acht Uhr blieb nicht mehr viel Zeit.

In der Feuerwehrzentrale in der Innenstadt ging ein Anruf ein.
Es war die Schwester des Feuerwehrmanns Joseph Viering. Er
würde am Morgen nicht zum Dienst kommen. In seiner Familie
gab es einen Todesfall.

Und weiter bis zum Morgen

WhiteyVersteeg sagte aus, dass er und seine Crew die Feuerlöscher bei der Lichtanlage benutzt hätten. Diese Information hatte er unaufgefordert gegeben. Das war die Eröffnung, die Hickey brauchte.

F. Sie sind verantwortlich für die Feuerlöscher, nicht wahr?
A. Nur in meiner Abteilung.
F. Nur für einen?
A. Für die in meiner Abteilung.
F. Haben Sie die Aufgabe, sich um alle Feuerlöscher auf dem Platz zu kümmern?
A. Nur um die in meiner Abteilung.

Als ehemaliger Bezirkspolizist hatte Hickey Tausende von Verdächtigen vernommen; er merkte, wenn jemand seinen Fragen auswich.

F. Was ich wissen möchte: Wie viele Feuerlöscher unterliegen Ihrer Kontrolle?
A. Tja, ich würde sagen, insgesamt ungefähr achtzehn. Achtzehn bis zwanzig.
F. Wie viele besitzt der Zirkus?
A. Also, das kann ich nicht genau sagen.
F. Alle sind – Sie sind derjenige, der für alle Feuerlöscher verantwortlich ist, nicht wahr?
A. Nicht außerhalb meiner Abteilung, wie die Tankwagen und so was.

So drehten sie sich ständig im Kreis. Versteeg sagte, seine Leute müssten die Feuerlöscher aufstellen (er sagte nicht, wo), doch nur, wenn ihnen die Betriebsleitung, George W. Smith oder sein Stellvertreter, den Auftrag dazu erteile. Wenn kein Auftrag erteilt werde, würden sie sie rings um die Wagen aufstellen. Hickey hatte dieses Versteckspiel satt und kam auf etwas anderes zu sprechen. Ein paar Minuten später kam er auf das Thema zurück. Er glaubte Aylesworth und nicht diesem Burschen.

F. Haben Sie seit Ihrer Ankunft in Hartford, das heißt seit gestern, irgendwelche Feuerlöscher ausgeladen oder ausgepackt, um sie in den Zelten zu verteilen?
A. Wir haben sie ausgeladen, aber sie wurden nicht verteilt.
F. Sie haben sie ausgeladen, aber sie wurden nicht verteilt?
A. Natürlich wurden sie aus den Containern geholt.
F. Keiner davon wurde im Hauptzelt aufgestellt?
A. Nein, keiner.
F. Und Sie tun das nur, wenn Sie den Auftrag dazu erhalten?
A. Wenn wir den Auftrag dazu erhalten, verteilen wir sie.
F. Und Sie haben von niemand den Auftrag erhalten?
A. Nein.
F. Und den Auftrag würde Ihnen Smith oder Kelly erteilen?
A. Ja.
F. Und haben Sie, seit Sie unterwegs sind, seit der ersten Vorstellung in Philadelphia, jemals den Auftrag erhalten, sie aufzustellen?
A. Seit der Abreise aus Philadelphia haben wir sie, glaube ich, nur einmal verteilt. Auf Anhieb weiß ich nicht, wo das war.
F. Aber nicht in Hartford?
A. Nein, nicht hier; nein.
F. Weder gestern noch heute?
A. Nein.

Dann versuchte Hickey, Versteeg darauf festzunageln, wo die Feuerlöscher genau zu stehen hätten. Versteeg versuchte erneut, sich herauszuwinden. Hickey verlor allmählich die Geduld.

F. Sie wissen doch aus jahrelanger Erfahrung bei Ringling Bro-

thers und anderen Zirkussen, dass es üblich ist, die Feuerlöscher zu verteilen, damit die Tribünenarbeiter unter der Bestuhlung sie notfalls benutzen können, oder?

A. Tja, mir wurde kein entsprechender Auftrag erteilt.

F. Bitte verstehen Sie mich nicht falsch. Ich sage nicht, dass man
das von Ihnen verlangen müsste, dass es zu Ihren Aufgaben gehört. Ich frage Sie, ob Sie durch Ihre Erfahrung als Zirkusmensch und Elektriker wissen, dass es bis jetzt üblich war, die
Feuerlöscher, besonders im Hauptzelt, unter der Bestuhlung
zu verteilen, damit sie notfalls verfügbar waren? Wissen Sie das
aus eigener Erfahrung?

A. Also, mein gesunder Menschenverstand sagt mir, dass es so sein
müsste.

Ein größeres Zugeständnis würde Versteeg nicht machen. Der Verlauf der Vernehmung konnte keine Überraschung sein. Bei
McGovern's war er als Erster befragt worden und hatte die Möglichkeit gehabt, sich alles zurechtzulegen und die Schuld Smith,
Blanchfield und Aylesworth zuzuschieben. Doch hier musste er
den Verdacht hegen, dass Smith oder Aylesworth sich revanchiert
hatten. Dennoch gestand Versteeg das Offensichtliche bis zum
Schluss nicht ein: Seine Feuerlöscher hätten unter der Bestuhlung
stehen müssen, waren aber nicht dort gewesen.

Der Fahrmeister Deacon Blanchfield gab schon bei einer seiner ersten Antworten an, dass er zurzeit keinen festen Wohnsitz
habe, aber in Hartford geboren sei. Er war genauso alt wie Hickey;
als Kinder hatten die beiden gemeinsame Bekannte gehabt. Nachdem sie das entdeckt hatten, verlief die Vernehmung in einer
freundlicheren Atmosphäre. Während Versteeg wortkarg gewesen
war, war Blanchfield geradezu redselig, obwohl auch seine Antworten nicht völlig aufrichtig waren.

Blanchfield erklärte Hickey, wo die vier Tankwagen gestanden
hatten: einer bei der Lichtanlage (wahr), einer am Sattelgang (frag-
lich) und zwei vor dem Ausgang mit dem nordöstlichen Laufgang

(unwahr – das waren die beiden, die versteckt im Wald gestanden hatten). Die Darstellung dessen, was man nach dem Ausbruch des Feuers unternommen hatte, war exakt, und als Hickey die verfügbaren Mittel des Zirkus durchging, gab Blanchfield an – im Widerspruch zu George W. Smiths Aussage –, dass die Schlauchverbindungen an den vier Tankwagen nicht sechseinhalb, sondern nur fünf Zentimeter Durchmesser hatten. Das hieß, dass sie *nicht* an die Hydranten angeschlossen werden konnten. Der Zirkus besaß nur einen fünfzehn Meter langen Schlauch, der dort passte.

Blanchfield widersprach auch Smiths Behauptung, es handle sich in der Barbour Street um einen «engen Platz», denn es gebe ringsum Wege, und das Gelände liege dicht an der Straße. Von einem engen Platz spreche man, wenn man alles im Zickzack auf das Gelände bringen müsse und es keine Wege gebe. Der Platz sei klein, das stimme schon, aber solange man sich frei bewegen könne, sei er groß genug.

Blanchfield war in Cleveland dabei gewesen und konnte sich lebhaft an den Menageriebrand erinnern. Er erinnerte sich auch an den Brand in Huntsville, bei dem so viele Pferde umgekommen waren, doch damals war er noch bei Barnum gewesen. «Wenn man noch nie gesehen hat, wie ein großes Zelt brennt, dann weiß man nicht, wie schnell das geht … Es ist unmöglich, das Zelt zu retten. Man hat keine Chance, es sei denn, man steht direkt daneben und kann die Flammen mit dem Fuß austreten.» Er habe auch schon kleinere Zelte brennen sehen, und durch die Chemikalien sei es jedes Mal schnell gegangen.

F. Dann haben Sie, als Sie heute das Feuer sahen, sofort gewusst …?

A. Es gab keine Möglichkeit, das Zelt zu retten. Man konnte nur die Zelte und Wagen ringsum retten und die Menschen in Sicherheit bringen.

F. Das haben Sie gewusst?

A. Ja.

Als er unter Druck gesetzt wurde, gab Blanchfield zu, dass seine Tankwagen zum Löschen eines so großen Feuers ungeeignet waren. Doch er sagte auch: «Auch wenn Großalarm ausgelöst worden wäre, hätte die Feuerwehr von Hartford das Zelt heute nicht retten können.»

Das Problem war die wasserdichte Schicht. Blanchfield hatte davon gehört, dass man ein Zelt feuerfest machen konnte, hatte es aber noch nie gesehen. Unter Zirkusleuten war allgemein bekannt, dass ein Großzelt, das in Flammen aufging, nicht mehr zu retten war.

A. Wie gesagt, alle, die schon mal eins brennen gesehen haben, meine Herren, alle, die noch nie ein Großzelt brennen gesehen haben, können nicht begreifen, wie schnell das geht – das heißt, bei der Leinwand. Die Bestuhlung und die Seile sorgen später für ein großes Feuer.

Mehr wollte Hickey von Blanchfield nicht wissen. Von den Angeklagten war er bei weitem die angenehmste Erscheinung – man konnte sogar sagen, er war unterhaltsam. Als der Polizeipräsident ihn bat zu warten, nannte er ihn David.

John Brice, der Chef der Zirkuspolizei, war auch in Cleveland dabei gewesen, doch danach fragte ihn Hickey nicht. Ihn interessierte mehr, ob genug Polizei auf dem Platz gewesen sei und ob der Zirkus eine eigene Feuerwehr habe. Brice stand auf freundschaftlichem Fuß mit Hallissey, und deshalb sei mehr Polizei da gewesen als nötig. Aber der Zirkus habe keine eigene Feuerwehr.

Ein weiterer leitender Angestellter des Zirkus hatte schon einmal den Brand eines Großzeltes erlebt – John «Blinky» Meck, der stellvertretende Zeltmeister. (Den Spitznamen hatte er wegen seines herabhängenden Augenlids bekommen.) 1912 in Sterling, Illinois, war er bei Ringling in der Ausbildung gewesen. Er war nicht zur Vernehmung da, doch Coroner Healy würde ihn zu seiner gerichtlichen Untersuchung vorladen.

Um 2.00 Uhr teilte Staatsanwalt Leikind der Presse in einer Pause mit, dass die Anklage gegen John Brice fallen gelassen werde. Keine weiteren Informationen. Man müsse noch einige Zeugen vernehmen.

William Caley erzählte, was er kurz vor Ausbruch des Feuers getan hatte, und erklärte, dass die Laufgitter abgebaut und von den Requisiteuren nach draußen geschleppt werden mussten.

Ein anderer Tribünenarbeiter erzählte von einem Feuer, das in Providence ein großes Loch in die Seitenwand gebrannt habe. Solche Brände sehe er zwei-, dreimal in der Woche. Er melde sie dem Segelmacher, damit er die unbehandelte Leinwand flicken könne.

Und bei dem Gastspiel vor Providence, in Portland, habe während einer Nachmittagsvorstellung ein Stück Vertikalseil (ein mit Stoff umhülltes Seil für das Luftballett) acht Meter über dem Boden Feuer gefangen.

Henry Thomas, der städtische Branddirektor, sagte zur Feuergefährlichkeit des wasserdicht gemachten Zeltes: «Was das Benzin angeht, so hat wahrscheinlich keine Gefahr bestanden, da sich das Benzin, das zur Verdünnung des Wachses benutzt wurde, verflüchtigt hat. Das verbleibende Wachs erhöht natürlich das Risiko, dass die Leinwand sich entzündet ... Es ist auch die billigste Methode ... Die Seile, die die Zeltwand gehalten haben, waren aus Jute und Sisal, beides leicht entzündlich.»

Der für die Standerlaubnis zuständige Herbert DuVal gab zu, dass er keine Schilder gesehen habe, auf denen das Rauchen untersagt wurde. In manchen Städten auf der Tournee hätten die Schilder ausgehangen, aber nicht in Hartford.

Die Vernehmung zog sich bis in die frühen Morgenstunden hin, die Polizisten, die – wie Detective Beckwith – während des Brandes im Zelt gewesen waren, mussten als Letzte aussagen. Bürgermeister Mortensen kam vorbei, um moralische Unterstützung zu leisten. Der Zirkusradioreporter F. Beverly Kelley wartete die ganze Nacht vor dem Hauptquartier der Staatspolizei, weil er als

Erster mit den Angeklagten sprechen wollte, sobald sie auf freien Fuß gesetzt wurden.

Um 5.00 Uhr morgens wurde die Vernehmung schließlich abgebrochen. Leikind stellte die Haftbefehle aus und beauftragte Beckwith und andere städtische Polizisten, Haley, Smith, Aylesworth, Versteeg und Blanchfield wegen des Verdachts auf Totschlag festzunehmen. Die anderen konnten gehen, wurden aber gebeten, bis zur Untersuchung des Coroners in der Stadt zu bleiben. Beckwith begleitete die Inhaftierten zum Polizeipräsidium von Hartford, damit die Anzeige gegen sie aufgenommen und die Kaution festgesetzt werden konnte.

Eine Flut von Reportern wartete auf sie. Als Haley die Fingerabdrücke abgenommen wurden, sagte er: «Ich weiß nicht, wodurch der Brand entstanden ist. Sie haben mich seit gestern Nachmittag hier schmoren lassen, und ich habe mich bemüht zu helfen. Wir alle sind von der Katastrophe überwältigt, und ich kann kaum glauben, dass die Anklageerhebung heute Morgen oder meine Freilassung gegen eine Kaution von 15 000 Dollar real sind. Das einzig Reale sind der Tod und der Schmerz, den der Zirkus für die Familien der Verstorbenen empfindet. Dass meine Fingerabdrücke abgenommen werden, macht mir nichts aus. Doch ich bedaure die Menschen im Waffenarsenal und in den Krankenhäusern. Unsere Aufgabe ist es, den Leuten eine Freude zu machen und sie zum Lachen zu bringen. Ich hätte nie gedacht, dass so etwas passieren kann.»

Er sagte, er habe geholfen, die Toten aus dem Zelt zu tragen. «Und jetzt werde ich wegen des Verdachts auf Totschlag angeklagt und muss die ganze Nacht im Gefängnis verbringen. Ich wünschte, es wäre nur ein Traum. Wir alle wissen, dass es im Zirkus gefährlich zugeht, aber keiner von uns hätte so ein Unglück für möglich gehalten. Was hilft es da, dass ich mein Leben hingegeben hätte, um den Brand zu verhindern?»

Der Zirkusanwalt Dan Gordon Judge vertrat die fünf Männer vor einem Polizeigericht, wo ihre Fälle bis zum 19. Juli weiter ver-

Die fünf Ringling-Angestellten, die ursprünglich wegen Totschlags angeklagt waren. Von links nach rechts, stehend: George W. Smith, James Haley, Whitey Versteeg, Leonard Aylesworth, Deacon Blanchfield. Sitzend: eine Protokollführerin, der Zirkusanwalt Dan Gordon Judge. Der Tribünenarbeiter William Caley wurde später verhaftet. FOTO: ART KIELY

handelt wurden. Alle fünf standen schweigend vor der Anklagebank, während Dutzende von Fotografen ihre Blitzlichter auslösten. Unrasiert, noch in den Kleidern vom Vortag, sahen sie verhärmt und deprimiert aus.

Doch sie waren keineswegs die Einzigen, die die ganze Nacht wach geblieben waren. Eltern meldeten den Ärzten Kinder, die unter Schock schreiend aufwachten. Janet Moore Sapolis hatte Albträume und wurde sie monatelang nicht mehr los. Eine junge Pflegerin arbeitete bis 4.00 Uhr morgens. Sie war noch neu in dem Beruf und hatte noch nie jemanden sterben sehen. Als sie nach Hause kam, ging sie durchs Haus und schaltete alle Lichter an.

Im Municipal Hospital starben in der Nacht achtzehn Patienten, darunter auch Mary Kay Smiths Spielgefährtin Agnes Norris.

Ein neunzehnter überlebte bis zum Morgen. Um 6.21 Uhr starb Edward Cook in den Armen seiner Tante Emily. Seine Mutter schlief, ihr Körper versuchte, die erlittenen Schäden zu beheben. Die Ärzte konnten sie nicht wecken.

7. Juli 1944

Am Freitagmorgen wollte jeder den *Courant* lesen. Ein Zeitungshändler in Torrington erklärte seinen Stammkunden, dass er kein Exemplar mehr dahabe. Noch bevor er geöffnet hatte, hatten Fabrikarbeiter auf dem Weg zur Frühschicht den um das Bündel geschlungenen Draht durchgeknipst und die gesamte Lieferung aufgekauft. Vor der Ladentür hatten sie einen Haufen Pennys, Fünf- und Zehncentstücke zurückgelassen.

Die *New York Times* zitierte einen Zirkusarbeiter: «Es war, als hätten sich die Pforten der Hölle geöffnet, und man konnte bloß die Hände vors Gesicht halten und in die andere Richtung laufen.» Der Reporter schrieb, mindestens zwei Drittel der Toten und Verletzten seien Kinder.

Der Zirkusradioreporter F. Beverly Kelley nahm Anstoß an der Zeitung einer Nachbarstadt. Sie hatte eine Aufnahme der Angeklagten im Gerichtssaal mit der Bildunterschrift abgedruckt: «Sie brachten ihre Tiere in Sicherheit».

Alle stellten Vermutungen über die Brandursache an. Der *Courant* schrieb auf der Titelseite, der Brand sei durch eine Zigarette ausgelöst worden, die jemand auf der Herrentoilette gegen die Seitenwand des Hauptzeltes geworfen habe. Die Leute, die da gewesen waren, hatten andere Theorien: «Ich persönlich glaube, dass sich das Feuer durch die Hitze des Zeltes und der Scheinwerfer selbst entzündet hat.» Einige hatten den Verdacht, das Feuer sei der Racheakt eines verärgerten ehemaligen Angestellten – wonach es bei dem Brand in Cleveland zunächst auch ausgesehen hatte. (Zufäl-

lig hatten drei oder vier von Blanchfields Fahrern, die in Portland
angeheuert hatten, am Donnerstagmittag gekündigt – dasselbe Szenario wie in Cleveland.) Ein Zirkusarbeiter behauptete, der Brand
sei durch einen Witzbold in der obersten Reihe der Seitentribüne
ausgelöst worden, der eine Zeitung angezündet und damit am Zeltdach herumgefuchtelt habe, während ihn seine Freunde aufgefordert hätten, mit dem Unsinn aufzuhören. Als man Polizeipräsident
Hickey um eine Stellungnahme zu diesen Gerüchten bat, sagte er:
«Bei so einer Katastrophe wäre es besserwisserisch, wenn die Polizei irgendeine Theorie unberücksichtigt ließe.»

Die AP berichtete, dass ein paar hartherzige Anwohner einen
Dollar pro Anruf verlangt hätten, ein Mieter hätte auf die Art 200
Dollar verdient. Obwohl viele der Frauen ihre Handtaschen verloren hatten, seien die Halsabschneider unnachgiebig gewesen –
kein Geld, kein Anruf.

In der ganzen Stadt wehten die Fahnen auf halbmast. Als die
Überlebenden zu Hause aufwachten, hatten sie so viele blaue
Flecke, dass sie sich kaum bewegen konnten. Eine Frau konnte die
Arme nicht heben, um sich das Kleid zuzuknöpfen; ihr Sohn
musste ihr helfen.

In West Simsbury befürchteten Nachbarn, dass eine Familie bei
dem Brand ums Leben gekommen war. Sie war in der Nacht nicht
nach Hause zurückgekehrt; der Hund war draußen angebunden
und bellte.

Als im ganzen Land die Morgenzeitungen ausgeliefert wurden,
gingen beim Roten Kreuz von weit entfernt stationierten Soldaten Anfragen bezüglich ihrer Verwandten ein. Die Ortsgruppe
Hartford hatte auch die Aufgabe, zehn Männer in Übersee davon
zu unterrichten, dass Verwandte ums Leben gekommen oder bei
dem Brand verletzt worden waren. Deren Zahl würde noch steigen.

Im Municipal Hospital brachte die Tagschicht allmählich Ordnung in das Durcheinander des vorigen Abends. Auf einer neuen
Liste der Verletzten und Toten waren eine Agnes Morris (tot) und
zugleich eine Agnes Norris (verletzt) aufgeführt. Im Hartford

Hospital erwachten die Patienten mit den schwersten Verbrennungen auf der hellen Station im Erdgeschoss des neuen Südgebäudes, aus deren Fenstern man einen Blick auf das Krankenhausgelände und die Retreat Avenue hatte. Einige hatten das Gesicht bandagiert, andere Arme und Beine, ein paar den ganzen Körper. Keiner von ihnen würde in den nächsten Wochen laufen können; viele konnten ihre Hände nicht benutzen. Es waren hauptsächlich Kinder oder ältere Leute. Das Personal nahm an, dass die kräftigeren und gesünderen Leute gestorben waren, als sie ihnen nach draußen geholfen hatten – was nicht ganz richtig war. Die Besuchszeit für Patienten, die nichts mit dem Zirkusbrand zu tun hatten, wurde kurzerhand gestrichen.

Wieder wurde es ein glühend heißer Tag. Als die Menge sich vor dem Waffenarsenal versammelte, kletterte die Temperatur bereits auf zwanzig Grad. Die Schlange war jetzt kürzer, und die Leute waren nicht mehr so nervös, die panische Angst und Verwirrung von letzter Nacht hatten sich in dumpfe Resignation verwandelt. Die Kinder in der Brown School waren alle abgeholt, die Verletzten in den Krankenhäusern eindeutig identifiziert worden. Gab es noch irgendwelche anderen Möglichkeiten?

Einige der Suchenden von letzter Nacht waren zurückgekehrt. Sie kannten den Ablauf und wussten, was sie oben erwartete. Andere waren neu hinzugekommen, hatten erst spät erfahren, was passiert war, oder sprangen für jene ein, die es letzte Nacht probiert hatten. Dorothy Boceks Mutter und Schwager waren wegen Stella Marcovicz und Francis gekommen. Um Punkt 8.00 Uhr öffnete sich das Gitter.

Die Bestattungsunternehmer hatten wieder gesprüht, doch der Geruch war nach wie vor schlimm, und jetzt kam noch der Verwesungsgestank hinzu: Buttersäure und Methangas, die naturgemäß von einer Leiche ausströmen. Jennie Heiser und ihre Frauen waren wieder da, um das Tippen zu übernehmen; Thomas Barber und Ed Lowe standen wie Wachposten neben der Freigabe.

Es ging schneller als letzte Nacht. Bei der geringeren Zahl von

Leuten standen die Chancen besser. Es waren mehr Zahnärzte da, und sie hatten genug Zeit gehabt, um sich vorzubereiten. Ralph und Olive Snelgrove waren die ersten beiden, identifiziert von Dr. Frank Boardman – der damit ihre Tochter Shirley an ihrem dreizehnten Geburtstag zur Waise machte.

Stella Marcovicz' Mann Frank wurde ohnmächtig, erholte sich aber wieder. Er half ihrer Mutter, sie anhand des Siegelrings seiner Mutter zu identifizieren. Was Francis betraf, so sagte seine Tante Dorothy Bocek, die Familie habe sich für eine Leiche entschieden, die sie für die eines vierjährigen Jungen hielt. «Wir wissen nicht, ob er es wirklich war, aber man hat ihn zusammen mit ihr beerdigt.»

Im Keney Park sah ein Passant die beiden Epps-Jungs in einem Gebüsch liegen und verständigte die Polizei. Es ging ihnen gut, sie waren bloß hungrig, und ihre Knochen schmerzten, weil sie auf dem harten Boden geschlafen hatten. Die Polizisten brachten sie nach Hause, wo ihre Tante Theresa Wells vor Sorge völlig außer sich war. William und Richie erfuhren, dass ihre Mutter im Krankenhaus lag und ihre Tante Maurice und ihre Cousine Muriel tot waren.

In der Barbour Street 386 schaute Mrs. Dewey Howrigan aus dem Fenster und sah, dass die drei Wagen von letzter Nacht alle noch hinter ihrem Haus standen. Sie schraubte die Nummernschilder ab. Die Howrigans besaßen kein Telefon, sodass sie die Polizei nicht verständigen konnte. Sie hatte einige Besorgungen zu machen. Wenn die Wagen bei ihrer Rückkehr immer noch dastünden, musste sie von irgendwo die Polizei anrufen.

Auf dem Zirkusgelände roch es nach Asche. Die Tierpfleger hatten unter den Menageriewagen geschlafen, waren aber bei Tagesanbruch aufgestanden, um die Tiere mit Wasser und Futter zu versorgen. Die Elefantenpfleger gaben ihren Schützlingen, die auf Sponzos Wiese in zwei Reihen angepflockt waren, Heu zu fressen. Die Polizei riegelte den Platz ab und gewährte nur der Presse Zutritt.

Die Elefanten auf Sponzos Wiese. FOTO: CIRCUS WORLD MUSEUM

In dem schwarzen Oval aus Asche entdeckte ein United-Press-
Reporter Bruchstücke von Geschichten: «Der blaue Strohhut
einer Frau mit großem Blumenschmuck, nahezu unversehrt und
umgeben von Trümmern. Der Schuh eines Kindes in einem der
am schlimmsten verbrannten Tribünenblöcke, zerknautscht, aber
von den Flammen verschont. Die verbrannten Überreste einer
Handtasche. Die Polizei sagte, die Besitzerin liege im Waffenarsenal tot auf einem Feldbett.»

Gelangweilt stieß ein Arbeiter mit dem Zeh gegen einen verkohlten Schuh. Andere saßen im Schatten der Wagen – mehr als
fünfunddreißig Zirkuswagen waren versengt, die rote Farbe hatte
Blasen geworfen. «Ich hab einen Zehndollarschein gefunden»,
sagte ein Mann. «In der Mitte durchgebrannt.»

Der Clown Felix Adler schlurfte über den Platz und starrte die
schwarzen Sitzbretter, Stühle und Masten an, als wollte er sich
überzeugen, dass all das wirklich passiert war. Überall auf dem Gelände hatten sich feste, schmutzige Pfützen gebildet, die einmal
Coca-Cola-Flaschen gewesen waren. Adler entdeckte im Schmutz
einen makellosen kleinen Kreis, eine Münze. Er bückte sich, hob
sie auf und wischte den Ruß ab – ein Buffalo-Nickel, der sich
durch die Hitze lila verfärbt hatte.

Die Wagen Nr. 36–39 wurden bei dem Brand beschädigt. Dahinter steht Wagen
Nr. 25, in dem sich Sitzbretter befanden. Der Elefant zur Linken ist angeschirrt.
FOTO: HARTFORD COLLECTION/HARTFORD PUBLIC LIBRARY

Auf dem Hauptweg standen Gaffer und starrten mit unverhoh-
lener Neugier an der Polizeikette vorbei. Eine Frau schilderte die
Szene als völlig reglos, als wäre ein Riese da gewesen und hätte alles platt gedrückt.

Die Arbeiter hatten die Raubtierwagen so aufgestellt, dass kei-
ner den Trümmern zugekehrt war. Die Tiere waren träge von der
Hitze und lagen wie Hunde hechelnd auf der Seite. Die United
Press benutzte sie zur Veranschaulichung ihres Artikels: «Die
Raubtiere maunzten wie Kätzchen, die sich verirrt haben.» «Gar-
gantuas Schreie verwandelten sich in ein Heulen, das über das vom
Tod gezeichnete Gelände des Ringling Bros. Barnum & Bailey
Circus hallte.» «Ein Löwe weigerte sich zu fressen. Ein Tiger kau-
erte auf dem Boden seines Käfigs und miaute jämmerlich.» «Ein
Arbeiter erklärte die seltsame Stille der Menagerie, die nur von
den Klagelauten unterbrochen wurde. Er sagte: ‹Die Tiere spüren,
wenn der Tod in der Nähe ist.›»

Die Artisten nahmen den ersten Bus vom Güterbahnhof. Alle
machten sich Sorgen um ihre Schrankkoffer, die zum Teil außen
verbrannt waren, doch die Kostüme im Innern waren unversehrt

Junge Zirkusarbeiter, die nach
dem Brand wenig zu tun hatten.
Man hat vermutet, dass Robert
Segee der dunkelhaarige, links
außen sitzende Junge ist, doch
dafür gibt es keine Beweise.
FOTO: HARTFORD COURANT

geblieben. Alle waren ungeduldig zu erfahren, wann sie weiterzie-
hen würden.

Sie dachten, es würde nicht lange dauern. In Sarasota öffneten
alte Zirkusarbeiter die verschlossenen Scheunen und Gebäude
des Winterquartiers und fegten die ortsfesten Raubtierkäfige aus,
da sie die Rückkehr des Zirkus erwarteten. Die Altgedienten riefen sich andere Brände, Stürme und Zugunglücke ins Gedächtnis, ja selbst regelrechte Schlachten, die sie mit Städtern ausge-
fochten hatten, doch keine dieser Katastrophen kam der jetzigen
gleich.

Der Mann, der für die *Times* gewöhnlich die Nachrufe ver-
fasste, war schon über achtzig. An diesem Tag fand er allein die
Zahl so überwältigend, dass man die Aufgabe einem Jungreporter
übertrug. Abgesehen von der Schreibweise, die perfekt sein musste, es oft aber nicht war, waren die Beerdigungen eine einfache
Angelegenheit. Jede Volksgruppe der Stadt hatte eigene Bestattungsunternehmen. Die Iren waren bei O'Brien's, Farley's oder

Luftaufnahme des Zirkusgeländes mit einem Blick nach Süden: in der Mitte die
Gemüsegärten, dahinter die Kensington Street, die Barbour Street in der oberen
rechten Ecke. Die Reklametafel an der Ecke Barbour und Charlotte Street steht
auf dem Gelände, auf das die Elefanten gebracht wurden. Rechts von der Bildmitte ist der Hof von McGovern's mit seinen Grabsteinen deutlich zu erkennen.
Der Garten von Mrs. Howrigan mit den geparkten Wagen liegt in der unteren
rechten Ecke. FOTO: ABE FOX/ART KIELY

Molloy's, die Juden bei Weinstein's, die Italiener bei Laraia-Sagarino's und die Polen bei Talarski's. Immer wieder klingelte das Telefon. Das Schwierige war die Zahl der Kinder. Ein Bestattungsunternehmer rief an und sagte: «Ich hab ein wunderschönes kleines
Mädchen für Sie.»

   In Bristol las eine Sechzehnjährige, die in der Kriegsindustrie
arbeitete, die Morgenzeitung und stellte fest, dass sie unter den Toten aufgeführt war. Ihr Bruder hatte sie in der Leichenhalle identifiziert und die Leiche zu einem örtlichen Bestattungsunterneh-

Luftaufnahme des Zirkusgeländes mit einem Blick nach Osten: im Vordergrund
die Barbour Street, Haus Nr. 353, direkt gegenüber vom Abnormitätenkabinett.
Auf der rechten Bildseite verlaufen die Kensington und die Earle Street. Auf der
rechten Straßenseite am Ende der Kensington Street erkennt man die Baracken
der Flugabwehreinheit. Links hinter den verkohlten Überresten des Hauptzeltes
sieht man durch eine Baumgruppe die Elefanten in einer Ecke der Wiese stehen.
FOTO: ABE FOX/AP/WIDE WORLD PHOTOS

men bringen lassen. Das Mädchen rief bei der Polizei in Bristol an
und erklärte, dass sie am Mittwoch die Abendvorstellung besucht
habe. Am vorigen Tag habe sie in ihrer normalen Schicht in der
Munitionsfabrik gearbeitet. Ihre Angaben erwiesen sich als richtig,
und so musste das Bestattungsunternehmen die Leiche schnellstens ins Waffenarsenal zurückbringen und wieder auf ein Feldbett
legen.

Bei den weiblichen Leichen identifizierte Ludger LeVasseur,
Jerrys Vater, seine Frau Marion. Er war Geschäftsleiter eines First,

National-Lebensmittelladens; sie war Krankenschwester gewesen. Er musste es ihren Eltern sagen. Nachdem er an der Freigabe seine Angaben gemacht hatte, fuhr er mit dem Wagen nach Providence. Wie er es Jerry sagen sollte, wusste er nicht. Der Zustand des Jungen war immer noch kritisch; sobald er kräftig genug war, wollten die Ärzte die lose herabhängende Haut an seinen Armen abschneiden.

Joseph Budrick war Filmvorführer im Eastwood Theater, Frank Locke sein Stellvertreter. Die beiden Männer aus East Hartford hatten zwei Schwestern geheiratet und wohnten beide in der Hill Street. Jetzt kamen sie zusammen ins Waffenarsenal, um ihre beiden Frauen und ihre Kinder zu identifizieren. Joseph Budrick hatte bereits seine Tochter Edith verloren; sie war in der Nacht im Municipal Hospital gestorben. Er suchte nach seiner Frau Edith und dem siebenjährigen Joseph. Frank Lockes Sohn Lawrence war der Einzige aus der Gruppe, der den Flammen entronnen war. Seine Frau Viola und die sechsjährige Elaine wurden noch vermisst. In rascher Folge fanden die beiden Männer mit Hilfe eines Zahnarztes alle bis auf Mrs. Budrick.

Sie hätte leicht zu identifizieren sein müssen; auf ihrem Platinehering waren ihre Initialen und das Hochzeitsdatum eingraviert. Mr. Budrick ging bei den Frauen alle Feldbetten durch – einmal, zweimal, dreimal –, bis er überzeugt war, dass sie nicht dabei war. Doch wo war sie dann?

Ein Polizist, der für die städtische Polizei die offizielle Totenliste zusammenstellte, schrieb auf sein Original: «Albert Toth, der im Municipal Hospital auf Seite 11 als tot gemeldet wurde, ist noch am Leben.» Die Liste ist (noch nach fünfundfünfzig Jahren) zerknittert, als hätte er sie einmal zusammengefaltet und in der Hand gehalten, während er durch die Reihen ging. Ein weiterer handgeschriebener Vermerk vom Freitag, dem 7., lautet: «11.50 Uhr. 18 Kinder, 4 männliche Erwachsene, 1 Baby, 21 weibliche Erwachsene» (die Zahl 22 ist durchgestrichen). Auf die Rückseite des nächsten Blattes hatte er gekritzelt: «Elwyn Wakeman vermutet seine Frau hier –Virginia Wakeman – kann sie nicht vor 18.00 Uhr identifizieren.»

Einige Blocks entfernt unterbrach Polizeipräsident Hickey seine Vernehmung von sechs Platzanweisern, um einen Polizisten zum Davis Field in Waterford zu schicken. Dort gab der Zirkus World of Mirth ein Gastspiel in Zelten, die mit derselben Mischung aus Paraffin und Benzin wasserdicht gemacht worden waren. Hickey wollte, dass der Zirkus geschlossen wurde.

Während ein Bestattungsunternehmen die Leiche eines Jungen nach Lakeville zurückfuhr, brachte seine Mutter im Canaan Hospital einen Sohn zur Welt, der sein zweiter Bruder gewesen wäre. Auch der andere Bruder war am 7. Juli geboren. Die Mutter fragte sich, wie sie an jenem Tag je wieder feiern sollten. Der Zustand ihres Vaters, der im Municipal Hospital lag, verschlechterte sich zusehends; ihre Mutter wurde noch immer vermisst.

Am Nachmittag starb im Municipal Hospital eine ältere Frau. Sie war unverheiratet und starb als Dritte und Letzte ihrer Gruppe. Sie stammte aus Thomaston, hatte jahrelang bei dem Uhrenhersteller Seth Thomas gearbeitet und war Mitglied der St. Thomas's Church gewesen. Einen Tag nach dem Fest des heiligen Thomas More wurde sie auf dem St. Thomas's Cemetery beerdigt.

Am Freitag war es noch heißer als am Donnerstag. Um 15.30 Uhr erreichte die Temperatur mit dreiunddreißig Grad ihren Höhepunkt. In Bristol brachen zwei Grasbrände aus. Wenn Schwestern im Municipal Hospital um die Ecke bogen, wehten die Ventilatoren ihnen die Hauben vom Kopf, blähten sie an den Haarnadeln auf wie Segel. Im Hartford Hospital war der Brandgestank so aufdringlich, dass die Airwick Company Hunderte von Flaschen ihres flüssigen Duftspenders für die Stationen und Operationssäle bereitstellte.

Das Südgebäude 1 war das neue Zuhause eines Jungen und seiner Schwester, die letzte Nacht vom Municipal Hospital hergebracht worden waren. Die Kinder waren bereits mit einer Reihe von Krankenhäusern vertraut. Im April hatte der Junge bei der

Fahrt im Schulbus die hintere Tür geöffnet und war kopfüber auf
die Straße gefallen; den Mai hatte er mit einem Schädelbruch
größtenteils im Krankenhaus verbracht. Im Juni waren die Kinder
mit ihrem Vater im Auto unterwegs gewesen und in einen Unfall
verwickelt worden. Der Vater hatte eine Gehirnerschütterung davongetragen, das Mädchen eine Beinverletzung und ernste
Schnittwunden, der Junge nur ein paar Blutergüsse. Die Familie
hatte gehofft, der Juli würde unbeschwerter sein.

In gewisser Hinsicht traf das auch zu. Beide Kinder waren am
Leben, und keins von beiden hatte annähernd so schwere Verbren-
nungen wie Donald Gale oder Barbara Smith im Municipal Hos-
pital. Dort tauschten die Pflegerinnen mit eiskalten, knallroten
Händen das Eis in Elliott Smiths Sauerstoffzelt aus. Sie gingen mit
Tabletts voll Saft und Wackelpudding durch die Zimmer.

Nachrichten von dem Brand stießen im ganzen Land auf reges
Interesse, sodass am Zirkusgelände, vor dem Waffenarsenal und auf
den Rasenflächen der Krankenhäuser Wochenschaucrews auftauchten und ihre Filme drehten. Metro News of the Day und Paramount machten das Rennen und kauften 15 Meter eines 8-mm-
Films von dem Brand, die ein Mann aus Bristol aufgenommen
hatte.

Ins Polizeipräsidium kamen Überlebende, um ihre Briefta-
schen, Brillen und Puderdosen abzuholen. Eine Mutter hatte auf
der Flucht vor den Flammen eine Tüte Erdnüsse in ihre Handtasche gesteckt; jetzt knackte ihr Sohn die Schalen und verschlang
die Nüsse. Ein paar Leute suchten nach Gegenständen, die nie
wieder auftauchen würden: Geld, eine Zahnbrücke, eine Ther-
mosflasche voll Milch, die jemand für ein kleines Kind mitgenommen hatte.

Als Mrs. Howrigan ihre Besorgungen erledigt hatte und in die
Barbour Street zurückkehrte, sah sie, dass der Buick verschwunden war. Der Besitzer würde bestimmt die Decke und den
Regenschirm vermissen, die sie an sich genommen hatte. Sie
beschloss, wegen der beiden Chevys die Polizei zu verständi-

gen. Inzwischen waren mehr als vierundzwanzig Stunden verstrichen.

Der Polizei war es gelungen, die vermisste Familie aus West Simsbury ausfindig zu machen. Verwandte dachten, dass sie nach New York gefahren sein könnten, um Freunde zu besuchen. Ein Anruf bestätigte das, alle waren wohlbehalten. Den Nachbarn zuliebe brachten die Verwandten den Hund ins Haus.

In ihrem Leitartikel druckte die *Times* an jenem Nachmittag ihre eigene Version von der Brandursache: «Ein Augenblick der Sorglosigkeit, ein weggeworfener Zigarettenstummel, und schon hat jemand mindestens 139 Menschen, größtenteils unschuldige Kinder, auf dem Gewissen.» Die Zeitung kündigte die Gründung eines Fonds für die Opfer des Zirkusbrandes an, um den Familien der Verletzten und Toten zu helfen. Sie steuerte ein Grundkapital von 500 Dollar bei. Bürgermeister Mortensen, der den Ehrenvorsitz übernahm, spendete 100 Dollar, die Zirkusangestellten 445 Dollar.

In Evanston beharrte Robert Ringling in der Öffentlichkeit darauf, dass der Zirkus bei der Vergabe von Chemikalien, mit deren Hilfe man das Zelt feuerfest machen konnte, keinen Vorrang habe. Vor Ort bemühten sich die Zirkusleute, das Ganze in ein besseres Licht zu rücken, und sagten, es wäre noch schlimmer gekommen, wenn bereits die Gala-Revue im Gange gewesen wäre, mit all den Pferden, die die Rennbahn entlangliefen, und Emmett Kellys Prunkwagen, der von acht Elefanten gezogen wurde. Auch die Entscheidung, das Menageriezelt nicht aufzubauen, sei ein großes Glück gewesen. Die *National Fire Protection Association Quarterly* spielte später ein noch schlimmeres Szenario durch: Was wäre passiert, wenn das Feuer spätabends ausgebrochen und die Menge gezwungen gewesen wäre, einzig im Widerschein der Flammen durch das Labyrinth aus Pflöcken und Seilen zu flüchten?

Die Journalisten zerpflückten Robert Ringlings Ausrede, dass der Zirkus keinen Vorrang habe, noch ehe sie gedruckt wurde. Die *New York Daily News* berichtete, der Big Top Circus sei letzten Juni

bei einer Brandprüfung durchgefallen und habe danach 6000
Dollar ausgegeben, um das Hauptzelt feuerfest zu machen. Wie in
allen anderen Zeitungen wurden auch die nach dem Brand im
Cocoanut Grove erlassenen Vorschriften zitiert, in denen der Gebrauch von leicht entzündlichen Vorhängen, Gardinen, Kostümen
oder Dekorationen in öffentlichen Theatern untersagt wurde;
weiter hieß es, dass Tausende von Nachtclubs die Bedingungen er-
füllten und nur noch feuerfeste Materialien verwendeten.

Nachdem diese Frage geklärt war, wandten sich die Reporter
und Zirkusberichterstatter der Brandursache zu, die noch nicht
eindeutig festgestellt war. Neben Zigaretten standen auch die
Scheinwerfer im Verdacht. Ein Leitartikler des *Windham County
Transcript* schrieb: «Kurz nach Beginn der Vorstellung blitzte einer
von einem Dutzend Scheinwerfern auf, die die Artisten beleuch-
teten, und da schaute ich zufällig nach oben und sah, wie eine
Flamme aufloderte, die ungefähr so groß war wie ein halber Dollar und im Handumdrehen die ganze Leinwand in Brand setzte.»
Dieser Bericht stimmte mit der Darstellung eines Zirkusarbeiters
überein, die er am vorigen Tag einem Polizisten am Schauplatz des
Geschehens gegeben hatte: «Ich hab gesehen, wie das Feuer ausbrach. Das war direkt über dem saubersten Teil der Manege, da [er
deutete auf eine Stelle auf der Westseite], und bei den Scheinwerfern ganz oben am Mast blitzte es auf.» Mehrere größere Zeitungen schrieben auch, die Behörden hätten zunächst die Scheinwerfer in Verdacht gehabt, «die hoch oben in den Ecken des
Hauptzeltes hingen».

In der *Times* bestritt Hal Olver von der Presseabteilung des Zirkus kategorisch, dass das Feuer in der Nähe der Herrentoilette ausgebrochen sei. «Das Feuer ist eindeutig auf dem Zeltdach ausgebrochen.» Ein Staatsanwalt behauptete, seine Ermittlungen hätten
dasselbe ergeben. Als man Olver fragte, wie das Feuer auf dem
Dach ausbrechen konnte, sagte er: «Wir haben eine Theorie, aber
wir machen sie noch nicht publik. Höchstwahrscheinlich geben
wir sie später bekannt.» Und was die Spekulationen betraf, dass

eine Zigarette die Ursache gewesen sei: «Ich möchte den sehen,
der die Leinwand mit einer Zigarette in Brand steckt.»

Ein Privatdetektiv aus Washington, D. C., schickte Polizeipräsident Hickey ein mysteriöses Telegramm, worin er behauptete, er
habe Informationen, «die für Sie von Nutzen sind».

Die *National Fire Protection Association* (NFPA) merkte an, dass
solch furchtbare Brände stets Sicherheitsmaßnahmen nach sich
zogen: Der Brand im Iroquois Theater in Chicago habe Verordnungen für die Theater gebracht; der Brand bei der Triangle Shirt-
waist Company habe dasselbe für Fabriken bewirkt; das Cocoanut
Grove für Nachtclubs; der Brand der Lakewood School in Ohio
für Schulen. Vielleicht würde der Zirkusbrand dasselbe bewirken
und dadurch einen Nutzen haben.

Der Gedanke, dass man sich an die Stadt als schlechtes Beispiel
erinnern würde, war für Hartford kein Trost. Der Brand wäre jeder Stadt peinlich gewesen, doch dass es ausgerechnet Hartford
treffen musste, dessen Brandschutzmethoden die NFPA und andere Organisationen als vorbildlich gepriesen und wofür der Stadt
nationale Preise für Feuersicherheit verliehen worden waren, war
besonders hart. Für die gesamte Versicherungsbranche war es ein
schwerer Schlag.

Die Stadtväter hatten die Frage, wer den Schaden bezahlen
würde, für sich bereits geklärt. Bürgermeister Mortensen sagte, er
habe erfahren, dass der Zirkus eine Haftpflichtversicherung im
Wert von 500 000 Dollar abgeschlossen habe. Ohne eine Spur von
Ironie gaben städtische Beamte bekannt, sie würden die Frage
überprüfen, inwieweit die Stadt haftbar sei. Ein Stadtrat beteuerte,
er sei überzeugt, dass die Stadt nicht haftbar sei, da das Gelände an
der Barbour Street «als Ganzes und ohne Vorbehalte an Ringling
Brothers verpachtet wurde». Niemand in der Stadtverwaltung widersprach ihm.

Das Nachlassgericht gab als Erstes dem Antrag statt, Salvatore
DiMartino zum Nachlassverwalter seiner Frau Anna zu ernennen.
Unmittelbar danach wurde dem Hilfssheriff eine gerichtliche Ver-

fügung übergeben, die er der Ringling Bros. and Barnum & Bailey Circus Inc. zustellen sollte, mit der Anweisung, die Fahrzeuge des Zirkus auf dem Güterbahnhof in der Windsor Street zu pfänden und zu verhindern, dass irgendwelche Ausrüstungsgegenstände abtransportiert wurden, ehe eine angemessene Bürgschaft gestellt werden konnte. Er wurde beauftragt, den Bahnvorsteher zum Verwalter zu ernennen. Durch die Flut gerichtlicher Verfügungen, die darauf folgte, war der Hilfssheriff den Rest der Nacht damit beschäftigt, Pfändungsbeschlüsse zu schreiben.

Gegen 19.30 Uhr beauftragte Polizeipräsident Hickey einen Polizisten, Emily Gill bei der Suche nach ihrer Nichte Eleanor Cook zu helfen. Sie hatte durch eine Pflegerin und eine Sozialarbeiterin im Municipal Hospital von einem Mädchen erfahren, das dort letzte Nacht gestorben war und auf das Eleanors Beschreibung passte. Zusammen mit einem anderen Mann hatte sie versucht, das Mädchen im Waffenarsenal zu finden, hatte aber bloß wieder Nr. 1565 zu Gesicht bekommen. Jetzt begannen die drei, zusammen mit einem städtischen Polizisten in allen Bestattungsunternehmen der Gegend nachzusehen, in die man Mädchenleichen in Eleanors Alter (acht) gebracht hatte. Sie sahen sich alle Kinder bei Dillon's, Pratt's, Farley's, Talarski's, Newkirk's und Hartford Memorial an, konnten aber kein Mädchen finden, auf das Eleanors Beschreibung passte.

Der Polizist rief im Municipal Hospital an, um mit der Pflegerin zu sprechen, aber sie hatte gerade frei. Die Sozialarbeiterin erreichte er zu Hause; sie sagte, das Mädchen im Municipal Hospital habe von der Taille abwärts ernste, doch in der linken Gesichtshälfte nur leichte Verbrennungen aufgewiesen.

Der Polizist bat Emily Gill um ein Foto von Eleanor. Sie hielten in der Marshall Street 4 und holten eins, dann legten sie denselben Weg noch einmal zurück. Doch sie hatten kein Glück. Der Fall blieb ungeklärt.

Eine weitere Leiche, Nr. 1522, die als Joan-Lee Smith identifiziert worden war, wurde ins Waffenarsenal zurückgebracht. Obwohl die Leiche mit der allgemeinen Beschreibung der Fünfjährigen übereinstimmte, passte ein Zahn, den Joan eine Woche vorher verloren hatte, nicht zu ihrem Gebiss. William Menser befestigte ein neues Schild mit einer anderen Nummer an der Leiche und legte sie auf ein Feldbett.

Mary Kurneta wurde von ihrem Schwager anhand von Kleiderfetzen identifiziert, sodass von ihrer Gruppe nur noch Raymond Erickson vermisst wurde. Sein Vater war auf dem Heimweg von Gulfport, wo man ihn wegen dringender Familienangelegenheiten beurlaubt hatte.

Der Maschinenschlosser aus Waterbury, den man auf der Arbeit von dem Unglück unterrichtet hatte, erfuhr von seiner Frau, dass der erste Bericht falsch gewesen war; ihre Tochter war *nicht* aus dem Zelt gelangt. Er fand seine Schwiegermutter und seine Tochter unter derselben Decke. Es waren die Frau und das Kind, die man zusammen unter der Seitenwand entdeckt hatte.

Über den Lautsprecherwagen kam die Durchsage, dass das Waffenarsenal um 21.00 Uhr schließen werde. Abgesehen von den Schwestern, Polizisten und Sekretärinnen war die Halle fast leer, nur ungefähr zehn Suchende, zwanzig Leichen. Und zu Barbers und Lowes Überraschung lag Nr. 1565 noch immer auf ihrem Feldbett, das Gesicht an der linken Wange verbrannt, doch ansonsten unversehrt. Die restlichen Leichen waren völlig verkohlt.

In der Emanuel-Synagoge an der Ecke Greenfield und Woodland Street besuchten zwei Mädchen, die den Flammen entronnen waren, einen Gottesdienst, der speziell den Opfern und ihren Familien gewidmet war. Der Rabbi verlas die Namen der Gemeindemitglieder, die ums Leben gekommen waren, und derjenigen, für deren Genesung man beten musste. Die Temperatur betrug noch fast dreißig Grad, und das Gebäude war gedrängt voll. Den beiden Mädchen fiel es schwer, auf ihren Plätzen zu bleiben, und sie rückten langsam näher zum Gang. Sie hatten Angst, nicht nach draußen zu gelangen, falls ein Feuer ausbrach.

Im Municipal Hospital machten die Schwestern neun Patien-

ten für ihre Überführung ins Hartford Hospital fertig. Darunter
befand sich auch Mildred Cook, deren Zustand leidlich gut war.
Nachdem Edward gestorben war, sahen die Ärzte keinen Anlass
mehr, sie dazubehalten. Im Hartford Hospital würde sie es besser
haben. Die Pflegerinnen schoben die Tragbahren in die Krankenwagen und schlossen dann die Türen. Zusammen mit Mildred
Cook wurde das Geburtstagskind Shirley Snelgrove in die Innenstadt transportiert.

Im Waffenarsenal endete der Abend in hektischer Nervosität –
was vielleicht der Verzweiflung zuzuschreiben war. Es war nicht
geplant, die Leichenhalle am Samstag zu öffnen, und sowohl Dr.
Weissenborn als auch Bürgermeister Mortensen hatten öffentlich
erklärt, die unidentifizierten Toten müssten schnellstmöglich begraben werden. In jenem Augenblick nahmen die Familien möglicherweise alles, was sie bekommen konnten.

Der Mann, der dem Polizisten mit der Liste gesagt hatte, er
könne nicht vor 18.00 Uhr im Waffenarsenal sein, traf schließlich
ein und identifizierte seine Frau und ihren sechsjährigen Sohn. Bei
dem Brand hatte er seine Tochter auf den Schultern getragen und
gehofft, zum Haupteingang hinauszugelangen. Als er gemerkt
hatte, dass seine Frau und sein Sohn zurückgefallen waren, hatte er
das Mädchen einem Mann auf der anderen Seite des Laufgitters
zugeworfen und sich einen Weg durch die heranbrandende Menge
gebahnt. Doch er fand die beiden nicht, flüchtete, als das Zelt einstürzte, und zog sich Verbrennungen an Hals und Rücken zu. Er
wurde im St. Francis Hospital ambulant behandelt und machte
dann seine Tochter im Municipal Hospital ausfindig. Jetzt fand er
den Rest der Familie.

Eine Mutter wurde von ihrer Cousine identifiziert. Nachdem
sie ihren Sohn aufgefordert hatte zu springen, hatte sie es ihm
nachgetan, doch das Zelt war über ihr zusammengestürzt und
hatte sie unter sich begraben. Sie war nicht wieder aufgestanden.

Ein Polizist aus East Hartford begleitete eine ältere Frau, die
ihre Freundin suchte. Sie sagte, ihre Freundin habe einen Klump-

fuß. Der Polizist sah bei den Frauen nach, konnte aber niemanden mit einem Klumpfuß entdecken. Bei einigen waren die Beine nur noch Stümpfe; vielleicht war es eine von ihnen. Er kehrte zu der Frau zurück und fragte nach einem anderen Erkennungsmerkmal, zum Beispiel einem Kleidungsstück, das sie getragen hatte. Die Frau sagte, ihre Freundin habe eine ausgefallene alte Armbanduhr. Er untersuchte die Handgelenke der Leichen, und diesmal fand er sie. Ihre Füße waren weggebrannt.

Der Polizist sagte der Frau, er habe sie entdeckt, aber er wolle ihr den Anblick der Leiche ersparen, da sie übel zugerichtet sei. Bei seinen Worten stöhnte die Frau, als ob sie in Ohnmacht fallen würde. Er wollte sie stützen und legte ihr die Hand auf den Rücken. Doch als er sie berührte, schrie sie auf.

Ihr Rücken war völlig wund. Sie hatte sich nicht klar gemacht, dass man sich trotz der Kleider Verbrennungen zuziehen konnte, und hatte mehr als einen Tag lang versucht, die Schmerzen zu ignorieren, weil sie gedacht hatte, sie würden bald vorübergehen. Der Polizist hielt einen Offizier der Heilsarmee an, der sie ins Hartford Hospital brachte.

Die letzte Leiche, die im Waffenarsenal identifiziert wurde, war die eines kleinen Mädchens, dessen Hand der Mutter im Gedränge entglitten war. Die Kleine war vier Jahre alt, und ihr Zahnarzt bestätigte, dass es sich um ihr Gebiss handelte.

Als es wenige Minuten später neun Uhr schlug, schob eine Wache das Gitter zu und schloss die Tür. Von den 135 Leichen, die man ins Waffenarsenal gebracht hatte, waren bis auf fünfzehn alle identifiziert worden – zwei Männer, sechs Frauen und sieben Kinder. Viele von ihnen hatten weder Hände noch Füße. Bei einer Frau fehlte fast der ganze Kopf. Seltsamerweise befand sich auch Nr. 1565 darunter, in hervorragendem Zustand und doch unidentifiziert. Das Ärzteteam vom Cocoanut Grove-Brand beriet sich kurz mit Dr. Weissenborn. Jetzt konnten sie ihm nicht mehr weiterhelfen; sie würden in der Nacht nach Boston zurückfliegen. Weissenborn beurteilte die Lage genauso. Er bezweifelte öffentlich, dass noch eine der fünfzehn Leichen identifiziert werden würde.

Es war zu heiß, um sie eine weitere Nacht dazubehalten. Das Hartford Hospital erbot sich, sie in seiner gekühlten Leichenhalle unterzubringen, und Weissenborn nahm das Angebot an. Ein Leichenbestatter balsamierte die Unidentifizierten so gut wie möglich und erfasste alles, was sie am Körper trugen, als Beweismaterial. Das Rote Kreuz bediente sich mehrerer Lieferwagen von Sage-Allen, um die Leichen zu transportieren. Die Polizisten Barber und Lowe halfen, die Leichen einzuladen, und folgten ihnen dann die Broad Street hinunter zur Capitol Avenue, wo die Prozession unter den Straßenlaternen entlangfuhr.

Die State Guard, das Rote Kreuz und der Kriegsrat schlossen ihre Listen und packten ihre Schreibmaschinen ein, klappten ihre Tische und Feldbetten zusammen und zogen die Stecker ihrer stummen Telefone heraus. Sie räumten die Exerzierhalle und ließen sie leer zurück, die Fenster für die Nachtluft geöffnet.

Neben dem Zirkusgelände zogen zwei Abschleppwagen der Polizei die Chevys von Mrs. Howrigans Grundstück und holperten über das Gras. Weiter vorn in der Straße hob die Winde eines Schrotthändlers die Vorderreifen einer schicken schwarzen Limousine an – der 41er-Olds von Michael Norris. Abgesehen von Agnes, die tot im Municipal Hospital lag, war der Wagen bis dahin die einzige Spur, die die Familie hinterlassen hatte.

8. Juli 1944

Nachts um 3.00 Uhr pfändete der Hilfssheriff auf dem Güterbahnhof in der Windsor Street die neunundsiebzig Waggons und offenen Güterwagen, die dem Zirkus gehörten, und übergab den Beamten der New Haven, New York and Hartford Railroad Durchschriften der gerichtlichen Verfügungen.

Salvatore DiMartinos Klage war die erste auf der Liste. Als Nachlassverwalter seiner Frau forderte er 15 000 Dollar, in Connecticut die höchste Entschädigung für einen Tod durch Unfall. In der Klageschrift stand, dass, während Mrs. DiMartino «in der besagten Hauptvorstellung des besagten Zirkus saß, ein Feuer ausbrach, dessen Flammen das Zelt und die nähere Umgebung verschlangen, sich zu einem furchtbaren Großbrand ausweiteten und besagte Anna DiMartino in ihrer ungestümen Gewalt ergriffen und verbrannten». Neben dem Zirkus waren auch die Herren Haley, Smith, Aylesworth, Blanchfield und Versteeg angeklagt.

Es war die erste von Hunderten von Klagen gegen den Zirkus, die Angeklagten und die Stadt Hartford. Geistesgegenwärtige Anwälte trugen ihren Klienten auf, ihre Kartenabschnitte aufzubewahren.

Die Brandursache war immer noch nicht eindeutig geklärt. Polizeipräsident Hickey bat die städtische Polizei, denselben Beamten mit der Suche nach dem Mann zu betrauen, dem dieser gesagt hatte: «Dieser dreckige Mistkerl hat einfach eine Zigarettenkippe weggeworfen.» Es gelang dem Polizisten, die Beschreibung des

Mannes über WDRC verbreiten und im *Courant* und der *Times* abdrucken zu lassen, aber niemand meldete sich.

Am Samstagmorgen erschien ein Busfahrer der Connecticut Company im Polizeipräsidium und erzählte eine seltsame Geschichte. Er habe am Ende der Reklametafeln für das Abnormitätenkabinett, in der Nähe der Menagerieverbindung, gestanden und einen Dieselgenerator betrachtet. Ein Indianer mit langem Haar, der kein Hemd getragen habe, sei mit einem Eimer in der einen und einem Benzinkanister in der anderen Hand hinter dem Generator hervorgetreten. Er habe einem anderen Arbeiter zugebrüllt, dass der Motor ausgegangen sei und er ein bisschen Benzin brauche. Dann habe er dem anderen Mann den Kanister gegeben, und der sei durch eine Klappe in der Seitenwand der Menagerie verschwunden.

An sich hieß das nicht viel, doch die Polizei nahm die Aussage ernst. Sowohl Hickey als auch Coroner Healy luden ihn im Laufe ihrer Ermittlungen als Zeugen vor.

Früh am Morgen riefen der *Courant* und die Radiosender alle Leute, die die Blutgruppe 0 hatten, zum Blutspenden auf. Innerhalb weniger Stunden wurde die Blutbank von Hartford von freiwilligen Spendern überflutet.

Wie viele Soldaten in Übersee las ein Sergeant, der in Frankreich gerade auf dem Vormarsch war, zuerst in *Stars and Stripes* von dem Brand. Er schickte sofort eine V-Mail und einen Luftpostbrief nach Hause, konnte aber nicht auf die Antwort seiner Frau warten. Er erklärte einem Rotkreuzangehörigen, worüber er sich Sorgen mache. Inzwischen hatte seine Frau in Hartford beim Roten Kreuz angerufen. Von dort schickte man dem Sergeant ein Telegramm: «Familie wohlbehalten. Nicht im Zirkus.»

Ein Army-Corporal in England erhielt mehrere Tage lang keine Nachricht vom Tod seiner Mutter. Sein Vater hatte sie am vorigen Abend anhand ihres Eherings in der Leichenhalle identifiziert.

In St. Michael's in der Clark Street hielt Pater Looney eine Trauermesse für Anna DiMartino. Die Nachbarschaft hatte auf

Veranlassung des Friseurs, dessen Laden direkt neben Molly Ga-
rofolos Schönheitssalon und Jaivin's Drugstore lag, für die DiMartinos Geld gesammelt. Später am Nachmittag hielt Pater Looney
für einen Jungen aus dem Viertel eine weitere Messe. Für St. Michael's gab es in den nächsten Tagen viel zu tun. Ein Ministrant aus
der Nelson Street erinnerte sich, wie bestürzt die Gemeinde über
den Brand war. Die DiMartinos wohnten direkt um die Ecke, und
mit Marion Dineen war er in St. Michael's in dieselbe Klasse gegangen. Unter den Jungs ging das Gerücht um, dass Billy Dineen
nicht verbrannt, sondern zu Tode getrampelt worden oder erstickt
war (was teilweise stimmte: Auf seinem Totenschein stehen «Trauma an Kopf und Torso / Verbrennungen vierten Grades» als Todesursache). Pater Looney las für alle die Messe. Die Mitglieder seiner Gemeinde wussten, dass er ein Magengeschwür hatte, und
machten sich Sorgen um seine Gesundheit.

Allein die Zahl der Toten stellte die Bestattungsunternehmen
der Stadt vor große Probleme. Bei einem gingen die Särge aus, und
man musste welche aus Worcester und New York kommen lassen.
Kleine weiße Kindersärge standen hoch im Kurs.

Um die Beerdigung einer Mutter und ihrer beiden Söhne
musste sich ein Freund der Familie kümmern. Der Vater war zu
verzweifelt.

Als Hilfe für die Familien der Toten und Verletzten, teilte das
Hartford War Price and Rationing Board dem Bürgermeister mit,
könnten die Überlebenden eine größere Benzinzuteilung bean-
tragen. Die städtischen Behörden stellten zusätzliche 20- und 40-
Liter-Scheine aus.

Zwei Kollegen von Michael Norris aus der Russell Company
kamen mit einem Zahnarzt aus Middletown, um die fünfzehn
unidentifizierten Toten in der Leichenhalle des Hartford Hospital
zu untersuchen, hatten aber kein Glück.

Der Polizist, der Emily Gill am vorigen Tag bei ihrer Suche nach
Eleanor Cook unterstützt hatte, rief bei ihr an. Er habe das Foto
von Eleanor, das sie ihm geliehen habe, zwei Polizisten, die im Waf-

fenarsenal gewesen seien, sowie Dr. Weissenborn und der Pflegerin gezeigt, die er am Vortag nicht habe finden können. Sie hätten
gesagt, das Foto ähnele dem kleinen Mädchen, das sie alle gesehen
hätten – Nr. 1565. Ob Emily ins Hartford Hospital kommen und
sich die Leiche noch einmal ansehen könne?

Barber, Lowe und William Menser waren anwesend. Sie betrachtete das Mädchen und sagte, es sei dasselbe Mädchen, das sie
sich im Waffenarsenal angesehen habe. Sie sage bloß, dass es nicht
Eleanor sei, weil sie glaube, dass Eleanor oben bereits acht bleibende Zähne hatte, während die Leiche oben und unten je vier
habe. Sonst würde sie sagen, es könne sich um ihre Nichte handeln. Der Arzt riet ihr, das zahnärztliche Krankenblatt zu besorgen,
was aber nicht möglich war; der Zahnarzt machte gerade Urlaub
in Kanada.

Als Emily Gill sich all die anderen Leichen angesehen hatte,
konnte der Polizist nichts mehr für sie tun. Später erfuhr er, dass
Dr. Weissenborn sie für untauglich erklärt hatte, die Leiche Eleanor Cooks zu identifizieren – doch der genaue Grund bleibt unklar. Da man in eine Sackgasse geraten war, erklärte der Polizist
den Fall für abgeschlossen und schrieb seinen Bericht für den Polizeipräsidenten.

John Cleary und sein Schwiegervater fanden in der Leichenhalle eine Tote, auf die Grace Fifields Beschreibung bis hin zu dem
rosa Spencer-Korsett, das sie getragen hatte, zu passen schien.
Nr. 2109 war klein und stämmig, ungefähr Ende vierzig. Cleary
bat Dr. Butler, sich ihre Zähne anzusehen, damit sie sie mit ihrem
Krankenblatt in Vermont vergleichen konnten. Der Zahnarzt in
Newport verglich die beiden Blätter. Sie hatten keine große Ähnlichkeit; es handelte sich nicht um Grace Fifield. Ihr Mann sah das
wider Erwarten als gute Nachricht an. Jetzt war er noch mehr davon überzeugt, dass seine Frau einen Nervenschock erlitten hatte
und irgendwo umherirrte. Cleary begriff, dass eine andere Familie die falsche Leiche identifiziert haben musste, was auch ihnen
fast passiert wäre. Jahrelang bereute er, zur Sicherheit den Zahn-

arzt gefragt zu haben – Grace Fifields Leiche wurde nie gefunden, und die Familie erfuhr nie, was geschehen war.

Ein Vater hatte am vorigen Abend seine Tochter im Waffenarsenal entdeckt. Jetzt rief er aus New Hartford an und bat die Polizei um die Armbanduhr und den Ring, die sie getragen hatte; er wollte sie mit ihrem Schmuck beerdigen lassen. Das Büro des Coroners übergab die Stücke einer Polizistin, die ohnehin nach Canaan fuhr.

Die Hitzewelle lastete schwer auf der Stadt, noch schlimmer als am Vortag. Mittags waren es einunddreißig Grad, und die Temperatur stieg weiter. Das Gesundheitsamt inspizierte die Eisenbahnwaggons auf dem Güterbahnhof in der Windsor Street und stellte fest, dass der gedankenlose Umgang mit den Toiletteneimern allmählich zu einem öffentlichen Ärgernis wurde. Die Inspektoren besprachen die Angelegenheit mit den Schaffnern und «den Latrinenreinigern, die das Zeug zu dem Abwasserloch in der Kensington Street zwischen Hampton und Barbour Street bringen». Sie machten auch einen Rundgang über das Zirkusgelände, wo sie Abfälle vom Küchenzelt, «eine beträchtliche Menge Tierkot (Elefanten und Pferde)» und einen allgemeinen Mangel an Hygiene vorfanden. Sie wandten sich an die Gerichte und erreichten die Herausgabe von zwei Zirkuslastwagen, damit das Gelände gesäubert werden konnte.

Auf dem Platz gab es nichts zu tun. Juristisch gesehen durften die Zirkusleute innerhalb der Polizeiabsperrung nichts anrühren. Ein sechzehnjähriger Clown, der mit seinem Vater zusammenarbeitete, erinnerte sich, dass die Zirkusleute in der Nähe der Züge blieben, weil sie Angst hatten, die Bewohner des North End seien wütend auf sie.

Die Temperatur erreichte mit dreiunddreißig Grad ihren Höhepunkt, und im Municipal Hospital fiel der Strom aus, und die Ventilatoren standen still. Die Dieselgeneratoren des Notfallaggregats schalteten sich ein, versorgten aber nur die Bereiche mit Strom, die dringend darauf angewiesen waren. In der Cafeteria war es dunkel; in den Fluren brannte nur jede zweite Glühbirne. Die Hartford Electric Light Company sagte, ein Transformator sei kaputtgegangen. Man könne die Stromversorgung erst am späten Nachmittag wieder sicherstellen.

Bezeichnenderweise hatte das Hartford Hospital keine derartigen Probleme. Unten in der kühlen Leichenhalle entdeckte ein Mann aus Plainsville unter der Aufsicht der Polizisten Barber und Lowe bei den Habseligkeiten der Toten Überreste des Gürtels eines seiner Söhne. Er war auf Geschäftsreise gewesen und hatte das Haus bei seiner Rückkehr verschlossen und leer vorgefunden. Alle Familienmitglieder waren hier, seine Frau, seine beiden Söhne, seine Tochter. Dr. Weissenborn sagte über den Mann: «Ich habe erlebt, wie ein Vater seine ganze Familie identifizierte. Er war großartig.»

Lowe's aus East Hartford war mit den Leichen betraut. Elf waren noch übrig.

Auf dem Zirkusgelände stellte eine Gruppe von staatlichen Polizisten die folgenden Beweismittel sicher: ein Stück Leinwand aus dem Umkleidezelt, das zwar nicht von dem Brand betroffen, doch mit derselben Lösung behandelt worden war wie das Hauptzelt; drei Stützbalken und kurze Bretter von der südwestlichen Seitentribüne, dem vermutlichen Brandherd; ein Stück des Laufgangs und die Stufen und Überreste von Stufen, die ursprünglich über die Laufgänge geführt hatten. Die Polizisten packten alles in die Kofferräume ihrer Wagen und brachten es zum Büro des Staatsanwalts Meade Alcorn, wo dieser eine lange Besprechung mit Polizeipräsident Hickey abhielt.

Die *New York Times* schrieb, dass inoffizielle Spekulationen immer mehr auf einen Kurzschluss hindeuteten.

Bürgermeister Mortensen berief hinter verschlossenen Türen seine eigene Untersuchungskommission ein – nachdem sich alle für ein Foto aufgestellt hatten. Die Kommission würde untersuchen, was die Stadtverwaltung getan oder versäumt hatte, und, falls nötig, die bestehenden Vorschriften ändern. Als Vertreter der Poli-

zei zog Mortensen Polizeichef Hallissey und seinen Stellvertreter
Godfrey hinzu. Der städtische Branddirektor sagte aus, dass seine
Abteilung weder die Zirkuszelte noch die Ausrüstung zur Feuerbekämpfung inspiziert habe und dass das schon seit Jahren so üblich sei. Obwohl der Bürgermeister über diese Verfahrensweise
nicht stillschweigend hinwegging, sagte er, aus den bestehenden
Vorschriften gehe nicht klar hervor, wer für diese Inspektion verantwortlich sei, der städtische oder der staatliche Branddirektor.

Mortensen hatte die berechtigte Sorge, dass die Presse die Verwaltung beschuldigen könnte, sich fahrlässig verhalten zu haben.
Der Feuerwehrchef John King hatte die Behauptung, ein städti-
sches Löschfahrzeug auf dem Platz hätte vielleicht verhindert, dass
der Brand außer Kontrolle geriet, öffentlich zurückgewiesen –
eine unpopuläre und unbesonnene Äußerung. King machte geltend, dass die Feuerwehr noch nie irgendwelche Gerätschaften auf
dem Platz bereitgehalten habe. Den städtischen Verordnungen zufolge müssten bei Zirkusgastspielen entweder Polizisten oder Feuerwehrleute anwesend sein. Da die Polizei da gewesen sei, habe
man keine Feuerwehrleute gebraucht.

Daraufhin versuchte der Bürgermeister eine städtische Behörde
zu finden, die nicht bloß das Geld und die freien Eintrittskarten
des Zirkus angenommen hatte. Das einzige Beispiel, das er anfüh-
ren konnte, war Charles Hayes von der Bauaufsicht, der am Mittwoch auf dem Gelände gewesen war. Er rechnete es Hayes hoch
an, dass er sich überzeugt hatte, ob der Zirkus – zumindest zu jenem Zeitpunkt – für neun freie, deutlich gekennzeichnete Ausgänge gesorgt hatte. Dass Hayes das Gelände verlassen hatte, bevor
das Hauptzelt vollständig aufgestellt worden war, verriet der Bürgermeister jedoch nicht.

Im Municipal Hospital starb ein Hühnerfarmer aus New Hartford. Ihm gehörte der Chevy Suburban, der die ganze Nacht auf
Mrs. Howrigans Hof gestanden hatte.

Im St. Francis Hospital besuchte ein sechsjähriger Junge zum
ersten Mal seit dem Brand seine Mutter. Sie hatte sich über ihren

Sohn gebeugt, als die Flammen über sie hinweggefegt waren. Es hatte geklappt; der Junge hatte nur leichte Verbrennungen. Der Zustand der Mutter war ernst, doch sie würde am Leben bleiben.

Im Municipal Hospital versuchte das Personal, ein ähnliches Treffen zwischen einer Mutter und ihrem Sohn zu veranstalten. Die Frau hatte schlimme Verbrennungen im Gesicht und befürchtete, es könnte noch zu früh zu sein. Als die beiden zusammengebracht wurden, fragte eine Schwester den Sohn: «Weißt du noch, wer das ist? Das ist deine Mutter.»

«Nein, das stimmt nicht!», schrie der Junge. «Nein, das stimmt nicht!»

Zu Hause waren die Überlebenden erstaunt, als sie an den Stellen, wo jemand auf sie getreten war, neue blaue Flecke entdeckten.

In Jeffersonville, Indiana, zerstreute das Militär die Ängste der Menschen. Dort führte ein Offizier Reportern im Versorgungslager vor, wie eine feuerfeste Leinwand einer Lötlampe standhielt, ohne zu brennen. Wie geplant wurde der Stoff nur angesengt, die Flammen breiteten sich nicht aus, und alle Reporter hatten einen Artikel für die Sonntagsausgabe.

In Hartford sprach Feuerwehrchef King öffentlich mehreren Feuerwehrleuten, deren Frauen bei dem Brand ums Leben gekommen waren, sein Beileid aus.

In der Leichenhalle erlebten Barber und Lowe die letzten erfolgreichen Bemühungen des Tages. Freunde der Norrisens schickten einen Zahnarzt aus Mrs. Norris' früherer Heimatstadt, um ihre Identität feststellen zu lassen. Er identifizierte Nr. 4540, die Leiche, die man zuerst für die Frau aus Glastonbury gehalten hatte, als Eva Irene Norris.

Nach der Identifizierung waren noch acht Leichen übrig: drei Frauen, zwei Mädchen, zwei Männer und ein Junge. Unter den Vermissten waren Mrs. Edith Budrick, Grace Fifield, Eleanor Cook, Judy Norris, Michael Norris, Raymond Erickson und der in der Kriegsindustrie beschäftigte achtzehnjährige Ermo Flanders. Bürgermeister Mortensen gab bekannt, dass man alle Leichen, die noch unidentifiziert waren, am Montag um 11.00 Uhr vormittags «mit Würde und Ehrerbietung» auf dem Northwood Cemetery in Einzelgräbern beerdigen werde, und bat alle Menschen, die Verwandte, Freunde oder Nachbarn vermissten, eindringlich, sich im Waffenarsenal beim Kriegsrat zu melden.

Später bat Polizeipräsident Hickey übers Radio den Mann, der einem Polizisten gesagt habe, der dreckige Soundso habe eine Zigarette weggeworfen, sich zu melden. Er verlas die Beschreibung des Mannes, als ob es sich um einen Verbrecher oder einen Vermissten handelte: weiß, ungefähr siebenunddreißig, eins vierundsiebzig oder eins fünfundsiebzig groß, gekleidet in eine dunkle Hose und ein weißes Sporthemd.

Wenige Minuten nach Hickeys Ansprache brach in der Innenstadt in einem zehnstöckigen Gebäude in der Main Street Feuer aus. Der Brandherd waren zwei Körbe im hinteren Teil des Erdgeschosses. Die Flammen konnten sich nicht weiter ausbreiten; nur die Körbe wurden zerstört. Die Ursache ließ sich nicht eindeutig feststellen. Der Besitzer des Gebäudes war die Aetna-Brandversicherung.

Schon den ganzen Abend hatte der Polizist Francis Whelan, als Zivilist getarnt, in der Bar des Bond-Hotels an seinen Drinks genippt und gehofft, von den Zirkusleuten, die dort wohnten, nähere Informationen über den Brand zu erhalten. Ein weiterer Polizist «hielt sich zur gleichen Zeit in der Bar auf, aber wir sollten so tun, als ob wir uns nicht kennen».

Whelan fing ein Gespräch mit George W. Smith an, der sich über einen *Times*-Artikel aufregte, worin es hieß, dass die städtischen Feuerwehrleute, die versucht hätten, den Wasserstrahl auf das Zelt zu richten, von Blanchfields Männern weggestoßen worden seien. Smith schimpfte, dass Hartford eine der wenigen Städte dieser Größenordnung sei, die direkt auf dem Platz keine Gerätschaften zur Feuerbekämpfung bereithalte. Er hatte noch eine Verabredung und ließ Whelan an der Theke zurück.

Der Clown Felix Adler setzte sich neben ihn, und Whelan spendierte ihm eine Flasche Bier. Adler erzählte ihm, er habe einigen Leute nach draußen geholfen und sei dann in sein Umkleidezelt zurückgelaufen, um sein Schwein und seine Ente zu retten. Er gab Whelan das verbrannte Fünfcentstück, das er gefunden hatte, als Souvenir. Er vertrat die Theorie, dass ein Betrunkener eine Zigarette in einen Papierkorb geworfen haben müsse. Das Feuer sei bestimmt in der Herrentoilette ausgebrochen. Whelan spendierte ihm noch ein Bier.

Adler sagte, seine Tochter gehöre zum Luftballett. Sie habe großen Schneid. Nach dem Brand seien sie beide zum Waffenarsenal gefahren, und sie habe darauf bestanden, hineinzugehen und sich die Leichen anzusehen. Sie habe einen Polizisten gefragt, wie sie hineinkomme; der Beamte habe gesagt, sie müsse eine bestimmte Person suchen. Er selbst habe sich geweigert, doch sie habe einen Namen genannt und sich in Begleitung einer Rotkreuzschwester und eines anderen Polizisten die Leichen angesehen.

Adler sagte, die Truppe werde später im Hofbrau House in der Trumbull Street noch etwas trinken. Er wolle noch ein kurzes Nickerchen machen; wenn Whelan um 23.00 Uhr noch in der Bar sei, werde er ihn mitnehmen und den Wallendas und anderen Stars vorstellen. Whelan sagte, er werde wahrscheinlich da sein, weil seine Verabredung anscheinend geplatzt sei.

Auf der gegenüberliegenden Seite des Raums hatte der andere Polizist mit Leonard Aylesworth gesprochen. Im Foyer des Bond-Hotels steckte er Whelan einen Zettel zu. Darauf stand: «Ich bin Leiter dieser Abteilung, Ingenieur und Yale-Absolvent. Ich kenne mich aus mit Stoffen. Als das Feuer ausbrach, war ich in Springfield, Mass. Im Jahre 1799 hat Geo. Washington einen Zirkus besucht, und von damals bis heute hat sich an der Behandlung der Zelte nichts geändert. Wer ist da nachlässig, der Zirkus oder die städtischen Behörden? Bis heute Morgen um sechs Uhr hab ich's mit ein paar ‹hohen Tieren› zu tun gehabt, dann wurde ich ins Gefängnis geworfen. ‹Aus welchem Grund?› ‹Ist das meine Angele-

Felix Adler mit seinem dressierten Schwein (einem von einer ganzen Reihe). FOTO: CIRCUS WORLD MUSEUM

genheit?› ‹Das werde ich Ihnen nicht sagen.› ‹Ich hab mein Bestes getan, aber die führen mich nicht an der Nase herum.› ‹Natürlich könnte es Nachlässigkeiten gegeben haben, aber was kann man heutzutage schon erwarten?›»

Um 23.00 Uhr kehrte Adler mit einem Mann zurück, der Bill Hudson hieß und aus New York City stammte. Er gehörte nicht zum Zirkus, war bloß jemand, den er - wie Whelan - an der Theke kennen gelernt hatte. Hal Olver von der Presseabteilung gesellte sich zu ihnen und erzählte, wie er während des Brandes die Kameras der Leute zertrümmert habe. Adler sagte, er habe ebenfalls eine zertrümmert. Olver war wütend auf einen Burschen namens Roden oder Rodent, anscheinend «ein Drückeberger, dem er gesagt hat, er soll die Klappe halten». Er sei überrascht, dass die Polizei ihn noch nicht verhaftet habe. Adler fragte sich, warum man Blinky Meck nicht vernommen hatte.

Olver ging, und Adler schlug den beiden anderen vor, in eine Bar namens Spinning Wheel in der Albany Street zu gehen. Whelan sagte, das sei in Ordnung, aber es dürfe nicht zu spät werden. Er sagte, er müsse auf die Toilette, lief dann nach draußen und über die Straße zu seinem Wagen, montierte die Peitschenantenne ab und versteckte sie auf einem freien Grundstück im Gras.

Im Spinning Wheel stellte Adler die beiden Männer Frankie Saluto, dem berühmten Liliputanerclown, vor. Adler und Saluto schwelgten in Erinnerungen an die guten alten Tage in New York und schrieben für die Leute an der Theke Autogramme. Die anwesenden Zirkusleute fragten sich, wohin «Cookie the Blow» nach dem Brand verschwunden war.

Als die Bar zumachte, sagte Adler, er werde ihnen in den Eisenbahnwaggons noch ein paar Bier spendieren; die Schaffner verkauften es flaschenweise. Als sie dort ankamen, zahlte Hudson. Zwei Liliputaner tranken gemeinsam mit ihnen. Als Hudson hinausging, um Wasser zu lassen, erfuhr Whelan, dass Adler den Mann überhaupt nicht kannte. Adler sagte, es sei das erste Bier, das Hudson überhaupt spendiert habe, und als er zurückkehrte, schienen die Zirkusleute ihm gegenüber misstrauisch zu sein. Hudson erzählte eine Zirkusgeschichte, die schon Jahre zurücklag, und irgendjemand ertappte ihn bei einem Fehler. Whelan befürchtete, sie würden auf den Mann losgehen, wenn er ihn nicht wegbrachte, und so sagte er, es sei Zeit für ihn zurückzufahren.

Er setzte Adler am Bond-Hotel ab. Als er mit Hudson allein im Wagen war, stellte er ihm aus dem Stegreif ein paar Fragen über New York. Hudson brachte kein Wort mehr hervor. Whelan fragte ihn, wer er sei und ob er glaube, er könne ihn hinters Licht führen. Im Handumdrehen war Hudson nüchtern. Whelan sagte, er glaube nicht einmal, dass er aus New York stamme. Er fragte, ob er für die Regierung arbeite.

«Könnte sein», sagte Hudson.

Whelan gab sich zu erkennen und zeigte ihm seinen Ausweis. Er wollte wissen, was für eine Aufgabe Hudson habe. Als Hudson die Auskunft verweigerte, sagte Whelan, dass er ihn festnehme.

Kurz vor der Kaserne brach Hudson zusammen und gestand,

dass er bloß ein Feuerwehrmann aus Stamford sei. Er zeigte ihm seine Dienstmarke. Whelan verhaftete ihn trotzdem und bat den Dienst habenden Beamten, Hudson ins Dienstbuch einzutragen. Hudson bekam es mit der Angst zu tun, befürchtete, seinen Job zu verlieren. Ein paar Wochen zuvor war er wegen Trunkenheit im Dienst suspendiert worden. Er bat Whelan, seinen Namen aus dem Dienstbuch zu streichen.

Whelan hatte genug von ihm und seinen Geschichten. Er setzte ihn vor seinem Hotel ab, kehrte zurück zum Bond-Hotel, holte seine Antenne und fuhr dann nach Hause. Das Fünfcentstück steckte er zusammen mit einer von Felix Adler, König der Clowns, signierten Cocktailserviette in einen Umschlag, den er seinem Bericht an den Polizeipräsidenten beifügte.

Der hundertste Jahrestag von Tom Thumbs erstem Besuch in Hartford wurde am Sonntag nicht gefeiert. Es fanden zu viele Beerdigungen statt.

Auf dem Mt. St. Benedict Cemetery in der Blue Hills Avenue mussten alle Beschäftigten Überstunden machen. Man würde an diesem Tag zwanzig Menschen beerdigen, und am nächsten Tag sollten es noch einmal fünfzehn sein.

Die Zeitungen waren voller Bekanntmachungen. In New Hartford: «Am Sonntagnachmittag nehmen die hiesigen Pfadfinderinnen geschlossen an der Beerdigung von Lorraine Wabrek teil. Sie treffen sich eine halbe Stunde vorher in Uniform im Pfarrhaus.»

In Hartford versammelte sich bei Talarski's eine große Menschenmenge zur Beerdigung einer Mutter und ihrer beiden kleinen Söhne. Der Vater war nicht anwesend; er war zusammengebrochen, als er die Nachricht erhalten hatte, und hielt sich an einem abgeschiedenen Ort auf. Die weißen Särge standen in einem Meer von Blumen, die der Jungs zu beiden Seiten ihrer Mutter, zwei kleine Kreuze aus weißen Rosen zu ihren Füßen. Als der Organist «O Welt, ich muss dich lassen» spielte, schrie die Mutter der Frau: «Alice, meine Alice, warum bist du von uns gegangen, warum?» Der Pfarrer wählte einen angemessenen Vers: «Jesus sprach: Lasset die Kinder zu mir kommen und wehret ihnen nicht, denn solcher ist das Reich Gottes.» Die beiden Großmütter wurden von ihren Gefühlen überwältigt; man musste ihnen aus der

Kapelle helfen. Eine Prozession von fünfzig Wagen schlängelte sich
zum Fairview Cemetery hinauf. Erneut waren die Frauen kurz davor, in Ohnmacht zu fallen. Es war schon heiß, Dunst hing über
den Bäumen. Die Verwandten zupften Rosenknospen von den
Kränzen und warfen sie in die offenen Gräber. Dann zerstreute
sich die Menge, die Leute schlossen behutsam ihre Autotüren. Der
Küster ließ die Särge hinab, die Arbeiter zogen die Planen von der
Erde.

Es gab so viele Tote, dass die normalerweise akzeptablen Platti-
tüden der Todesanzeigen – egal, ob sie der Wahrheit entsprachen
oder nicht – jetzt leer und unaufrichtig klangen. «Mrs. Goff war
allseits beliebt und hatte einen beträchtlichen Freundeskreis.»
«Mrs. de la Vergne war weithin beliebt und hatte einen großen
Freundeskreis.»

Die Hitze war unerträglich, schon vormittags herrschten mehr
als dreißig Grad, und das blieb so bis in die Abendstunden. Im
Baseballstadion gingen John Stewart und die St. Michael's Boys
Brigade die Tribünen entlang und sammelten Geld für den *Times*-
Fonds zugunsten der Opfer des Zirkusbrandes.

Seltsamerweise wurde in dem klimatisierten Roxy Theater in
einer Nebenstraße der Broad Street zusammen mit einem Kurz-
film von Bing Crosby und Frank Sinatra (*Swooner vs. Crooner*) eine
Sammlung von Ausschnitten aus Ringlings Gastspielen im Madison Square Garden mit dem Titel *Under the Big Top* gezeigt. Doch
beim Roxy fand man das nicht geschmacklos, sondern völlig in
Ordnung; als Hauptfilme liefen dort am Sonntag *Delinquent Parents*
(Das muss man gesehen haben … Jugend außer Rand und Band!)
und *Rebellious Daughters* (Was tun sie bei Nacht?).

In Sarasota brachte die *Herald Tribune* auf der Titelseite einen
Leitartikel über den Brand.

*Mit der Zeit wird man wahrscheinlich zu dem Schluss kommen, dass we-
der ein Einzelner noch eine Gruppe wirklich schuld war. Die Leinwand
wurde schon seit Jahren auf dieselbe Art wetterfest gemacht. Wir werden*

wahrscheinlich zu dem Schluss kommen, dass vieles als Ursache für das Unglück in Frage kommt, beispielsweise eine Zigarette oder ein gedankenlos weggeworfenes Streichholz.

Der Mensch hat bestimmte Grenzen und lernt in erster Linie durch Erfahrung. In diesem Fall gab es keinen Anhaltspunkt, der diesen Namen verdient hätte. Jetzt, wo dieser Anhaltspunkt existiert, muss man sich über einen weiteren Zirkusbrand bei Ringling keine Sorgen mehr machen.

Die Festnahme von fünf leitenden Zirkusangestellten in Hartford wegen des formalen Verdachts auf Totschlag ist in [einer] offiziellen Ermittlung eine ganz normale Maßnahme. Unter den fünf Angeklagten ist keiner, der nicht seinen rechten Arm oder sogar sein Leben hingegeben hätte, um das Inferno zu verhindern. Die Behörden haben das begriffen. Sobald sich die Hysterie gelegt hat, wird es auch die Öffentlichkeit begreifen.

Ungeachtet der Tatsache, wie viele Menschenleben der Brand gekostet, welch unermessliches Leid er gebracht hat und welche offiziellen Auswirkungen das haben wird, wird man nie wieder eine leicht entzündliche Leinwand über dem Zirkuspublikum aufspannen. Nicht wegen irgendwelcher gesetzlichen Vorschriften, sondern weil die Verantwortlichen des Zirkus Ringling AUS IHRER ERFAHRUNG GELERNT HABEN. Zweifellos wird Ringlings neues Großzelt nicht nur feuerfest, sondern auch so konstruiert sein, dass eine große Zahl von Ausgängen Schutz gegen jegliche Panik bietet. Dafür werden die leitenden Angestellten von Ringling ohne Rücksicht auf die Ermittlungen oder die öffentliche Meinung sorgen.

Polizeipräsident Hickey las diesen Leitartikel nicht. Er ging an jenem Tag sämtliche Zeugenaussagen, die sich seit Donnerstagabend angesammelt hatten, noch einmal durch und überlegte, mit wem er als Nächstes sprechen sollte.

Mabel Epps kam wohlbehalten aus dem St. Francis Hospital zu ihren Jungs nach Hause – Gott sei Dank. Warum ihre Schwester Maurice und ihre Nichte Muriel ums Leben gekommen waren,

konnte sie nicht begreifen. Alle wollten, dass sie sich ausruhte. Sie
versuchte es, doch wie brachte man die Gedanken zum Stillstand?
Wie schaffte man es, nicht zu denken?

In der Leichenhalle identifizierte ein Zahnarzt aus Middletown
Michael Norris anhand seiner Zähne. Er untersuchte die beiden
Mädchen, die noch übrig waren, doch keins von ihnen hatte auch
nur eine entfernte Ähnlichkeit mit Judy.

Der Matrose Raymond Erickson Sr. kam den ganzen Weg von
Gulfport, um seinen Sohn zu suchen. Er wusste nicht, was er mit
Stanley Kurnetas Geschichte von dem Priester anfangen sollte. Er
fuhr zur Leichenhalle und hoffte, ein Kind von der Größe seines
Sohnes zu finden, das noch keine Zahnbehandlung erhalten hatte
und den von seiner Frau zusammengeknoteten Schnürsenkel trug.
Und Raymond war gerade erst von einem Armbruch genesen; das
ließ sich anhand eines Röntgenbilds überprüfen.

Der Junge, der noch da war, war für Raymond viel zu groß. Andere gab es nicht.

Die Polizei begleitete Mr. Erickson zum Municipal Hospital,
doch dort konnte ihm niemand weiterhelfen, und die Patienten
hatten alle einen Namen. Er kehrte nach Middletown zurück. Was
konnte er noch tun? Es war nicht seine Schuld, dass er nicht da gewesen war, aber das spielte keine Rolle. Er war zu spät gekommen,
und sein Sohn war verschwunden.

Als der Tag sich dem Ende zuneigte, wurde es still in der Leichenhalle. Man hatte alle überprüft, die auf der Vermisstenliste
standen, bis auf Ermo Flanders, doch keine der sechs Leichen war
in seinem Alter.

Nr. 1565 stellte Dr. Weissenborn ebenso vor ein Rätsel wie
Thomas Barber und Ed Lowe. Er deutete die Möglichkeit an, dass
die Person, die das Mädchen identifizieren konnte, unter den
Schwerverletzten war, oder vielleicht handelte es sich um das einzige Kind einer der drei namenlosen Erwachsenen, die auf den Tischen aufgebahrt waren. Vielleicht hatte jemand die falsche Leiche
identifiziert. Die Polizisten schlossen nichts aus.

Am nächsten Tag würde die Stadt die Übriggebliebenen beerdigen lassen. Das Büro des Bürgermeisters hatte eine Begräbnisfeier geplant.

Weissenborn machte sich daran, ein Verzeichnis der Leichen anzufertigen, und nahm ihre persönlichen Daten auf – Größe, Gewicht, Kopfumfang, geschätztes Alter. Er half Dr. Butler, Röntgenaufnahmen von ihrem Gebiss zu machen, dann holte Butler sein Klemmbrett heraus und begann geduldig Krankenblätter anzulegen. Ein Polizist trug die Informationen in einer Akte zusammen. Vielleicht würde man sie eines Tages noch einmal brauchen.

10. Juli 1944

Als die Gerichte und die Anwaltskanzleien öffneten, kam es zu einer Flut von Klagen, und oft war die Stadt als Mitangeklagte aufgeführt. Der stets populistische Bürgermeister Mortensen sprach im Interesse der Bürger, die sich keinen Rechtsbeistand leisten konnten, mit dem Vorsitzenden der städtischen Anwaltschaft.

Außerdem rief er Ladeninhaber und Besitzer leer stehender Gebäude auf, die Zirkusplakate aus den Fenstern zu nehmen. Die Beseitigung eines Ringling-Plakats von einer großen Reklametafel bezahlte er aus eigener Tasche.

Die Wettervorhersage für Montag verhieß Wolken mit gelegentlichen Schauern, einen warmen Regen, der die Hitzewelle beenden würde. Der Regen verdarb Coroner Frank Healy seinen letzten Urlaubstag. Er war am Strand von Milford und hatte von der ganzen Aufregung nichts mitbekommen. Jetzt musste er das Strandhaus abschließen und wieder nach Norden fahren. Am nächsten Tag begann seine Untersuchung.

Die Leichenhalle öffnete um 8.30 Uhr. Niemand machte sich noch große Hoffnungen, und dennoch waren sie erschienen: Barber und Lowe und Butler und Weissenborn. William Menser meldete sich krank. Sie warteten in dem kühlen Raum und bliesen in ihre Hände; als klar wurde, dass niemand kam, forderte Weissenborn einen Polizeifotografen an, der Aufnahmen für die Akten machen sollte.

Den offiziellen Aufzeichnungen zufolge handelte es sich bei den sechs Unidentifizierten um:

Nr. 1503 – 9 Jahre alt, weiblich, (vermutlich) weiß, 1,19 m, 25 kg, schlank, hellbraunes Haar mit rötlichem Schimmer. Oben und unten die bleibenden Schneidezähne und die ersten Backenzähne vorhanden. Alle Milchbackenzähne vorhanden, Füllungen in allen vier Milchfünfern, doch sonst keine.

Nr. 1510 – 11 Jahre alt, männlich, (vermutlich) weiß – schwere Verbrennungen. (Schätzungsweise) 1,32 m, 31 kg, muskulös. Trug weiß gerippte Shorts, Unterhemd mit Trägern. Nur noch drei Milchzähne vorhanden (obere Eckzähne und unterer linker Milchfünfer); fünf Füllungen in vier Zähnen.

Nr. 1565 – 6 Jahre alt, weiblich, weiß, blaue Augen, 1,16 m, 18 kg, einigermaßen gut entwickelt, 52 cm Kopfumfang, blondes oder helles schulterlanges, lockiges Haar. Alle Milchzähne vorhanden bis auf die mittleren Schneidezähne unten, deren Schneidekanten genauso hoch sind wie die Kaufläche der unteren seitlichen Milchschneidezähne. Braune Schuhe (Paar); geblümtes Kleid.

Nr. 2109 – über 30 Jahre alt, weiblich, weiß, 1,55 m, (ungefähr) 67 kg, untersetzt, stämmig, 56 cm Kopfumfang, hellbraunes oder blondes Haar, ungefähr 8 Jahre zurückliegende Blinddarmoperation. Trug Spencer-Korsett, rosa Unterhose und hellbraune Reyonstrümpfe. Goldkronen auf den unteren linken Seitenzähnen; Zustand der Zähne deutet auf unregelmäßige Zahnpflege.

Nr. 2200 – 55 bis 60 Jahre alt, männlich, (vermutlich) weiß, 1,60 m, (ungefähr) 77 kg, kleine Statur, 51 cm Kopfumfang. Gepflegtes Äußeres, regelmäßige Zahnpflege; viel Gold und viele Brücken.

Nr. 4512 – 30 bis 35 Jahre alt, weiblich, (vermutlich) schwarz, 1,57 m, (ungefähr) 72 kg, kleine, stämmige Statur, breite Hüften, 53 cm Kopfumfang, verheiratet und vermutlich Mutter. Trägt

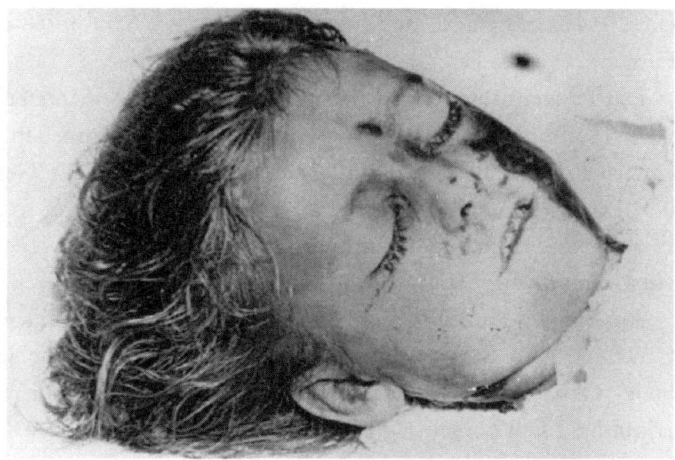

Die kleine Miss 1565, das berühmte Foto, das im Bestattungsunternehmen von Taylor & Modeen aufgenommen wurde. FOTO: ROBERT GLYNN/ART KIELY

Schmuckring am Ringfinger der rechten, Ehering am Ringfinger der linken Hand. Sehr gute Zähne; alle Zähne vorhanden bis auf den ersten unteren linken Backenzahn.

Während der Fotograf seine Aufnahmen machte, füllte Dr. Weissenborn die Totenscheine aus. In das Feld «Name des Krankenhauses» schrieb er bei allen sechs Leichen «Zirkusgelände in der Barbour Street», obwohl zumindest Nr. 1565 im Municipal Hospital gestorben war. Er nannte bei allen dieselbe Todesursache: «Verbrennungen dritten und vierten Grades durch Feuer.»

Sechs verschiedene Bestattungsunternehmen hatten ihre kostenlosen Dienste angeboten. Wie geplant, übergab ihnen Weissenborn um 10.30 Uhr die Leichen.

Gegen Mittag tankte Adolph Pastore auf Anweisung von Polizeipräsident Hickey den Cadillac voll und machte sich mit dem Hartforder Polizeibeamten George Sanford auf den Weg nach Rochester. Hickey traute nur Eastman Kodak zu, Sanfords 8-mm-Film zu entwickeln.

Der Polizeifotograf folgte Nr. 1565 zum Taylor & Modeen Funeral Home, da er nicht bereit war, so schnell aufzugeben. Die Mitarbeiter des Bestattungsunternehmens säuberten ihr Gesicht und kämmten ihr Haar zurück, und der Polizeifotograf machte zwei weitere Aufnahmen für künftige Identifizierungen, eine von vorn, eine im Profil.

Anscheinend machte sich Robert Ringling als Direktor des Unternehmens Sorgen über die Möglichkeit, genau wie James Haley verhaftet zu werden. Der Zirkusanwalt Dan Gordon Judge erkundigte sich bei seinen Kompagnons in der New Yorker Kanzlei, und einer von ihnen schrieb zurück: «Dreyfuss hat mit den Behörden (des Staates New York und des Bundes) gesprochen, und man hat ihm eindeutig zu verstehen gegeben, dass gegen Mr. X kein Auslieferungsantrag gestellt wurde.» Gerüchten zufolge hielt sich Ringling in New York City auf und hatte sich unter falschem Namen im Hotel Plaza verschanzt, doch das waren natürlich nur Gerüchte.

Die Prozession verließ das Hartford Hospital kurz vor 15.00 Uhr, sechs Leichenwagen, begleitet von städtischen Polizisten und Feuerwehrleuten, die hinter Polizeichef Hallissey und Feuerwehrchef King herfuhren. Als die Kolonne von der Jefferson in die Main Street bog, schlossen sich Privatfahrzeuge an, und alle rollten langsam durch die Häuserschlucht aus Bürogebäuden und Warenhäusern. Ringsum kam der Verkehr zum Erliegen; die Menschen auf den Bürgersteigen nahmen ihre Hüte ab. Am Rathaus schlossen sich Bürgermeister Mortensen und seine Frau dem Trauerzug an. Die Prozession rollte die Main Street entlang durchs North End und fuhr nur ein paar Blocks entfernt am Zirkusgelände vorbei, bevor sie den eisernen Torbogen des Northwood Cemetery erreichte.

Northwood war der städtische Soldatenfriedhof, wo die Veteranen des Spanisch-Amerikanischen Krieges, von Pershings Me-

Die Beerdigung der sechs unidentifizierten Opfer auf dem Northwood Cemetery am 10. Juli 1944. Rabbi Morris Silverman leitet die Trauerfeier, während Pater Thomas Looney und Pfarrer Warren Archibald gemeinsam mit ihm beten.
FOTO: HARTFORD COURANT

xiko-Expedition und des Ersten Weltkriegs ordentlich aufgereiht waren, die identischen Grabsteine so gleichmäßig wie Zähne. An den Keney Park grenzte eine kleine Parzelle für die Zivilbevölkerung. Dort hatte die Stadt eine Grabstelle ausgewählt, die für alle sechs groß genug war. Die Gräber waren offen, eingerahmt von gekreuzten Brettern, auf denen die Särge stehen sollten. Der Sarg von Nr. 1565 fiel sofort ins Auge, da er als Einziger weiß war; selbst die beiden anderen Kinder lagen in Erwachsenensärgen.

Es hatte nicht geregnet, aber es war schwül. Ein Pfarrer las den 23. Psalm. Der Rabbi aus der Emanuel-Synagoge las das Kaddisch und El Mole Rachmim. Schließlich hielt Pater Looney auf Lateinisch den Trauergottesdienst und besprengte die Gräber mit Weihwasser. Die Menge stimmte in das Gebet ein.

Als die letzten Wagen abfuhren, schleppten die Totengräber die Särge beiseite und sprangen in die Gräber hinab. Sie waren noch nicht mit dem Graben fertig. Im Gras lagen sechs Pfähle, auf jedem stand eine Nummer.

Neben dem Friedhofstor befanden sich die Gegenstücke zu den namenlosen Toten – lange Grabreihen ohne Leichen. Die Grabsteine gedachten der einheimischen Männer, die in fernen Ländern umgekommen oder woanders beerdigt worden waren: in Manila und Tunesien, in Belgien und Honolulu. Im Kampf gefallen, stand auf einem der Steine, wo, war belanglos. Auf See verschollen. Mit dem Flugzeug abgeschossen.

Auf dem Center Cemetery in Southampton, Massachusetts, sollte ein Ehrenmal direkt neben dem Grabstein ihres Bruders Edward an Eleanor Cook erinnern. Die Kinder hielten ihren eigenen Gedenkgottesdienst. Pfarrer James Yee führte eine Prozession aus der Innenstadt an, der sich Nachbarn und Freunde aus Eleanors Grundschul- und Edwards Sonntagsschulklasse anschlossen, während sie die East Street entlang zum Pfarrhaus zog. Die Jungs trugen ihre Sonntagskleidung – Hose, Hemd und Krawatte –, die Mädchen ihre besten Kleider. Edwards Sarg stand in der Vorhalle des Pfarrhauses, einem langen Raum mit Hartholzfußboden, der auf drei Seiten von Fenstern gesäumt war. Auf dem Sargdeckel stand ein Foto der Cook-Kinder, ein Blumengesteck versperrte Donald die Sicht. Pfarrer Yee hielt für die Kinder der Stadt einen vollständigen Gottesdienst; später würde er in der Congregational Church dasselbe für ihre Eltern tun.

Thomas Barber verpasste die Gottesdienste für die Toten, über die er in den letzten vier Tagen gewacht hatte. Er musste seine Tochter Gloria zum Altar führen. Da Orville Vieth nach Übersee abkommandiert war, konnten sie die Hochzeit nicht länger hinausschieben. Pater Looney traute die beiden in St. Michael's vor einer kleinen Schar von Freunden und Verwandten. Sie mussten den Fototermin vorzeitig abbrechen und zu ihrem Empfang fahren; wegen der ganzen Beerdigungen hatte die Kirche ein hektisches Programm. Direkt nach der Trauung kam der Leichenwagen von Farley's mit Billy Dineens Sarg vorgefahren.

Die Barbers waren mit den Dineens gut befreundet. Da sie
wussten, dass sie zur Beerdigung des Jungen nicht kommen konnten, hatten Barber und Gloria sie am letzten Freitag besucht, um
ihnen ihr Beileid auszusprechen. Die Dineens hatten sich ent-
schuldigt, weil sie der Hochzeit nicht beiwohnen konnten.
Weit entfernte Städte wie Houston hielten Gottesdienste für
die Toten. Hertford, die englische Namensvetterin der Stadt,
schickte ein offizielles Beileidsschreiben. Aus dem ganzen Land
kamen Telegramme. Das Hartford und das St. Francis Hospital baten darum, keine Blumen mehr zu schicken, und führten als
Grund die zusätzliche Belastung für die Hausmeister an.

In Chicago, wo der Zirkus ein Büro unterhielt, schrieb die *Tribune*, «in einem Bericht der Ermittler gegen Ringling Bros. and
Barnum & Bailey [stehe], dass für die Schnüre, die das sechsblöcki-
ge Hauptzelt zusammenhielten, Sisalhanf, ein Erzeugnis aus Yuca-
tán und so leicht entzündlich wie trockenes Feuerholz, verwendet
wurde. Weiter heißt es, dass die Flammen an den Schnüren der
Nähte entlangzüngelten, bis sie die Mastringe erreichten, die die
Leinwand trugen.»

Den Tresorraum des Polizeipräsidiums durchzog ein starker
Brandgeruch. Unter den Gegenständen, die niemand abgeholt
hatte, befanden sich die glänzende schwarze Lacksandale eines
Kindes, eine Dienstmarke der Feuerwehr von Glastonbury, Wehr-
pässe, Decken (die aus den Kofferräumen der Autos geholt worden waren, um die Toten zu verhüllen), Scheckbücher, Schnapp-
schüsse und mehrere Meter «leichter Stoff für Sommerkleider».
Die Polizei war besonders von der Ehrlichkeit der Leute beein-
druckt, die Bezugsscheine für Lebensmittel, Schuhe und Benzin
abgaben.

Nicht alles war so leicht zu ersetzen. Eine Frau schrieb dem Coroner, dass sie einen ansehnlichen Diamantring und einen großen
Smaragd suche, die ihre Mutter getragen hatte. Die vier Macks,
eine Artistentruppe des Zirkus, beknieten die Polizei; sie mussten
für ihre Rollschuhnummer einen neuen Tisch bauen lassen, durf-

ten aber den Platz nicht betreten, um den alten Tisch auszumessen.

Der Platz war in einem fürchterlichen Zustand – besonders hinter dem Zelt. Der Bürgermeister traf sich mit Mitarbeitern des Gesundheitsamtes in der Hoffnung, eine Lösung zu finden. Ein Hauseigentümer in der Cleveland Avenue 95 beschwerte sich über die Latrine hinter dem Küchenzelt. Die sechs Toiletten, die von mehreren hundert Arbeitern benutzt wurden, standen nur dreißig Meter von seiner Hintertür entfernt. Der Zirkus reinigte sie zweimal täglich, doch die Inspektoren sagten, die Hygiene lasse zu wünschen übrig. Das Gesundheitsamt sprach mit dem Küchenchef darüber.

Einige Anwohner fanden den Geruch und die Geräusche der Tiere noch schlimmer als die Toiletten. Die Elefanten und Raubkatzen machten manchmal mitten in der Nacht Lärm, und bei der Hitze herrschte auf Sponzos Wiese ein ziemlicher Gestank. Und wer wusste schon, wie lange sie noch bleiben würden?

Dem Zirkus gingen die Vorräte aus. Man hätte inzwischen längst weg sein, Springfield bereits hinter sich haben müssen, würde an diesem Abend noch eine Vorstellung in Albany geben und dann nach Schenectady aufbrechen. Stattdessen saß man in der Barbour Street, zahlte überhöhte Preise für Eis, Fleisch und Heu, und ein Ende dieses Zustands war nicht abzusehen.

Bei Zeltveranstaltungen wurde weiter hart durchgegriffen. Auf Drängen der Stadt ließ der Colored Elks Club auf seinem Grundstück in der Bellevue Street ein Zelt abbauen, und der Erweckungsbewegung verweigerten Bauaufsicht und Feuerwehr die Genehmigung, im North End ihr Zelt aufzustellen. Doch Dick's Paramount Carnival gelang es irgendwie, Polizeipräsident Hickeys strenge Kriterien zu erfüllen. Die Eröffnungsvorstellung fand an jenem Abend in Berlin im Licht der Scheinwerfer statt, und das Gastspiel, bei dem eine fette Frau, eine Schlange, lebende Bilder und eine Affenschau zu sehen waren, dauerte bis zum 15. Juli.

Im Hartford und im St. Francis Hospital war es in jener Nacht

ruhig, doch in den Fluren des Municipal Hospital herrschte in den
frühen Morgenstunden plötzlich helle Aufregung. Der Zustand
des Jungen, der sich direkt nach dem Brand mit Jerry Le Vasseur
ein Bett geteilt hatte, verschlechterte sich nach Mitternacht. Er
hielt noch bis zum frühen Morgen durch, und die Ärzte kämpften Seite an Seite um sein Leben, bis er gestorben war. Im gleichen
Stockwerk schlief seine Mutter, Gesicht und Arme voller Brandwunden. Sie hatte noch einen Sohn, doch dieser war ihr Liebling
gewesen. Die Ärzte verschwiegen ihr monatelang seinen Tod.

11.–15. Juli 1944

Am Dienstagmorgen um 10.00 Uhr begann Coroner Healy seine Untersuchung und lud in der Hoffnung, die Brandursache herauszufinden, als Erstes sechs Platzanweiser und Tribünenarbeiter vor.

Ein Tribünenarbeiter sagte: «Wahrscheinlich hat jemand in der letzten Sitzreihe gesessen und am Zelt ein Streichholz angezündet, oder vielleicht ist das Feuer auch auf der Herrentoilette ausgebrochen ... Eine andere Möglichkeit sehe ich nicht.»

John Carson, der Chef der Platzanweiser, sagte aus: «Ich glaube, dass sich jemand eine Zigarette angezündet und das Streichholz hinter sich geworfen hat, und dann hat das Zelt Feuer gefangen. Durch eine Zigarette brennt kein Zelt ab.»

Die Zeugen erwähnten das brennende Vertikalseil in Portland und das Brandloch in Providence, aber ein ernsterer Brand kam nicht zur Sprache. In Philadelphia, dem ersten Gastspiel im Zelt, hatte die Seitenwand des Umkleidezelts zu brennen begonnen. Seltsamerweise kam dieser Vorfall in den Hartforder Ermittlungen nie ans Licht.

Polizeipräsident Hickey sammelte weiter Beweismaterial und trug alle Fotos von dem Brand und dessen Auswirkungen zusammen, deren er habhaft werden konnte.

Er setzte die Vernehmung fort, lud erneut James Haley vor und erkundigte sich noch einmal nach der Brand- und Haftpflichtversicherung des Zirkus. Haley hatte jetzt die genauen Zahlen. Ihre Brandversicherung hatten sie bei fünf verschiedenen Gesellschaften über eine Summe von 578 000 Dollar abgeschlossen, ihre

Haftpflicht bei Lloyd's of London betrug 500 000 Dollar. Die Antworten stellten Hickey zufrieden; nach fünf Minuten durfte Haley wieder gehen.

Städtische Polizisten suchten die Zeugen in ihren Häusern auf, um ihre Aussagen aufzunehmen. William Dineen sprach mit den Familien im North End. Ed Lowe bearbeitete Briefe, in denen es um vermisste Kinder ging. Thomas Barber befragte Leute, die auf der südwestlichen Seitentribüne gewesen waren, darunter auch ein Mann, der in der siebten Reihe gesessen hatte und behauptete, er habe kurz vor Ausbruch des Feuers «brennendes Papier oder so was Ähnliches gerochen». Ein anderer Mann aus Block B hatte gehört, dass vor dem Zelt, direkt an der Stelle, wo das Feuer ausbrach, ein Motor lief.

Am Nachmittag brachte die *Times* auf der zweiten Seite Fotos und einen Artikel über die Begräbnisfeier auf dem Northwood Cemetery. Genau gegenüber stand in einem Artikel mit dem Titel MÄDCHEN SEIT DEM ZIRKUSBRAND VERMISST eine Beschreibung Eleanor Cooks. Sie sei «groß für ihr Alter, trägt einen blaurot karierten Spielanzug, rote Socken und weiße Sommerschuhe. Ihr Haar ist hellbraun und kurz geschnitten, ihre Augen sind blau. Zuerst hieß es, sie liege mit ihrer Mutter und ihrem Bruder im Krankenhaus, doch das erwies sich als falsch ... Ein Familienmitglied hat gesagt, bei dem kleinen Mädchen, das gestern mit den unbekannten Opfern beerdigt wurde, handle es sich nicht um Eleanor.»

Kinder, die den Brand unverletzt überstanden hatten – und da gab es Tausende –, wurden in ihrem Viertel zu kleinen Berühmtheiten und erzählten immer wieder, wie sie den Flammen entronnen waren. Für einige war es ein Abenteuer, das erste bedeutende Ereignis, bei dem sie dabei gewesen waren. Sie fanden es aufregend, ihren Namen in der Zeitung zu lesen. «In unserer Naivität», sagte eins von ihnen später, «waren wir völlig ahnungslos.» Aus demselben Grund bekamen viele auch keine Albträume.

Die Auswirkungen konnten sogar komisch sein. Der Vater eines

Mädchens hatte Verbrennungen an der kahlen Stelle auf seinem
Kopf, wo sich eine Brandblase bildete, die wie eine kleine Kappe
aussah. Eines Abends, als er gerade Zeitung las, platzte die Blase auf
und Wasser rann über seine Stirn.

Andere, wie Betsy Kurneta, konnten wochenlang nicht schlafen. Wenn sie einschliefen, träumten sie von dem Feuer, saßen
plötzlich kerzengerade im Bett und schrien.

Am Mittwoch brachte der *Courant* das Thema «Unidentifiziert
Nr. 1» zur Sprache: «Direkt nach dem Brand hatte man einzelne
Leichenteile eingeäschert, da sie nicht mehr zu identifizieren waren.» Der Verfasser legte sich nicht fest, ob es sich bei Nr. 1 um eine
siebte unidentifizierte Person handelte, doch später an jenem Tag
stützte sich der *Manchester Evening Herald* auf den Fingerzeig des
Journalisten und schrieb: «Die Überreste einer Leiche, die nicht
mehr zu erkennen war, hatte man bereits vorher eingeäschert.»

Bei dieser Schilderung könnte es sich um eine Interpretation
von Weissenborns Angaben auf dem Totenschein von Nr. 1 handeln. Nach dem Brand «wurden Teile einer verstümmelten Leiche
gefunden. Die linke Hand, der linke Fuß, ein Teil des Schädels und
des Gehirns und die rechte Hand. Alles war einem raschen Verwe-
sungsprozess unterworfen. Anhand der einzelnen Teile ließ sich das
Geschlecht der Leiche nicht ermitteln. Ich habe den Eindruck,
dass sie von einem umstürzenden Mast zerquetscht und der Rest
des Körpers bis zur Unkenntlichkeit verbrannt und zertrampelt
wurde. Wurde am 7. Juli 1944 im Hartford Hospital eingeäschert.»

Weissenborn bezeichnete Nr. 1 aus praktischen Gründen als
eine einzige Leiche. Man hatte ihm die Teile in verschiedenen Be-
hältern übergeben, und nicht alle (falls überhaupt irgendwelche)
stammten von derselben Person. Die Liste der Leichenteile, die die
Staatspolizei besaß – sie hatte sie von Weissenborn persönlich erhalten –, verzeichnete drei linke Füße, von denen einer von einem
Kind stammte. So viele Leichen hatten ihre Hände und Füße verloren, dass diese Teile ohne weiteres von ihnen stammen konnten,

und das Schädelstück passte zu der Beschreibung der unidentifizierten Frau am Samstag in der Leichenhalle, von deren Kopf kaum noch etwas übrig gewesen war. Nr. 1 hatte keinen Rumpf und keine Arme und Beine, nur Hände und Füße.

Wie sich Nr. 1 im Lauf der Jahre in das eingeäscherte Baby verwandeln konnte, bleibt unklar. Die Reporter sprachen von einer siebten unidentifizierten Leiche; vielleicht verleitete der Umstand, dass zu wenig übrig war, um etwas erkennen zu können, und alles eingeäschert wurde, einen von ihnen zu dieser Behauptung. Nr. 1 hatte sein Etikett weg.

Jetzt stimmten die Listen genau überein, sieben Vermisste und sieben Unidentifizierte, bis die Polizei am Mittwoch den in der Kriegsindustrie beschäftigten Ermo Flanders in seiner Pension in East Hartford ausfindig machte. Flanders hatte die Zirkusvorstellung besucht; als die Ermittler ihn aufgesucht hatten, war er nicht zu Hause gewesen. Verständlicherweise war er nicht begeistert, dass sein Name die ganze Woche lang in der Zeitung gestanden hatte.

Jetzt standen sechs Namen auf der Vermisstenliste: Mrs. Budrick, Mrs. Fifield, eine gewisse Mrs. Woodward aus Storrs, Eleanor Cook, Judy Norris und Raymond Erickson.

Die Times brachte auf Seite 2 einen kurzen Artikel mit der Überschrift ELEANOR COOK, 8, AUF DER VERMISS-TENLISTE, darüber ein grobkörniges Foto von ihr. Auf Seite 9 stand über einem Bild von Nr. 1565 die Frage: «Wer kennt dieses Mädchen?»

Die Beerdigung der Unidentifizierten am Montag erregte das Interesse des ganzen Landes und hatte eine Flut von Briefen zur Folge, geschrieben von den Eltern ausgerissener Kinder oder von Paaren, die in hässliche Kämpfe um das Sorgerecht für ihre Kinder verwickelt waren. «Mr. F... hält Lila gewissermaßen versteckt, weil er verhindern will, dass seine Frau das Kind bekommt.»

Eine Frau aus New Jersey fragte sich, ob Nr. 2200 vielleicht ihr Bruder war, der seit über einem Jahr vermisst wurde. Ed Lowe schrieb zurück und bat um ein zahnärztliches Krankenblatt, doch die Frau hatte keins. Sie dankte ihm trotzdem. «Ich wünschte, ich könnte meinen Bruder finden», schrieb sie. «Wir waren sieben in unserer Familie, und jetzt sind nur noch wir 2 übrig. Ich bin die Älteste, und ich hab immer probirt, den Kontakt nicht abreisen zu lassen.»

Die Polizei in Philadelphia suchte zwei Jungs, dreizehn und siebzehn Jahre alt, die angeblich mit dem Zirkus losgezogen waren.

Eine Frau aus Worcester suchte nach ihrem Sohn, der beim Zirkus arbeitete. Der Aufseher sagte, der junge Mann habe am 8. Juli seinen Lohn erhalten und dann die Stadt verlassen. Ein Jahr später schickte die Mutter immer noch Briefe.

Eine Mutter aus Stockholm, Maine, schrieb: «Würden Sie so gud sein und mein Tochter suchen?»

Ein Schreiber schlug Polizeipräsident Hickey vor, dass alle Zivilisten stählerne Erkennungsmarken an dünnen Metallketten tragen sollten – und nicht an Baumwollschnüren, da im Cocoanut Grove ein paar Soldaten auf die Art ihre Hundemarken verloren hätten.

Hinsichtlich der Brandursache ging eine noch größere Zahl von Briefen ein. Aus Philadelphia schrieb ein Mann an Hickey, er habe in einem Lokal mit einer verdächtigen Person gesprochen, während der Zirkus dort gastierte. Der Mann sei vom Zirkus gewesen und habe ihm verraten, dass die Elefanten im Jahre 1941 nicht vergiftet worden, sondern in Wirklichkeit an Dämpfen in ihren Eisenbahnwaggons erstickt seien. Er habe behauptet, dass man die Pferde im Falle eines Brandes durch ein «Hauptseil» freilasse und dass seine Frau, eine Seiltänzerin, vor einiger Zeit bei einem Unfall ums Leben gekommen sei. Der Schreiber meinte, dass die Worte des Mannes keinen Sinn ergäben, glaubte aber, dass Hickey einen Teil der Informationen verwenden könne.

Ebenfalls aus Philadelphia berichtete eine Frau, dass bei der letzten Abendvorstellung ein Scheinwerfer explodiert sei und ein Seil in Brand gesetzt habe. Ein Mann aus Hartford erinnerte sich,

dass ein Kabel, das auf der Rennbahn vor der südwestlichen Seitentribüne auf dem Boden lag, ihm einen Stromschlag versetzt
hatte.

Ein paar Briefe waren offensichtlich das Werk von Spinnern,
andere enthielten das Gefasel von Geistesgestörten, die unbedingt
in die Nachrichten kommen wollten. «Auf meine Brandblasen
wird für Roosevelt – den Sohn eines früheren Präsidenten – jetzt
langsam was fällig. Ich hab Ihnen schon gesagt, dass Sie alle lebenden Söhne der früheren Präsidenten nennen müssen. Wie Calvin
Coolidge Jr. wäre ich fast an Streptokokken gestorben. Und wenn
Sie ihm nicht das Leben gerettet haben, dann wird es seinetwegen
noch viel Wirbel geben, und vielleicht ist der Zirkus deshalb abgebrannt.»

Doch viele Hinweise wirkten glaubwürdig. Eine Frau aus Hartford behauptete, sie und ihr Sohn hätten einen Mann mit bluti-
gem Hemd gesehen, der sich in einem Zirkuswagen ungefähr
zehn Meter westlich des Haupteingangs mit einer Rolle Verbandmull oder irgendwelchen Lappen eilig das Handgelenk umwickelt
habe. Er könne sich nicht bei dem Brand verletzt haben, da sie als
eine der Ersten aus dem Zelt gekommen sei. Sie habe gedacht,
«falls so ein Kampf stattgefunden hat, könnte das etwas mit der
Brandursache zu tun haben. Es war ein schwergewichtiger Weißer
mit dunklem Haar. Anscheinend war er allein im Wagen.»

Der vielversprechendste Brief kam vom Direktor des Deer
Lodge Prison in Montana. Einer seiner Häftlinge habe letztes Jahr
für den Zirkus gearbeitet. Im November habe der Zirkus in Nashville einen Mann namens Cox entlassen, mit dem er zusammengearbeitet habe. Cox habe geschworen, er werde den Zirkus abbrennen, die Show werde 1944 nicht weit kommen. Cox habe dem
Häftling auch erzählt, er hätte fünf Jahre abgesessen, weil er ein
Hotel abgebrannt hätte. Der Direktor hatte das Gefühl, dass die
Geschichte des Häftlings einer Überprüfung standhielt. Hickey
schickte ein Telegramm zurück, worin er den Gefängnisdirektor
bat, den Mann ausführlich zu befragen und sich eine genaue Be-

schreibung von Cox und allen anderen Bekannten, die damals für den Zirkus arbeiteten, geben zu lassen. Er setzte sich auch mit dem Polizeichef von Nashville in Verbindung, weil er hoffte, dessen Leute könnten Cox vielleicht ausfindig machen.

Inzwischen liefen die gerichtlichen Maßnahmen auf vollen Touren. Als die Anwälte Edward Rogin, Julius Schatz und Arthur Weinstein sahen, dass die Forderungen der Überlebenden das Vermögen des Zirkus bei weitem überstiegen – dass für die Klienten, die ihre Klage später einreichten, nichts übrig bleiben würde –, beantragten sie beim höchsten Gerichtshof des Staates, den Zirkus vorübergehend unter Geschäftsaufsicht zu stellen und Rogin zum Vermögensverwalter zu ernennen. Das Gericht war einverstanden.

Der Zirkus nicht. Juristisch gesehen war für die Berufung eines Vermögensverwalters die Anweisung eines Bundesgerichts und nicht bloß die eines staatlichen Gerichts erforderlich. Doch die Alternative zur Geschäftsaufsicht bestand in einem Konkursverfahren, was bedeutet hätte, dass die derzeitigen Vorstandsmitglieder des Zirkus die Kontrolle über das Unternehmen verlieren und die Opfer kaum etwas oder gar nichts erhalten würden. So aber konnte der Zirkus normal weitermachen und den Gewinn nach und nach an den Vermögensverwalter abführen, um den Schaden zu begleichen. Nachdem sie die Lage mit Rogin, Schatz und Weinstein und dann unter sich erörtert hatten, erklärten sich Dan Gordon Judge, Aubrey Ringling Haley und Mrs. Edith Ringling mit der Geschäftsaufsicht einverstanden. Rogin würde alle Forderungen bearbeiten und alle Zahlungen leisten.

Zuerst musste er dem Zirkus jedoch helfen, aus der Stadt zu gelangen. In den letzten vierundzwanzig Stunden war das Gesundheitsamt mit Beschwerden von Anwohnern der Cleveland Avenue überschwemmt worden. Erneut zogen Inspektoren los und machten einen Rundgang über das Gelände; diesmal empfahlen sie, die Tiere und das Küchenzelt umzusiedeln, vielleicht auf die North Meadows unten am Fluss. Bei den Zügen war die Lage auch nicht besser.

Als Vermögensverwalter würde Rogin die Eisenbahnwaggons, die Zirkuswagen, die Tiere in Besitz nehmen – jeglichen Besitz und alle Vermögenswerte des Zirkus im Staat Connecticut. Das Gericht beauftragte ihn, diese Vermögenswerte zu bewahren und zu schützen, doch die einzige Möglichkeit, den Zirkus wieder zu einem Gewinn bringenden Unternehmen zu machen, bestand darin, die drei Teile des Zuges so schnell wie möglich nach Sarasota zu schaffen. Um sie freizubekommen, musste der Zirkus einen großen Batzen Geld aufbringen. Die Versicherungspolicen waren ein Anfang. Den Rest musste Rogin mit List bewerkstelligen.

In Rochester kamen Adolphe Pastore und George Sanford mit dem Original und einer Kopie des Films aus der Firmenzentrale von Eastman Kodak, stiegen wieder in den Caddy und fuhren los.

An jenem Abend hielt Bürgermeister Mortensen auf WTHT eine lange Rede. Er beklagte den Mangel an Brandvorschriften für Volksfeste und Zirkusse – nicht nur an Ort und Stelle, sondern im ganzen Land. Von überall werde man auf Hartford schauen. «Wir können keinen der so qualvoll Gestorbenen wieder zum Leben erwecken, aber wir können dafür sorgen, dass keine zivilisierte Stadt je wieder einen so entsetzlichen Preis zahlen muss. Wenn es uns nicht gelingt, aus der ernüchternden Erfahrung der Katastrophe zu lernen, dann bleibt dieses Unglück so sinnlos und grausam, wie es uns heute erscheint.»

Im Municipal und im Hartford Hospital starben drei weitere Patienten, womit die Zahl der Toten auf 161 stieg. Einer von ihnen war der litauische Einwanderer Charles Tomalonis. Seine Arbeitskollegen von der Tabakplantage sagten, er habe in Amerika keine Familienangehörigen, und im Krieg jemanden in seinem Heimatland ausfindig zu machen, war unmöglich. Die Suche nach seinen nächsten Verwandten dauerte fünfundzwanzig Jahre.

Am Donnerstag, eine Woche nach dem Brand, gab der *Courant* ein Extrablatt heraus, worin nur die Artikel vom 7. und 8. Juli ein zweites Mal abgedruckt waren und das die normalen vier Cent

kostete. Es enthielt keine Werbeanzeigen und war, wie die ursprüngliche Auflage von 90 000 am vorigen Freitag, sofort ausverkauft.

Die Polizei lieferte im Büro des Staatsanwalts ein Stück khaki-
farbene Leinwand, das aus der südlichen Wand der Herrentoilette
stammte, und einen Fetzen aus der Seitenwand des Menageriezeltes ab. Polizeipräsident Hickey unterbrach die Vernehmung bis
zum 18. Juli. Bis jetzt hatten achtzig Zeugen ausgesagt, deren Namen der Öffentlichkeit vorenthalten wurden.

Die Polizisten Thomas Barber und Edward Lowe, die auf dem
Zirkusgelände, dann im Waffenarsenal und schließlich in der Leichenhalle des Hartford Hospital geholfen hatten, nahmen in ihrer
Freizeit eigene Ermittlungen auf. Sie schickten Fotos von Nr. 1565
an alle Grundschulen in Connecticut und ihr Krankenblatt an
Hunderte von Zahnärzten in der Gegend und hofften, irgendei-
nen Hinweis zu erhalten. Sie befragten Lehrer, Priester und Postboten, waren überzeugt, dass sich irgendwo jemand an ihr Gesicht
erinnern würde.

«Innerhalb von ein paar Wochen», sagte Lowe, «waren wir ent-
mutigt. Die vermissten Kinder waren letztendlich alle im Urlaub,
im Ferienlager oder auf Verwandtenbesuch. Es wurden so viele
Kinder als vermisst gemeldet, dass es unsere Suche praktisch unmöglich machte. Wir beschlossen, mit der Überprüfung der Vermisstenmeldungen bis zum Schulbeginn zu warten.»

Stattdessen gingen sie einen direkteren, aber viel schwierigeren
Weg. Sie sprachen mit Eltern, die im Waffenarsenal Leichen identifiziert hatten, auf die die Beschreibung von Nr. 1565 passte.

«Diese Gespräche waren sehr qualvoll», gestand Lowe. «Die
Leute, die bei dem Brand Verwandte verloren hatten, wollten die
ganze Sache vergessen. Die meisten wollten nicht darüber sprechen, und wir konnten ihnen keinen Vorwurf machen. Wir kamen
nicht weiter.»

Im Municipal Hospital kümmerte sich jede Pflegerin um einen
speziellen Patienten. Eine von ihnen hatte es mit einer Frau zu tun,

deren Zustand kritisch war. Jedes Mal, wenn die Pflegerin die Verbände wechselte, lösten sich weitere Hautfetzen. Der sechsjährige Sohn der Frau war bei dem Brand ums Leben gekommen, doch man traute sich nicht, es ihr zu sagen. Man sagte, er liege auf der Kinderstation und es gehe ihm gut.

«Man hat es ihr lange nicht erzählt. Sie bat mich oft, runterzugehen und ihm etwas vorzulesen. Wir hatten die strikte Anweisung, ihr zu verschweigen, dass ihr Sohn tot war. Also sagte ich: ‹Ja, sehr gern.› Ich ging raus und verschwand für eine knappe halbe Stunde. Dann kam ich zurück und erzählte ihr all die Geschichten, die ich ihm angeblich vorgelesen hatte. Und in dieser knappen halben Stunde saß ich draußen im Flur und weinte wie ein Baby.»

Schließlich sagten die Ärzte der Frau die Wahrheit. Später kam die Pflegerin herein, um ihr gegenüberzutreten.

«Wie konnten Sie so etwas tun?», fragte die Mutter.

«Tut mir Leid. Man hat es von mir verlangt.»

«Ach, meine Liebe. Ich werde Sie nicht anschreien», sagte die Frau. «Ich verstehe bloß nicht, wie Sie so etwas tun konnten.»

Im Hartford Hospital wurden die normalen Besuchszeiten wieder eingeführt. Damals durften Kinder nicht auf die Stationen. Martha Ann Moores Bett stand dicht am Fenster. Draußen stand ihre Enkelin Janet Moore Sapolis auf der anderen Straßenseite und winkte zu ihr hinauf.

Elliott Smiths Vater kam jeden Tag ins Municipal Hospital. Er arbeitete in der Innenstadt bei der Factory Insurance Association und kam in der Mittagspause und dann noch einmal abends mit dem Bus. Elliott hatte sich eine Lungenentzündung zugezogen, lag in seinem sargähnlichen Sauerstoffzelt und unterhielt sich mit ihm durch die Plastikfenster. Paradoxerweise hatte er die schlimmsten Verbrennungen da, wo seine Retter ihn angefasst hatten – an der Hand, die der Mann mit dem Schnurrbart ergriffen hatte, und am Rücken und an den Oberschenkeln, wo er Elliott hochgehoben hatte; durch die Reibung hatte sich die geröstete Haut gelöst. Mr.

Smith pendelte zwischen dem vierten und dem zweiten Stockwerk, wo seine Frau Grace lag. Er blieb bis 20.00 Uhr, dem Ende
der Besuchszeit, verabschiedete sich und fuhr dann mit dem Bus
die Main Street entlang zu der Verkehrsinsel, wo er in den Bus
nach Vernon umstieg. Den ganzen Sommer lang aß er erst spätabends.

Joan Smith wohnte in jener Zeit bei ihrer Tante und ihrem
Onkel in Wilson. In der ersten Woche machte ihre Cousine noch
Ferien an einem See. Sie besaß eine große Sammlung von Bobb-
sey-Twins-Büchern; Joan las bis zu ihrer Rückkehr jeden Tag eins.
Die Mädchen gingen zur Sommerschule, fertigten Spiele für Elliott an und malten Bilder für ihn. Joan dachte sich Geschichten
aus, die sie ihm erzählen wollte, wenn sie ihn besuchte.

Ihre Mutter hatte sich Verbrennungen an Kopf und Schultern
und an den Knöcheln zugezogen, an denen die Feuerwehrleute sie
nach draußen getragen hatten. Als Joan sie zum ersten Mal besuchte, fing sie schon an zu weinen, bevor sie das Zimmer erreicht
hatte. Die Krankenschwester war verärgert und sagte, so könne sie
nicht hineingehen. Sie gab Joan ein Glas Ginger Ale, um sie zu beruhigen. Es wirkte, doch als sie hineinging, sah man an ihren
Augen, dass sie geweint hatte. Vor ihrer Mutter konnte sie es nicht
verbergen.

Auf dem Zirkusgelände überprüfte Edward Rogin, unterstützt
von George W. Smith, die Bestandsaufnahme, die der Zirkus von
seiner Ausrüstung gemacht hatte. Mit einem Federstrich nahm
Rogin offiziell alles auf dem Gelände in Besitz. Dann begab er sich
zum Güterbahnhof in der Windsor Street.

In Sarasota bestritt das Hauptbüro von Ringling energisch, dass
der Zirkus unter Geschäftsaufsicht stehe.

Zur Abendbrotzeit wurde die Öffentlichkeit im Radio dazu
aufgerufen, Informationen über den Brand weiterzugeben. Die
Polizei bat alle Zirkusbesucher, die auf der südwestlichen Seitentribüne gesessen hatten, sich im Präsidium in der Market Street zu

melden. Am nächsten Morgen um 8.00 Uhr wurde der Aufruf wiederholt, und es gingen Dutzende von Anrufen und Briefen ein.

Die Frage, was man mit dem Zirkus anfangen sollte, hing immer noch in der Luft. Im Auftrag des Bürgermeisters ordnete Dr. Burgdorf vom Gesundheitsamt an, dass der Zirkus den Platz bis Freitag 24.00 Uhr zu räumen habe; wo er unterkommen sollte, war unklar. Rogin wollte, dass er ganz aus der Stadt verschwand. Hickey sagte, der Zirkus dürfe die Barbour Street erst verlassen, wenn die Ermittlungen abgeschlossen seien.

An jenem Morgen trafen sich Rogin, Schatz und Weinstein in Schatz' Büro, um einen Weg aus dieser Sackgasse zu finden. Man musste dem Staat Sicherheiten geben, bevor man abreisen konnte. Der Schlüssel war, den Zirkus dazu zu bringen, als Geste des guten Willens so viel Geld bereitzustellen, dass der Wert der Fahrzeuge und der Ausrüstung abgedeckt war. Die drei Männer berieten sich mit den Zirkusanwälten und entwickelten einen Plan. Der Zirkus würde 380 000 Dollar in bar aushändigen, zwei Brandversicherungspolicen, jeweils im Wert von 125 000 Dollar, dem Vermögensverwalter überschreiben und die Lloyd's-Police ausschließlich zur Begleichung der Schadenersatzansprüche verwenden. Den ganzen Nachmittag arbeiteten Weinstein und die Ringling-Anwälte an dem endgültigen Entwurf für die Vereinbarung. Das Gericht billigte die Lösung. Um 19.30 Uhr reihten Arbeiter die Wagen für die kurze Strecke zu den Abstellgleisen auf. Der stellvertretende Polizeichef Godfrey, Bürgermeister Mortensens selbst ausgesuchter Verbindungsmann, beaufsichtigte das Ganze.

Kurz nach 20.00 Uhr, im Westen ging gerade die Sonne unter, rollte eine große schwarze Limousine mit einem Kennzeichen aus Florida über den mit Erde bedeckten Gehsteig auf das Zirkusgelände. Leonard Aylesworth stieg aus und begann, seine Mannschaft zu versammeln. Kurz darauf kam Polizeipräsident Hickeys Cadillac mit Adolph Pastore hinter dem Lenkrad. Auch die Zirkusanwälte und Dr. Burgdorf waren da, die ursprünglich alle aneinander vorbeigeredet hatten und jetzt sicherstellen wollten, dass ihre Interessen bei dem überstürzten Aufbruch nicht vergessen wurden. Hickey wollte die Garantie, dass die dreiunddreißig Angestellten, die er und Coroner Healy vorgeladen hatten, in der Stadt blieben. Burgdorf wollte, dass der Platz aufgeräumt wurde. Die Anwälte sagten, der Zirkus sei für alles zugänglich.

Gegen Mitternacht zogen Lastwagen die erste Wagenkette über den Gehsteig und die Barbour Street entlang zum Abstellgleis in der Pleasant Street. Um 3.00 Uhr nachts beendeten die Arbeiter die Aufräumarbeiten und ließen nur umgestürzte Masten und verkohlte Tribünen zurück.

Der erste Zugteil brach am Samstag um 7.00 Uhr morgens auf nach Sarasota, von Rogin verabschiedet und von einem Hilfssheriff begleitet, den Rogin an seiner statt zum Treuhänder ernannt hatte. Da der Hilfssheriff wusste, dass man so einen Auftrag nur einmal im Leben erhielt, brachte er seinen Sohn mit. Sie unterhielten sich mit den Artisten, während sie westwärts durch die grünen Hügel ruckelten. Kurz nach 12.00 Uhr überquerte der Zug die Newburgh Bridge hoch über dem breiten Hudson und lief in dem Eisenbahnknotenpunkt Maybrook, New York, ein. Der Hilfssheriff und sein Sohn stiegen aus. Der Zirkus fuhr weiter.

Ein zehnjähriger Junge aus der Magnolia Street im North End war den Flammen entronnen. Sein bester Freund aus der Vine Street School war ums Leben gekommen. Der Vater des Jungen war Rabbi und trug seinem Sohn auf, am folgenden Schabbes das Birkat ha-Gomel zu sprechen, ein Gebet über die Errettung aus der Gefahr. Also ging der Junge am Samstag, während der Zirkuszug in sein Winterquartier fuhr, in die Agudas-Achim-Synagoge in der Greenfield Street und betete: «Gelobt seist Du, o Herr unser Gott, König der Welt, der Du den Unwürdigen Wohltaten gewährst, der Du auch mir alles Gute gewährt hast.»

An jenem Morgen schickte Polizeipräsident Hickey allen örtlichen Branddirektoren und Polizeichefs eine Notiz. Seit dem Brand hatte sein Büro Hunderte von Anfragen bezüglich der Erteilung von Konzessionen für Wanderzirkusse bearbeitet. Es war Saison, besonders in den fernen Kleinstädten und an der Küste; auf jeder Wiese schien ein Zirkus aufzusprießen. In seiner Notiz bat Hickey die örtlichen Inspektoren, die Bestuhlung zu kontrollieren. Wenn die Zuschauer stehen müssten, könnten die Beamten zwei Leute pro Quadratmeter zulassen; wenn sie auf befestigten Stühlen säßen, anderthalb und bei unbefestigten Stühlen einen pro Quadratmeter. Die Zirkusse sollten für breite Gänge und Ausgänge sorgen, die Reihen verkürzen und das Fassungsvermögen beschränken. Zuletzt schlug er ein striktes Rauchverbot vor und führte die speziellen Vorschriften und Bußgelder an.

Am frühen Nachmittag sendete WTIC eine Rede Gouverneur

Baldwins. Am Vortag hatte er überraschend bekannt gegeben, er
habe seinen Standpunkt noch einmal überdacht und werde doch
für eine dritte Amtszeit kandidieren. Jetzt rekapitulierte er kurz
den Brand und nannte die aktuelle Zahl der Todesopfer, ehe er die
Verantwortung des Staates und die laufenden Vernehmungen skiz-
zierte. «An der Zahl der Toten und Verletzten gemessen», sagte er,
«ist es die schlimmste Katastrophe in der Geschichte Connecticuts.
Die Behörden werden genau untersuchen, wie und warum es zu
diesem Unglück kommen konnte. Falls es irgendeine strafbare
Fahrlässigkeit oder Unterlassung gegeben hat, wird der Staat alles
tun, was in seiner Macht steht, um die Verantwortlichen zur Re-
chenschaft zu ziehen.»

Wie der Bürgermeister lobte er Hickey und den Kriegsrat, das
Rote Kreuz und die Krankenhäuser. «Dieses Heer von Freiwilligen diente dem Schutz vor einem feindlichen Angriff ... einer
Bombardierung, zu der es nie gekommen ist. Doch ein Bomben-
angriff hätte uns nicht schneller, unerwarteter oder mit schreck-
licherer Gewalt treffen können als dieser Zirkusbrand. Die Verletzungen sind ähnlich, wie man sie bei einem feindlichen Angriff
mit Brandbomben erwarten könnte – viele schwere Verbrennungen und eine kleinere Zahl von Brüchen. Wir bedauern das tragische Ereignis, das die Hilfsorganisationen auf den Plan gerufen hat.
Doch wir werden stets dafür dankbar sein, dass sie auf ihre Aufgabe vorbereitet waren.»

Am Schluss seiner Rede sprach er davon, wie tausend Freiwillige reagiert, wie sie viele Stunden harter, manchmal unvorstellba-
rer Arbeit auf sich genommen hätten. «Das Zirkusunglück hat den
ganzen Staat in Trauer versetzt. Wir werden uns von diesem Schlag
nicht so schnell erholen. Aber wir können äußerst stolz darauf sein,
mit welchem Geist die Menschen aus Connecticut dieser Notla-
ge begegnet sind. In dieser Tragödie gibt es unzählige namenlose
Helden.»

Der Tod von Mabel Epps' Baby blieb der Öffentlichkeit verborgen. Sie war im achten Monat, als sie vorzeitige Wehen bekam. Das Baby kam tot zur Welt, weil die Plazenta abgetrennt worden war, vermutlich eine Folge des Sturzes vom oberen Rand der Seitentribüne. Es wäre ihre erste Tochter gewesen. Zehn Tage nach dem Brand bekam sie noch immer Weinkrämpfe und litt an rätselhaften Kopfschmerzen. Der Arzt machte Röntgenaufnahmen, konnte aber die Ursache nicht finden. Mit geröteten Augen und in ein Papiertaschentuch schniefend, ging sie wieder nach Hause.

Im St. Francis Hospital starb eine zweiundzwanzigjährige Frau aus West Hartford. Sie hatte nur Verbrennungen ersten und zweiten Grades erlitten, und ihr Zustand war vom Krankenhauspersonal noch am 7. Juli als «nicht ernst» eingestuft worden.

An jenem Abend zerstörte in Denver ein Brand die Bootsrinne im Elitch-Gardens-Vergnügungspark, und es starben sechs Menschen, darunter zwei Aufseher, die in den Tunnel liefen, um die Besucher zu retten. Als Brandursache vermuteten die Angestellten einen Kurzschluss oder eine brennende Zigarette, die jemand in eine Nische des kurvenreichen Tunnels geworfen hatte. Die Eigentümer betonten, dass sie die ganze Dekoration mit einer Flüssigkeit eingesprüht hätten, um sie feuerfest zu machen, und dass die Stromkabel erst im Frühling von einem Elektriker kontrolliert worden seien.

Später am Abend kam es in Port Chicago, Kalifornien, zu einem weitaus größeren Unglück. Zwei im Hafen liegende Munitionsschiffe explodierten, wodurch die Kleinstadt dem Erdboden gleichgemacht wurde und mehr als dreihundertfünfzig Menschen ums Leben kamen, von denen kaum etwas übrig blieb. Die beiden Explosionen erfolgten in einem Abstand von zwei Sekunden und erschütterten den Staat wie ein Erdbeben. Da es in der Stadt keinen Strom mehr gab, warf der Spartan Bros. Circus seine Dieselgeneratoren an und beleuchtete das Gelände. Um Mitternacht hatten die Suchtrupps erst vier Leichen gefunden. Die Navy verhängte das Kriegsrecht und sperrte Port Chicago ab. Die Behör-

den sagten, es stehe eine Untersuchung an, und man werde keine
Liste der Toten veröffentlichen.

Am nächsten Morgen schrieb Gouverneur Baldwin eine Notiz
über den Brand der Bootsrinne an Hickey, worin es hieß, Hickey
solle die örtlichen Beamten anweisen, sämtliche Vergnügungsparks
zu inspizieren. Er schickte dem Polizeipräsidenten auch einen
Brief vom Leiter einer Chemiefabrik, dessen Firma sich damit
auskannte, wie man Zeltleinwand feuerfest machte, sei es für mi-
litärische oder zivile Zwecke. Der Mann bat Baldwin, seinen Einfluss bei der Durchsetzung von Vorschriften geltend zu machen,
die für alle Zelte eine ähnliche Behandlung verlangten.

An jenem Nachmittag vernahmen Hickey und auch Healy
weitere Zeugen. Für Reporter war das bequem; die beiden Vernehmungen fanden in gegenüberliegenden Gebäuden in der
Washington Street statt. Während Polizeichef Hallissey vor dem
Coroner aussagte, brauste der Zirkuszug die Atlantikküste südlich
von Richmond entlang.

Der erste Zugteil lief am Dienstag kurz nach 12.00 Uhr in Sarasota ein, der zweite und dritte folgten wenig später. Mehrere Reporter und Fotografen, die fast die ganze Nacht gewartet hatten,
waren inzwischen gegangen, weil sie dringlichere Aufträge erhalten hatten. Nur eine kleine Gruppe von Freunden und Verwandten empfing den Zirkus, und als die offenen Güterwagen und
Viehwaggons und Pullmans in den Bahnhof rollten, starrten alle
die verkohlten Zirkuswagen an. Arbeiter, die nach ihren Rettungsbemühungen noch bandagiert waren, entluden mit finsterer
Miene die Waggons.

«Wir sind alle wie betäubt», sagte Karl Wallenda. «Es war ein
Albtraum. Die aufgetürmten Leichen und das Brüllen, das ich nie
vergessen werde ... Ich kann immer noch nicht begreifen, warum
so viele sterben mussten ... aber der Zirkus muss und wird weitermachen. Wir wollen wieder auf Tour gehen und werden es auch
tun.»

George W. Smith und James Haley, die gegen Kaution auf

freiem Fuß waren, da ihre Verhandlung wegen Totschlags bis zum August vertagt war, sagten bloß, die leitenden Angestellten hätten im Zug zusammen mit Robert Ringling eine Besprechung abgehalten.

In Hartford suchte Raymond Ericksons Mutter Sophie im Municipal Hospital nach einer Spur von ihrem Sohn. Eine Sozialarbeiterin bot ihr an, einen Karton zu durchsuchen, in dem die Habseligkeiten der Opfer aufbewahrt wurden. Mrs. Erickson fand Raymonds braune Turnschuhe, und der Knoten, den sie an jenem Morgen in die Schnürsenkel gemacht hatte, steckte noch immer in der Öse, damit er nicht zu sehen war. Jemand hatte ihm seine blauen Socken ausgezogen und sie sorgfältig in die Schuhspitzen geschoben, damit sie nicht verloren gingen.

Am Mittwoch legte die Feuerwehr Polizeipräsident Hickey eine Liste der Grasbrände vor, die es auf dem Gelände in der Barbour Street gegeben hatte. In den letzten fünf Jahren hatte es dort mehr als fünfzehnmal gebrannt, meistens im Frühling, doch im Vorjahr war es am Nachmittag des 3. Juli gewesen.

Hickeys Fahrer Adolph Pastore war in Portland, Maine, und versuchte, den Ausreißer Roy Tuttle ausfindig zu machen. Angeblich hatte Tuttle herumerzählt, er wisse, wie es zu dem Brand gekommen sei. Am vorigen Abend war er ins Maine General Hospital eingeliefert worden, wo er von den Verbrennungen dritten Grades an seinen Armen und Beinen genas.

Der örtlichen Polizei zufolge war Tuttle der Dorftrottel, ein obdachloser Analphabet, der zu Schlaganfällen neigte. Für ein Taschengeld verrichtete er in der Stadt gelegentlich anfallende kleinere Arbeiten.

Im Krankenhaus erzählte Tuttle Pastore, er habe sich am 30. Juni in Portland beim Zirkus verdingt und beim Aufbau der Seitentribünen geholfen. Am 6. Juli habe er im Küchenzelt zu Mittag gegessen und dann auf der Barbour Street einen Spaziergang gemacht. Während er vor einem Laden stand, habe er gehört, wie

eine Frau geschrien habe, dass das Hauptzelt in Flammen stehe. Er
sei auf den Platz zurückgerannt und in dem Augenblick ins Zelt
gekommen, als die Masten umstürzten. In der Nähe des Laufgitters habe er einen seiner Anfälle bekommen und sei zu Boden gestürzt.

Als er wieder zu sich gekommen sei, habe er sich im Freien befunden. Er habe in jener Nacht auf dem Gelände geschlafen und
sei am nächsten Tag aufgebrochen, um zurück nach Portland zu
trampen. Das habe neun Tage gedauert. Um die Schmerzen von
seinen Brandwunden zu lindern, habe er sich jedes Mal, wenn sich
die Gelegenheit dazu bot, irgendwo ins Wasser gesetzt; jetzt sei alles
entzündet.

Das war alles. Über die Brandursache bekam Pastore aus Tuttle
nichts heraus, nur diese wirre, unglaubwürdige Geschichte. Vielleicht spürte er, dass Tuttle harmlos war oder dass es keinen Sinn
hatte, weiter in dessen Erinnerungen zu graben. Jedenfalls nahm
er Tuttles Aussage auf und ging, ließ sich von der Polizei in Portland noch einmal die Geschichte von dem Feuer am Vertikalseil
erzählen.

Am nächsten Tag ging Hickey selbst auf den Platz und nahm
ein kleines Stück geschmolzenes Eisen und ein 1,20 m langes, mit
Stahl verkleidetes Stück Holz als Beweismittel mit. Die städtische
Polizei bewachte noch immer das Zeltinnere und würde das auch
in den nächsten Monaten tun, doch der Rest des Geländes fiel an
die Kinder aus dem Viertel zurück. Die Jungs hatten keine Lust
mehr, im Gras nach Münzen oder Kleiderfetzen zu suchen; obwohl sie wussten, was sich dort zugetragen hatte, begannen sie
wieder, Baseball zu spielen, das war die Macht der Gewohnheit.
Einer erklärte: «Man geht hin, man muss zwar immer dran denken, aber man geht trotzdem hin.»

Im Winterquartier erneuerte der Zirkus seine Ausrüstung,
kratzte die von Blasen übersäte Farbe von den beschädigten Wagen
und ersetzte die verlorenen Requisiten. Die Tiere waren so lange
untätig gewesen, dass die Dompteure sie in aller Eile neu dressie-

ren mussten. Die Luftakrobaten brauchten ganz neue Trapezkabel.
Alle packten mit an, von den Ballettmädchen bis zu den Leuten
aus dem Abnormitätenkabinett; Sonnenbrand und gebrochene
Fingerknöchel waren groß in Mode, genau wie nächtliche Strand-
partys.

Am Donnerstag teilte F. Beverly Kelley der Presse mit, dass der
Zirkus Sarasota ohne Großzelt verlassen und in Freiluftarenen und
Baseballstadien gastieren werde. Es sei wahrscheinlich, dass man in
Zukunft reine Stahlstühle benutzen werde, doch in diesem Jahr
lasse sich das nicht mehr verwirklichen. «Wir werden erst wieder
in einem Großzelt spielen, wenn es ein geeignetes Verfahren gibt,
um die Leinwand feuerfest zu machen, und die Kosten für den
Zirkus erschwinglich sind», versicherte er. Der Zirkus habe bereits
eine Wagenladung eines entsprechenden Mittels bestellt. «Es ist geplant, das Abnormitätenkabinett, das als einziges Zelt für die Öffentlichkeit zugänglich ist, und alle Zeltwände, die der Zirkus auf
der Tournee benutzen wird, feuerfest zu machen.» Man werde
auch die Seitenwände des Umkleide- und des Stallzeltes behandeln, aber nicht die Dächer. «Das Mittel war für den Zirkus bis
jetzt nicht erhältlich», sagte Kelley. «Es ist von den Versicherungs-
gesellschaften genehmigt und von der Normierungsbehörde in
Washington empfohlen worden.»

Das Programm werde dieselben Nummern beinhalten wie vor
dem Brand, doch die Luftakrobaten hätten jetzt mehr Platz. «Das
weltberühmte Gespann Torrence und Victoria wird seine Nummer an einem 40-Meter-Mast vorführen, was in der Geschichte
des Zirkus noch nie da gewesen ist.»

Karl Wallenda war noch größere Höhen gewohnt; in Deutsch-
land hatte er sich einen Namen gemacht, indem er über ein zwischen zwei Kirchturmspitzen gespanntes Seil balanciert war. «Wir
unterliegen nicht mehr den Beschränkungen durch das Hauptzelt.
Ich kann nicht genau sagen, wie viel höher wir gehen werden,
doch die Nummer wird spannender als je zuvor. Durch den Wind
ist die neue Nummer gefährlicher. Wir werden so viel üben wie

möglich.» Er versprach, dass man «höher fliegen [werde], als es je vor einem Zirkuspublikum gezeigt wurde».

«Was halten Ihre Frau und der Rest der Familie Wallenda von dem Vorhaben?», fragte ein Reporter.

«Sie stellen keine Fragen», sagte Karl. «Ich sage, dass sie es tun sollen, und sie tun es.»

In Hartford besuchte eine Polizistin zusammen mit den Ericksons Stanley Kurneta im Krankenhaus. Erneut erzählte Stanley die Geschichte, wie er Raymond mit schweren Verbrennungen im Municipal Hospital zurückgelassen hatte – der Fahrstuhl, die Matratze, der rotgesichtige Priester mit dem Strohhut. Die Schuhe waren der Beweis, dass Raymond da gewesen war.

Die Polizistin begleitete die Ericksons noch einmal zum Municipal Hospital, wo sie mit dem Verwaltungsdirektor sprachen. Niemand habe das Krankenhaus unidentifiziert verlassen, es sei denn, er sei tot gewesen, doch in diesem Fall habe man alle Kleider an der Leiche festgebunden, bevor sie zum Waffenarsenal gebracht wurde. Es sei möglich, dass ein desorientierter Patient in dem Durcheinander das Haus verlassen habe, doch man habe alle Habseligkeiten der Toten aufbewahrt. Der einzige Priester, auf den Stanley Kurnetas Beschreibung passte, war Pater Thomas McMahon, doch er konnte sich an keinen Jungen erinnern.

Sie fragten im Hartford und im St. Francis Hospital nach – ohne Erfolg – und kehrten dann wieder nach Middletown zurück.

Wer nur leichtere Verbrennungen hatte, war inzwischen zu Hause. Um diese Leute kümmerten sich die Hausärzte; sie wechselten die Bandagen und trugen frische Salbe auf. Es wurde ein alltägliches Bild: Mütter, die ihre Kinder zum Arzt brachten und ihnen hinterher ein Eis kauften.

Eine Familie hörte, bei Verbrennungen sei Salzwasser gut, und so sorgte man dafür, dass die Töchter den Rest des Sommers an der Küste verbrachten. Die Leute, die ihre bläulichen Narben sahen, begriffen sofort.

Das ganze Land hatte Mitgefühl mit den Opfern, das galt auch

für den Zirkus. Im Hauptbüro von Ringling trafen jede Menge
Beileidsbriefe ein, darunter auch einer von einem zwölfjährigen
Jungen aus Richmond,Virginia, mit einerVierteldollarmünze. Der
Junge schlug vor, damit einen Fonds zu gründen, für den alle Jungs
und Mädchen in Amerika spenden sollten, denen der Zirkus so
viel bedeutete wie ihm. «Die Gelegenheit, zu erkennen, dass der
Zirkus etwas ist, was jeder Junge einmal erleben sollte. Er ist ein
Teil des Amerika, für das unsere Army, unsere Navy und unsere
Marineinfanteristen kämpfen. Ich kaufe so viele Kriegsmarken
wie möglich, glaube aber nicht, dass Uncle Sam was dagegen hätte,
wenn alle Kinder für einen Fonds spenden würden, der helfen soll,
den Zirkus zurückzubringen, deshalb sende ich Ihnen 25 Cent als
Startkapital und hoffe, dass Sie irgendwann mal wieder herkommen.»

James Haley schrieb zurück, bedankte sich bei ihm und versicherte, dass sie bald wieder auf Tour gehen würden. Er schickte
dem Jungen das Geld zurück und schrieb, er sei der Erste, an den
sie sich wenden würden, wenn sie einmal finanzielle Probleme
hätten.

Der Zirkus kämpfte verzweifelt um das Wohlwollen der Öffentlichkeit, und es klappte. Nur wenige hegten einen Groll gegen
den Zirkus. Das war ungefähr so, als könnte man kein Eis ausstehen.

Am Samstag, dem 22. Juli, teilte Roland Butler der Associated
Press spätabends in Hartford mit, der Zirkus werde am 2. August
mit einem zweitägigen Gastspiel im Footballstadion der University of Cincinnati einen Neuanfang machen. Sarasota widerrief
diese Nachricht innerhalb weniger Stunden. Am Sonntag ließ das
Hauptbüro verlauten, das neue Programm werde zum ersten Mal
am 4. August in der Rubber Bowl von Akron vorgeführt, und wie
gewöhnlich handle es sich um ein dreitägiges Gastspiel mit zwei
Vorstellungen pro Tag. Am Montag werde der Zirkus im Winterquartier mit den Proben beginnen.

Die Wagenladung Hooper-Fire-Chief-Feuerschutzmittel traf

aus Baltimore ein. F. Beverly Kelley hatte eine Erklärung für die *Sarasota Herald Tribune* vorbereitet. «Der stellvertretende Direktor war mehrere Tage lang in Washington, D. C., und hat die Regierungsbehörden davon überzeugt, dass der Zirkus das Mittel dringend benötigt, das ihm bisher mit der Begründung verweigert wurde, im Krieg habe die Armee Vorrang.» Fire Chief hatte die Konsistenz von flüssiger Kreide oder Dickmilch. Wenn man es mit einem Pinsel auftrug, änderte sich die Farbe der Leinwand von Khaki zu Weißgrau. Hooper nannte es in der Werbung feuerbeständig, Wasser abstoßend und schimmelfest.

Am Montag führte der Zirkus die Wirksamkeit des Mittels öffentlich vor. Eine Schar von leitenden Zirkusangestellten, Zeitungsleuten und Fotografen sah sich an, wie «eine Lötlampe fast eine Minute lang an das chemisch behandelte Zelt des Abnormitätenkabinetts gehalten [wurde]. Als die ersten Flammen die Leinwand berührten, begann sie leuchtend rot zu glühen … Als die Flamme weggenommen wurde, hörte das Glühen allmählich auf, und im Stoff blieb ein schwarzes, an den Rändern verkohltes Loch zurück.»

Hoopers leitender Chemiker führte den Test durch. Er hatte Fire Chief 1936 erfunden. Während alle Truppengattungen es seit Jahren bei den Planen von Lastwagen oder Rettungsbooten verwendeten, war es für Zivilisten nicht erhältlich gewesen. George W. Smith erzählte den Reportern, dass man sich schon vor einem Jahr um das Mittel bemüht habe. Wegen des Vorrangs der Armee habe der Zirkus vor der Freigabe dieser 5000 Liter nichts erhalten.

In Hartford suchte die Polizistin in der Zwischenzeit weiter nach Hinweisen im Fall Raymond Erickson. Sie sprach mit Dr. Weissenborn und Dr. Onderdonk und erstellte eine Liste aller Jungen in seinem Alter. Im Büro des Coroner entdeckte sie vier Messingknöpfe, die anscheinend von Raymonds Hemd stammten – doch das Hemd war nirgends aufzufinden. Der Coroner sagte, die städtische Polizei habe die Kleider der Opfer mitgenommen, aber der Beamte in der Asservatenkammer in der Market Street hatte nur zwei Stofffetzen da, einen roten [Eleanor Cooks Spielanzug?] und einen gemusterten. Die Polizistin überprüfte die Bestattungsunternehmen mit derselben Hartnäckigkeit und demselben Ergebnis wie Emily Gill.

Sie versuchte es noch einmal im Municipal Hospital. Stanley Kurnetas Beschreibung passte auch auf einen Priester aus St. Joseph's. Er erinnerte sich an einen kleinen Jungen, aber nicht gut genug, um ganz sicher zu sein. Er musste eine Krankenschwester fragen, die bei ihm gewesen war.

In den nächsten drei Tagen starben im Municipal Hospital drei weitere Patientinnen, alles ältere Frauen, wodurch die Zahl der Toten auf 165 stieg.

In Boston stellte der Polizeipräsident den Captain wieder ein, der als letzter städtischer Beamter im Cocoanut-Grove-Fall freigesprochen worden war. Die Staatsanwaltschaft hatte ihn beschuldigt, nicht für die Einhaltung der Brandschutzvorschriften gesorgt zu haben. Der Inhaber des Clubs verbüßte eine Haftstrafe von zwölf bis fünfzehn Jahren wegen Totschlags. Während die Gerichte den Prozess gegen die fünf Angeklagten des Zirkusbrandes erneut vertagten, trieben Hickey und Healy ihre Ermittlungen voran.

Für die Patienten, die noch im Krankenhaus lagen, verstrich die Zeit mit unterschiedlicher Geschwindigkeit. Mildred Cook wurde weiterhin immer wieder bewusstlos. Sie erinnerte sich, dass sie Edwards Hand gehalten und der Arzt sie dann voneinander getrennt und ihn weggebracht hatte. Sie konnte sich auch verschwommen daran erinnern, dass ein Arzt ins Zimmer gekommen war, um ihr etwas zu sagen. Sie wusste, dass es um die Kinder gegangen war. «Sie ist nicht durchgekommen», hatte er gesagt, vielleicht aber auch: «Sie sind nicht durchgekommen.» Vielleicht hatte sie es nicht richtig verstanden. Sie konnte sich nicht bewegen. Im Zimmer war es dunkel und dann wieder hell. Manchmal war es im Flur laut.

Donald Gale erwachte unter einem Sauerstoffzelt, war fasziniert
von der Leinwand und den abgeteilten Plastikfenstern. Junge,
Junge, ist das toll, dachte er; wie in einem Flugzeug. Draußen um-
ringten ihn neugierige Gesichter. Wie Elliott Smith hatte er sich
eine Lungenentzündung zugezogen; seine Eltern befürchteten, er
würde sterben. Unter dem Zelt war sein Gesicht durch die Ödeme
furchtbar aufgedunsen – die Ärzte nannten das «Mondgesicht».
Eine Pflegerin kam herein, warf einen Blick auf ihn und lief wieder hinaus. Er war drei Wochen lang ohne Bewusstsein gewesen.

Um die Glücklicheren unter den Patienten kümmerte sich ein
Diätassistent, der versuchte, dem Körper die verlorenen Proteine
wieder zuzuführen, die zum Aufbau neuen Zellgewebes benötigt
wurden. Das ließ sich mit normalem Essen nicht bewerkstelligen;
sie hätten zwanzig Steaks pro Tag essen müssen. Mead, Johnson and
Company hatten ein Produkt namens Amigen entwickelt, das diesen Zweck zwar erfüllte, aber scheußlich schmeckte. Die Patienten erhielten es entweder als Pulver oder in Flüssigkeit aufgelöst,
dickflüssig wie ein Milkshake, rot wie Tomatenmark, der Ge-
schmack mühsam, aber erfolglos mit Kirschsaftkonzentrat und
manchmal einem Spritzer Grenadine übertüncht. Erwachsene
konnten es nicht bei sich behalten, also gab man es den Kindern.
Die Schwestern konnten nicht schnell genug flüchten; die Kinder
erbrachen alles auf ihre gestärkten Trachten, ihre schönen weißen
Schuhe.

Wegen der sich rasch ändernden Behandlungsmethoden bei
Verbrennungen fragten die Ärzte im Hartford Hospital die Patienten, ob sie sich an einer Studie beteiligen würden. Die Patienten unterzeichneten Formulare, die es den Ärzten erlaubten, ihre
Daten zu verwenden und ihre Narben zu fotografieren, um später
alles in medizinischen Fachzeitschriften zu veröffentlichen. Nach
allem, was sie durchgemacht hatten – trotz allem, was sie durchgemacht hatten –, freuten sie sich, auf diese Art helfen zu können.

Der Zirkus arbeitete weiter an seinem Image, und Herbert
DuVal eröffnete ein Büro in der Pearl Street, um Schadenersatz-

forderungen zu bearbeiten und Beschwerden entgegenzunehmen. Wer eine Karte für die Abendvorstellung am Donnerstag besaß, konnte sie hier gegen Bargeld eintauschen oder das zurückerstattete Geld direkt in den *Times*-Fonds für die Opfer des Brandes einzahlen. DuVal überreichte der Ortsgruppe des Roten Kreuzes auch einen Scheck über 10 000 Dollar, eine «kleine Geste» der Wertschätzung für all ihre Arbeit.

Der Zeitpunkt war gut gewählt. Am nächsten Tag, Freitag, dem 28., hielt der Zirkus in Sarasota abends im Scheinwerferlicht eine Generalprobe ab. Die Nummern waren nicht auf das traditionelle Rund, sondern nur nach einer Seite der Arena ausgerichtet. Die Scheinwerfer und die Kabel der Luftakrobaten waren an starken Masten befestigt. Die Truppe war müde und aus der Übung, doch es klappte ganz gut.

Nachdem die Polizistin vergeblich versucht hatte, noch irgendeine Spur von Raymond Erickson zu finden, traf sie sich ein letztes Mal mit Mrs. Erickson. Raymond senior war von der Navy nach Gulfport zurückbeordert worden. Die Beamtin sagte zu Mrs. Erickson, Dr. Weissenborn glaube, dass eine andere Familie Raymond identifiziert habe. Mrs. Erickson sagte, sie wolle die anderen Eltern nicht belästigen und würde sich damit begnügen, dass die Polizistin bei allen Bestattungsunternehmen überprüfte, ob Raymonds Kleider da seien. Die Beamtin kam der Bitte nach, obwohl sie wusste, dass man den Leichen alle Kleider auszog, bevor sie einbalsamiert wurden. Sie schrieb, das Endergebnis ihrer Ermittlungen sei, dass trotz der großen Sorgfalt bei der Identifizierung einige Irrtümer unterlaufen seien. Sie ließ den Fall offen. Er ist bis heute ungeklärt.

In Sarasota verbrachte der Zirkus den Tag an den Abstellgleisen, wo alles aufgeladen wurde, damit man wieder auf Tour gehen konnte. Am Sonntagmorgen um 9.00 Uhr fuhr der erste Zugteil ab, um über die Strecke an der Atlantikküste nach Akron zu gelangen. Die offenen Güterwagen, auf denen gewöhnlich das Hauptzelt, die Masten und die Bestuhlung transportiert wurden,

blieben in Sarasota, sodass der Zug von neunundsiebzig auf acht-
undsechzig Waggons verkürzt wurde. Der Zirkus reiste mit drei
Zugteilen, doch der zweite transportierte keine großen Lasten.
Die Zelt- und Tribünenarbeiter wechselten in andere Abteilungen, was den Personalmangel linderte.

Unterwegs wurde zweimal Halt gemacht, um die Tiere zu versorgen, das erste Mal am frühen Morgen des 31. Juli in Atlanta, wo
man die Elefanten und die Pferde herausließ, damit sie an den Fäs-
sern und Tanks saufen konnten.

Während der Zug hielt, befragte ein Reporter May Kovar zu
ihren Heldentaten.

«Wenn Sie mich jetzt fragen, wie ich mich im Falle eines Brandes verhalten würde», sagte sie, «ich würde verschwinden, und
zwar schnell. Aber das hab ich nicht getan. Ich weiß auch nicht,
warum.»

Einen Tag später hielten sie in Cincinnati und hofften, am
3. August zu einer eintägigen Probe in der Rubber Bowl in Akron
einzutreffen. Die Vorstellung würde im Wesentlichen demselben
Programm folgen, das man zum letzten Mal am Abend des 5. Juli
in Hartford gezeigt hatte, mit einer beachtenswerten Ausnahme –
die Clown-Feuerwache würde es nicht mehr geben.

August–Dezember 1944

Die Blue Heaven Tour, wie die Zeitungen sie nannten, hatte in Akron einen schlechten Start. Als der Zirkus am Mittwochmorgen auf dem Abstellgleis ankam, stellte George Smith fest, dass die offenen Güterwagen mit den Zirkuswagen zum Entladen verkehrt herum standen. Der Zugteil musste fünfzehn Meilen nach Norden fahren, zu einem anderen Güterbahnhof in Hudson, Ohio, dort mussten die Güterwagen abgekuppelt und neu zusammengehängt werden.

Seit dem Brand hatte John Ringling North ständig gestichelt, er habe der gegenwärtigen Betriebsverwaltung seit Anfang letzten Jahres gesagt, dass es bei dem Personalmangel und den Kriegsverordnungen dumm, wenn nicht sogar gefährlich sei, mit dem Zirkus auf Tour zu gehen. Er fand es nicht klug, jetzt wieder loszuziehen – ein Standpunkt, der dem Vermögensverwalter Edward Rogin Sorgen bereitete. Die einzige Möglichkeit, die Kläger zu entschädigen, bestand darin, auf Tournee zu gehen und Geld zu verdienen. Falls North die Leitung des Zirkus wieder übernahm, würde er ihn vielleicht bis zum Kriegsende im Winterquartier ausharren lassen. Es sah aus, als würden Aubrey Haley und Mrs. Edith Ringling – die beiden Hälften des Ladies' Agreement – ihre Schulden gegenüber den Überlebenden begleichen, doch North war rücksichtslos, und es war klar, dass er den Brand nicht als seine Angelegenheit betrachtete.

Robert Ringling begleitete den Zirkus in seinem Privatwagen nach Akron. Von den leeren Rängen aus, wo er in einem rosafarbenen Hemd saß und mit den Artisten plauderte, beaufsichtigte er zusammen mit Smith die Aufbauarbeiten. Die Rubber Bowl war am Flughafen in den Hang gebaut, und die Arbeiter standen da und starrten die vorbeigleitenden Flugzeuge an. Die berühmte Bahn für Seifenkistenrennen zog sich den Hügel hinunter. Das erst vor kurzem feuerfest gemachte Zelt des Abnormitätenkabinetts stellten sie neben dem Haupteingang des Stadions auf. Die Anordnung der Zelte war ungewohnt, und sie brauchten bis Mitternacht.

Am nächsten Tag probte man das gesamte Programm zweimal ohne Kostüme, die Frauen in Badeanzügen und Shorts, die Clowns ohne Schminke. Als May Kovar am Nachmittag ihre übliche Nummer durchging, schlug ein schwarzer Panther mit der Tatze nach ihr und zerriss ihre ausgebeulten Shorts. Sie schlug ihn mit ihrem Stab auf die Pfote und scheuchte ihn auf sein Podest zurück. Draußen drängten sich Hunderte von Zuschauern an einen schmiedeeisernen Zaun, um einen kostenlosen Blick hineinwerfen zu können. Die Generalprobe fand bei Sternenlicht statt. Zufrieden schickte Robert Ringling seine Truppe gegen Mitternacht ins Bett.

Der Zirkus war so darauf konzentriert, am nächsten Tag eine gute Vorstellung zu zeigen, so mit seiner Arbeit beschäftigt, dass – anders als in Hartford – niemand den Tod von Janet Moore Sapolis' Großmutter mitbekam. Martha Ann Moore war fünfundsechzig und so kräftig, dass sie ihre Verbrennungen überlebte, doch sie zog sich am Bein eine Streptokokkeninfektion zu, der weder mit Penizillin noch mit Sulfonamid beizukommen war. Sie war das 166. Opfer. Janet, die ihre Großmutter nicht im Krankenhaus besuchen durfte, sah sie erst bei der Beerdigung wieder.

In jener Woche trugen die Polizei und die Feuerwehr von Hartford ein Benefizbaseballspiel aus, dessen Erlös von 3000 Dollar an den *Times*-Fonds gespendet wurde. Die Zeitungen schrieben kaum etwas über den Zirkus; sie waren geneigt, die Angelegenheit ruhen zu lassen.

In Akron lässt sich Robert Ringling, umringt von Ballettmädchen in ihren «Wachwechsel»-Kostümen, zu Werbezwecken auf der Tribüne fotografieren.
FOTO: CIRCUS WORLD MUSEUM

Am Freitag gab der Zirkus seine erste Vorstellung. Angeblich malte sich Emmett Kelly nach dem Brand als Zeichen seiner Trauer stets eine Träne oder einen Punkt unter das linke Auge. Das würde er wohl auch jetzt tun, während er sich in den Umkleideräumen unter der Tribüne (behaglich im Vergleich zum Umkleidezelt; richtige Waschbecken!) auf seinen Auftritt vorbereitete, doch auf den Fotos von Weary Willy aus jener Zeit ist weder eine Träne noch ein Punkt zu erkennen. Die Geschichte, der die Zeitungsleute nicht widerstehen konnten, entsprach nicht der Wahrheit. Kelly war pragmatischer. «Wir müssen den Brand vergessen. Wir müssen das Publikum unterhalten. Im Krieg ist das noch wichtiger als sonst. Unter freiem Himmel wird es großartig sein.»

Er irrte sich. Das Wetter bei der Nachmittagsvorstellung sah bedrohlich aus, und wie in jedem größeren Industriezentrum gab es in Akron viel zu tun. Zudem war die Rubber Bowl von der Innenstadt sieben Meilen entfernt, die Buslinie, an der das Stadion lag, war den Arbeitern der Kriegsindustrie vorbehalten, und in der

Die Nachmittagsprobe am Donnerstag, dem 3. August 1944. Im Unterhemd übt
Joseph Walsh seine Nummer mit der gemischten Raubtiergruppe. FOTO: CIRCUS
WORLD MUSEUM

Stadt grassierte eine Polioepidemie. Es kamen nur zweitausend
Menschen, die in der riesigen Arena völlig verloren wirkten. Der
Flughafen lenkte die Zuschauer ab, und das Orchester war im
Freien nicht gut zu hören. Die Abendvorstellung zog sechstau-
sendfünfhundert Besucher an, aber ein plötzlicher Wolkenbruch
verdarb alles. Später zeigte sich der Vollmond über dem Stadion,
doch die Atmosphäre für das Gastspiel war vorgegeben. Am
Samstag gab es zwei Regenunterbrechungen. Während der ganzen Vorstellung nieselte es, und man ließ schließlich zwei Nummern ausfallen. Die Zuschauer kauerten sich unter durchnässte
Zeitungen. Am nächsten Tag verkündete Robert Ringling scher-
zend, der Zirkus werde den Richtlinien der Baseballclubs folgen.
Wenn weniger als die Hälfte der zweiundzwanzig Nummern vor-
über seien, bevor der Regen einsetze, werde die Vorstellung abgebrochen, und die Zuschauer bekämen eine Karte für eine Ersatz-
veranstaltung – keine ermutigenden Aussichten.

Als Nächstes stand ein zwölftägiges Gastspiel im Stadion der University of Detroit auf dem Programm. Bei der Eröffnungsvorstellung hatten Besucher, die Kriegsanleihen gezeichnet hatten, freien Eintritt, und das Stadion war voll. Während des restlichen Gastspiels lag die Temperatur nachmittags bei knapp vierzig Grad, und es kamen nicht viele Leute. An einem regnerischen Wochentag kamen abends dreitausendfünfhundert Besucher. Zur Samstagnachmittagsvorstellung erschienen sogar nur tausendfünfhundert Zuschauer. John Ringling North rieb sich die Hände.

Während sich der Zirkus im Mittelwesten abmühte, brach im Municipal Hospital Hepatitis aus, und Elliott Smith steckte sich nach gerade überstandener Lungenentzündung an. Die Ärzte isolierten ihn erneut und legten ihn mit drei Frauen, die sich ebenfalls angesteckt hatten, in ein Zimmer. Man spritzte ihm alle drei Stunden Penizillin, und die Schwestern weckten ihn, um seine Haut kalt abzutupfen und die Nadel einzustechen, bis er es überstanden hatte. Dann begannen die Ärzte mit der langwierigen Hautverpflanzung.

Elliots Hand und sein Rücken waren am schlimmsten betroffen. Die Ärzte schnitten Stücke unversehrter Haut aus seinen Oberschenkeln, strichen die verbrannten Stellen mit einem Plasmapräparat ein, das als eine Art Leim dienen sollte, klebten dann die neue Haut an und unwickelten ihn wieder mit Vaselinekompressen. Elliott konnte nicht auf dem Rücken liegen, also konstruierten die Ärzte eine Schlinge, damit er während des Heilungsprozesses auf Händen und Knien lag. Seine Hand umschlossen sie mit einem Kasten, damit sie nirgends anstieß, und man konnte darin die Messingklammern sehen, mit denen die Transplantate befestigt waren. Im Keney Park vor seinem Fenster war alles grün.

Sein neuer Zimmergenosse war Donald Gale. Die Ärzte wollten Donalds Finger amputieren und nur die Daumen übrig lassen; sein Vater lehnte das ab und schaltete einen Chirurgen aus dem Hartford Hospital ein, der Donalds Hände retten sollte. Der Chirurg sagte, es sei riskant, aber er wolle es versuchen.

Freitag, 4. August 1944. Die erste Vorstellung nach dem Brand war unter wirt-
schaftlichen und werbestrategischen Gesichtspunkten eine Katastrophe. Zur
Nachmittagsvorstellung, bei der es zwischendurch regnete (man erkennt die Re-
genschirme im Publikum), kamen nur zweitausend Besucher. Die Vorstellung hat
gerade erst begonnen; Walsh steht mit Löwen und Bären im östlichen Raubtierkäfig. FOTO: CIRCUS WORLD MUSEUM

Zuerst schnitt er die abgestorbene Haut von einem Finger,
dann amputierte er ihn am ersten Gelenk, legte einen Hautfetzen
über den Stumpf und hoffte, er würde anwachsen. Als das nicht
klappte, versuchte der Arzt es mit einem Stiellappen; er schnitt Donalds Bauch auf, führte die verletzte Hand ein und verpflanzte die
Bauchhaut auf den Finger. Elf Tage lang lag Donald wie eine
Mumie im Bett. Als der Arzt seine Hand wieder herausschnitt, war
das Transplantat angewachsen.

Barbara und Mary Kay Smith waren getrennt worden, und Barbara lag mit Marion Dineen im selben Zimmer. Marion ging es
viel besser. Ihr Vater kam jeden Tag und brachte den Mädchen aus
der Lincoln Dairy Eis mit heißem Sirup mit, was eine angenehme
Abwechslung zu dem Amigen war. Als Marion entlassen wurde,
wurden Barbara und Mary Kay wieder vereint und teilten sich mit

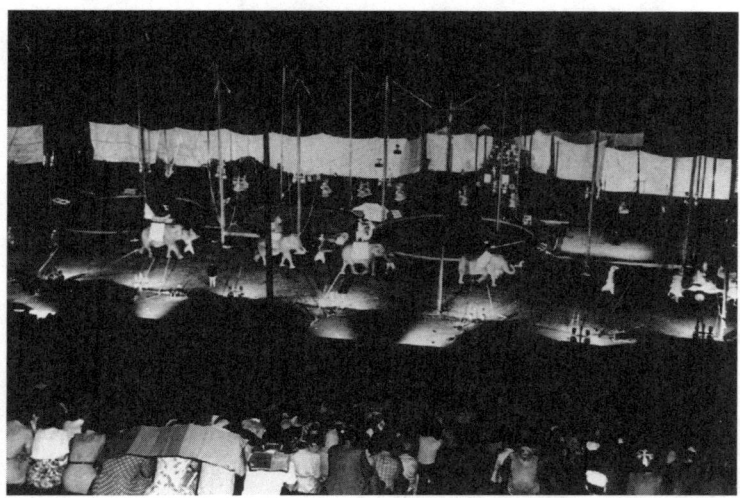

Die Abendvorstellung war beeindruckender, doch es regnete noch stärker. Links im Vordergrund sieht man drei Besucher, die sich unter ein Stück Pappe kauern.
FOTO: CIRCUS WORLD MUSEUM

Patty Murphy, deren Eltern und Bruder bei dem Brand ums Leben gekommen waren, das Zimmer, das neben dem von Elliott und Donald lag.

Inzwischen lagen nur noch die schlimmsten Fälle, insgesamt siebzig Patienten, in den drei Krankenhäusern. Auf der anderen Seite des Flurs verbrachten zwei Frauen, die ihre Kinder verloren hatten, unter gegenseitiger Anteilnahme zusammen mit Barbaras und Mary Kays Mutter ihre Tage. Die beiden wurden enge Freundinnen; als sie entlassen wurden, trafen sie sich weiter zum Essen oder zum Kaffee und blieben in Verbindung.

Freitags kam ein Spezialist aus Boston, der die Verbände der Patienten wechselte, eine Prozedur, vor der die Kinder sich fürchteten. Wenn die Transplantate nicht angewachsen waren, löste sich die Haut zusammen mit den Bandagen ab. Die Kinder schrien und

wehrten sich so heftig, dass die Ärzte sie bald in den Operationssaal brachten und betäubten. Donald Gale wurde von dem Äther
übel; er hatte das Gefühl zu fallen, sich in einem Strudel zu drehen, und konnte hinterher nichts essen.

Elliott Smith erinnerte sich, dass man ihm die Verbände ab-
nahm, damit Luft an die neue Haut kam, dass er wie ein Stück
Fleisch auf einer fahrbaren Trage lag und wartete, bis der Spezialist die entzündeten Stellen mit einem in Silbernitrat getränkten
Wattestäbchen abtupfte. Wenn er diese Tortur überstanden hatte,
wurde er mit frischen Vaselinekompressen belohnt. Die waren
kühl und schmerzlindernd.

Mit einem Apparat, der Mikrotom hieß, schnitt man ihm Hautstreifen aus den Schenkeln, von denen jeder etwas breiter war als
die Brandwunden an seinem Rücken, da die Streifen während der
Transplantation schrumpften. Die Narben an Elliotts Schenkeln
waren fast so schlimm wie die am Rücken. Sein Vater bot an, dass
man seine Haut verwendete, doch das war damals medizinisch
noch nicht möglich.

Den Gedanken, dass ein Vater die Schmerzen seines Kindes auf
sich nehmen wollte, fanden die Ärzte vielleicht nicht ungewöhnlich, doch bei einem Brief, den sie kurz nach dem Brand erhielten, verhielt es sich anders. Er stammte von einem Insassen des
Staatsgefängnisses in Wethersfield. Der Mann war acht Jahre zuvor
eines Verbrechens überführt worden, das seinen Worten zufolge
«ein Menschenleben gekostet» hatte. Seit damals habe er überlegt,
wie er seine Schuld gegenüber diesem Menschen begleichen und
zugleich einem anderen das Leben retten könne. Er spende jedes
Mal Blut, wenn das Rote Kreuz komme, doch das finde er nicht
ausreichend. «Auf Anhieb könnte ich keine näheren Angaben über
meinen genauen Hauttypus machen», schrieb er, «aber soweit ich
weiß, bin ich völlig gesund. Ich bin sechsundzwanzig Jahre alt und
brenne darauf, meine Haut einem Menschen zu spenden, der sie
dringend benötigt. Dann hätte ich das Gefühl, jemandem neues
Leben und neue Hoffnung gegeben zu haben. Würden Sie bitte in

Ihren Akten nachsehen und mir Bescheid geben, falls bei einem
Opfer des Zirkusbrandes eine Hautverpflanzung nötig ist? Ich bin
mir sicher, dass es jemanden geben muss.»

Der Gefängnisdirektor billigte den Brief des Häftlings und
schickte ihn ab, doch die Ärzte konnten zu ihrem Bedauern auch
dieses Angebot nicht annehmen.

Ludger LeVasseur konnte seinem Sohn einen weitaus schlim-
meren Schmerz nicht ersparen. Wochenlang hatte er bei seinen
Besuchen das Geheimnis, dass Jerrys Mutter tot war, mit sich herumgeschleppt. Er wartete darauf, dass sein Sohn genas – in gewisser Hinsicht außer Gefahr war –, bevor er es ihm sagte. Beide
weinten. Doch schließlich wurde um 20.00 Uhr über Lautsprecher durchgegeben, dass die Besuchszeit zu Ende sei, und er musste Jerry wieder allein lassen.

Ein Mädchen im Hartford Hospital wusste nicht, dass ihre Eltern ums Leben gekommen waren. Ihre jüngere Schwester hatte
es von ihren Großeltern erfahren, «und es war furchtbar, wie sie es
mir beibrachten». Sie wollte, dass der Pfarrer und eine Nonne aus
der Schule es ihrer Schwester sagten.

In den Krankenhäusern wurden Patienten mit ähnlichen Verletzungen und Familiensituationen klugerweise ins selbe Zimmer
gelegt, da man darauf vertraute, dass sie sich gegenseitig Mut
machten. Doch bei manchen Dingen konnten weder Einfüh-
lungsvermögen noch Arzneimittel helfen. Nachts hörten die
Schwestern, wie Kinder weinten und nach ihren Eltern riefen. Ein
Junge stellte einer Pflegerin immer wieder dieselbe Frage: Wie er
aus dem Krankenhaus gelange, falls ein Feuer ausbreche?

Die Kinder, die zu Hause waren, machten dieselben Ängste
durch, einigen erging es schlimmer als denen, die Verbrennungen
erlitten hatten. Eine Mutter berichtete, ihre Tochter sei geistig
schwer angegriffen, weil sie gesehen habe, wie Menschen zu Tode
getrampelt wurden, sie habe eine Art Nervenzusammenbruch
gehabt. Ein anderes Mädchen träumte von einer Frau, die allein
und unversehrt auf der Seitentribüne saß; ihre Kleider waren

nicht verbrannt, ihr Haar nicht versengt, doch als die Träumende die Hand nach ihr ausstreckte, zerfiel die Frau zu einem Haufen Asche.

Ein Mädchen wurde von der Erinnerung an das Feuer gequält. Sie hatte immer wieder Albträume von brennenden Babys. Wenn sie versuchte, sich unter dem Bett zu verstecken, zogen ihre Eltern sie wieder hervor. Beim Heulen von Sirenen wurde sie hysterisch. Ihre Familie distanzierte sich von dem Feuer und sprach selten darüber, was sie selbst anscheinend nicht fertig brachte. Sie kapselte sich ab, fing an zu stottern und weinte, sobald sie allein war.

Manche Eltern wurden überängstlich, rechneten bei den harmlosesten Dingen gleich mit einer Katastrophe und ließen ihre Kinder nicht mehr aus den Augen. Andere Eltern weigerten sich, über das Feuer zu sprechen. Das Thema war tabu, besonders bei Freunden. Später verhielten sich Leute, die zur Zeit des Brandes noch Kinder gewesen waren, ihren eigenen Kindern gegenüber genauso; sie mussten ständig davor auf der Hut sein.

Ein Junge war im Zirkus von seiner Mutter getrennt worden, weil man sie niedergetrampelt hatte. Später ging er einmal an einem schwülen Abend ins Kino und bestand wie immer darauf, am Gang zu sitzen. Als mitten im Film draußen ein gewaltiger Donnerschlag ertönte, rannte er nach draußen auf die Straße.

Eine Mutter hatte beim Augenarzt einen ähnlichen Panikanfall. Ohne Vorwarnung sprang sie mitten in der Untersuchung auf und lief zur Tür hinaus. Ihre Tochter hatte oft das Gefühl, dass es nach Rauch stank, obwohl kein anderer etwas roch, und weigerte sich, ihren Gasherd anzuzünden. Eine andere Frau träumte, in ihrem Zimmer brenne es, und dann wachte sie auf und suchte nach den Flammen.

Wie zum Beweis, dass ihre Ängste nicht eingebildet waren, wurden an der Ostküste eine Reihe von Vergnügungsparks von Bränden heimgesucht. Im Whalom Park in Fitchburg zerstörte ein Brand den Autoskooter, die Spielhalle und die Schießbude und machte den Hauptweg dem Erdboden gleich. Am frühen Morgen des 12. August ging in Wildwood, New Jersey, der Holzsteg in Flammen auf. Am selben Nachmittag zerstörte eine Feuersbrunst den Luna Park in Coney Island, wobei die Hitze angeblich so stark war, dass in dem riesigen Schwimmbad das Wasser kochte. Einen Tag später brannte der Palisades Park fast völlig aus, und sieben Menschen starben in einer Berg-und-Tal-Bahn; das Feuer fegte über die Badeanstalt und zweihundert Autos hinweg, die auf dem Parkplatz standen, sodass die Leute keine Kleider mehr hatten und nicht nach Hause gelangen konnten.

In der Augustausgabe der Zeitschrift *Fire Engineering* wurde die Vermutung geäußert, dass überhitzte Scheinwerfer direkt unter der Zeltleinwand den Zirkusbrand ausgelöst haben könnten – inzwischen eine alte Theorie –, doch es wurden auch zwei neue Brände aufgeführt: in Baltimore das Baseballstadion Oriole Park und in Detroit die Rennbahn auf dem Gelände der Landwirtschaftsausstellung.

Im St. Francis Hospital in Hartford starb ein Mädchen aus West Hartford und folgte seiner Mutter und seiner jüngeren Schwester. Am 25. Juli war sie im Krankenhaus siebzehn geworden. Sie hatte überlebt, obwohl sie niedergetrampelt worden war und Verbrennungen vierten Grades erlitten hatte, doch nach der Hautverpflanzung hatten der Schock und eine Blutvergiftung sie so geschwächt, dass sie schließlich einer kongestiven Herzinsuffizienz erlag. Sie war das letzte Todesopfer des Zirkusbrandes, Nummer 167.

Am nächsten Tag folgte das Municipal Hospital einer Empfehlung Bürgermeister Mortensens und gab bekannt, man werde den Brandopfern sämtliche Kosten erlassen, es sei denn, der Patient bitte um eine Rechnung, und selbst dann werde nur eine Pauschale von 6 Dollar pro Tag erhoben. Das Hartford Hospital folgte diesem Beispiel und bedankte sich beim Roten Kreuz für die kostenlose Bereitstellung von Pflegepersonal.

Am selben Tag traf im Deer Lodge Prison ein Polizist aus Hartford ein, um mit dem Direktor und dem Häftling zu sprechen. Der

Insasse saß eine Strafe ab, weil er Falschgeld in Umlauf gebracht
hatte; er hatte das siebte Schuljahr abgeschlossen, war ein vorbild-
licher Häftling und bekam gelegentlich epileptische Anfälle. Er
hatte sich dem Zirkus im September 1943 angeschlossen und für
Deacon Blanchfield als Helfer in einem Tankwagen gearbeitet.
Cox, berichtete der Häftling, hatte einen der Tankwagen gefahren.
In Detroit hatte Blanchfield Cox wegen Trunkenheit gefeuert, ihn
aber beim nächsten Gastspiel in Chicago wieder eingestellt; später
hatte sich das Ganze in Nashville und Indianapolis wiederholt. Im
Anschluss an Nashville hatte Cox nach ein paar Flaschen Bier angeblich zu dem Häftling gesagt: «So wahr mir Gott helfe, dafür
werden sie mir büßen. Irgendwann brenne ich das verdammte Zelt
nieder. Wart's nur ab. Nächstes Jahr kommt der verdammte Zirkus
nicht weit.»

Der Polizist versuchte, den Häftling in Widersprüche zu verwickeln, doch er blieb bei seiner Geschichte, und der Direktor
glaubte, dass der Mann die Wahrheit sagte. Anscheinend erwartete
er keine Gegenleistung; in ein paar Wochen sollte er entlassen werden.

Der Polizist hatte zwei Spuren, die er verfolgen konnte: Cox
hatte bei der Rubin and Cherry Show am Riesenrad gearbeitet,
und in Nashville hatte er eine verheiratete Schwester. Zuerst
schickte Hickey den Polizisten hinter dem Jahrmarkt her. Er fand
ihn auf der Landwirtschaftsausstellung in Billings. Die Helfer und
das Personal hatten gewechselt, seit Cox dort gearbeitet hatte, und
keiner konnte sich an ihn erinnern.

Der Zirkus war in Chicago, zog auf dem Soldier Field aber nur
eine enttäuschende Besucherzahl an. Der Polizist sprach mit
Haley, der ihm sagte, die Unterlagen des Zirkus befänden sich in
Sarasota.

«Ich freue mich, dass sich Mr. Hickey endlich an uns wendet»,
sagte er. «Wenn er mit uns sprechen würde, könnte das sehr hilf-
reich sein.» Die Brände im Luna und im Palisades Park weckten
bei Haley den Verdacht, dass vielleicht ein Pyromane am Werk war.

Altgediente Zirkusangestellte meinten, das Feuer in Hartford gehe auf Brandstiftung zurück.

Blanchfield sagte, er könne sich an keinen Cox erinnern, doch bei einem Tankwagen habe er zwei Fahrer gehabt, die er wegen Trunkenheit regelmäßig gefeuert und wieder eingestellt habe, aber nie gleichzeitig. Einer der beiden sei dieses Jahr [am 19. oder 20. Juni] in Waterbury gewesen und habe ihn nach einem Job gefragt. Er habe gehört, der Mann sei auch in Providence aufgetaucht. Einer der Männer heiße Walsh oder Welsh; vielleicht sei der andere Cox.

Noch ein weiterer Mann kam in Frage – Blanchfields früherer Stellvertreter, der den Zirkus nach einem Streit mit ihm in Philadelphia verlassen hatte. Er war in Hartford geboren.

An jenem Abend beriet sich der Polizist am Telefon mit Hickey. Der trug ihm auf, Haley folgende Nachricht zu überbringen: «Wir ermitteln in diesem Fall nach allen Seiten, und uns ist völlig egal, wer es war oder wer darin verwickelt ist. Wir werden alles dem Gericht anzeigen. Wir ermitteln gründlich.»

Am nächsten Tag hatte Blanchfield den Namen des Fahrers herausgefunden, der ihn in Waterbury angesprochen hatte. Er hieß Emmet Welch, war Fahrer des Tankwagens Nr. 128 gewesen, wiederholt wegen Trunkenheit gefeuert worden und hatte eine verheiratete Schwester in Nashville. Haley freute sich anscheinend, dass man endlich einen Verdächtigen hatte; er bat den Polizisten, das FBI zu unterrichten, und fragte ihn nach dem weiteren Vorgehen der Staatspolizei. Der Polizist versicherte ihm – wie Hickey –, dass man den Fall verfolgen werde, egal, wohin das führe.

In Nashville fand er Welchs Schwager. Die Schwester besuchte gerade Freunde in Williamsburg, Virginia, und der Mann verwies ihn an eine andere Schwester, die sagte, die Familie höre nur selten etwas von Welch, er sei aber vor sechs Monaten in Miami gewesen, wohin man ihm postlagernd geschrieben habe. Die Frau bezeichnete ihren Bruder als Vagabunden, der ein ziemlicher Nichtsnutz sei und, soweit sie wisse, keiner Arbeit nachgehe. Das neueste Foto, das sie von ihm hatte, war mindestens zehn Jahre alt. Bei einer örtlichen Bank erfuhr der Polizist, dass der Mann 1929 Bankrott gegangen war und keinen guten Ruf hatte.

Überraschend machte der Polizist einen alten Freund Welchs ausfindig. Er sagte, Welch habe sich vor ungefähr zehn Jahren in Miami niedergelassen und in nüchternem Zustand sei er in Ordnung, doch wenn er betrunken sei, müsse man sich vor ihm in Acht nehmen. Der Polizist versuchte es als Nächstes in Williamsburg, doch die Schwester hatte Welchs Adresse nicht. Als der Polizist nach Connecticut zurückkehrte, schickte Hickey der Polizei in Miami ein Telegramm.

Innerhalb weniger Tage wurde Welch geschnappt, weil er eine Hotelrechnung nicht beglichen hatte. Er hatte gerade eine zehntägige Sauftour hinter sich. Man steckte ihn ins Gefängnis, bis der Polizist kommen und ihn vernehmen konnte. Welch gab zu, dass er beim Zirkus gearbeitet habe und den Gefängnisinsassen kenne, doch er bestritt, je wegen Brandstiftung verhaftet worden zu sein. 1943, noch bevor er sich dem Zirkus angeschlossen habe, habe er in einer Pension gewohnt und in seinem Zimmer eine Zigarette fallen lassen. Die habe einen Brand ausgelöst, der einigen Schaden anrichtete, doch die Polizei habe ihn nie dazu vernommen. Seit Juni sei er Busfahrer bei Miami Transit.

Das stimmte. Die Gesellschaft besaß Stundenzettel, die belegten, dass Welch am 6. Juli hinter dem Lenkrad gesessen hatte. Nach all der Ermittlungsarbeit erwies sich der Hauptverdächtige als unschuldig.

Am Labour Day lagen noch mehr als vierzig Patienten auf ihrer Station, doch bei keinem war der Zustand mehr kritisch. Dr. Burgdorf vom Gesundheitsamt veröffentlichte die endgültigen Zahlen: 487 Menschen waren verletzt worden, doch nur 140 hatten im Krankenhaus liegen müssen. (Später sprach man gewöhnlich von 655 Verletzten – da die falsche Zahl der Toten hinzugerechnet wurde – und manchmal sogar von 1000.) Burgdorf unterteilte die Toten nach statistischen Gesichtspunkten. Nur zehn der 167 waren männliche Leichen im Alter zwischen fünfzehn und sechzig. Das hatte nichts damit zu tun, dass diese Männer leichter flüchten konnten, sondern lag daran, dass die meisten von ihnen während der Nachmittagsvorstellung auf der Arbeit waren.

Am Beginn des Schuljahrs sahen sich die Lehrer die Sitzordnung an, und die Lücken im Vergleich zum Vorjahr wurden augenfällig. In Wethersfield musste eine Lehrerin ihren verwirrten Erstklässlern erklären: «Judy kommt nicht mehr in die Schule zurück.» Thomas Barber und Ed Lowe vertrauten darauf, dass irgendein Lehrer sie von einem leeren Platz in seiner Klasse unterrichten würde. Doch nichts geschah.

Für ein Mädchen wurde die Schule zu einer Bühne, auf der sie ihre Geschichte des Brandes erzählen und ihre Narbe vorführen konnte. Don Cook hingegen zog sich von seinen Spielkameraden zurück und sprach nicht über das Geschehene.

Im North End besuchten die Schüler gewöhnlich zuerst die Brackett, dann die Northeast und schließlich die Weaver High School. Jeder kannte jemanden, der bei dem Brand dabei gewesen war. Im Turnunterricht waren die Verbrennungen ein ganz normaler Anblick, über den niemand ein Wort verlor, da alle Bescheid wussten.

Die Familie eines Mädchens ging zu einem Zahnarzt, der die Praxis zusammen mit seiner Tochter führte. Der Vater war für die Eltern zuständig, die Tochter für die Kinder. Sie hatte ein Album mit Fotos all ihrer Patienten angelegt. Die Kinder gingen in die Innenstadt zu dem Fotoautomaten bei J. J. Newberry und bemühten sich zu lächeln; die Tochter suchte sich die beste Aufnahme aus. Nach dem Brand halfen die beiden Zahnärzte, die Toten anhand ihrer Krankenblätter zu identifizieren. In dem Album zeichnete die Tochter einen Trauerrand um die Fotos und schrieb in Schönschrift das Alter darunter. «Es war so traurig, all die lächelnden Gesichter zu sehen», erinnerte sie sich, «und zugleich zu begreifen, dass es auch mich hätte treffen können.»

Eine Privatlehrerin unterrichtete die Kinder, die noch im Municipal Hospital lagen, doch der Altersunterschied zwischen dem jüngsten und dem ältesten war so groß, dass das ganze Unterfangen aussichtslos war. Die Kinder machten ihr das Leben schwer. Niemand machte seine Hausaufgaben; alle waren zu sehr damit beschäftigt, wieder gesund zu werden.

Sobald die Ärzte mit Donald Gales Händen begonnen hatten, verpflanzten sie Hautstreifen von seinen Beinen auf die Arme. Als die neue Haut anwuchs, warf sie Falten, wurde faserig und hart, schrumpfte ein, sodass die unversehrte Haut spannte. Die Ärzte behandelten die Stellen mit Röntgenstrahlen, strichen die Transplantate mit Lanolin ein, um sie geschmeidig zu machen, und dennoch wurde die Haut rissig und blutete, zog sich straff wie ein Trommelfell.

Die beiden Mrs. Smiths wurden im September aus dem Krankenhaus entlassen. Zwischen den einzelnen Hautverpflanzungen las Barbara Smith oft – die ganzen Bücher über Schwester Cherry Ames. Ihre Klassenkameraden in St. John's schickten Karten und Briefe; ihr Pfarrer schickte eine große Puppe; von Leuten, die sie nicht einmal kannte, erhielt sie Pralinen.

Elliott Smith hatte enge Bande zu seiner Krankenschwester Becky Beckshaw geknüpft. «Sie war mein Schutzengel, sie konnte mich überreden wie kein anderer. Sie hatte einfach das Talent, ein Kind dazu zu bringen, dass es aß, sich seine Spritzen geben ließ und seine Arznei trank.»

Sein Vater hatte sich ein Spiel für ihn ausgedacht. Elliott schloss die Augen und Mr. Smith schob den Rollstuhl durch die gewundenen Flure, in den Fahrstuhl und wieder hinaus, in einen entlegenen Winkel des Krankenhauses. Dann musste Elliott sagen, welcher Weg in sein Zimmer zurückführte.

Die Ärzte schienten Donald Gales Hände auf flache Platten und befestigten die gespreizten Finger an Stiften, damit sie nicht aneinander stießen. Donald lernte, seine Füße zu gebrauchen. Sein Vater warf Münzen auf den Boden; Donald durfte alle behalten, die er aufheben konnte. Bald konnte er einen Rollstuhl bedienen;

im Municipal Hospital gab es noch die altmodischen Modelle, bei denen die großen Räder vorn angebracht waren. Er fuhr mit Elliott Smith in den Fluren Wettrennen, beide trieben die Speichen mit den Füßen an. Manchmal ging plötzlich vor ihnen eine Tür auf, und dann krachten sie dagegen, das Tablett einer Schwester fiel scheppernd zu Boden, und die beiden rasten davon.

Die Schwestern ließen sie in den anderen Abteilungen herumstreifen. Donald Gale versteckte sich am liebsten unten im Labor, wo er den alten Männern beim Kartenspielen zusah. Der Fahrstuhlführer ließ ihn den Schalter bedienen. Oft fuhr er auf Besuch zur Poliostation hinauf.

Elliott, Donald, Barbara, Mary Kay und Patty Murphy bildeten eine verschworene Gemeinschaft. Gemeinsam überstanden sie die schmerzhaften freitäglichen Behandlungen, schluckten das Amigen und versteckten sich vor der boshaften Mrs. Amari. Sie dachten sich ein Spiel aus, bei dem sie die Jalousie herunterließen und das Licht im Zimmer ausschalteten; einer von ihn setzte sich aufs Bett, während die anderen sich im Dunkeln anzuschleichen versuchten. Das Kind, das auf dem Bett saß, warf mit Gegenständen – mit Kissen, zusammengeknüllten Papiertüchern. Donald schleuderte einmal einen Tafelschwamm und traf eins von Mary Kays Transplantaten, sodass die Haut einriss. Die Ärzte drohten, das Spiel ganz zu verbieten, und verzichteten erst darauf, nachdem die Kinder versprochen hatten, weichere Gegenstände zu benutzen.

Der Bürgermeister und Leute vom Roten Kreuz kamen zu Besuch. Es gab Veranstaltungen in der Cafeteria – eine Clownnummer, eine Band mit drei Musikern. Die Schwestern nahmen die Kinder mit aufs Dach, wo man einen Blick über den Keney Park hatte, damit sie ein bisschen Farbe bekamen.

Meistens war es langweilig. Elliott und Donald konnten ihre Hände nicht gebrauchen, sodass weder Karten- noch Brettspiele in Frage kamen. Selbst beim Lesen waren sie auf Hilfe angewiesen. Donalds Vater kam jeden Tag, las ihm Edgar Rice Burroughs vor und arbeitete sich durch die gesamte Tarzan-Reihe. Wie Wil-

liam Dineen brachte er jeden Tag etwas mit – Milkshakes. Als
Donald davon genug hatte, ging er zu Eisbechern über, bis Donald
auch die satt hatte. Es machte keinen Spaß, im Krankenhaus zu liegen, doch als seine Hände allmählich heilten und er bei seinen
Übungen – Gummibälle zusammendrücken, mit dem Daumen
den kleinen Finger, den Zeigefinger, den Mittelfinger berühren –
endlich Fortschritte machte, begann er sich Gedanken darüber zu
machen, wie es draußen wohl sein würde.

Wie Jerry LeVasseur im Hartford Hospital waren sie so lange
bettlägerig gewesen, dass sie erst wieder laufen lernen mussten,
und sie waren seit Monaten nicht mehr mit anderen Kindern zusammen gewesen. Ihre Eltern und das Personal mussten sie einfach
verwöhnen, weil sie befürchteten, dass es draußen nicht so angenehm zugehen würde.

Der Zirkus hatte dieselbe Erfahrung gemacht. Chicago war
eine Katastrophe gewesen, die Vorstellungen mussten wegen Re-
gens abgebrochen werden, oder die Besucherzahlen waren nur
dürftig. Als das Wetter bei einer Abendvorstellung im riesigen Soldier Field bedrohlich aussah, kamen nur tausendvierhundert Besucher. Bei einer Nachmittagsvorstellung hatte ein altgedienter
Clown gerade den Rundgang mit seinem Foxterrier beendet –
der Hund sprang durch eine Tür vorn in das fassähnliche Kostüm
des Clowns und kam hinten wieder heraus – und ging zum Ausgang, als er plötzlich einen Herzinfarkt bekam und tot umfiel. Der
Arzt machte einen Wiederbelebungsversuch, doch er konnte
nichts mehr für ihn tun. Oben auf ihrer vierzig Meter hohen Plattform sahen die Trapezkünstler Victoria und Torrence den Vorfall
mit an, während sie auf ihren Einsatz warteten.

Haley hatte das Gefühl, dass die ganze Sache hoffnungslos war.
Die Hitze ließ nicht nach; in Toledo herrschten fast vierzig Grad.
Jeden Tag verloren sie Geld. Sie waren ohne Werbung auf Tour gegangen, sodass es keinen Vorverkauf, keine Sicherheiten gab. Er
vertrat den Standpunkt, dass sie abbauen und nach Hause fahren
sollten.

Im restlichen Mittelwesten und in Texas lief es besser, da es sich allmählich abkühlte. Karl Wallenda war optimistisch: «Der schreckliche Brand hat in uns allen den echten Zirkusgeist geweckt.» Ursprünglich hatte man geplant, bis November unterwegs zu sein, doch im Hauptbüro hörte man auf Haley und beschloss, auf den tiefen Süden zu verzichten. Man führte den engen Terminplan des College Footballs an, sagte die letzten drei Wochen ab und gab am 8. Oktober im Pelican-Stadion von New Orleans bei Regen und Schlamm die letzte Vorstellung. Auf der gesamten Freilufttournee machte der Zirkus nur einen Gewinn von 100 000 Dollar.

Inzwischen schusterten die Anwälte Rogin, Schatz und Weinstein den Entwurf für einen Vergleich zusammen, den die Kläger unterzeichnen sollten. Eine Gruppe handverlesener Schlichter würde den zu leistenden Schadenersatz festlegen, und der Vermögensverwalter würde den Klägern den jeweiligen Betrag auszahlen. Die Überlebenden mussten ihre Klage bis zum 6. Juli 1945 einreichen. Wenn die Anwälte hundert Unterschriften von Klägern vorlegen konnten, die Todesfälle zu beklagen hatten, würde das Gericht den Vergleich durchsetzen. Rogin versprach, keinen Penny anzunehmen, bevor nicht alle Kläger die volle Entschädigungssumme erhalten hätten – eine Äußerung, die er noch bereuen sollte.

Im November stellte Bürgermeister Mortensens Untersuchungskommission ihre Ergebnisse vor. In dem Bericht hieß es, zwischen den einzelnen städtischen Behörden bestehe praktisch keine Kommunikation. Obwohl die Arbeitsweise der Stadtverwaltung kritisiert wurde, sprach der Bericht – größtenteils durch Auslassung – die Stadt selbst von jeglicher Schuld frei. Die Kommission empfahl, eine Koordinierungsstelle zwischen allen Behörden einzurichten und die Sicherheits- und Gesundheitsvorschriften, die gerade in Washington ausgearbeitet wurden, zu übernehmen. Auf kurze Sicht drängte sie Bauamt, Polizei und Feuerwehr, bei den öffentlichen Strukturen vorübergehend Notmaßnahmen zu ergreifen.

An Thanksgiving erhielt Elliott Smith von den Ärzten die Erlaubnis, nach Hause zu fahren. Bloß über Nacht; am nächsten Tag musste er wieder da sein. Nachdem er so viel Zeit in dem weitläufigen Krankenhaus verbracht hatte, kam ihm sein Zuhause winzig und beengend vor; in dem Zimmer fand er es stickig, und ihm fiel die Decke auf den Kopf. Er ging nach draußen, lief allein hinterm Haus herum und schlurfte durch die Blätter. Zum Abendessen sprach die Familie ein Gebet.

In der folgenden Woche überwachte die Polizei, wie Arbeiter die Trümmer vom Zirkusgelände räumten. Den ganzen Herbst lang hatten die Polizisten eine frostige Nacht nach der anderen Wache gestanden, um das Gelände vor makabren Souvenirjägern abzuschirmen. Ein paar Tage vorher hatte Polizeichef Hallissey die Beamten wieder in die Frühschicht eingeteilt. Jetzt hielten sie Ausschau nach irgendwelchen verstreuten Habseligkeiten oder menschlichen Überresten. «Es wurde nichts Erwähnenswertes gefunden.»

Am Ende des Tages häuften die Arbeiter das herumliegende Holz zu einem Feuer auf. Flammen loderten auf und färbten das graue Licht rot. Sie stellten sich ohne Handschuhe ringsherum, wärmten sich die Hände und beobachteten, wie die Funken sich in den Winterhimmel schraubten.

An Heiligabend waren außer Donald Gale und Patty Murphy alle Kinder aus dem Municipal Hospital entlassen worden. Überall in der Stadt bereiteten sich Eltern, die Söhne und Töchter verloren hatten, darauf vor, diesen Tag zu begehen.

Auf dem Northwood Cemetery hockten sich Thomas Barber und Ed Lowe vor das Grab von Nr. 1565 und legten an dem nummerierten Pfahl einen Blumenstrauß nieder. Wenn es ihre eigene Tochter gewesen wäre, hätten sie sich gewünscht, dass jemand an sie dachte. Sie waren erstaunt, die einzigen Menschen am Grab zu sein.

Sobald die Presse von Barbers und Lowes Besuch auf dem Northwood Cemetery erfuhr, wurde die Geschichte über Fernschreiber
verbreitet. Das Interesse an dem Fall lebte wieder auf. Zeitungen
im ganzen Land veröffentlichten neben dem Foto aus dem Bestattungsunternehmen auch Bleistiftskizzen einer idealisierten lebenden Nr. 1565. In Hartford trafen jede Menge Hinweise ein,
und Barber und Lowe gingen ihnen nach. Kein einziger brachte
sie weiter.

Die Leute schrieben ihnen ihre überspannten Theorien. Ihre
Mutter sei bei dem Brand ums Leben gekommen – und genau zur
selben Zeit sei ihr Vater in Europa im Krieg gefallen. Sie sei die
uneheliche Tochter einer berühmten Familie. Sie sei in Wirklichkeit zwergwüchsig. Das machte nichts; ihr Gesicht war jetzt überall zu sehen. Bestimmt würde sich jemand melden.

Mitte Januar genehmigte die Stadt alle Notvorschriften, die die
Kommission des Bürgermeisters empfohlen hatte. Wenige Tage
später vollendete Polizeipräsident Hickey seinen offiziellen Bericht. Wie Mortensens Kommission fand auch er die Zusammenarbeit zwischen den einzelnen Behörden beklagenswert, doch als
staatlicher Branddirektor konzentrierte er sich auch auf den
Brandherd und die Klagen, die gegen die sechs Zirkusleute an-
hängig waren.

Er schilderte die Situation vor dem Brand, erwähnte die Grasbrände und die fehlende Kontrolle, wiederholte dann in vollem
Wortlaut die Geschichte des Polizisten von dem Mann, der ihm

gesagt habe, «dieser dreckige Mistkerl [hat] einfach einen Zigarettenstummel weggeworfen». Neben den offenkundigen Fakten, der
leicht entzündlichen Leinwand und den Laufgittern, warf Hickey
jedem einzelnen Angeklagten vor, für die Umstände, die zu der
Katastrophe führten, mitverantwortlich zu sein. Blanchfields Fahrer hätten keine Ausbildung gehabt und seien unvorbereitet gewesen. Versteeg habe die Feuerlöscher nicht verteilt. Aylesworth
habe gemerkt, dass sie nicht an ihrem Platz waren, habe aber nichts
unternommen und sei am nächsten Tag nach Springfield abgereist,
ohne einen Stellvertreter zu ernennen. Smith habe von Aylesworths Abreise gewusst und nichts dagegen gehabt. Caley und
Cook hätten ihre Posten verlassen.

Bezüglich des Brandherdes zitierte Hickey einen Platzanweiser,
als handelte es sich um einen Spurensicherungsexperten: «Ich
konnte nicht sehen, was den Brand ausgelöst hat; die einzige logi-
sche Erklärung wäre eine Zigarette oder ein weggeworfenes
Streichholz, das nicht ausgemacht wurde. Eine Zigarette hätte eine
Weile gequalmt, aber das Feuer brach ganz plötzlich aus, also war
es offensichtlich ein Streichholz.» Hickey führte die Feuer in Portland und Providence an und schrieb, im Laufe des Jahres habe es
ein Dutzend kleinere Brände gegeben. Er habe keine Beweise für
Brandstiftung und nach dem Busfahrer Welch auch keinen plausi-
blen Verdächtigen gefunden. «Allen aus verschiedenen Quellen
stammenden, für diese Untersuchung relevanten Hinweisen zu
entlassenen und/oder verärgerten Zirkusangestellten sind wir mit
Hilfe örtlicher oder staatlicher Polizisten innerhalb und außerhalb
der Grenzen Connecticuts nachgegangen.»

Und so zog Hickey den Schluss: «Ich denke, dass das Feuer auf
dem Boden hinter der südwestlichen Seitentribüne, ungefähr 15
Meter südlich des Haupteingangs, ausgebrochen ist und durch die
Unachtsamkeit eines unbekannten Besuchers ausgelöst wurde, der
eine brennende Zigarette von der Tribüne hinuntergeworfen hat.»
Diese Vermutung untermauerte er mit fotografischen Beweisen –
Aufnahmen von den Stützbalken hinter der Herrentoilette. «Alles

deutet darauf hin, dass die Flammen zu dem oben angegebenen Zeitpunkt das Gras in ihrer umittelbaren Umgebung, dann die hölzernen Stützbalken für die Seitentribüne, die Seitenwand und schließlich das Zeltdach abgebrannt haben.»

Hickey war überzeugt, dass das Feuer nicht in der Herrentoilette ausgebrochen war, obwohl er seinen Standpunkt nicht näher erläuterte. Desgleichen führte er Aussagen wie die des Platzanweisers (und die eines New Yorker Branddirektors) an, die eher für ein brennendes Streichholz als für eine glühende Zigarette sprachen, ohne ihnen weitere Beachtung zu schenken.

Die Ergebnisse von Healys Untersuchung waren fast identisch, nur dass der Coroner nicht John Cook, sondern einem anderen Tribünenarbeiter Pflichtvergessenheit vorwarf. Er meinte auch, Blanchfield habe zugelassen, dass seine Wagen die Ausgänge versperrten.

In keinem der beiden Berichte wurde James Haley beschuldigt, fahrlässig gehandelt zu haben. Als ranghöchster Zirkusmann, der an jenem Tag auf dem Platz war, wurde er stillschweigend für die Taten seiner Angestellten und die Praktiken seines Unternehmens haftbar gemacht.

Für Bürgermeister Mortensen lief die Sache nicht auf eine Anklage, sondern auf eine moralische Verpflichtung hinaus. Dass die Schuld nicht bei seiner Verwaltung lag, kam ihm nicht in den Sinn. Wie George W. Smith hätte auch er einiges verändern, hätte er Verantwortung deligieren können. Das hatte er nicht getan. Er erinnerte sich: «Eine Frau, die ihre Tochter verloren hatte, rief mich hinterher fast ein ganzes Jahr lang jeden Abend an und kam sehr oft auf die Geschehnisse zu sprechen, doch ich traute mich nicht, ihr zu sagen, dass ich ihre Anrufe nicht mehr verkraften konnte.»

Inzwischen hatte Edward Rogin ganze Arbeit geleistet: 451 Überlebende hatten die Vereinbarung unterzeichnet, und da 105 von ihnen Todesfälle beklagten, trat der Vergleich in Kraft. Anfang Februar verhandelte die Kommission ihren ersten Fall, den Nachlass William Curlees.

Die höchste Entschädigungssumme bei Unfalltod betrug in Connecticut 15 000 Dollar. Nach Ansicht der Kommission waren nur wenige der Toten so viel wert. Man stellte eine Formel auf, nach der die genaue Summe für jeden einzelnen Vergleich bestimmt wurde. Der *Courant* erläuterte das Ganze: «Die Lebenserwartung des Opfers wurde nach normalen Sterblichkeitstabellen errechnet. Danach wurden seine finanziellen Verhältnisse und seine Erwerbsfähigkeit untersucht. Und falls es sich um eine Frau handelte, so ordnete man ihrer Ausbildung und gesellschaftlichen Verantwortung, zum Beispiel der Frage, ob sie ihren Mann in geschäftlichen Angelegenheiten unterstützte, einen ökonomischen Wert zu. Bei Kindern ging man willkürlicher vor und legte für Opfer im Alter zwischen drei und sieben Jahren einen Mindestbetrag von 6500 Dollar zugrunde.»

Diese Formel war nicht nur offenkundig absurd und beleidigend, sie war auch so berechnet, als sollte die Entschädigungssumme, die der Zirkus aufzubringen hatte, möglichst gering gehalten werden. Bei dem Brand waren nur wenige Männer im Erwerbstätigenalter ums Leben gekommen; die überwältigende Mehrheit der Opfer waren Frauen und Kinder. Bill Curlees Witwe erhielt die vollen 15 000 Dollar, da er jung, gesund und gebildet gewesen war und einen guten Job gehabt hatte, während die Entschädigung für den litauischen Tabakplantagenarbeiter Charles Tomalonis nur 6650 Dollar betrug. Für Kinder erhielt man fast immer 6500 Dollar, bei einigen – wie Billy Dineen – war es wegen der Krankenhaus- oder Beerdigungskosten etwas mehr. Auch für ältere Menschen gab es nicht viel; das Leben der neunundsechzigjährigen Margaret Garrison war wegen ihres Alters und Geschlechts nur 5000 Dollar wert, das der fünfundsiebzigjährigen Mary Bergin sogar nur 4000.

Bei der Entschädigung wurden auch die Vermissten und mutmaßlich Toten mit einbezogen. John Cleary nahm 9000 Dollar für Grace Fifields Nachlass entgegen, der Nachlass von Judy Norris betrug, genau wie der von Raymond Erickson, die üblichen 6500

Dollar. Mildred Cook erhielt 7000 Dollar für Eleanor und 6500 für Edward, verglichen mit 30 000 Dollar für ihre eigenen Verbrennungen.

Die größeren Summen sparte die Kommission für die Schwerverletzten auf. Die ehemalige Tänzerin Katherine Martin aus West Hartford erhielt den größten Betrag, nämlich 100 000 Dollar, gefolgt von Patty Murphy mit 90 000, Jerry LeVasseur mit 80 000 und Donald Gale mit 75 000 Dollar. Alle vier lagen noch immer im Krankenhaus.

Die Verhandlungen zogen sich monatelang hin; die letzte Klage, die bearbeitet wurde, betraf Maurice und Muriel Goff – die beiden einzigen Schwarzen, die bei dem Brand ums Leben gekommen waren. Es würde mehrere Jahre dauern, bis der Zirkus alle Entschädigungszahlungen geleistet hatte.

Während sich die Schlichtungsverhandlungen noch hinzogen, begann schon der Strafprozess. Jeder der sechs Angeklagten wurde der fahrlässigen Tötung in zehn Punkten beschuldigt. Die Anwälte des Zirkus rieten ihren Klienten, sich schuldig zu bekennen, und lieferten sie der Gnade des Gerichts aus. Damalige Zirkusleute sprachen von einem Gentlemen's Agreement, das die Freiheit der Angeklagten der Bereitschaft des Zirkus gegenüberstellte, die volle Haftung für den Brand zu übernehmen. Vielleicht sah das nach einem fairen Abkommen aus. Die Stadt, mit angeklagt in vielen Zivilprozessen, die sich durch den Vergleich erledigt hatten, würde keinen einzigen Penny bezahlen.

Staatsanwalt Alcorn, der den Fall gerichtlich verfolgte, hatte von der Übereinkunft offenbar nichts mitbekommen. Der Richter auch nicht. Die Verteidigung begründete ihr Vorgehen nicht mit der zu erwartenden Einstellung des Verfahrens, sondern damit, dass ein langer Prozess die Männer daran hindern würde, den Zirkus auf den Beginn der neuen Saison vorzubereiten. Doch egal, welche Überlegung hinter der Taktik steckte, der Schuss ging nach hinten los. Nach der Beweisaufnahme befand der Richter alle sechs für schuldig und verurteilte den Zirkus wegen des brandge-

fährdeten Zeltes zu einer Geldstrafe von 10 000 Dollar. Er verurteilte Blanchfield zu sechs Monaten Haft, Caley und Versteeg zu
einem Jahr und verhängte dann ein bis fünf Jahre Gefängnis gegen
Haley und zwei bis sieben Jahre gegen Smith und Aylesworth. Das
Gericht gewährte einen Vollstreckungsaufschub bis zum 6. April,
damit die Angeklagten den Zirkus auf seine Tournee vorbereiten
konnten. Nur Caley lehnte den Aufschub ab und zog es vor, seine
Haftstrafe sofort anzutreten.

Die Männer und viele Menschen in Hartford waren angesichts
der Strafen fassungslos. Der Öffentlichkeit war nicht klar gewesen,
dass es um fahrlässige Tötung ging; viele glaubten immer noch an
die ursprüngliche Behauptung Robert Ringlings, dass der Zirkus
das Hauptzelt feuerfest machen wollte, aber nicht dazu in der Lage
war, da das Militär Vorrang hatte. In Leserbriefen hieß es, der Brand
sei ein Unglück gewesen; es sei ungerecht, den Zirkus dafür zu be-
strafen. Zwei Männer, die bei dem Brand ihre Frauen und Kinder
verloren hatten, fragten in einem Brief an die *Times*, warum die
Stadt, die gleichermaßen schuldig sei, nicht auch zur Verantwortung gezogen werde.

Als wollte Bürgermeister Mortensen das schuldhafte Verhalten
der Stadt eingestehen, gab er in all dem Trubel bekannt, er habe
dem Rücktritt von Polizeichef Hallissey zugestimmt. Im Stillen
hatte der Bürgermeister ihm den Entschluss versüßt, und Hallissey war so klug gewesen, sich darauf einzulassen. Mortensen ernannte den stellvertretenden Polizeichef Michael Godfrey zu Hal-
lisseys Nachfolger, ein Schritt, der niemanden überraschte.

«Der Zirkus wird weitermachen», verkündete Robert Ringling, und doch griff er zu jedem verfügbaren Druckmittel und
sagte, die Gefängnisstrafen könnten verhindern, dass der Zirkus
genug Gewinn mache. Als im Parlament von Florida erörtert
wurde, ob ein formaler Brief aufgesetzt werden sollte, der die
Sorge der Abgeordneten zum Ausdruck brachte, riefen zwei ehemalige Gouverneure den Richter auf, die Verurteilungen rückgängig zu machen. Die Zirkusanwälte stellten den Antrag, das

Schuldbekenntnis zurückziehen zu dürfen, denn es habe sich um eine übereilte und unüberlegte Maßnahme gehandelt, mit deren Hilfe die Tournee des Zirkus gerettet werden sollte – zum Nutzen der Kläger, wie sie zu verstehen gaben. In dem Antrag wurden auch die Feuer in Portland und Providence und das Dutzend kleinerer Brände an der Seitenwand bestritten; erstens gebe es keine offiziellen Unterlagen darüber und zweitens seien die Löcher genau genommen nicht durch Brände verursacht worden. Außerdem erwähnten die Anwälte erstmals drei weitere Brände – jeweils einen in Portland, Providence und Philadelphia, alles Stroh- oder Grasbrände, von denen keiner die Zelte bedroht habe.

Der Richter willigte ein, sich die Argumentation anzuhören, bevor das Urteil vollstreckt wurde – nicht zu dem Brand (da die neuen Informationen anscheinend irrelevant und nicht beweisbar waren), sondern zu dem Schuldbekenntnis und der Frage, ob die Verurteilten wirklich unersetzlich waren. Durch seine Entscheidung kamen Robert Ringling und John Ringling North in den Zeugenstand, und wieder einmal standen sich die beiden Gegenspieler in einer Situation gegenüber, in der die Zukunft des Zirkus auf dem Spiel stand. Zudem gab der Zirkus in jener Woche seine Eröffnungsvorstellung im Madison Square Garden, was dem Drama eine besondere Note verlieh. Während die Zirkusleute einer Gefängnisstrafe entgegensahen, wählte Sarasota eine Route, die mit einer fünfzig Jahre alten Tradition brach und nicht nur Hartford, sondern ganz Connecticut aussparte.

Für ein Gastspiel hätte sowieso kein Platz zur Verfügung gestanden. In derselben Woche übergab die Stadt das Gelände an der Barbour Street ohne großes Aufsehen dem War Garden Committee. Ein Traktor der Parkbehörde pflügte alles um und fügte den fünfundvierzig hinter dem Schneezaun gelegenen Beeten weitere hundert hinzu. Ein Sprecher des Gartenausschusses sagte, der Boden sei zum Gemüseanbau hervorragend geeignet.

Als der Prozess wieder aufgenommen wurde, sagte Robert Ringling aus, dass sich die Freiheitsstrafen für die fünf Männer

nachteilig auf die Leitung des Zirkus auswirken würden. Es
«würde die Tournee nicht unmöglich machen, aber ziemlich gefährden». Zirkushistoriker glauben, dass Robert an dieser Stelle
nicht energisch genug war und später dafür büßen musste. Statt
um Haley zu kämpfen, sagte er über seinen stellvertretenden Direktor bloß: «Er war mir eine große Hilfe.» Den einzigen Ge-
fühlsausbruch zeigte er an dem Morgen, als sein Cousin aussagte.
Im Flur vor dem Gerichtssaal versuchte ein Hilfssheriff, ihm Papiere auszuhändigen, worin er bei mehreren Prozessen, die mit
dem Brand zu tun hatten, als Mitangeklagter aufgeführt war. Robert schleuderte die Papiere auf den Marmorfußboden und ging
davon.

John Ringling North war nicht so leidenschaftslos. Er schimpfte, er habe den Zirkus letztes Jahr davor gewarnt, auf Tournee zu
gehen, und erwäge, gegen die derzeitigen Verantwortlichen eine
Klage wegen Misswirtschaft einzureichen. Er behauptete, keiner
der Angeklagten sei unersetzlich, und nannte für jeden von ihnen
einen fähigen Nachfolger – Arthur Concello für George Smith,
William Curtis für Leonard Aylesworth. Und nicht nur das, sondern Robert Ringling hatte North versichert, dass der Zirkus ungeachtet dessen, was sich in Hartford ergebe, auf Tour gehen
werde. Die Verteidigung versuchte, North in die Enge zu treiben,
da man hoffte, ihn als Gegner von Roberts Unternehmensführung
hinstellen zu können. North durchkreuzte geschickt ihren Plan,
indem er offen zugab, dass das stimmte und wohl kaum ein Geheimnis war. Als man ihn fragte, ob er vorgehabt habe, den Kon-
kurs des Zirkus herbeizuführen, um die Forderungen der Überlebenden «ins Wasser fallen zu lassen», bestritt er das und räumte bloß
ein, dass er als einer der bevollmächtigten Direktoren des Unternehmens gegen den Vergleich gestimmt habe, weil er ihn in mehreren Punkten nicht zufrieden stellend gefunden habe.

Nachdem der Richter die Angeklagten angehört hatte, verrin-
gerte er die Strafen von Haley, Smith und Aylesworth auf mindestens ein Jahr und einen Tag bis höchstens fünf Jahre. Bei dieser Re-

gelung war es möglich, dass ihre Strafe in acht bis zehn Monaten
zur Bewährung ausgesetzt wurde. Blanchfield, der aussagte, er sei
für den Zirkus nicht unentbehrlich, beeindruckte den Richter so
stark, dass er seine Strafe gänzlich aufhob. Noch einmal gewährte
er Smith und Aylesworth einen Vollstreckungsaufschub, diesmal bis
zum 7. Juni, damit sie nach Sarasota zurückkehren und den Zeltaufbau vorbereiten konnten, bevor der Zirkus in Washington,
D. C., die Eröffnungsvorstellung unter dem neuen, mit Hooper
Fire Chief behandelten Hauptzelt gab. Am nächsten Tag meldeten
sich Haley und Versteeg im Wethersfield State Prison, um ihre
Haftstrafen anzutreten.

Zwei Tage später, am Montag, erfreute der Zirkus New York in
der Mittagszeit mit einer altmodischen, eine Meile langen Parade
über den Times Square, komplett mit Elefanten und Percheron-
pferden, die den klassischen Wagen mit den fünf Grazien, die
Menageriekäfige und phantastische Prunkwagen aus der neuen
Gala-Revue «Alice im Zirkus-Wunderland» zogen. Angeblich als
Unterstützung für die siebte Kriegsanleihe gedacht, löschte die Parade die Erinnerung an den Brand in der Öffentlichkeit aus, zeigte das Machbarkeitsdenken der Zirkusleute und feierte den be-
vorstehenden Sieg der Alliierten in Europa. Es war die erste von
vielen Werbeaktionen in jenem Jahr, die dazu dienten, die Gunst

der Menschen zurückzugewinnen; als Nächstes kam eine mor-
gendliche Sondervorstellung für fünfzehntausend blinde und be-
hinderte Kinder im Madison Square Garden – «ein absolutes
Muss», wie Karl Wallenda den Reportern voll Ehrfurcht mitteilte.

In Mansfield Center in der Nähe der University of Connecticut ehrte ein Überlebender seine Frau, indem er am Arbor Day
zum Gedenken an sie einen Baum pflanzte. Ein anderes Paar hatte
eine andere Gedächtnisstütze – eine Tochter, die genau neun Monate nach dem Brand geboren wurde. «Ich schätze, meine Mutter
war froh, dass mein Dad noch am Leben war.»

Von den Kindern im Municipal Hospital blieb nur noch Patty
Murphy übrig. Ein Arzt konnte sich lebhaft an sie erinnern. «Sie
war ein süßer kleiner Fratz mit lockigem rotem Haar. Sie erinnerte
mich an Shirley Temple, sie sah aus wie eine kleine Puppe. Außer
ihren Großeltern und einem Onkel und einer Tante hatte sie niemanden mehr. Sie lag viele Monate lang im Krankenhaus. Zwischen den Verwandten gab es einen Kampf um die Vormundschaft.
Ich bin mit ihr ab und zu mal ins Kino gegangen. Ihre Hände
waren völlig vernarbt. Sie hatte Verbrennungen im Gesicht und an
der Brust. Keine Ahnung, was aus ihr geworden ist.»

Am 22. April, mehr als neun Monate nach dem Brand, verließ
Patty Murphy das Krankenhaus, um bei ihrem Onkel und ihrer
Tante in Plainville zu leben. Ein Junge erinnerte sich, wie sie mit
rosa Narben an den Beinen die Henry Street entlanggegangen war.

In New York gab der Zirkus bis zur Abendvorstellung am 9. Mai
ein hervorragendes Eröffnungsgastspiel. Über der mittleren Manege beendeten Victoria und Torrence gerade ihre Luftakrobatik-
nummer und stiegen vom höchsten Punkt der Trapezkabel herab.
Frank Torrence hing mit einer Hand an einem Seil, während Victoria waagerecht auf seinen gestreckten Füßen lag – auf einen
hatte sie den Kopf gebettet, den anderen mit den Knöcheln umklammert. Vor den Augen von zehntausend Besuchern rutschte
Victoria ab und stürzte aus einer Höhe von fünfundzwanzig Metern herab, vollführte eine halbe Drehung um die eigene Achse

Die Hartforder Polizisten Thomas Barber (links) und Ed Lowe (rechts) besuchen am Decoration Day 1945 das Grab der kleinen Miss 1565. FOTO: PRIVATBESITZ JUDITH LOWE

und landete mit dem Gesicht im Sägemehl. Merle Evans gab dem Orchester den Einsatz, und die nächste Nummer begann. Ein Krankenwagen brachte Victoria schnell in ein nahe gelegenes Krankenhaus, doch Kopf und Brust waren zerquetscht. Sie starb, ohne das Bewusstsein wiedererlangt zu haben. Der Unfall rief den Leuten das Unglück vom letzten Jahr ins Gedächtnis, und genau das konnte der Zirkus nicht gebrauchen. Der Zirkuskaplan kam aus Boston, um den Gottesdienst zu halten. Niemand sprach von Hartford – das war tabu –, aber alle dachten daran.

Am Decoration Day herrschte auf dem Northwood Cemetery viel Betrieb, die Parkbehörde stellte auf allen Gräbern Flaggen auf. Thomas Barber und Ed Lowe kamen herüber, um dafür zu sorgen, dass die sechs Unidentifizierten nicht vergessen wurden, und brachten wieder Blumen für die kleine Miss 1565 mit.

Ein paar Tage später gab der Zirkus in Washington, D. C., seine Eröffnungsvorstellung im neuen Hauptzelt, nachdem der örtliche Branddirektor zuvor mit einer Kerze und dann mit einem Streichholz die Feuerfestigkeit der Leinwand getestet hatte. Im Menageriezelt stieg er auf einen Käfigwagen, um das Dach zu überprüfen. Auch dort hatte er nichts zu beanstanden.

Ein schärferer Test war die öffentliche Meinung. Der Zirkus schaffte es, mit Hilfe von General George Marshall, dem vor kurzem siegreich vom europäischen Kriegsschauplatz zurückgekehrten Generalstabschef, die Öffentlichkeit für sich zu gewinnen. Wie Eisenhower hatte Marshall den Ruf, ein umsichtiger, emsiger Befehlshaber zu sein. Der Zirkus lud ihn als Gast ein, und er nahm an und erschien in voller Uniform zusammen mit seinem Enkel. Ein Foto, auf dem Emmett Kelly dem auf dem Schoß seines Großvaters sitzenden Jungen die Hand schüttelt, wurde in allen Zeitungen des Landes abgedruckt.

Zwei Tage später traten George Smith und Leonard Aylesworth in aller Stille ihre Haftstrafen im Wethersfield State Prison an.

In Hartford hatte niemand die Katastrophe vergessen. Als das Schuljahr zu Ende ging und die Temperaturen stiegen, dachten die Einwohner natürlich an den letzten Juli zurück. Der Tag, an dem der Brand sich jährte, war auch der Stichtag für jegliche Entschädigungsforderungen an den Zirkus. In den letzten Wochen hatte Edward Rogin Dutzende davon bearbeitet. Die Verletzungen waren nicht immer körperlicher Natur. Unter Julius Schatz' Klienten befand sich ein Kind, das eine «krankhafte Angst vor Feuer und den Geräuschen eines Ölbrenners bei sich zu Hause» hatte; und Frauen mit «Psychoneurosen, die auf ein psychisches Trauma zurückgehen, Schlaflosigkeit, Albträumen, Anfällen von Schwermut, Angst vor Menschenansammlungen und geschlossenen Räumen, Panikanfällen, großem Schmerz, viel Leid und seelischen Qualen und einem ernsten traumatischen Schock des Nervensystems, alles von dauerhafter Natur»; außerdem «Ohnmachtsanfälle»; «Kopfschmerzen, Schwindelgefühl»; und eine Frau war seit dem Brand

Polizeifotos der Häftlinge
George W. Smith (oben) und
Leonard Aylesworth. FOTO:
CONNECTICUT DEPARTMENT
OF CORRECTIONS/CONNEC-
TICUT STATE LIBRARY

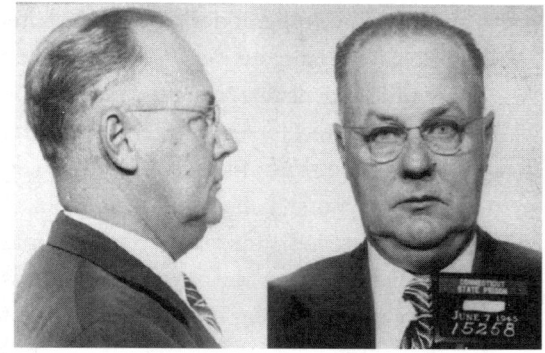

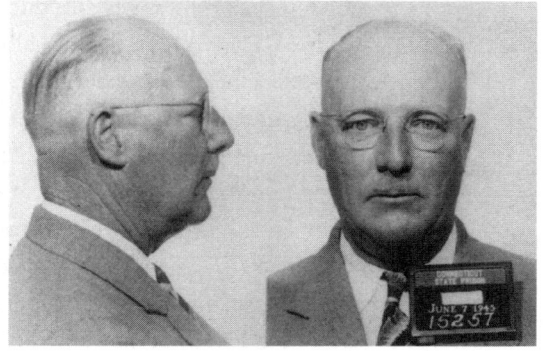

«hysterisch, überängstlich, stets den Tränen nahe, leidet an Schlaflosigkeit, sodass sie ins Norwich State Hospital eingewiesen werden musste».

Eine weitere, positivere Hinterlassenschaft des Brandes war der
Aetna-Krankentransportdienst. Als die beiden Inhaber von Aetna
Florists ihren Dienst in der Navy beendeten, hatten sie eine Sani-
tätsausbildung. Von einem Bestattungsunternehmen in Manchester erwarben sie einen gebrauchten Krankenwagen und gründe-
ten ihr eigenes Unternehmen. Fünfundfünfzig Jahre später
versorgte es noch immer Wethersfield, Rocky Hill und Newington.

Am 6. Juli 1945 besuchten Thomas Barber und Ed Lowe
Nr. 1565 ein drittes Mal und legten einen Strauß Blumen auf ihr

Grab. Ein Fotograf des *Courant* begleitete sie. Das Foto der beiden
Polizisten kam auf die Titelseite, und eine gemeinsame Erklärung
wurde abgedruckt. «Irgendeinem Menschen muss das kleine Mädchen so am Herzen gelegen haben, dass er es in den Zirkus mitgenommen hat. In der Nachbarschaft muss es Spielkameraden,
Milchmänner, Lebensmittelverkäufer, Briefträger und Erwachsene
geben, denen aufgefallen ist, dass ein kleines Mädchen aus ihrem
täglichen Leben verschwunden ist. Es ist doch nicht möglich, dass
so ein Kind völlig unbemerkt für immer aus seiner kleinen Welt
verschwindet.» Sie hatten Nachforschungen über die Familien der
sechs Unidentifizierten angestellt, doch es war nichts dabei herausgekommen. Der Vollständigkeit halber nannten sie die Vermissten und gaben eine Beschreibung der Unidentifizierten, für den
Fall, dass irgendein Leser etwas wusste.

Es erfolgte eine prompte Reaktion. Die Nachrichtenagenturen
verbreiteten den Artikel, und aus dem ganzen Land kamen Briefe, die zum Teil Geld für weitere Blumensträuße enthielten. Ein
Steinmetzbetrieb in New Jersey erklärte sich bereit, Nr. 1565
einen angemessenen Grabstein zu meißeln. Als Ed Lowe ein paar
Tage später zum Friedhof fuhr und sah, dass die Blumen und Flaggen, die sie auf dem Grab zurückgelassen hatten, gestohlen worden waren, stellte er mit Barber und Godfrey einen Ausschuss zusammen, der beschließen sollte, wie man das Gedenken an die
sechs Toten am besten bewahrte. Schließlich stifteten drei Hartforder Firmen und der Betrieb aus New Jersey sechs einheitliche
Gedenksteine.

Jeder Betrieb wollte, dass die kleine Miss 1565 den von ihm ge-
stifteten Stein erhielt, also entwickelte die Kommission einen ge-
rechten Lösungsvorschlag – und überlegte sich eine Zeremonie,
mit der sie Werbung in eigener Sache machen konnte. Man würde
die sechs Steine auf dem Boden aufreihen und ein Mädchen, das
den Brand überlebt hatte und im selben Alter war wie Nr. 1565,
würde mit einer weißen Rose in der Hand dreimal ringsherum
gehen und dann die Rose auf den Stein ihrer Wahl legen.

August 1945. Patty Murphy wählt
den Stein für das Grab der kleinen
Miss 1565 aus.
FOTO: HARTFORD COURANT/JU-
DITH LOWE

Es lag nahe, sich für Patty Murphy zu entscheiden – sie hatte
das richtige Alter, war als Letzte aus dem Krankenhaus entlassen
worden und galt ebenso als Liebling der Öffentlichkeit wie
Nr. 1565. Anscheinend hatten ihr Onkel und ihre Tante keine Bedenken gegen die Zeremonie, denn im August bezauberte Patty
alle mit ihren Locken, ihrem weißen Kleid und den daran befestigten Gartenwicken, als sie einen Knicks machte und die Blume
auf den Grabstein legte. Die Fotografen machten jede Menge Aufnahmen.

Im Gefängnis empfing James Haley eine Reihe von Besuchern.
Edward Rogin vertraute darauf, dass der stellvertretende Zirkusdirektor ihn auf dem Laufenden hielt und ihm die finanziellen
Aspekte des Zirkus näher brachte. Bürgermeister Mortensen kam
aus Höflichkeit. Haley wurde einem Arbeitstrupp auf der Enfield
Prison Farm zugeteilt und arbeitete so hart wie lange nicht mehr,
bis seine Fingernägel vor Dreck starrten. Falls er erwartet hatte,

dass Robert Ringling vorbeikommen und sich bei ihm bedanken würde, weil er seinen Kopf hinhielt, so wurde er enttäuscht. Sein Schwager schrieb ihm nicht einmal einen Brief.

John Ringling North, der ständig irgendwelche Ränke schmiedete, bemühte sich um einen Besuch bei ihm. Zunächst weigerte sich Haley, ihn zu sehen, gab dann aber nach und traf sich mit ihm im Zimmer des Gefängnisdirektors. Die beiden entdeckten viele Gemeinsamkeiten und stellten fest, dass sie sich trotz ihrer Unterschiede gegenseitig einiges bieten konnten.

William Caley, der seine Strafe sofort angetreten hatte, wurde im September als Erster auf Bewährung entlassen. Er hatte nicht vorgehabt, zum Zirkus zurückzukehren, doch das Hauptbüro hielt es für wichtig – so wichtig, dass man ihn mit dem Zug befördern ließ und dann seine Reise von Hartford über Chicago nach Dallas, wo der Zirkus gerade gastierte, telegraphisch verfolgte.

Wenige Tage nachdem er wieder angeheuert hatte, fegte während einer Nachmittagsvorstellung ein Wirbelsturm über das Hauptzelt. Während der panikartigen Flucht zu den Ausgängen wurde Fred Bradna von Besuchern zu Boden gestoßen und brach sich die Hüfte. Mit seinen vierundsiebzig Jahren kehrte der Pferdestallmeister nicht mehr zum Zirkus zurück. Er hatte die Vorstellungen mit seiner Pfeife, in seiner perfekten Haltung so lange geleitet, dass der Rest der Tournee allen seltsam vorkam, weil einer der Hauptbestandteile des Programms fehlte. Am 3. November gab der Zirkus in Charlotte seine Abschiedsvorstellung, und am selben Tag stellten ein paar Arbeiter auf dem Northwood Cemetery für die sechs namenlosen Opfer eine große Steintafel auf. Unter einem eingemeißelten Kranz stand als Inschrift:

DIESE GRABSTELLE
WIDMET DIE STADT HARTFORD
DREI ERWACHSENEN UND
DREI KINDERN, DIE
BEI DEM ZIRKUSBRAND

AM 6. JULI 1944
IHR LEBEN VERLOREN HABEN,
ALS LETZTE RUHESTÄTTE

GOTT ALLEIN
KENNT IHRE NAMEN

Kurz vor Thanksgiving gedachte der gerade wieder gewählte Gouverneur Baldwin des Brandes auf andere Weise. Bei einer Feier im Regierungsgebäude verlieh er Donald Anderson Connecticuts Kriegsverdienstmedaille für Zivilisten. Ohne seine Geistesgegenwart wäre die Zahl der Toten noch wesentlich höher gewesen, hieß es in der Belobigung.

Doch als Erinnerung an den Brand reichte 1945 kein Tag an Heiligabend heran. Am Morgen jenes Tages wurde James Haley nach achtmonatiger Haft aus dem Gefängnis entlassen; am Nachmittag hielten Thomas Barber und Ed Lowe Wache auf dem Northwood Cemetery; und spätabends wütete wie ein letzter, unausweichlicher Nachhall auf die letztjährige Katastrophe im Genesungsheim in der Niles Street ein Feuer, bei dem neunzehn ältere Menschen ums Leben kamen. Auch wenn der Rest des Landes das Ganze schon vergessen hatte, Hartford erinnerte sich noch gut.

Alle fünf Männer, die wegen des Brandes Gefängnisstrafen abgesessen hatten, begannen danach sofort wieder für den Zirkus zu
arbeiten – aus Loyalität oder vielleicht auch nur wegen fehlender
Alternativen. James Haley wurde bei seiner Rückkehr nach Sarasota mit einem prächtigen Begrüßungsbankett empfangen, doch
inzwischen konnte ihn nichts mehr besänftigen. Im Gefängnis
hatte er abgenommen und wollte sich nicht länger mit seiner Stellung beim Zirkus zufrieden geben. Niemand hatte sich um seine
Angelegenheiten oder die seiner Frau gekümmert, und das teilte
er Robert und Edith Ringling und den Zirkusanwälten auch un-
missverständlich mit. Man kam zu dem Schluss, dass die Zeit in
Wethersfield ihn ziemlich mitgenommen hatte, dass er aber bald
wieder der vernünftige Mensch sein würde, den sie alle kannten.

Im April erschien Haley ohne Aubrey, die angeblich krank war,
auf der jährlichen Aktionärsversammlung. Edith stimmte mit ihren
Anteilen für Robert als Direktor, doch Haley brach das Ladies'
Agreement und stimmte mit den Anteilen seiner Frau für sich
selbst und für John Ringling North als seinen Stellvertreter. Nach
ihrem Sieg hielten sich Haley und North nicht damit auf, die
Rechtmäßigkeit ihres Vorgehens zu erörtern; sie standen auf und
verließen den Saal.

Als der Zirkus im Madison Square Garden seine Eröffnungsvorstellung gab, waren beide Parteien anwesend. Edith und Robert hatten die Wahl in Delaware vor Gericht angefochten, doch
die Mühlen der Gerechtigkeit mahlten langsam; bis zum Urteil des

John Ringling North (links) und James Haley wurden nach dem Brand unerwar-
tet zu Verbündeten. Hier beraten sie sich im Jahre 1947, das von dem heiklen
Machtkampf um den Zirkus geprägt war. FOTO: AP/WIDE WORLD PHOTOS

Richters würde noch ein ganzes Jahr verstreichen. Bis dahin konnten sie nicht eingreifen und mussten dabei zusehen, wie Haley und
North die Geschicke des Zirkus lenkten.

Erneut wurde Connecticut auf der Tournee ausgespart. Der
Staat hatte für Zeltveranstaltungen so strenge Brandvorschriften
erlassen, dass auch andere Zirkusse wegblieben. Der einzige Zirkus, der in jenen Jahren regelmäßig in Hartford gastierte, war der
Shrine Circus. Obwohl die Vorstellungen gut besucht waren und
einem guten Zweck dienten, war einigen Leuten bei diesen Gastspielen verständlicherweise nicht ganz wohl. Die Vorstellungen
fanden im staatlichen Waffenarsenal statt.

Das Gelände an der Barbour Street veränderte sich erneut. Jetzt,

wo der Krieg vorbei war, brauchten die zurückkehrenden Soldaten Wohnraum. Der außerordentliche Wohnungsausschuss des
Bürgermeisters genehmigte den Plan, leer stehende Baracken von
Bradley Field auf das Gelände zu verlegen und sie in sechsund-
neunzig Einfamilienwohnungen zu unterteilen. Am zweiten Jahrestag des Brandes hatte die Stadt zwei sich kreuzende Straßen angelegt, die hinter Sponzos Grundstück in einer Sackgasse endeten.
In den Holzbauten hämmerten unablässig die Zimmerleute. Aus
Sicherheitsgründen installierte die Stadt drei Hydranten, einen an
der Stelle, wo sich der Haupteingang des Zeltes befunden hatte,
einen anderen in der Nähe des Orchesterpodiums.

Die Bewohner des North End betrachteten das Wohnungsbauprojekt in der Barbour Street als Sakrileg und fanden es geschmacklos. Als die Arbeiter die Pfähle für die Fundamente ein-
schlugen, brachte ihnen eine Frau aus der Nachbarschaft große
Sandwiches mit Wurst und Paprika zum Mittagessen und hörte
sich an, was sie alles entdeckt hatten. «Jedes Mal, wenn ich vorbei-
ging», sagte Thomas Barbers Tochter Gloria Vieth, «hab ich mich
gefragt, wie die Menschen nur dort leben konnten. Sie haben gesagt, der Gestank war lange zu riechen – der Rauchgestank.» Es
wurde erzählt, dass es dort spuke, dass der Stadt wegen der ge-
spenstischen Schreie die Mieter wegliefen; schließlich seien so viele
von ihnen weggezogen, dass nur noch eine Geisterstadt übrig blieb
und man alles abreißen musste. Das dürfte eine Legende sein. Die
Behausungen sollten nur so lange stehen, bis die Bauunternehmen
den Wohnungsbedarf decken konnten, und das war bald der Fall.

Am zweiten Jahrestag des Brandes gab es auch die erste wichtige Spur im Fall der kleinen Miss 1565. Der *Courant* brachte das
Foto aus der Leichenhalle und eine Zusammenstellung der Fakten. Nachdem sie einen Agenturbericht über Barber und Lowe gelesen hatte, glaubte eine Frau aus Michigan, dass die Beschreibung
des Mädchens auf ihre Enkelin passte. Die Tochter der Frau hatte
sich vom Vater des Mädchens scheiden lassen. Sie blieb nie lange
an einem Ort, und die Frau hatte zum letztem Mal vor vier Jah-

ren aus South Bend etwas von ihr gehört. Das Mädchen wäre zum
Zeitpunkt des Brandes sechs gewesen.

Obwohl Lowe «sehr stark» bezweifelte, dass es sich um dieses
Mädchen handelte, schickte er der Großmutter das Foto. Der Vergleich mit einem frühen Bild des Mädchens überzeugte die Frau.
Ihre beiden Schwestern waren derselben Meinung; sie waren sich
alle sicher, dass sie die kleine Miss 1565 war.

Das bedeutete, dass es sich bei Nr. 2109 oder Nr. 4512, beides
erwachsene Frauen, wahrscheinlich um die Tochter der Frau handelte. Die Frau musste die jüngsten Zahnarztkrankenblätter ihrer
Tochter ausfindig machen; der letzte Zahnarzt, der sie in Michigan behandelt hatte, war in einen anderen Staat übergesiedelt und
hatte aus unerfindlichen Gründen ihre Unterlagen vernichtet.

In dem Artikel der Detroit Times, in dem die Nachricht bekannt
gegeben wurde, hieß es: «Die Polizisten aus Hartford sind sich sicher, damit die Antwort auf das Rätsel gefunden zu haben», eine
Behauptung, die Barber energisch bestritt. Er hatte starke Zweifel
an der Geschichte der Frau. Polizeichef Godfrey stärkte ihm den
Rücken und sagte, Nr. 1565 stamme aller Wahrscheinlichkeit nach
aus dem Herzen Connecticuts, und ihre Familie habe versehent-
lich die falsche Leiche identifiziert, sodass sie im Waffenarsenal zurückgeblieben sei.

In Portland, Oregon, las die Mutter des Mädchens den Artikel
über sich in der Zeitung und schrieb ihrer Mutter sofort einen
Brief. Sie und das Mädchen seien wohlauf.

Die Frau aus Michigan verbuchte das Ganze als verständlichen
Irrtum, da die Mädchen auf den beiden Fotos sich tatsächlich sehr
ähnlich sahen. Aus Mangel an gerichtsverwertbaren Beweisen
wäre die Identifikation vermutlich nicht anerkannt worden, aber
sie hätte sich damit zufrieden gegeben. Doch so war es noch besser. «Wenn die Geschichte nicht in der Zeitung gestanden hätte»,
sagte sie, «hätte ich vielleicht nie mehr von meiner Tochter und
meiner Enkelin gehört.» Der Fall blieb ungeklärt.

Der Zirkus war vor mehr als zwei Jahren abgebrannt. Durch die

Brandschutzkampagne von WTIC blieb die Angelegenheit im Blickpunkt der Öffentlichkeit. Ein Reporter, der an jenem Tag auf dem Platz gewesen war, übernahm die Leitung der Kampagne. Der Sender sponserte einen Plakatwettbewerb für die Schulkinder der Gegend, bei dem Sparbriefe zu gewinnen waren. Auf den Reklametafeln an der Küste stand als Erinnerung für Strandbesucher: FEUER MACHT KEINEN URLAUB, oder: HAT IHRE ZIGARETTE IN LETZTER ZEIT EINEN BRAND VERURSACHT?

Doch die wahre Hinterlassenschaft des Brandes war größtenteils privater Natur. Nach ihrer Entlassung aus dem Municipal Hospital wurden Barbara und Mary Kay Smith regelmäßig im Hartford Hospital behandelt, wo man versuchte, durch Röntgenbestrahlung die Wucherung des Narbengewebes einzudämmen. Barbaras Transplantate wurden so hart, dass sie die Arme nicht mehr beugen konnte. Sie musste zur weiteren Behandlung ins Massachusetts General Hospital; dort schnitten die Ärzte das Gewebe an Barbaras Handgelenken auf und verpflanzten weitere Haut von Bauch, Beinen und Gesäß, damit sich biegsame Verbindungsstücke bildeten. Es klappte, doch beim Gehen hielt sie die Arme immer noch seltsam angewinkelt.

Ihrer Mutter ging der Tod der Norrisens sehr nahe. In ihrer Freizeit nähte sie ihren Töchtern langärmelige Kleider, obwohl niemand die beiden anstarrte. Allmählich zogen sie die Kleider nicht mehr an. Die Kinder in St. John's behandelten sie genauso wie vorher.

Donald Gale hatte nicht so viel Glück. Die Ärzte nahmen ihm zwar die Verbände an den Händen ab, aber er konnte die Finger kaum benutzen. Er musste Schuhe tragen, sodass jetzt auch seine Füße, die er einzusetzen gelernt hatte, nutzlos waren. Seine Eltern mussten ihn ankleiden. Er fuhr weiter zur Therapie ins Krankenhaus und machte zu Hause seine Übungen, doch in der Schule war er von Anfang an ein ungewöhnlicher Anblick, ein Außenseiter. Er konnte nichts tun, wobei er riskiert hätte, sich die Hände zu ver-

letzen, und war ein leichtes Opfer, das von den anderen Jungs verprügelt wurde. Als seine Mutter in Mayberry Village einmal nach
draußen kam, sah sie, dass die anderen Jungs Donald zu Boden geworfen hatten und auf ihm saßen. Sie jagte sie nach Hause und beschwerte sich auch bei ihren Müttern. Schließlich verwendeten
Donalds Eltern einen Teil des Geldes aus dem Vergleich dazu, ihn
von der staatlichen Schule zu nehmen und zur Suffield Academy
zu schicken, wo er Fußball zu spielen begann – was sich als ein Geschenk Gottes erwies. Es war eine reine Jungenschule, das machte
es leichter. Er war gehemmt, und es würde lange dauern, bis er sich
auch nur an Mädchen herantraute.

Jerry LeVasseur trug eine Mütze, um die Brandwunden auf dem
Kopf zu verdecken. Die anderen Kinder machten sich über ihn
lustig, und Jerry begann sich zu prügeln und bekam Schwierigkeiten. Mehrere Jahre lang verbrachte er den Sommer im Presby-
terian Medical Center in New York, wo die Ärzte seine linke Hand
so weit in Ordnung brachten, dass er damit Gegenstände greifen
konnte. Die Entschädigungssumme reichte zur Begleichung der
Rechnungen. Während der Genesung nahm ihn eine der Schwestern unter ihre Fittiche, was ihm die Therapie erleichterte. Am
Ende spielten sie miteinander Tennis. In der Schule entdeckte er
Baseball wieder; er trug den Handschuh an der rechten Hand und
zog ihn zum Werfen jedes Mal aus.

Elliott Smiths Mutter trug eine Perücke, um die kahle Stelle auf
ihrem Kopf zu verbergen. Wie Barbara und Mary Kay wurde Elliott einmal im Monat mit Röntgenstrahlen behandelt. Er war
schwächlich, und die Kinder in der Nachbarschaft gingen mit ihm
behutsamer um als früher. Seine Familie verhätschelte ihn völlig.
Ihn störte besonders, dass er zur Schau gestellt wurde. Verwandte
baten, seine Narben sehen zu dürfen, und er musste ihr Staunen
über die farnförmigen Transplantate auf seinem Rücken über sich
ergehen lassen. Die anderen Kinder interessierten sich nicht besonders dafür; als Elliott einmal nur eine Badehose trug, sagte ein
anderer Junge, sein Rücken sehe aus wie ein Schachbrett – doch

das war nicht böse gemeint, sondern bloß eine harmlose Bemerkung, die auch so aufgenommen wurde. Elliot bekam keine Albträume.

Vielen erging es anders. Die elfjährige Sarah Goodwin Austin
war im Zirkus gewesen und hatte schreckliche Dinge gesehen.
«Ich hab an jenem Tag so viel gelernt. Ich hab gelernt, dass Menschen sterben. Dass sie stinken, wenn sie sterben. Dass sie verbrennen können. Dass sie sich gegenseitig umbringen, um zu überle-
ben.» Sie hatte gesehen, wie sich Menschen aneinander krallten,
und den Anblick vergaß sie nie mehr. 1946 wurde ihr Vater A. Eve-
rett «Chick» Austin, der damals Direktor des Wadsworth Athe-
neum war, Kustos des John and Mable Ringling Museum of Art
in Sarasota. Die Zirkusbesitzer luden die Familie regelmäßig zum
Essen ein. «Er hat den Zirkus geliebt», sagte Sarah Austin über
ihren Vater. «Weder mein Vater noch meine Mutter konnten begreifen, was ich durchgemacht hatte. Ich hatte immer das Gefühl,
anders zu sein als sie.»

Und dann waren da noch die Eltern, Frauen, Männer und Brüder der Toten. Mildred Cook verbrachte ihre Genesungszeit in
Southampton und wohnte bei Emily Gill und deren Tochter Carolyn Moon. Sie konnte die Arme nicht richtig bewegen, und Carolyn musste ihr morgens immer beim Anziehen helfen. Als sie genesen war, erwies sich die Arbeit als ihre Rettung. Sie arbeitete den
ganzen Tag lang so hart wie möglich, damit sie nachts schlafen
konnte. Eleanor galt offiziell immer noch als vermisst. Jedes Mal,
wenn Mildred und Emily das Haus verließen, legten sie in der
Küche für Eleanor einen Zettel auf die Arbeitsplatte, auf dem
stand, wo sie waren. Nur für alle Fälle.

Juristisch gesehen vergrößerte der Wechsel an der Spitze des
Zirkus nur den Ärger zwischen dem Unternehmen und seinem
Vermögensverwalter. Ein Zirkusanwalt schrieb in einem Brief an
James Haley über Schatz und Rogin, die bis jetzt noch kein Geld
für ihre Dienste verlangt hatten: «Ich glaube, sie fangen an, sich in
Erwartung der fetten Honorare und Spesen die Hände zu reiben.»

Rogin war buchstäblich mit Hunderten von Fällen und den sich daraus ergebenden Aufgaben beschäftigt. Das Geld zog alle möglichen Leute an, die mit dem Fall nichts zu tun hatten, und Rogin kümmerte sich auch noch um die persönlichen Finanzen seiner Kläger. Die Gläubiger eines Mannes wandten sich direkt an den Vermögensverwalter und baten ihn, ihnen die Entschädigungssumme zu überlassen, damit seine offenen Rechnungen beglichen wurden. Die Schlichter hatten dem Mann für den Tod seiner Frau und seiner drei Kinder mehr als 40 000 Dollar zugesprochen. Rogin sagte den Gläubigern, sie müssten selbst sehen, wie sie an ihr Geld kämen.

Ein heftigerer Kampf entbrannte um die Entschädigungssumme für Patty Murphy und ihren jüngeren Bruder. Der Onkel, bei dem sie lebten, starb, und das Gericht übertrug einem anderen Onkel und seiner Frau die Vormundschaft für die Kinder. Noch vor dem Tod des Vormunds hatten die Coughlans, ihre Großeltern, die ursprüngliche Verfügung vor dem höchsten Gerichtshof angefochten. Jetzt reichten sie erneut Klage ein. Die Murphys waren katholisch und die Coughlans protestantisch. Patty und ihr Bruder hatten für ihre Verletzungen und den Tod ihrer Eltern und ihres anderen Bruders mehr als 120 000 Dollar erhalten. Der Fall und die damit verbundenen Berufungsverhandlungen zogen sich mehr als zwei Jahre lang hin.

Inzwischen leistete der Zirkus seine erste Zahlung an die Kläger, fast eine Million Dollar, genau 25 Prozent der Gesamtsumme. Die zweite erfolgte im Januar 1947 und betrug knapp 1,5 Millionen Dollar oder 37,5 Prozent. Unter Haley und North lief es für den Zirkus gut, man gab mehr Vorstellungen und verdiente mehr Geld als je zuvor.

Die Stadtverwaltung war ebenfalls eifrig gewesen. Man hatte das Konzept für einen Oberstadtdirektor gebilligt, der Kommunikation zwischen den einzelnen Behörden Vorrang gegeben und ein formelles Beamtensystem eingeführt. Überall im Land übernahmen Städte Hartfords pedantische neue Brandvorschriften.

Ein Überlebender fuhr mit seiner Familie während des Eröff-
nungsgastspiels des Zirkus im Madison Square Garden nach New
York. Er hatte nicht vorgehabt hinzugehen; sie waren bloß zufällig in der Stadt. Er hatte keine Eintrittskarten, doch nach dem
Brand hatte er die Abschnitte vom 6. Juli in seiner Brieftasche aufbewahrt. Die Frau an der Kasse sagte, die Vorstellung sei ausverkauft. Der Mann holte seine Kartenabschnitte hervor. «Meinen
Sie, dass wir damit reinkommen?» Die Frau telefonierte. Wenige
Minuten später geleitete John Ringling North die Familie zu seiner Privatloge.

In derselben Woche brachte Katherine Martin, die für ihre Verbrennungen die größte Entschädigungssumme erhalten hatte,
eine Tochter zur Welt. Mrs. Martin war eine zierliche Frau. Sie
war nur mit Mühe über das nordöstliche Laufgitter gelangt und
hatte fast am ganzen Körper Verbrennungen erlitten. Auf ihrem
Rücken zeichneten sich noch immer die Daumenabdrücke des
Mannes ab, der sie zum Zirkusbus getragen und auf der Fahrt
zum Municipal Hospital im Arm gehalten hatte, damit ihre
wunde Haut mit nichts in Berührung kam. Zuerst konnte sie die
Arme nicht bewegen, konnte nicht aufstehen, nicht laufen. Es
dauerte Monate, bis sie ihr Haar kämmen und selbständig essen
konnte. Ihr hatte eine weitere schmerzhafte Hautverpflanzung
bevorgestanden, als sie ihrem Chirurgen erzählte, dass sie ein Baby
erwartete. «Das ist das Wunder, auf das wir gewartet haben», sagte
er. Während einer Schwangerschaft dehnt sich das Zellgewebe;
das machte die Operation überflüssig. Man nahm einen Kaiserschnitt vor. Das Baby war gesund und makellos, und die Genesung der Mutter verlief reibungslos. Die Zeitungen nannten sie
Miracle Lady.

Während der Zirkus seine Eröffnungsvorstellung im Zelt gab,
schlossen sich die Gerichte in Delaware Edith Ringlings Ansicht
an, dass Haley das Ladies' Agreement widerrechtlich gebrochen
habe. Die Leitung des Unternehmens fiel wieder an Robert Ringling zurück. Zwei Wochen später inszenierten Haley und North

einen weiteren Machtkampf und übernahmen, mit Haley als Direktor, wieder die Kontrolle.

In jenem Sommer verschlechterte sich Robert Ringlings stets labile Gesundheit. Er erlitt einen schweren Schlaganfall und konnte die Interessen seiner Mutter nicht mehr vertreten wie in den letzten fünf Jahren. Es sah so aus, als hätten Haley und North gewonnen.

Doch der neue Direktor und sein Stellvertreter kamen nicht gut miteinander aus. Sie stritten sich über grundlegende Fragen der Betriebsleitung, und obwohl North eigentlich Haleys Untergebener war, gab er gegenüber dem unerfahreneren Vorgesetzten nicht nach. Nach dem Gefängnis traute Haley niemandem mehr. Er war der Direktor des Zirkus, und seine Frau kontrollierte mehr Anteile als North. Er würde bestimmen, was zu tun war.

Während Haley den Zirkus leitete, bearbeitete North die anderen Vorstandsmitglieder. Er hatte gerade einen alten Prozess wegen Pflichtversäumnis gegen Robert gewonnen, bei dem es um fünf Millionen Dollar ging. Das nutzte er zu einem Kompromiss mit seinem früheren Widersacher und bot ihm an, seine Klage fallen zu lassen. Im Oktober trat er Haleys Nachfolge an und überließ Robert die größtenteils ehrenamtlichen Funktionen eines stellvertretenden Direktors und Vorstandsvorsitzenden. Die Haleys gaben sich geschlagen; sie verkauften ihre Anteile und stiegen aus dem Zirkusgeschäft aus. North kontrollierte jetzt 51 Prozent des Unternehmens. Nach sechs langen Jahren gehörte der Zirkus wieder ihm.

North war ein Showman im Stil Barnums, kühn, aggressiv und unverschämt, wenn es drauf ankam. Von jener Zeit bis zur letzten Zahlung des Entschädigungsgelds konnte das Verhältnis zwischen dem Vermögensverwalter Edward Rogin und dem Zirkus bestenfalls als schwierig bezeichnet werden.

Eine Woche nach dem Machtwechsel verkündete North, dass er vorhabe, 1948 mit dem Zirkus wieder nach Hartford zu kommen. Seine Ankündigung fand bei der Presse ein großes Echo. Po-

lizeichef Godfrey begrüßte die Idee und sagte, aus diesem Grund
habe man die neuen Vorschriften erlassen. Die Bürger von Hartford waren bei weitem nicht so verständnisvoll. Trotz der neuen
und raffinierten Tribünenkonstruktion mit festen Stahlstühlen
wurden zu viele Leute an den Brand erinnert.

Ein Witwer schrieb an die *Times*, dass ihn andere Familien, die
bei dem Brand ebenfalls ihre Angehörigen verloren hatten, gebeten hätten zu protestieren. «Wir wollen den Zirkus auf keinen Fall
in der Stadt haben. Wir wollen nicht, dass unser Unglück auf Reklametafeln oder in Werbeanzeigen ausgestellt wird.» Eine Mutter, die damals eine Tochter verloren hatte, pflichtete ihm bei: «Es
wäre ein unnötiger Schmerz für mich und andere, die auch einen
oder mehrere Menschen verloren haben, den Tag erleben [zu]
müssen, an dem der Zirkus hierher zurückkehrt.»

Die Leitartikler wogen das Für und Wider gegeneinander ab.
Sie argumentierten, dass der Zirkus irgendwann wiederkommen
müsse. Welches sei der richtige Zeitpunkt?

Als wollte der Zirkus die Gegner milde stimmen, nahm er Ende
April die dritte Entschädigungszahlung über zehn Prozent der
Gesamtsumme vor. Zu diesem Zeitpunkt sagte North, er hoffe
noch immer, in Hartford einen Platz für das Hauptzelt zu finden –
vielleicht Colt's Meadows, wo man in den frühen dreißiger Jahren
gastiert hatte. Der Zirkus werde alle neuen Vorschriften erfüllen.
In Bridgeport, Waterbury und New London seien bereits Gastspiele geplant. Also müsse man sich sowieso mit Polizeipräsident
Hickey auseinander setzen.

Am Ende kamen sie nicht nach Hartford zurück. Doch sie hatten die Stimmung getestet, und als ein Zirkusfan aus Plainville
sagte, er habe ein Gelände, das sie jederzeit nutzen könnten, nahmen sie sein Angebot an. Am 17. Juni hielt der Zirkus in der kleins-
ten Stadt Einzug, in der er je gastiert hatte. Patty Murphy bat ihren
Onkel und ihre Tante, mit ihr die Nachmittagsvorstellung zu besuchen, was sie auch widerwillig taten. Die Vorstellung war ausverkauft, und Patty amüsierte sich gut.

Im Herbst kandidierte James Haley für einen Sitz im Reprä-
sentantenhaus von Florida und setzte sich gegen seine Konkurrenten durch. Obwohl seine Vorstrafe aus einem anderen Staat
stammte, hatte dasselbe Haus vorher ein Sondergesetz verabschiedet, das seine bürgerlichen Rechte wiederherstellte.

Während dieser ganzen Zeit waren Thomas Barber und Ed
Lowe immer wieder zum Northwood Cemetery gefahren. Dreimal im Jahr fuhren sie dorthin und brachten Magnolien oder Nelken, an Weihnachten Kiefernzweige mit, und die Zeitungsartikel
wurden immer kürzer, bis sie schließlich völlig eingestellt wurden.
Die Nachrichtenagenturen verbreiteten sie nicht mehr. Sie waren
verstaubt – Schnee von gestern.

1949 kehrte der Zirkus für einen Tag nach Plainville zurück. Es
wurde allmählich zu einer Tradition. Die Leute spekulierten, ob er
es vielleicht im nächsten Jahr in Hartford probieren werde. John
Ringling North äußerte sich nicht; wie ein guter Showman ließ
er alle im Ungewissen.

In jenem Jahr zahlte der Zirkus über Edward Rogin zwei Raten
zu je fünf Prozent. Rogin half dem Unternehmen auch, die Rechte für Cecil B. De Milles Film *Die größte Schau der Welt* auszuhan-
deln, zu dem in jenem Winter in Sarasota die Dreharbeiten begannen. Während der Zirkus mit Hollywood beschäftigt war, starb
in Miami der Gorilla Gargantua an einer Lungenentzündung, die
sich durch eine Nierenstörung und verfaulte Weisheitszähne noch
verschlimmert hatte. Die Zirkusleute bezeichneten ihn als treues
Mitglied der Truppe; er hatte bis zum Ende der Tournee durchge-
halten. Auch nach seinem Tod blieb Gargantua eine Attraktion.
Henry Ringling North stiftete die Knochen des Gorillas dem Pea-
body Museum an seiner Alma Mater Yale, und das Foto von Gar-
gantuas wieder zusammengebautem Skelett ging um die Welt.

Direkt nach Weihnachten probte May Kovar – die inzwischen
May Kovar Schafer hieß – auf einer Tierfarm in Kalifornien. Sie
hatte Ringling verlassen und trat allein auf, doch es funktionierte
nicht. Sie arbeitete eine Löwennummer aus und hoffte, damit ihre

Geldprobleme lösen zu können. Ihre drei Kinder trotteten an dem sich träge dahinschleppenden Tag hinter ihr her.

Sie trat mit ihrem Stab in den Käfig. Draußen öffnete ihr erwachsener Sohn eine Stahltür, um den ersten Löwen hineinzulassen. Sein Name war Sultan. Es hatte drei Tage lang geregnet, und er hatte in seinem Käfig gelegen und seine regelmäßigen Übungen versäumt.

Plötzlich stürzte er sich auf May Kovar. Er stieß sie mit den Pranken zu Boden, schlug dann die Zähne in ihren Hals und schleifte sie in eine Ecke des Käfigs.

Mays Sohn rannte mit seiner Schwester hinein, und sie schlugen mit Stöcken auf den Löwen ein, konnten ihn aber nicht von seiner Beute wegscheuchen. Ein anderer Dompteur kam mit einer Mistgabel und einem Eisenrohr von der Elefantenscheune herübergelaufen. Er stach auf den Löwen ein, und als der auf ihn losging, schlug er ihm mit dem Rohr zwischen die Augen. Sultan kippte um und war so lange betäubt, dass sie May Kovar aus dem Käfig schleifen konnten. Doch es war zu spät. Er hatte ihr, vermutlich mit dem ersten Prankenhieb, das Genick gebrochen. Sie starb noch an Ort und Stelle.

«Ich würde gern aussteigen», sagte ihr Sohn, «aber was sollen wir machen? Wir haben nichts anderes gelernt.»

Einen Tag nach Neujahr erlitt Robert Ringling einen weiteren schweren Schlaganfall und starb. Er war zweiundfünfzig. Julius Schatz lobte ihn für seine Hilfe bei der Sicherung des Vergleichs. Im Nachruf wurde Robert Ringling als Leiter des Zirkus und Opernsänger aufgeführt, doch eine einzige Zeile erzählte die ganze Geschichte: «Enge Freunde sagten, er habe sich nie besonders für das Zirkusleben interessiert.» Seine Mutter überlebte ihn.

Im April sprach der Polizeibeamte George Sanford mit Julius Schatz und sagte, sein 8-mm-Film sei zu verkaufen. Er frage sich, ob der Zirkus daran interessiert sei. Schatz schrieb an John Ringling North und erhielt eine Antwort von dessen Bruder Henry. «Wir wären am Erwerb dieses Films über den Brand interessiert, vorausgesetzt, wir bekommen das Original und keine Kopie.»

Keiner weiß, ob das Geschäft zustande kam, doch der Film wurde nie wieder gesehen.

In jenem Monat verhaftete die staatliche Brandstiftungsbehörde von Ohio in der Nähe von Columbus einen jungen Mann namens William Graham in Zusammenhang mit dem Brand eines örtlichen Getreidesilos. Graham gestand, das Feuer gelegt zu haben. Bei dem Verhör erfuhr die Polizei, dass Robert Dale Segee, einer seiner Freunde, Graham erzählt hatte, er habe einmal in Maine ein Feuer gelegt. Zwei Wochen später nahm man einen Cousin Grahams wegen eines weiteren Brandes fest; nachdem er gestanden hatte, beschlossen die Ermittler, mehr über Segee herauszufinden. Sie sprachen mit Segees Eltern in Columbus, die ihnen erzählten, er habe zur Zeit des Brandes in Hartford beim Zirkus gearbeitet. Im Gefängnis von Circleville sprach die Polizei noch einmal mit Graham; diesmal brachte er Segee mit mehreren Bränden in Verbindung, die in kleinen Gassen gelegt worden waren.

Gewappnet mit Auslieferungspapieren, verhaftete die Ohio State Police Segee in East St. Louis, Illinois, und brachte ihn zu-

rück nach Columbus. Am 18. Mai gestand Segee, in Circleville und
Columbus und in Portland und Old Town, Maine, Brände gelegt
zu haben.

«Er gab an, am 6. Juni [sic], während des großen Brandes in
Hartford, beim Ringling Brothers Circus gearbeitet zu haben. Er
habe zahlreiche Brände gelegt, weil ihm ein brennender Mann er-
scheine, den er als den ‹Roten Mann› bezeichnete; der Rote Mann
befehle ihm, die Brände zu legen, und wenn er sich weigere, werde
er selbst verbrennen; der Rote Mann sei ihm zum ersten Mal direkt vor dem Brand in Hartford, Conn., erschienen, als er beim
Ringling Brothers Circus gearbeitet habe. Er sagte aus, die erste
Erinnerung an den Brand in Hartford sei, dass ihn jemand geweckt
habe und er zu sich gekommen sei; er habe sich bei einem Zelt in
der Nähe der Pferdeställe befunden, doch von dem, was vorher geschehen sei, könne er sich nur noch daran erinnern, dass er den
Roten Mann und dann einen anderen Mann gesehen habe, der ein
Streichholz anzündete und das Steilwandzelt an einer Stelle in
Brand steckte, wo man es mit Öl getränkt hatte, damit es wasserdicht war; dass die Flammen an dem großen Zelt bis zum Dach
des Hauptzeltes hinaufgeschossen seien. Vielleicht habe er gesehen, wie er selbst das Feuer legte, oder es könne auch ein Traum
gewesen sein, das erste Mal, dass der Rote Mann erschien. Er gab
an, er könne sich erinnern, dass er, nachdem man ihn geweckt
hatte, half, die Leute aus dem Hauptzelt zu holen.»

Als Nächstes bekannte sich Segee zu einem Brand in einem
Hotel in Columbus; er habe das Feuer in einem Kleiderkorb und
einem Papierkorb in der Besenkammer gelegt – ganz ähnliche
Umstände wie bei dem unbeachtet gebliebenen Brand im Aetna-
Gebäude in Hartford, als der Zirkus in der Stadt festsaß.

Am folgenden Tag fuhren die Ermittler mit Segee durch Circleville, damit er ihnen die Gebäude zeigen konnte, in denen er
Brände gelegt hatte. Er zeigte ihnen drei Scheunen und Garagen;
die Polizei überprüfte seine Angaben. Segee wurde wegen Brandstiftung, versuchter Brandstiftung und mutwilliger Zerstörung an-

Robert Dale Segee nach
seiner Verhaftung 1950 in
Ohio. FOTO: HARTFORD
COURANT

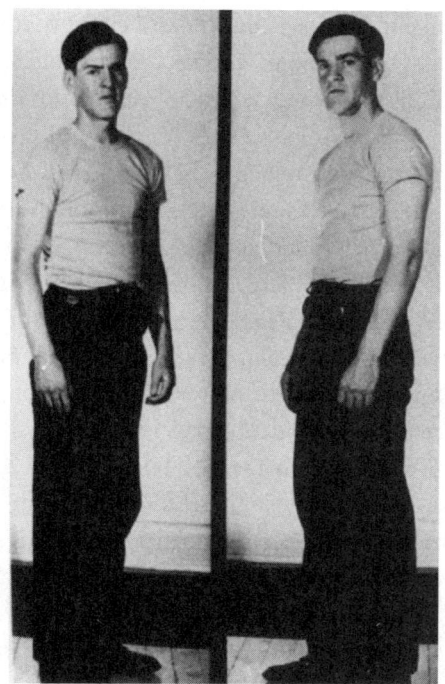

geklagt. Er bekannte sich in allen drei Punkten schuldig. Man hielt
ihn fest, um eine psychiatrische Untersuchung durchzuführen.

Segee war erst zwanzig, was bedeutete, dass er zum Zeitpunkt
des Brandes vierzehn gewesen war. Es war zweifelhaft, ob er in
dem Alter wirklich beim Zirkus gearbeitet hatte.

Als die Geschichte in Ohio bekannt wurde, rief ein Reporter
von United Press Polizeipräsident Hickey an, um ihn davon zu
unterrichten. Bisher hatte Segee noch nicht zugegeben, den Brand
in Hartford gelegt zu haben, doch Harry Callan, der Branddirektor von Ohio, hatte dem Reporter gesagt, dass man wahrscheinlich «am Anfang der Woche eine gute Geschichte haben» werde.

Hickey rief in Ohio an, um zu fragen, ob er einen Mann schicken solle. Einer von Callans Stellvertretern sagte, die Untersuchung sei noch nicht so weit fortgeschritten, um das zu rechtfer-

tigen, und sie hätten noch keine unumstößlichen Beweise dafür,
dass Segee beim Zirkus gearbeitet habe. Er versicherte Hickey,
Callan würde sich persönlich bei ihm melden, sobald sich irgendetwas ergab.

Am nächsten Tag erschien Segees Foto in der Zeitung, und es
gab weitere Einzelheiten. Der Rote Mann erwies sich als das Em-
blem der Nationalen Brandkasse – ein brennender Indianer auf
einem Feuerpferd. Bei der Brandkasse wurde er «Der fünfte Rei-
ter» genannt. Segee verlor bei jeder Tat das Bewusstsein; wenn er
wieder zu sich kam, brannte es bereits. Haleys Verteidiger sagte, das
sei die Ehrenrettung seines Mandanten, und die Zirkusleute hätten immer geglaubt, dass jemand den Brand gelegt habe, doch in
den Zeitungen hieß es, Hickey finde die Sache nicht sonderlich
aufregend. «Bezüglich des Zirkusbrandes in unserer Stadt liegt zurzeit nicht genug gegen den Verdächtigen vor.» Er führte Segees
damaliges Alter an und sagte, er beabsichtige nicht, seine Ermittler nach Ohio zu schicken.

Später an jenem Morgen sagten die Behörden in Ohio, sie seien
davon überzeugt, dass Segee beim Zirkus gearbeitet habe. Man
habe ihn dort «Little Bob» genannt. Segee behauptete, er habe direkt vor dem Brand geschlafen, und als der Rote Mann ihn aus seiner Ohnmacht geweckt habe, habe das Zelt in Flammen gestanden. Er habe die Zeltwand aufgeschlitzt, um einen Mann
herauszulassen, und dann versucht, einen weiteren Mann zu retten. «Als ich gezogen hab, hat er sich die Arme ausgekugelt. Da hat
sich mir der Magen umgedreht.» Wie der Ausreißer Roy Tuttle
war Robert in Ohnmacht gefallen. Er hatte sich Verbrennungen
an den Händen zugezogen.

Am nächsten Tag schickte Hickey heimlich zwei Ermittler los.
Während sie unterwegs waren, packte Segee weiter aus, und die
Brandstiftungsbehörde versorgte die Presse mit neuen Verlautba-
rungen. Jetzt glaubte Segee, er *habe* den Zirkusbrand gelegt, doch
er war sich nicht ganz sicher. Er hatte Gedächtnislücken. «Wir
haben getan, was wir konnten», sagte ein Vernehmungsbeamter.

«Jetzt müssen sich die Psychiater mit ihm beschäftigen, und dann dürften wir den Hartford-Fall aufgeklärt haben.»

Ein Sprecher von Ringling, der mit dem Zirkus unterwegs war, bezweifelte, dass Segee mit vierzehn bei ihnen gearbeitet hatte, und sagte, es gebe keine Unterlagen über Angestellte, die so weit zurückreichten. Doch eine anschließende Überprüfung bei Zirkusanwälten in New York ergab, dass Segee die Wahrheit gesagt hatte. Er hatte am 30. Juni in Portland bei Whitey Versteegs Beleuchtungscrew angeheuert und war am 13. Juli in Hartford entlassen worden.

Die Beamten in Columbus, Ohio, ließen Hickeys Leute abblitzen. Sie durften weder mit Segee noch mit seinen Verwandten oder William Graham sprechen. Einer von Hickeys Männern horchte die örtlichen Ermittler aus und erfuhr, dass Segee am Abend vor dem Brand angeblich ein paar Scheinwerfer zerbrochen und Versteeg ihm eine Ohrfeige gegeben und den Schaden von seinem Lohn abgezogen hatte. Die Beamten sagten, Segee und Graham seien «eine ganze Weile sexuell pervers gewesen, ein ‹schwules Pärchen›».

Ein Psychologe vom University Hospital begann den Verdächtigen zu untersuchen und forderte, dass ihn außer ihm niemand befragen durfte. Das Ganze würde drei bis zehn Tage in Anspruch nehmen.

Hickeys Leute bemühten sich noch einmal darum, die wichtigsten Personen in dem Fall vernehmen zu dürfen. Da es ihnen verwehrt wurde, sprachen sie mit den Mitarbeitern der Brandstiftungsbehörde, die mit Segees Verwandten geredet hatten. Seine Schwester habe erwähnt, dass Robert als Säugling schwer an Maltafieber erkrankt sei und dann als Kind an Gelenkrheumatismus gelitten und einen Sonnenstich gehabt habe. Er sei ein Jahr lang ans Bett gefesselt gewesen. Sie glaube, dass ihr Bruder zurzeit geistig verwirrt sei.

Einer der Ermittler sagte, Segee habe ihn auf der Fahrt von der Praxis des Psychologen zum Gefängnis gefragt, was die Behörden in Connecticut tun würden, wenn er gestehe, das Feuer gelegt zu haben. Die Polizisten berichteten Hickey, dass die Mitarbeiter der Brandstiftungsbehörde sich in ihrem Urteil über den Verdächtigen einig seien; ihren Ermittlungen zufolge sei «Segee eindeutig ein Perverser, ein ‹Wahnsinniger› und Pyromane».

Da Segee bei dem Psychologen war, konnten Hickeys Leute nicht mit ihm in Kontakt treten. Sie baten Callans Büro, ihnen eine Kopie des Untersuchungsberichts zu schicken, packten ihre Sachen und verließen die Stadt.

Der Psychologe versuchte, Segees Vertrauen zu gewinnen, und sagte, wenn man den Grund für seine Taten herausfinde, könne man vielleicht verhindern, dass andere Jungs denselben Fehler begingen. Der Arzt versicherte ihm auch, dass er höchstwahrscheinlich nicht nach dem Erwachsenenstrafrecht verurteilt werde, da er die meisten seiner Straftaten als Jugendlicher begangen habe. Ohne konkrete Beweise sei sein Geständnis – «selbst wenn es der Wahrheit entspricht» – keine Grundlage für eine Verurteilung. «Infolgedessen», schrieb der Arzt, «war Robert völlig kooperativ, zumindest bei allem, was sich vor seinem achtzehnten Lebensjahr abgespielt hat. Alles, was danach kommt, könnte er sich zurechtgelegt haben, obwohl er sich bei den Bränden in Circleville schuldig bekannte.»

Robert Segee gestand nicht nur, den Zirkusbrand und mehr als zwanzig weitere Feuer gelegt, sondern auch vier Morde begangen zu haben, den ersten im Alter von neun Jahren. In Portsmouth, New Hampshire, habe er am Ufer eines Flusses ein Nachbarsmädchen mit einem Stein erschlagen. In Portland habe er einen Nachtwächter erdrosselt, als der Mann ihn dabei erwischt habe, wie er in einem Lagerhaus an den Docks Feuer legte. In Cape Cottage, Maine, habe er einen Jungen am Strand erwürgt. Und während seiner Militärzeit in Japan habe er vor knapp einem Jahr einen japanischen Jungen erdrosselt, der ihn «Ti-Ta-Tunte» oder Scheißschwanzlutscher genannt hatte.

Ohio schickte einen Ermittler nach Portland, um Segees Ge-

schichte zu überprüfen. Der Ermittler fand heraus, dass es in der
Nähe von Segees vielen verschiedenen Wohnsitzen mehrere Brände gegeben und dass Roberts Familie zum Zeitpunkt des Mordes
an dem Mädchen in Portsmouth gelebt hatte. 1943 hatte in Portland zwei Blocks vom Hafen entfernt ein Lagerhaus gebrannt; im
Keller hatten Feuerwehrleute die Leiche des Hausmeisters gefunden. Doch die Polizei in Cape Cottage hatte keine Unterlagen
über einen unaufgeklärten Mord. Und Segees Behauptung, die
Army habe ihn wegen des Mordes an dem japanischen Jungen
vors Kriegsgericht gestellt und deshalb unehrenhaft entlassen,
wurde letztlich nicht bestätigt.

Inzwischen setzte der Psychologe das hübsche Freud'sche
Puzzle von Segees früher Kindheit zusammen. Angeblich hatte
sein Vater ihn geschlagen und ihm die Finger mit einem Streichholz verbrannt, wenn er masturbierte. Die Feindseligkeit gegenüber seinem Vater hatte zwangsläufig dazu geführt, dass er sich mit
seiner Mutter identifizierte und ein eher weibliches Rollenbild
übernahm. «Es hat sich erwiesen, dass feminine Jungen einen größeren Hang zu sexueller Stimulation haben als normale Jungen»,
schrieb der Psychologe (der später betonte, dass er kein Psychiater
sei). «Es ist, als wollten das männliche und auch das weibliche Drü-
sengewebe befriedigt werden.» Der Arzt fand heraus, dass Segees
späteren Taten jeweils unbefriedigende heterosexuelle Erfahrungen vorausgegangen waren. Der Verdächtige sagte, er habe alle
schlimmen Erinnerungen wegbrennen wollen.

Der Arzt wollte die Brände, die Robert gelegt hatte, auch mit
Unterernährung in Verbindung bringen, was eine seiner Lieb-
lingstheorien war. Er sagte, er habe Roberts Intelligenz nie überprüft, da sie keinen Einfluss auf sein Verhalten habe, doch bei zwei
IQ-Tests im Jahre 1943 hatte Segee einmal 78 und einmal sogar
nur 60 Punkte erreicht, was an der Grenze zur geistigen Behinde-
rung liegt.

Als würde es noch nicht ausreichen, dass sein Vater ihm die Finger verbrannt hatte, wenn Segee masturbierte, stellte der Arzt die

Hypothese auf, dass in Roberts Unterbewusstsein ein «unentdeck-
tes traumatisches Erlebnis» lauere, das nur auf einen «Auslösefak-
tor» warte, um seine unterdrückte Wut freizusetzen – vermutlich
habe das Nachbarsmädchen ihn gehänselt. Alle hätten Robert gehänselt – sie hätten ihn «Trottel» und «Blödmann» genannt; das
habe er nicht ausstehen können.

Der Psychologe glaubte Robert Segee. Er hielt ihn der Verbrechen, die er gestanden hatte, für fähig, was mit den ermittelten Indizien übereinstimmte, dass er in der Nähe gewohnt hatte und die
Gelegenheit dazu gehabt hätte. Er empfahl, den Verdächtigen zur
weiteren Beobachtung und, falls möglich, Behandlung ins Lima
State Hospital einzuweisen.

In Portland folgte einer von Hickeys Leuten den Spuren des In-
spektors aus Ohio. Er machte Segees frühere Wohngegend ausfindig und befragte die Leute, die sagten, die ganze Familie sei
«sonderbar» und «verrückt» und benehme sich seltsam. Nach dem
Zirkusbrand sei Robert mit einer verbrannten Hand nach Hause
gekommen und habe überall herumerzählt, dass er mit der Tochter eines der Zirkusbesitzer geschlafen habe. Er habe auch behauptet, einen Mann verprügelt zu haben, der den Toten das Geld
stahl.

Die Nachbarn der Segees in Dover, New Hampshire, hielten
ebenfalls die gesamte Familie für geistesgestört – der Polizeichef
bezeichnete sie als «durch und durch schwachsinnig». Ein Arzt, der
beruflich mit ihnen zu tun hatte, sagte, sie seien alle ziemlich debil,
und meinte, auf ihr Wort könne man nicht viel geben.

Die beiden Ermittlungen gingen getrennt weiter, ohne große
Rücksichten oder eine Zusammenarbeit zwischen den beiden
Staaten. Ab und zu spielte Maine – vielleicht aus einer Art Ver-
bundenheit der Neuenglandstaaten – Connecticut Unterlagen
oder Berichte von Ohios Ermittlungen zu, doch meistens erhielt
Hickey seine Informationen aus den Morgenzeitungen. Anfang
Juni schickte er Callan ein Telegramm, worin er ihn offiziell um
alle Aussagen Segees bat, die sich auf den Zirkusbrand bezogen. Es

war zehn Tage her, dass man seinen Leuten verweigert hatte, den Häftling zu vernehmen. Sobald der Psychologe seine Untersuchung abgeschlossen hatte, wollte Hickey eine Durchschrift der Ergebnisse haben.

Callan rief Hickey zwei Tage später an und versicherte ihm, dass Segee sich noch immer in der Obhut des Psychologen befinde und für niemanden zu sprechen sei. Doch Hickey wollte wissen, wo dann die Zeitungen ihre Informationen herbekämen. Callan gab den Behörden in Circleville die Schuld. Erneut drängte Hickey Callan, ihm alle Informationen über Segee zukommen zu lassen, die mit dem Zirkusbrand in Zusammenhang standen; Callan versprach es ihm.

Zwei Wochen später bekam Hickey zum ersten Mal Segees ursprüngliche Aussage – inzwischen fast einen Monat alt – zu Gesicht, doch erhielt er sie nicht von Callan, sondern aus Maine.

Inzwischen nahm Ohio offiziell die Aussagen von Segees Familienmitgliedern auf. Seine Schwester wusste, dass Robert mit fünf oder sechs Jahren zweimal Feuer gelegt hatte, von später war ihr nichts bekannt. Er sei ein Einzelgänger. Er und ihr Vater kämen nicht gut miteinander aus. Sie konnte sich erinnern, dass Robert, als sie noch in Portsmouth wohnten, einmal mit angesehen habe, wie ein kleines Mädchen, das vergewaltigt worden war, aus dem Fluss gezogen wurde. Sie war auch der Meinung, dass die Army ihn aus gesundheitlichen Gründen ehrenhaft entlassen hatte.

Segees Mutter weinte während der ganzen Vernehmung. Sein Vater sei immer gehässig zu Robert gewesen, und der Junge sei sehr sensibel. Er halte sich meistens in seinem Zimmer auf, starre ins Leere und kaue an den Fingernägeln. Sie wisse, dass irgendetwas mit ihm nicht stimme, doch als Mutter wolle sie es nicht wahrhaben. Er habe so schreckliche Albträume, dass er nur widerwillig einschlafe; oft wache er schluchzend auf und sage ihr, dass er nicht sterben wolle. Zu der Entlassung aus der Army sagte Mrs. Segee, dass Robert deswegen ein schlechtes Gewissen habe; er wisse nicht, warum man ihn entlassen habe. All das schien sie zu

verwirren. «Ich hab nicht gewusst, dass Robert irgendwas mit
irgendwelchen Bränden zu tun hatte, und hatte keine Ahnung, dass
er für so viele Brände verantwortlich ist, wie es sich jetzt heraus-
gestellt hat. Ich hab das Gefühl, dass die Art, wie ihn sein Vater in
seiner frühen Kindheit und sein ganzes Leben lang behandelt hat,
viel mit seinem Zustand zu tun hat; und dazu kommt noch, wie
ihn die Lehrer und andere Kinder, auch seine Geschwister, behandelt haben.»

Segee fertigte für den Psychologen Bleistift- und Buntstift-
zeichnungen an – das rote Pferd und ein brennender Dämon mit
Reißzähnen, aus dessen Kopf Flammen loderten. Das war der
Rote Mann, von dem Robert träumte. «Es muss wieder brennen»,
befahl der Dämon. Auf einer Reihe von Bildern war zu sehen, wie
Robert das Mädchen umbrachte und die drei anderen Opfer er-
drosselte – die beiden Jungs knieten vor ihm. Die Zeichnung eines
Frauengesichts über einer Flammenwand, das seinem eigenen sehr
ähnlich sah, stellte einen «Traum» dar, «wie eine Stimme bei dem
Zirkusbrand» – und das Opfer sagte zu Segee: «Du hast das angerichtet.» Eine andere Reihe zeigte Robert in einer sonnendurch-
fluteten, bergigen Landschaft als Indianer, der von einem fliegenden Adler bedroht wird.

Über das Pferd und den Roten Mann sagte Robert: «Die Flammen loderten vor mir auf, und dann verwandelten sie sich in das
brennende Pferd, und kurz bevor oder nachdem ich das rote Pferd
sah, tauchte ein Mann auf. Sie erschienen, nachdem ich ein
Streichholz angezündet hatte. Einen Augenblick lang gefiel mir
das, aber dann kriegte ich Angst und rannte weg. Das Pferd und
der Mann liefen hinter mir her. Ich wusste nie, wie weit sie mich
gejagt hatten. Meistens landete ich zu Hause, aber jedes Mal, wenn
ich dort ankam, war das brennende Pferd verschwunden. Es lief,
ohne dass seine Hufe den Boden berührten. Der Mann lief wie
jeder andere, aber auch seine Füße berührten nicht den Boden. Ich
hatte Angst, dass er mich verbrennen würde. Ich hatte Angst, dass
mich das Pferd fressen würde.»

Das brennende Pferd, das Robert Segee in seinen Träumen
erschien. FOTO: HARTFORD
COURANT

Der brennende Dämon, der
Robert Segee quälte. «Es muss
wieder brennen», sagte er.
FOTO: HARTFORD COURANT

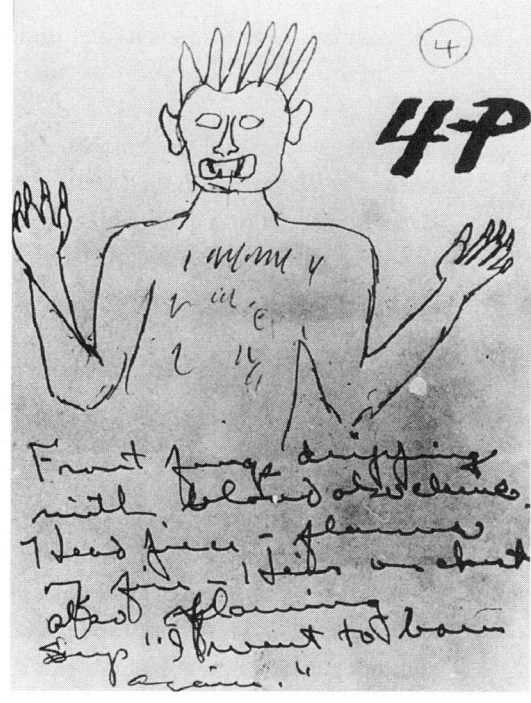

Wenn Segee über seine Träume und sein Innenleben sprach, konnte er anschaulich erzählen, doch wenn die Ermittler ihn nach tatsächlichen Geschehnissen fragten, wurden seine Antworten unpräzise.

F. Was ist mit dem Brand in der Market Street?

A. Das kommt mir bekannt vor.

F. Und die Portland Lumber Company?

A. Ja, die lag direkt unten am Pier.

F. Nein, stimmt nicht. Sie lag in der Hanover Street, und das Feuer brach am Freitagabend oder am frühen Samstagmorgen aus.

A. Ich kann mich an zwei oder drei Holzlager in Portland erinnern.

Statt Segee die näheren Einzelheiten erzählen zu lassen, zeigten ihm die Vernehmungsbeamten Zeitungsausschnitte über die Brände und fragten dann, ob er darin sein Werk erkenne. Offenbar gaben ihm die Beamten das Stichwort, und Segee gestand alles, was sie wollten. Er bekannte sich auch zu den beiden Zirkusbränden in Portland und Providence. Über das Feuer in Portland sagte er: «Da hab ich eine Gedächtnislücke, alles ist verschwommen. Ich kann mich nur noch erinnern, dass ich ein Streichholz angezündet hab.» Das Feuer in Providence habe er ebenfalls während einer Bewusstseinstrübung gelegt. Er sagte, es habe «an einer Zeltklappe gebrannt, aber ich weiß nicht mehr, wo», womit er Zeitungsberichte von damals wiedergab, doch Hickeys Ermittlungen – deren Ergebnisse noch immer unter Verschluss gehalten wurden – hatten ergeben, dass sich das große Brandloch an der Seitenwand befand. Segee behauptete, nach beiden Vorfällen hätten ihn Polizisten in Zivil befragt, doch keiner der beiden Brände hatte Ermittlungen nach sich gezogen.

Seine Angaben zu Hartford waren noch unzuverlässiger.

F. Das große Feuer im Zirkus, wie haben Sie das gelegt?
A. Ich hätte jede Menge Möglichkeiten gehabt. Man hatte die
Zelte mit Benzin und Öl behandelt, um sie regenundurchlässig zu machen. Selbst die kleinste Flamme hätte sehr schnell
das ganze Zelt erfasst. Ich weiß nicht, warum ich es angesteckt
hab.»

Seine Aussage zeigte immer wieder, dass Segee genau wusste, was
die Fragesteller hören wollten. Inzwischen benutzte er sogar die
Worte des Psychologen und führte sein Verhalten auf einen auto-
matischen Auslöser zurück, der ihm gelegen kam: Kurz vor jedem
Brand habe er «unbefriedigenden» Geschlechtsverkehr gehabt.

Bei späteren Verhören sprach er immer von dem «Muster».
«... das lief nach demselben Muster ab.» «Ich weiß, dass es dem
Muster folgte.» Im Lauf der weiteren Verhöre halfen die Ermittler
immer mehr nach. Manchmal gab Segee nicht die Antworten, die
sie hören wollten, und dann unterbrachen sie die Vernehmung und
bearbeiteten ihn; wenn sie offiziell weitermachten, gab Segee die
passende Antwort.

Ganz zum Schluss fragte Branddirektor Callan Segee, ob er
ihnen sonst noch etwas sagen wolle.

«Ich hab bloß verrückte Träume», erwiderte Segee.

In Hartford erfuhr Polizeipräsident Hickey erst durch den staatlichen Branddirektor von Maine von Segees neuestem Geständnis. Ohio hatte dort angerufen. Callan meldete sich trotz seines
Versprechens nicht mehr bei Hickey. Drei Tage später teilte ein Polizist aus Maine den Ermittlern in Connecticut mit, dass die Associated Press nähere Einzelheiten des Geständnisses kenne und dass
es darin auch um den Zirkusbrand und alle vier Morde gehe.

An jenem Tag, dem 30. Juni, wurde die Nachricht im ganzen
Land verbreitet und mit Stellungnahmen des Staatsanwalts von
Circleville und aus Callans Büro unterfüttert. Während Callans
Erklärung die Fakten darlegte, schilderten «andere Quellen» auf
der Grundlage des ärztlichen Berichts Segees psychologischen

Hintergrund. Die *Columbus Dispatch* brachte sogar eine von Segees Zeichnungen – ein Indianer mit vollem Kopfschmuck.

Hickey drehte durch. In seiner eigenen Pressemitteilung
schimpfte er auf Callan, weil er ihn von den Ermittlungen ausge-
schlossen und es, nach seinen Worten, versäumt hatte, «uns den
ganz normalen Gefallen der zwischenstaatlichen Zusammenarbeit
zu erweisen».

Daraufhin schickte ihm Callan endlich durch Eilzustellung den
dreiunddreißigseitigen Ermittlungsbericht. Er traf am 3. Juli ein.
Am 4. Juli sagte Hickey: «Wir haben nichts gefunden, was wir
nicht schon wussten. Solange wir die Geschichten, die Segee erzählt hat, nicht genauer untersucht und überprüft haben, gibt es
keine Beweise, die den Wahrheitsgehalt seiner Aussagen erhär-
ten.»

Hickeys Ermittlungen schienen sich auf die neuen Informationen zu beschränken, dienten nur dazu, die Geschichten zu bestätigen oder zu widerlegen und behandelten Segee als isolierten
Fall. Falls der Polizeipräsident Segee je mit dem verdächtigen Be-
nehmen des rotbrüstigen Harry Lakin im Municipal Hospital (der
Mann aus Portland von der Beleuchtungscrew, der geweint und zu
der Rotkreuzhelferin gesagt hatte, er habe nicht gewusst, dass es
so ausgehen würde, und wisse nicht, ob er das verkraften könne,
aber er werde nichts verraten) oder mit Blanchfields Leuten aus
Portland, die am Tag des Brandes mittags gekündigt hatten, in Verbindung gebracht haben sollte, so hat er darüber keine Aufzeichnungen hinterlassen. Er überprüfte auch nicht genau, was für eine
Aufgabe Segee bei der Beleuchtungscrew hatte.

In Columbus tat Callan so, als würde er die Beamten in Circleville herunterputzen, weil sie Informationen aus dem Bericht
weitergegeben hatten, allerdings nicht, um Hickey zu beschwich-
tigen. «Es bleibt den Gemeinden in anderen Staaten überlassen,
sich die näheren Einzelheiten von Segees Geständnis zu beschaf-
fen, die nicht die Brände in Circleville betreffen. Jetzt haben alle
die Informationen.» Bis jetzt, sagte Callan, hätten weder einer der

Neuenglandstaaten, in denen Segee Straftaten begangen hatte, noch die Beamten aus Hartford mit den Behörden in Ohio Kontakt aufgenommen – eine eindeutige Lüge. «Ich bin völlig überzeugt, dass Segee für die Brände verantwortlich ist. Allerdings kann ich nicht sagen, ob wir das vor Gericht beweisen könnten.»

Doch ein Reporter des *Courant*, der zu Segee vordrang, bekam eine andere Geschichte zu hören. Über seine Straftaten sagte er: «Vieles davon hat man mir eingeredet, bis ich selbst dran geglaubt hab, aber inzwischen denke ich, dass ich nicht mal die Hälfte davon getan hab. Bei vielem bin ich mir nicht mehr so sicher.» Er war von angenehmem Äußeren, lächelte und schüttelte den Reportern die Hand. «Mein Leben war voll schlimmer Gedanken, schlimmer Einschnitte und schlimmer Träume», sagte er. «Wenn Sie einen Haufen Brüder hätten, die Sie Ihr ganzes Leben lang als Trottel bezeichnet haben, dann könnten Sie mich ein bisschen verstehen. Eigentlich gab es in meinem Leben keinen einzigen glücklichen Tag.» Bei seiner Verhandlung bekannte er sich in zwei Fällen von Brandstiftung schuldig; das Gericht wies ihn zu einer sechzigtägigen Beobachtung ins Lima State Hospital ein.

Am 5. Juli rief Hickey Callan an und wies ihn zurecht wegen der Indiskretionen und der Weigerung, seine Leute mit Segee sprechen zu lassen. Callan machte den schwachen Versuch, dem Staatsanwalt in Circleville die Schuld zu geben.

«Diese Ausreden gebrauchen Sie schon, seit die Sache vor sechs Wochen bekannt wurde», sagte Hickey.

«Ich gebrauche keine Ausreden. Das hab ich nicht nötig.»

«Sie versuchen doch immer noch, sich rauszureden.»

«Nein, stimmt nicht. Das hab ich überhaupt nicht nötig.»

«Kann ja sein, dass Sie's nicht nötig haben, aber Sie tun's trotzdem.»

«Stimmt doch gar nicht.»

«Und ob das stimmt», sagte Hickey, «und ich bin überrascht, von jemandem in diesem Land so behandelt zu werden.»

«Ich fand es nicht besonders höflich von Ihnen, eine Pressemitteilung rauszugeben und mir dann zu sagen, andernfalls hätten Sie den Bericht nicht erhalten.»

«So und nicht anders ist das auch gelaufen», sagte Hickey. «Dazu stehe ich ohne Wenn und Aber.»

Die Beziehungen zwischen den beiden Behörden entspannten sich nicht mehr. Von da an verließ sich Hickey darauf, dass ihn Maine mit Informationen versorgte. Kein Beamter aus Connecticut sprach je mit dem Häftling.

Mitte Juli brachte das *Life*-Magazin einen umfassenden Artikel über Segee mit seinen Zeichnungen und Spencer Torells Aufnahme von dem in Flammen stehenden Hauptzelt. Die Schlagzeile lautete: DER SELTSAME FALL DES ZIRKUSBRAND-STIFTERS. In dem Artikel erklärte man Segee für schuldig, wie man es schon bei Lemandris Ford getan hatte. Man druckte auch seine Zeichnungen von drei der vier Morde ab und ließ nur die inzwischen angezweifelte Tat in Cape Cottage weg.

Segee blieb wegen einer sechzigtägigen Verlängerung bis zum Herbst im Lima State Hospital. Ende Oktober sagten Eingeweihte, die Ärzte würden ihn für zurechnungsfähig erklären. An Halloween taten sie das auch.

Die Diagnose des neuen Arztes stimmte genau mit dem Freud'schen Ansatz des ursprünglichen Psychologen überein. «Der untersuchende Arzt vertritt die Ansicht, dass in diesem Fall eine akute Zwangsneurose vorliegt, bei der durch sexuelle Beziehungen ödipale Konflikte geweckt werden und eine akute Regression in ein analsadistisches Verhalten stattfindet. Die einzige andere Möglichkeit besteht darin, dass der Geschlechtsakt nur dann völlig befriedigend ist, wenn auch Feuer im Spiel ist, worin eine partielle Sexualisierung von Feuer liegt; dadurch rückt das Ganze näher an eine Perversion heran und lässt sich als Impulsneurose klassifizieren.

DIAGNOSE: Zwangsneurose: weder psychotisch noch psychopathisch oder geistesgestört.»

Der Befund des neuen Arztes ermöglichte es dem Gericht,

Segee zu verurteilen. Als Segee gefragt wurde, ob er vor der Ur-
teilsverkündung noch etwas zu sagen habe, sagte er: «Ich war noch
nie in Schwierigkeiten und bitte das Gericht um ein mildes Urteil.» Er wurde zu zwei Haftstrafen von zwei bis zwanzig Jahren in
der Besserungsanstalt von Mansfield verurteilt, die er nacheinan-
der absitzen musste – nach den Gesetzen Ohios die absolute
Höchststrafe.

Nach der Verhandlung erzählte der neue Arzt den Reportern,
dass er Segee einiger der Verbrechen für schuldig hielt, was sich auf
die Antworten gründe, die der Verdächtige unter dem Einfluss von
Natriumamytal, einem so genannten Wahrheitsserum, gegeben
habe. Mitte Juli sei Segee, nachdem man ihm das Serum gespritzt
und ihm Fragen zu dem Zirkusbrand gestellt habe, «sehr aufgewühlt gewesen. Er hat ständig geschrien: ‹Ich hab niemanden umgebracht, ich hab niemanden umgebracht.› Er kam immer wieder
auf die schrecklichen Träume zu sprechen, die er gehabt hat. Das
brennende Pferd, von dem er besessen war, hat er ständig in seinen Träumen gesehen. Er hat immer wieder gerufen: ‹Lass mich in
Ruhe, brennendes Pferd!›»

Wenn man Segee nach seiner frühen Kindheit gefragt habe,
habe er Angst bekommen und geschrien: «Schlag mich nicht, Dad!
Schlag mich nicht!»

Der Arzt beschrieb Segees Reaktionen als die eines konfusen,
verwirrten Menschen; es sei dem Verdächtigen schwer gefallen,
seine Träume von der Realität zu unterscheiden – diese Worte
stammten von einem Mann, der ihn gerade für zurechnungsfähig
erklärt hatte.

Hickey sagte, Connecticut werde keine Klage gegen Robert
Segee anstrengen. Dasselbe galt für Maine und New Hampshire.
Hickey sammelte alle Informationen, die er zu der Sache hatte,
und übergab sie der Staatsanwaltschaft mit der Anmerkung, dass
es sich wegen Segees Alter um einen Fall fürs Jugendgericht
handle.

Später in jenem Monat verhörten zwei Polizisten aus Ohio

Segee wegen eines unaufgeklärten Mordes in Scituate, Massachusetts, weil sie glaubten, es könnte der Cape-Cottage-Fall sein.
Segee sagte, er sei noch nie in Massachusetts gewesen. Dann gab
er an, «dass er noch nie ein Feuer gelegt, noch nie jemanden umgebracht habe. Während des Gesprächs behauptete Segee, all die
Brände und Morde, die man ihm zur Last lege, seien darauf zurückzuführen, dass er von seinen Albträumen und seiner lebhaften
Phantasie erzählt habe. Das ganze Aufsehen, das Segees Fall erregt
habe, gründe sich mehr auf seine Träume als auf die tatsächlichen
Fakten.»

Segee erzählte den Polizisten, er sei während des Zirkusbrandes
mit zwei Freunden aus der Beleuchtungscrew in der Innenstadt
gewesen und habe sich den Film *Vier Federn* angesehen. Sie seien
mit der Straßenbahn zum Zirkusgelände zurückgekehrt, doch der
Platz sei abgesperrt gewesen. Whitey Versteeg habe ihnen gesagt,
dass sie warten sollten, bis ein Polizist in Zivil sie vernehmen
würde, und nach ihrer Aussage hätten sie gehen dürfen.

Nichts davon entspricht der Wahrheit. Der Film *Vier Federn*
kam 1939 heraus und lief an jenem Tag nicht in Hartford (obwohl
die Geschichte eines jungen Mannes, der zu Unrecht als Feigling
gebrandmarkt wird, ein interessantes Alibi ist); 1944 gab es in Hartford keine Straßenbahnen mehr; und trotz Tausender von Seiten
gibt es bei den Vernehmungsprotokollen keine Unterlagen über
eine Aussage Segees oder einer seiner Freunde.

Die Polizisten sprachen noch einmal mit Segees Eltern und seiner Tante. Alle sagten, dass er schon jahrelang Träume habe, die an
Halluzinationen grenzten. Sie bezweifelten stark, dass er irgendwelche Brände gelegt oder ein Gewaltverbrechen begangen habe.
Das tote Mädchen habe in Portsmouth zwar nur ein paar Blocks
entfernt gewohnt, doch am Abend des Mordes habe die Tante die
Segee-Kinder beaufsichtigt. Robert habe in seinem Bett geschlafen.

Wie bei allem, was mit Robert Segees Geständnissen in Zusammenhang stand, passte kaum etwas zusammen. Es spielte keine

Rolle. Er saß im Gefängnis und würde auch dort bleiben. Bei den
Morden wurde weder seine Schuld noch seine Unschuld je nach-
gewiesen, und im Falle des japanischen Jungen und des Mordes in
Cape Cottage blieb unklar, ob die Taten überhaupt begangen worden waren. 1951 lehnte der Staat Ohio es ab, Segees Strafe zur Bewährung auszusetzen. Er musste schließlich die vollen vier Jahre
absitzen. 1954 stufte der Psychiater in der Besserungsanstalt von
Mansfield Robert Segee als psychotisch ein, diagnostizierte bei
ihm paranoide Schizophrenie und wies ihn ins Lima State Hospital für kriminelle Geisteskranke ein.

1950–1990

Im November 1950 erlitt Edith Ringling einen Schlaganfall und war fortan gelähmt. Im Dezember schrieb John Ringling North den letzten Entschädigungsscheck für Edward Rogin aus, wodurch sich eine Gesamtsumme von knapp vier Millionen Dollar ergab. Trotz des erbitterten Machtkampfes zwischen dem Zirkus und dem Vermögensverwalter hatte man gemeinsam alles ehrenhaft abbezahlt. Die Kläger hatten sich dem Schiedsspruch unterworfen und damit gezeigt, dass sie nicht habgierig waren. Rogin konnte sich lebhaft an eine Verletzte erinnern, die nur das Eintrittsgeld erstattet haben wollte.

Zu Beginn der fünfziger Jahre eroberte das Fernsehen Amerika, woraufhin die Zahl der Kinobesucher drastisch sank und jeglicher Liveunterhaltung allmählich der Boden entzogen wurde. Jetzt blieben die Leute an Wochentagen abends zu Hause. 1951 gastierte der Zirkus wieder in Plainville, doch die Besucherzahlen waren niedrig, und es gab kaum noch Proteste. Der Waffenindustrie ging es schlecht, und der Zirkus gehörte, wie der Brand, anscheinend der Vergangenheit an. Die großen Eisenbahnzirkusse starben langsam aus, und die Leute wussten es.

Dann wurde plötzlich ein nostalgisches Interesse geweckt, das sich auch Büchern wie Fred Bradnas *The Big Top* oder J.Y. Hendersons *Zirkusdoktor* verdankte. 1952 kam *Die größte Schau der Welt* auf die Leinwand. Der Film spielte mehr als 20 Millionen Dollar ein – damals, nach *Vom Winde verweht*, der zweitgrößte Kassenschlager aller Zeiten – und gewann den Oscar für den besten Film.

Der Zirkus bekam mehr als eine Million Dollar an Tantiemen – eine Summe, die er dringend benötigte.

Jetzt, wo alle Kläger ihre Entschädigung erhalten hatten, mahnte auch Edward Rogin sein Honorar als Vermögensverwalter an. Er forderte 175 000 Dollar. Der Zirkus weigerte sich, ihn zu bezahlen. Wie jeder gute Anwalt zog Rogin vor Gericht. Dort kam auch ans Licht, dass Rogin wegen des Verdachts, dass der Zirkus ihm einen Teil der täglichen Einnahmen verschwieg, die Detektei Pinkerton auf ihn angesetzt hatte (woraufhin sein Verdacht bestätigt wurde). Obwohl Rogin als Vermögensverwalter unglaublich erfolgreich gewesen war, verlangte das Gericht bessere Unterlagen über seine Arbeit und sprach ihm letztendlich nur 60 000 Dollar zu. Er ging in Berufung – und verlor.

In einem weiteren langwierigen Fall wurde den Coughlans aus Bristol die Vormundschaft für Patty Murphy und ihren Bruder übertragen. Mr. Coughlan starb nur ein Jahr später.

Das Zirkusgelände veränderte sich erneut. In der Hampton Street erschloss die Stadt ein Areal für Stowe Village, ein riesiges Wohnungsbauprojekt, das sich bis zu John Sponzos altem Grundstück erstreckte. Nach der Einweihung machten innerhalb weniger Monate wieder dieselben Gespenstergeschichten die Runde, nur dass die Geister der toten Kinder jetzt nicht mehr in billigen Baracken, sondern in den Fluren und Treppenhäusern niedriger Backsteinbauten spukten.

Im Januar 1952 war das Geld aus dem Fonds aufgebraucht, den man eingerichtet hatte, um das Grab der kleinen Miss 1565 mit Blumen schmücken zu können. Nach einer kurzen Mitteilung in der Zeitung erhielt Thomas Barber von einem Häftling aus dem Massachusetts State Penitentiary, einem Einbrecher, der als das «Phantom» bekannt war, einen Scheck über zehn Dollar. Beschämt schritt die Hartforder Floristenvereinigung ein und versprach, für das Mädchen auf unbegrenzte Zeit Blumen zur Verfügung zu stellen.

Im November kandidierte der Demokrat James Haley erfolg-

reich für den amerikanischen Kongress; er vertrat einen neu ge-
bildeten Wahldistrikt in Sarasota. Seine Wähler entschieden sich
elfmal hintereinander für ihn. In krassem Gegensatz zu seiner Zeit
bei den Ringlings unterlag er kein einziges Mal.

In jenem Jahr trat auch John Stewart aus der Barbour Street, der
damals einen ungeahnten Mut und eine große Hilfsbereitschaft an
sich entdeckt hatte, der Feuerwehr von Hartford bei. Eines Tages
würde er ihr Chef sein.

Polizeipräsident Edward J. Hickey starb im Herbst 1953, mit
Adolph Pastore und Hugh Alcorn an seinem Totenbett. Tausende
nahmen an seiner Beerdigung teil. Die Polizei sperrte die Straßen
ab. Während seiner Amtszeit hatte er sich für die Einführung
von Innovationen wie Radar und Hubschrauber eingesetzt.
Über den Zirkusbrand stand in seinem Nachruf keine einzige
Zeile.

Als hätte zwischen beiden ein geheimnisvolles Band bestanden,
starb Edith Ringling am nächsten Tag in Sarasota. Edward Rogin
schrieb ihr den Erfolg der Geschäftsaufsicht zu und sagte, sie habe
sich stets auf die Seite der Kläger gestellt, «wenn uns andere Interessen im Zirkus entgegenstanden. Sie war eine großartige Frau
und eine große Menschenfreundin.»

In jenem Herbst schloss auch Barbara Smith ihre Schwestern-
ausbildung am St. Francis Hospital ab. Sie bewarb sich um eine
Stelle am Municipal Hospital (das inzwischen McCook Hospital
hieß) und wurde angenommen.

Im Sommer 1954, kurz vor dem zehnten Jahrestag des Brandes,
sprachen die Gerichte Julius Schatz für seine Dienste als Berater
des Vermögensverwalters 100 000 Dollar zu. Schatz hatte eng mit
John Ringling North zusammengearbeitet; beide waren über-
schwängliche, schwierige Menschen und waren sich sofort sym-
pathisch gewesen. Der ruhige, zuverlässige Edward Rogin musste
in dem Urteil einen Affront sehen. Schatz hatte sich zu einer der
Hauptfiguren stilisiert, während Rogin die alltäglichen Aufgaben
eines Vermögensverwalters hatte verrichten müssen. Die daraus

folgende Verbitterung zerstörte die langjährige Freundschaft der
beiden Männer.

Patty Murphy absolvierte ihr erstes Jahr an der Bristol High
School. Sie war eine ausgezeichnete Schülerin und gehörte dem
Jugendrotkreuz an, betreute in der Schülerzeitung die Seite für die
Neuankömmlinge und sang im Chor. Ihre Großmutter sagte, sie
sei ein typischer Teenager. Die Verbrennungen hätten sie über-
haupt nicht eingeschränkt.

Elliott Smith arbeitete in jenem Sommer auf den Tabakplanta-
gen und ging im Herbst nach Syracuse. Er hatte vor, als Hauptfach
Chemie zu studieren. Seine Eltern hatten sein Entschädigungsgeld
gut angelegt; er bezahlte damit die Studiengebühren.

Donald Gales Onkel war begeisterter Amateurfotograf. Auf der
Suche nach malerischen Kirchen durchstreifte er den ganzen Staat
New York. Donald schaute ihm zu, wenn er die Abzüge entwickelte, und sah, wie die Bilder am Boden der Entwicklerschale
wie durch ein Wunder Gestalt annahmen. Bald fotografierte auch
er. Er richtete sich eine Dunkelkammer ein und erhielt 1955 eine
Stelle in der Fotoabteilung des Kinderkrankenhauses von Newington. Dort blieb er dreiunddreißig Jahre lang.

Jerry LeVasseur besuchte die Gunnery, wo alle Schüler eine
Sportart ausüben mussten. Er spielte Basketball und war Kapitän
eines Footballteams, das nur ein einziges Spiel verlor. Im College
wurde er Langstreckenläufer; später nahm er auch an Wettkämp-
fen teil.

1956 zog Ed Lowe mit seiner neuen Familie nach Westbrook
an der Küste. Er hatte sich pensionieren lassen, doch im Wohnzimmer bewahrte er unter der Glasabdeckung eines Teetischs ein
Foto von Nr. 1565 auf. Einmal musste sich seine sechsjährige
Tochter in derselben Haltung wie das geheimnisvolle Mädchen –
die Augen geschlossen, die Decke genauso über sie geworfen –
aufs Sofa legen, während er Fotos von ihr machte.

Seinen früheren Partner Thomas Barber sah er nur noch selten.
Am Decoration Day, am Jahrestag des Brandes und an Heiligabend

fuhr er nach Hartford, wo er sich mit Barber auf dem Friedhof traf, aber das war auch alles. Er hatte eine neue Familie, führte ein neues Leben.

Doch das Mädchen ließ ihn nicht los. Er kam immer wieder auf sie zu sprechen; sie war ein Teil von ihm. Ein Freund aus New Hartford, der in der Nachbarschaft ein Sommerhaus mietete, glaubte, es könnte sich bei dem Mädchen um Judith Berman handeln. Ed Lowe hatte ihren Onkel Bill Berman früher gut gekannt. Seine Runde hatte immer an dessen Laden in der Franklin Avenue vorbeigeführt. Am Tag des Brandes war Judiths Vater Hy Berman nicht in der Stadt gewesen, sodass Bill und seine Frau das Mädchen identifiziert hatten.

Lowe fuhr mit dem Foto nach West Hartford und sprach mit Bill Berman. Seine Witwe Judith Lowe sagte, Ed habe ihr erzählt, dass Bill Berman das Mädchen für seine Nichte gehalten, ihn aber gebeten habe, es nicht öffentlich zu machen. Die Familie habe schon genug durchgemacht. Lowe versprach es und erzählte nur seiner Frau davon. Auf die Rückseite des Fotos schrieb er mit schwarzem Textmarker: «JUDY BERMAN? KEIN ZWEIFEL.»

1956 kam der Zirkus zum letzten Mal nach Plainville. Emmett Kelly war nicht mehr dabei, sondern trat mit seiner Weary-Willie-Nummer in Nachtclubs oder im Fernsehen auf. Die Truppe quälte sich durch den Sommer, bis John Ringling es nicht länger ertragen konnte. Am 16. Juli fand auf dem Heidelberg Raceway bei Pittsburgh die letzte Vorstellung statt, und North sagte, Zeltzirkusse würden «der Vergangenheit angehören». Danach gastierten sie nur noch in Stadien und Arenen.

In jenem Sommer erhielt Henry Ringling North ein Telegramm von einem (offenbar neuen) *Courant*-Reporter, der wissen wollte, ob bei dem Brand auch Elefanten umgekommen seien. «In der Nähe des alten Zirkusgeländes wurden einige Knochen gefunden, die zurzeit von Wissenschaftlern untersucht werden», hieß es in dem Schreiben. «Man ist der Meinung, dass die Knochen entweder von einem Elefanten oder einem prähistorischen Säugetier stammen.»

Im August richtete Anna DeMatteo, eine Beamtin der Staatspolizei, eine kurze förmliche Anfrage zur Identität der kleinen Miss 1565 an die Polizei in Hartford. Im vorigen Jahr hatte sie in New Haven mit Don Cook zusammengearbeitet, und Don hatte in einem ihrer Gespräche erwähnt, dass er eine kleine Schwester gehabt habe, die bei dem Brand ums Leben gekommen und nie gefunden worden sei. Don hatte geglaubt, das Mädchen, dessen Grab Barber und Lowe schmückten, sei seine Schwester. Damals hatte DeMatteo seine Äußerungen nicht weiter beachtet, doch als sie im folgenden Frühling an der Polizeiakademie einen Vortrag über Identifizierung hörte, fiel ihr die Geschichte wieder ein. Nachdem sie Beamtin geworden war, forderte sie ein Foto und Haare an (die man anscheinend der Leiche abgeschnitten hatte) und gab ihre Information an ihre Vorgesetzten weiter.

Innerhalb einer Woche erhielt sie Antwort. «Ihr Bericht wurde von Polizeichef Michael J. Godfrey überprüft, der sich an die in Ihrem Bericht genannten Personen erinnern kann und nach dem Brand persönlich mit Mrs. Cook gesprochen hat.

Der junge Mann, der Ihnen diese Information gegeben hat, muss falsch unterrichtet sein, denn Mrs. Cook hat bei dem Brand in Hartford zwar ein Kind verloren, doch es war ein Junge, kein Mädchen. Eine Identifizierung wurde durchgeführt.

Dieser Fall kann als abgeschlossen betrachtet werden.»

All das war natürlich verdächtig. Mildred Cook war nach dem Brand mehrere Wochen lang nicht ansprechbar gewesen, und den Unterlagen zufolge hatte Godfrey mit den Ermittlungen nichts zu tun gehabt. Als Mortensens rechte Hand war er sehr beschäftigt gewesen. Und obwohl Thomas Barber noch immer bei der städtischen Polizei arbeitete und sein Engagement in dem Fall von Nr. 1565 im ganzen Land bekannt war, wurde er anscheinend nicht in die Untersuchung mit einbezogen.

Barber blieb seiner Gewohnheit treu und besuchte den North-

wood Cemetery dreimal im Jahr. Anscheinend konnte Lowe 1958
am Jahrestag des Brandes nicht kommen, denn auf dem Foto, das
die AP über Fernschreiber verbreitete, stand nur Barber mit einem
Topf roter Nelken am Grab. Es war Sonntagmorgen; er hatte
Nachtschicht gehabt und war müde, doch er war da, auf ein Knie
gestützt, den Hut in der Hand. «Ich glaube, ich werde bis an mein
Lebensende herkommen», sagte er. Auf dem Grab stand auch eine
Geranie; er wusste nicht, von wem sie stammte. «Ich hab das seltsame Gefühl, dass jemand, der bei dem Brand ein Kind verloren
hat, langsam Zweifel wegen Miss 1565 bekommt. Vielleicht glaubt
er, dass es sich bei ihr um seine kleine Tochter handelt. Ich hab hier
schon mal Blumen gefunden.»

AP verbreitete die Geschichte im ganzen Land, und erstaunlich
viele Zeitungen griffen sie auf. Man hatte seit Jahren nicht mehr
an den Brand gedacht und fand es rührend, dass dieser Mann dem
kleinen Mädchen noch immer die Ehre erwies. Barber erhielt jede
Menge Post, darunter auch ein paar Heiratsanträge von Witwen
und älteren Frauen. Die meisten Leute dankten Barber, weil er
ihren Glauben an die Menschheit wiederhergestellt hatte. Viele
schrieben Gedichte oder legten religiöse Erbauungsliteratur bei.

Die Geschichte rief auch selbst ernannte Detektive und Ama-
teurtelepathen auf den Plan. Eine Frau, die mit «eine zuverlässige
Bürgerin» unterschrieb, äußerte die Vermutung: «Ich habe das Gefühl, dass das Mädchen Molly Vincent (oder Benson, Bronson,
Brinson, Von Zandt oder so ähnlich) hieß und aus der Gegend von
Upper Linden und Bayonne in New Jersey stammt. Magnolie ist
ein wichtiger Anhaltspunkt. Entweder hat sie in der Magnolia
Street gewohnt, oder ihre Mutter hieß Magnolia, oder sie wurde
in Mississippi geboren.»

In dem Stapel Briefe befand sich auch einer von einer Kolumnistin aus Los Angeles. Vor Jahren hatte sie den Fall einmal in ihrer
Kolumne erwähnt, und eine Frau hatte angerufen und gesagt, sie
habe zum Zeitpunkt des Brandes in Massachusetts gelebt. Die Frau
habe ihr eine Geschichte über ein dort wohnhaftes Mädchen er-

zählt, die sie sich jetzt ins Gedächtnis zu rufen versuche. «Das kleine Mädchen war ungefähr sieben und wurde zusammen mit ihren neun- und elfjährigen Brüdern von einer Tante großgezogen, da ihre verwitwete Mutter in Hartford arbeitete. Am Tag des Brandes war die Mutter mit allen drei Kindern im Zirkus. Während der Panik wurden sie getrennt; sie und der ältere Junge erlitten schwere Verbrennungen, die Leiche des kleineren Jungen wurde gefunden, doch das kleine Mädchen blieb verschwunden. Die Tante sah sich die kleine Miss 1565 an, erkannte aber, dass es nicht ihre Nichte war.

Und jetzt kommt das Unheimliche. Sie hatten ein simuliertes Grab neben dem Grab des kleinen Jungen, brachten an den Jahrestagen des Brandes Kinderspielzeug mit auf den Friedhof – wie mir diese junge Frau erzählt hat – und veranstalteten dort ‹Teegesellschaften›.»

Die junge Frau war vor Jahren zu ihrem Mann nach Japan gezogen, wo er seinen Militärdienst leistete, und die Kolumnistin hatte alle Namen vergessen, doch sie gab die Informationen unabhängig von ihrem Wahrheitsgehalt an Barber weiter. Ob Barber mit dem Brief oder dem Hinweis etwas anfangen konnte, ist unbekannt, aber die Frau hatte mit ein paar Ausschmückungen und unter Hinzufügung einer unheimlichen Anekdote eindeutig Eleanor Cook und ihre Familie beschrieben.

Die plötzliche Popularität von Barber und Nr. 1565 diente als Vorbild für einen Roman. Die Kriminalschriftstellerin Doris Miles Disney aus Connecticut machte sich mit ihrem Buch *No Next of Kin* das öffentliche Interesse zunutze und ließ darin den Fall eines unidentifizierten kleinen Mädchens aufklären.

Zu einem viel schrecklicheren Ereignis, das die Erinnerung an den Brand auffrischte, kam es in jenem Dezember. Bei einem Brand in der Our Lady of the Angels School in Chicago kamen fünfundneunzig Menschen, größtenteils Kinder, ums Leben. Drei Jahre später verhaftete die Polizei im Zusammenhang mit mehreren kleineren Bränden einen Jugendlichen. Im Verlauf der Verneh-

mung gestand er, auch das Feuer in der Schule gelegt zu haben.
Die Unterlagen deuteten darauf hin, dass er an jenem Tag dort gewesen war. Er war introvertiert, ein schlechter Schüler und – so
sagten die Ärzte – fand es sexuell erregend, Brände zu legen. Sein
Vater hatte zur Strafe einmal seine Finger über die Flamme eines
Gasherds gehalten. Die Ähnlichkeiten zu dem Segee-Fall waren
unverkennbar, und wie bei Segee reichte es nicht für eine Verurteilung. Für die anderen Brände verbüßte er eine Jugendstrafe.

Während der Prozess gegen den Jungen noch lief, wurden im
Südgebäude des Hartford Hospital durch eine Zigarette Abfälle
entzündet, die zwischen zwei Stockwerken in einem Müllschlucker feststeckten. Der Müllschlucker verwandelte sich in
einen Rauchabzug und hüllte die oberen Stockwerke in Qualm.
Menschen, die zu flüchten versuchten, konnten die Schilder für
die Ausgänge nicht erkennen. Unter den sechzehn Patienten, die
bei dem Feuer ums Leben kamen, befand sich auch Gladys Ko-
koska, eine ältere Frau, die im selben Gebäude von den Verbrennungen genesen war, die sie sich bei dem Zirkusbrand zugezogen
hatte. Ihre Familie beerdigte sie auf dem Northwood Cemetery.

Während sich die Stadt noch von dem Schock erholte, kam aus
Brasilien die Nachricht, dass beim Brand eines Nylon-Zirkuszelts
in Rio de Janeiro mehr als 320 Menschen, fast doppelt so viele wie
in Hartford, ums Leben gekommen waren. Ein junger Mann, der
früher bei dem Zirkus gearbeitet hatte und von den Ärzten als
geistig zurückgeblieben bezeichnet wurde, gestand, dass er das
Feuer aus Rache gelegt habe, nachdem ein älterer Komplize den
Stoff mit Benzin übergossen hatte. Während sich vor der Leichenhalle eine Schlange von mehr als zweitausend Verwandten bildete, die ihre Angehörigen identifizieren wollten, spielte die Polizei Zeitungsleuten das Band mit seinem Geständnis vor.

Offiziell stellte Thomas Barber seine Suche nach der Identität
von Nr. 1565 im folgenden Jahr ein, da er im März in Pension
ging. Er hatte bei über zweihundert Morden ermittelt, doch keiner war ihm so nahe gegangen wie das Schicksal des Mädchens.

Seine Freunde aus der Dienststelle gaben im Hotel Statler eine
große Abschiedsparty für ihn. Sein früherer Kollege Paul Beckwith – jetzt Polizeichef – war Vorsitzender des Festkomitees und
hielt wie Michael J. Godfrey, der inzwischen im Ruhestand war,
eine kurze Rede. Barber trat aufs Podium und sagte, er verlasse die
Truppe mit gemischten Gefühlen. Er liebe seinen Job. Zum
Schluss sagte er seinen Freunden zuliebe, die auf der alten, vor kurzem dem Constitution-Plaza-Projekt zum Opfer gefallenen East
Side gewohnt hatten, ein paar Worte auf Italienisch. Alle erhoben
ihre Gläser.

Als Barber in Pension ging, trat Richard Epps – der zur Zeit des
Brandes noch der kleine Richie gewesen war – der Feuerwehr von
Hartford bei. Er glaubte nicht, dass sein Zirkusbesuch an jenem
Tag einen Einfluss auf seine Berufswahl gehabt hatte. «Aber viel-
leicht im Unterbewusstsein, keine Ahnung.» Später wurde er unter
John Stewart stellvertretender Feuerwehrchef.

Im Mai kam Barber wieder zum Northwood Cemetery. Alles
war unverändert. Aus Australien hatte er mit der Post eine Samen-
tüte erhalten – Vergissmeinnicht, die er auf Wunsch einer Frau auf
dem Grab aussäen sollte. Im folgenden Monat brachte das *Life*-
Magazin einen zweiseitigen Artikel über ihn, und wieder kamen
jede Menge Briefe.

Ohne dass Barber davon wusste, überprüfte die Staatspolizei den
Fall der kleinen Miss 1565 – und auch den von Nr. 1503. Anna
DeMatteo und ein weiterer Polizist hatten Material über Eleanor
Cook und Judy Norris gesammelt und hofften, die beiden identi-
fizieren zu können. Da die Norrisens alle bei dem Brand ums
Leben gekommen waren, sprachen die Beamten mit Barbara und
Mary Kay Smiths Mutter. Sie konnte ihnen nur eine ungefähre
Beschreibung geben.

Mehr Glück hatten sie bei Don Cook. Zuerst habe er an das
seltsame, aber weit verbreitete Gerücht geglaubt, eine jüdische Familie aus New Jersey habe die Leiche seiner Schwester versehent-
lich identifiziert, weil sie ihre Tochter an jenem Tag bis Sonnen-

untergang beerdigt haben musste. Mit seiner Mutter habe er nie
darüber gesprochen. Anfangs habe er das Gefühl gehabt, sie wolle
sich einreden, dass Eleanor – wie Grace Fifield – das Gedächtnis
verloren habe und mit einer anderen Familie weggefahren sei;
dann habe sie geglaubt, die Leichen seien verwechselt worden.

Don war sich unsicher. Er betrachtete das Foto aus der Leichenhalle; er hatte es noch nie gesehen. Die Zähne sähen anders
aus, aber vielleicht liege das an der Verfärbung durch das Feuer. Sie
habe dasselbe Haar und auch das Gesicht gleiche dem von Eleanor, nur dass deren Wangen voller gewesen seien. Er war offenbar
unschlüssig. Möglich, dass sie es sei, sagte er zu Anna DeMatteo.
Man solle das Bild ihrer Tante Marion vorlegen.

Marion Parsons meinte, dass sie sich das Bild nicht anzusehen
brauche. Wenn es sich um das Mädchen handle, das sie in der Leichenhalle gesehen habe, dann wisse sie mit Sicherheit, dass es nicht
Eleanor sei. Das Mädchen habe andere Zähne, anderes Haar und
andere Kleider gehabt. Schließlich war sie bereit, sich das Bild anzusehen.

Das sei nicht das Mädchen, das sie gesehen habe. Diese Leiche
habe man ihr nicht gezeigt, sagte sie und wollte wissen, warum
nicht. Wo sie gewesen sei? Es sei nicht das kleine Mädchen, das sie
gesehen habe.

Sie weinte, fand aber ihre Selbstbeherrschung wieder. Sie wolle
kein übereiltes Urteil fällen, doch wenn man bedenke, dass das Gesicht durch die trampelnden Menschen und die Hitze entstellt
worden war, so halte sie es für möglich, dass es ihre Nichte sei.

Dons Tante Dorothy warf ebenfalls einen Blick auf das Bild.
Zuerst fand sie, dass das Mädchen Eleanor ähnlich sehe, doch dann
nahm sie es zurück.

Später, als DeMatteo gegangen war, besann sich auch Marion
Parsons anders. Nein, es könne unmöglich Eleanor sein. Dorothy
hatte bereits starke Zweifel, sodass nur noch Don das Mädchen für
Eleanor hielt, doch er war damals erst neun gewesen und war sich
bei den Zähnen immer noch unsicher. Wenn sie jetzt ihre Mei-

nung änderten, würde das Tante Emily und Mildred schwer erschüttern; sie hatten nicht die Kraft, all das noch einmal durchzustehen. Egal, ob sie Recht hatten oder nicht, Don, Marion und Dorothy mussten ihre Familie beschützen.

Mit dieser Entscheidung endete DeMatteos zweite Ermittlung – zumindest was Nr. 1565 betraf. Die Polizistin untersuchte noch die Möglichkeit, ob es sich bei Nr. 1503 um Eleanor Cook handeln könnte. Ihr Alter von acht Jahren passte zu der Leiche, während Judy Norris und Nr. 1565 beide sechs waren. DeMatteo ermittelte, dass Nr. 1503 bei Talarski's balsamiert worden war, fand aber keine Unterlagen über ihre Kleider oder Habseligkeiten. Sie erhoffte sich, von der Sheldon Academy Angaben über Eleanors Zähne, ihre Größe und ihr Gewicht zu erhalten. Doch es ist nirgends belegt, ob DeMatteo diesen Versuch je unternommen hat und ob er erfolgreich war.

Weder die Erinnerung an den Brand noch der Zirkus stießen Mitte der sechziger Jahre auf großes Interesse. Die örtlichen Zeitungen erwähnten den zwanzigsten Jahrestag, doch nur mit kurzen Berichten. Der Zirkus gastierte jedes Jahr in New Haven, nur noch ein Anachronismus, ein Wispern im Rauschen der Massenmedien. 1967 kaufte Irving Feld den Zirkus für acht Millionen Dollar von einem kränkelnden, entmutigten John Ringling North.

Im folgenden Jahr starb Ed Lowe an Krebs. Seine Witwe Judith stellte Geranien auf das Grab von Nr. 1565. Thomas Barber sprach nur selten mit ihr, und so war er verwirrt, als er diese geheimnisvollen Blumen auf dem Grab entdeckte. Barber war inzwischen weit über siebzig, kam aber immer noch dreimal im Jahr. «Es ist, als würde man zum Grab einer Adoptivtochter gehen.»

1969 entschieden die Gerichte den letzten Entschädigungsfall des Brandes – der Nachlass von Charles Tomalonis. 1944 hatte Rogin Tomalonis' nächste Verwandte nicht ausfindig machen können, obwohl er in den Vereinigten Staaten und auch in dessen Heimatland Anzeigen in litauische Zeitungen gesetzt hatte. Kein Ver-

wandter meldete sich, wodurch Tomalonis in gewisser Hinsicht zu
einem Vermissten wurde. Der Nachlassrichter James Kinsella –
derselbe Marineinfanterist, der damals zur Bergung der Leichen
eingeteilt worden war – erklärte, dass Tomalonis' Nachlass an den
Staat Connecticut falle. Sein Entschädigungsgeld ging mit sämt-
lichen Zinsen an die Staatskasse.

Am fünfundzwanzigsten Jahrestag flackerte das Interesse an
dem Zirkusbrand kurz wieder auf. WTIC-TV machte Robert
Onoratos Filmaufnahmen vom Hauptzelt ausfindig und erhielt die
Erlaubnis seiner Tochter, sie zu senden. Der Dokumentarfilm *Der
Tag, an dem die Clowns weinten* begann und schloss mit Thomas Barbers weihnachtlichem Besuch auf dem Northwood Cemetery.
Dazwischen kamen verschiedene Überlebende und Amtsperso-
nen zu Wort, darunter Exbürgermeister Mortensen, Edward
Rogin und Barber selbst, der mit einem Kopfschütteln sagte: «Jemand hat die falsche Leiche mitgenommen.» Ohne Judy Norris
namentlich zu erwähnen, sagte er, er und Lowe seien 1944 in
Middletown gewesen, um Nachforschungen anzustellen, doch
dabei sei nichts herausgekommen.

Im Gegensatz zu den Interviews und Onoratos Film war der
Rest der Dokumentation äußerst rührselig. Die Stadt hatte auf
dem Gelände an der Barbour Street die Fred D. Wish School er-
baut und so das Grundstück nach vierzig Jahren seinem ursprünglichen Zweck zugeführt. Der Kontrast zwischen den Kindern, die jetzt auf dem Spielplatz herumliefen, und den damaligen
Geschehnissen war zu krass, was auch für den umständlichen Er-
zählstil galt – als wären die Ereignisse selbst nicht bedeutend
genug. Es gab einen nostalgischen Rückblick auf den Zirkus, was
kein Wunder war; die Kluft zwischen 1944 und 1969 betrug anscheinend viel mehr als fünfundzwanzig Jahre. Die Stadt, die durch
den Brand erschüttert worden war – die Welt von damals –, war
verschwunden.

Und mit ihr alle Einwände gegen die Rückkehr des Zirkus. Im
April 1971 nahm Gunther Gebel-Williams, der Superstar des Zir-

kus, mit einem Elefantenbaby an der Grundsteinlegung für das
neue Civic Center in der Innenstadt teil. Vier Jahre später, am
Abend des 6. Mai, gastierte der Ringling Bros. and Barnum & Bailey
Circus erstmals seit dem Brand wieder in Hartford.

Ein Mann hatte 1944 zusammen mit seinem Vater die Vorstellung
besucht. 1975 kaufte er Karten für die besten Plätze im Haus
und lud seinen Vater ein. Der Zirkus war völlig neu ausgerüstet;
wie John Ringling North in seiner Glanzzeit hatte Kenneth Feld
rund um die Welt Artisten mit neuen und spektakulären Nummern
ausfindig gemacht und sie engagiert. Der Vater des Mannes
blieb jedoch unbeeindruckt. Als sie gingen, zuckte er mit den Achseln.
«Es ist einfach nicht mehr dasselbe.»

1976 zog sich James Haley aus der Politik zurück. Durch seine
Arbeit für ehemalige Kriegsteilnehmer und in indianischen Angelegenheiten
hatte er sich im Kongress einen Namen gemacht. Mo
Udall übernahm von ihm den Vorsitz des ständigen Ausschusses
des Repräsentantenhauses für innere Angelegenheiten und des
Ausschusses für Veteranenangelegenheiten. Haley kämpfte auch
für Wasserschutz. Ein Freund sagte über ihn: «Als Politiker war er
Umweltschützer und alles andere als liberal.» Ehrenhalber benannte
die Veterans' Administration ihren Krankenhauskomplex in
Tampa nach ihm.

Im Oktober ging die *Times* bankrott und ließ den *Courant*, «die
alte grauhaarige Dame aus der State Street», allein zurück.

Im nächsten Sommer besuchte Thomas Barber das Grab von
Nr. 1565 zum neunundneunzigsten und letzten Mal. Er war einundachtzig
und musste sich wegen einer Beinoperation auf einen
Stock stützen. Es war ein heißer, schwüler Tag, und seine Tochter
Gloria wollte nicht, dass er hinging. Doch er war fest entschlossen;
er wusste, dass es das letzte Mal sein würde. Sie fuhr ihn zum Friedhof
und nahm für alle Fälle ein paar feuchte Waschlappen und
etwas Brandy mit. Er stellte einen Korb rosa Nelken neben den
Grabstein und sprach ein stilles Gebet.

«Wenn ich tot bin», sagte er zu einem anwesenden Reporter,

Am 6. Juli 1970 besucht Thomas Barber das
Grab der kleinen Miss 1565. FOTO: DAVID
PLOSS/HARTFORD TIMES/DAVID BOLLIER

«ist alles vorbei.» Als ein anderer ihn zu Hause anrief, sagte er: «Mit
mir geht das Ganze zu Ende.»

Er starb im November. Seine Beerdigung wurde in den Nachrichten gebracht. Die Polizei von Bloomfield hatte an jeder Ecke
ihre Leute aufgestellt, die beim Vorbeiziehen des Leichenzugs sa-
lutierten. Pat Sheehan, Nachrichtensprecher bei Channel 6, sagte:
«Tja, Lieutenant Barber, jetzt wissen Sie, wer sie ist.»

An Weihnachten lieferte die Floristenvereinigung Gloria Vieth
einen Kranz. Damit hatte sie nicht gerechnet, doch sie stieg mit
Orville und ihrem Sohn in den Wagen und brachte ihn nach
Northwood, «denn ich wusste, dass er sich das gewünscht hätte».
Es war windig und bitterkalt. Sie mussten den Schnee vom Grab-
stein kratzen.

Der Zirkus sollte wieder nach Hartford kommen – das Datum
stand bereits fest –, doch im Januar stürzte das Dach des Civic Cen-

ter unter einer tonnenschweren Eislast ein. Ringling verklagte die Stadt wegen Vertragsbruchs auf eine Million Dollar Schadenersatz.

Als Karl Wallenda im März in San Juan, Puerto Rico, über ein Drahtseil balancierte, das zwischen zwei Urlaubshotels gespannt war, wurde er durch einen Windstoß aus dem Gleichgewicht gebracht. Er hielt sich noch einen Augenblick lang am Drahtseil fest, stürzte dann mit seiner Balancierstange zehn Stockwerke tief, schlug auf einem Taxi auf, das in der Hotelzufahrt parkte, und prallte mit schweren Quetschungen an Kopf und Körper auf den Boden. Seine letzten Worte lauteten: «Ich werd's überstehen.» Helen und Herman Wallenda kümmerten sich um seine Beerdigung, und Joe Geiger, Emmett Kelly und Merle Evans gehörten zu den Sargträgern. Ein Jahr später folgte ihm Kelly.

1981 schrieb Judith Lowe eine Woche nach dem Jahrestag des Brandes einen Brief an den *Courant*, worin sie behauptete, ihr Mann habe herausgefunden, um wen es sich bei Nr. 1565 handelte. «Die Familie hat wegen des Kummers und Schmerzes, den sie bereits durchgestanden hatte, um Stillschweigen gebeten. All das steht in den Akten der Polizei von Hartford. Mein Mann hat die Information an den damaligen Polizeichef Paul Beckwith weitergegeben.»

Obwohl der *Courant* den Brief abdruckte, kam erst drei Jahre später ein Reporter zu ihr, um die Sache zu überprüfen. Er sammelte Hintergrundmaterial für seinen Artikel über den vierzigsten Jahrestag, als er sie in Westbrook besuchte. Judy Lowe erzählte ihm die Geschichte von Judith Berman. Der Reporter fuhr direkt zu den Bermans, die wütend alles abstritten und ihm versicherten, dass Judith durch ihr zahnärztliches Krankenblatt identifiziert worden sei. Später erzählte der Reporter Mildred Cook in Southampton die Geschichte. Er hatte das Gefühl, dass es sich bei Eleanor um Nr. 1565 handelte. Mildred sagte, es würde ihre Schwester Emily das Leben kosten, wenn er das schriebe. Letzten Endes stand in dem veröffentlichten Artikel nichts davon.

Die Radiodokumentation von WPOP zum vierzigsten Jahrestag wurde um 14.35 Uhr an jenem Nachmittag unter dem Titel «Jemand schrie: Feuer!» gesendet, zur gleichen Zeit, wie damals der Brand ausgebrochen war. Bei den Interviews für diese Sendung kamen Bürgermeister Mortensens Unzufriedenheit mit Polizeichef Hallissey und der Irrtum des *Times*-Reporters hinsichtlich der drei toten Artisten ans Licht.

In jenem Jahr erteilte Hartford schließlich einem Zeltzirkus die Konzession für ein Gastspiel innerhalb der Stadtgrenze – dem Big Apple Circus im Bushnell Park, ganz in der Nähe der Feuerwehrzentrale in der Pearl Street. Feuerwehrchef John Stewart unterzeichnete eigenhändig die Genehmigung.

Mehrere Jahre lang blieb alles still. Der Zirkus gastierte jeden Frühling im Civic Center, und die Leute nahmen kaum Notiz davon. Die Überlebenden des Brandes waren älter geworden, und die Stadt hatte andere Probleme. Nur selten erschien ein Artikel über das Feuer.

Ende Juli 1987 entdeckte ein Paar aus der Nachbarschaft, das seinen Abendspaziergang über den Northwood Cemetery machte, neben der jüngsten Gabe der Floristenvereinigung an die kleine Miss 1565 sechs geheimnisvolle Zettel. Alle waren mit künstlichen Blumenstielen am Boden befestigt; auf dem Zettel neben dem Grab von Nr. 1565 hatte eine Frau in feiner roter Tinte die Worte «Ihr Name ist Sarah Graham!» gekritzelt.

Es war die Rede von einer einzigen großen Familie – eine der geläufigeren Hypothesen.

Nr. 1503 war «Michael Graham, Zwilling, 6 Jahre, geb. am 6. Juli 1938».
Nr. 1510: «Michaels + Sarahs Mutter».
Nr. 2200: «Michaels + Sarahs Stiefschwester oder Freundin, irgendwie verwandt, die Tochter von Nr. 4512».
Nr. 4512: «Michaels + Sarahs Stiefvater».
Nr. 2109: «Michaels + Sarahs Stiefgroßmutter Ann Fox-Smith».

Der Fall wurde Police Lieutenant James Looby übergeben – eine
ausgezeichnete Wahl. Er war der selbst ernannte Historiker bei der
Polizei von Hartford und hatte jahrelang Anrufe aus aller Welt ent-
gegengenommen, die den Zirkusbrand betrafen. Looby vertiefte
sich sofort in die offiziellen Akten in der Connecticut State Library. Sie waren der Öffentlichkeit gerade erst zugänglich gemacht
worden, und Staatsanwalt Henry Cohn hatte als erster Zivilist
darin geblättert, weil er für ein Buch über Edward Rogins Ver-
mögensverwaltung recherchierte.

Von Anfang an zweifelte Looby an der Glaubwürdigkeit der
Angaben, und ein einziger Blick in die Akte der unidentifizierten
Toten bestätigte ihn. Nr. 4512, Michaels und Sarahs angeblicher
Stiefvater, war eine Frau; Nr. 2200, ihre Stiefschwester oder Freun-
din, ein alter Mann; Nr. 1510, ihre Mutter, ein Junge. In seiner
Überzeugung bestärkt, kehrte Looby in sein Büro zurück.

Doch die Tatsache, dass die Angaben nicht stimmten, beant-
wortete nicht die Frage, um wen es sich bei den Toten handelte.
Looby vertiefte sich im Archiv der Staatsbibliothek weiter in die
Akten, studierte alte Berichte und versuchte, alles zusammenzufü-
gen. Er begann, alle möglichen Leute anzurufen. Er sprach mit
Judy Lowe und erfuhr von der Judith-Berman-Geschichte.

Währenddessen rief ihn Mildred Cook an. Sie hatte den Artikel in der Zeitung gelesen und dachte sich, dass er auch auf sie
kommen würde. Nein, bei der kleinen Miss 1565 handle es sich
nicht um ihre Tochter. Sie erzählte ihm die Geschichte von Judith
Berman und schlug vor, dass er mit dem Reporter vom *Courant*
sprach. Falls sich irgendetwas Neues ergebe, wäre sie dankbar,
wenn er sich wieder bei ihr melden würde.

Doch es ergab sich nichts Neues. Looby stand nicht viel Zeit
zur Verfügung, und die Spur führte nicht weiter. Andere Fälle
warteten auf ihn. Es stimmte, die Angaben auf den Zetteln waren
falsch, doch anhand der Aktenlage und seiner Ermittlungen gelangte er, genau wie Dr. Weissenborn an dem Montag, als die
sechs Leichen bestattet worden waren, bloß zu dem Schluss, dass

es im Waffenarsenal mehrere falsche Identifizierungen gegeben
hatte.

Der Ermittler, der auf Looby folgte, sagte etwas anderes und erschütterte ganz Hartford, rief den Leuten den Brand wieder ins
Gedächtnis und wurde – Jahrzehnte nach dem Unglück – zu
einem seiner Helden.

Wie Looby nahm der Brandstiftungsermittler Rick Davey viele Telefonanrufe entgegen, die den Zirkusbrand betrafen. Jedes Mal, wenn der Jahrestag bevorstand, gab es eine Flut von Anfragen. «Was war die Brandursache?», wollten die Leute wissen. «Was ist mit dem Burschen aus Ohio, der gestanden hat, das Feuer gelegt zu haben? Haben diese beiden Polizisten je herausgefunden, wer das kleine Mädchen ist?» Lieutenant Davey beschäftigte sich beruflich und in seiner Freizeit mit Bränden und hatte es satt, die Fragen der Leute nicht beantworten zu können.

Da Hickeys Staatspolizei bei dem Brand die Ermittlungen geführt hatte, gab es bei der städtischen Feuerwehr nur wenige Unterlagen. Als Davey mit seinen Nachforschungen begann, erklärte die Staatspolizei, dass auch sie keine Akten habe, was der Wahrheit entsprach; sie befanden sich in der Staatsbibliothek und waren noch nicht zugänglich. Davey ging in die öffentliche Bibliothek und las Bücher über Katastrophen. Bestenfalls gab es darin ein Kapitel über den Brand. Immer wieder stieß er auf das Foto der kleinen Miss 1565. Die Geschichte des Mädchens machte ihn neugierig. Er erinnerte sich, dass er das Bild schon als sieben- oder achtjähriges Kind gesehen hatte; sie war die erste Tote, die er in seinem Leben zu Gesicht bekommen hatte.

Davey begann, seine eigenen Akten anzulegen, fotokopierte in seiner Freizeit das, was er über den Brand finden konnte, verglich alles und markierte bestimmte Passagen, machte sich Notizen. Er folgte ihren Spuren bis zur Leichenhalle im Hartford Hospital; als

er dort die Berichte durchblätterte, schlug ihm der Archivar des
Krankenhauses vor, sich das Material in der Staatsbibliothek anzusehen, das vor kurzem freigegeben worden sei.

Dort hatte man kistenweise Material – Akten und Listen und
Berichte und jede Menge Fotos. Darunter befanden sich auch
Robert Segees Geständnis und seine Zeichnungen des Roten
Mannes, Anna DeMatteos Notizen zu ihrem Besuch bei Marion
Parsons und die Familienfotos von Eleanor Cook, um die sie ge-
beten hatte. Davey kopierte Hunderte von Seiten und stellte sich
eine Privatbibliothek über den Brand zusammen, die er in num-
merierten Loseblattheften katalogisierte.

Die Berichte und Fotos überzeugten Davey davon, dass Hickey
sich bei der Ermittlung des Brandherds geirrt hatte. Das Gras
neben dem Stützbalken, wo das Feuer angeblich ausgebrochen
sein sollte, war unversehrt, und dasselbe galt für den Stützbalken
selbst. In keinem der Berichte stand, dass der Brandherd am Fuß
der Seitenwand liege; alle Zeugen sagten, das Feuer sei weiter oben
aufgelodert. In einigen Artikeln, die am nächsten Tag erschienen
waren, hieß es, der Brand sei vielleicht in der Herrentoilette ausgebrochen. Und eine Zigarette? Davey wusste, dass eine Zigarette
lange glimmen musste, bevor irgendetwas Feuer fing.

Die Ursache war unklar, doch er hatte mehr als zweitausend
Fälle von Brandstiftung untersucht, und Segees Geständnis klang
überzeugend. Die Schwierigkeit lag – wie jedes Mal – darin, Be-
weise zu erbringen. Die einzigen noch greifbaren Indizien waren
Fotos, und auch die halfen kaum weiter, da so viele Leute am
Schauplatz des Geschehens herumgestöbert hatten.

Das Foto von der hübschen, lächelnden Eleanor Cook, das Haar
mit Schleifen hochgebunden, ließ ihn nicht los. 1944 hatten die
Pflegerin und die Sozialarbeiterin im Municipal Hospital, die beiden Polizisten im Waffenarsenal und Weissenborn sie alle für
Nr. 1565 gehalten. Das Einzige, was den Gerichtsmediziner davon
abgehalten hatte, den Fall für abgeschlossen zu erklären, war Emily
Gills Behauptung gewesen, dass die Zähne nicht übereinstimmten.

Die Cook-Kinder (von links): Edward, Eleanor und Donald. Dieses Foto von
Eleanor wurde beschnitten und bei den Ermittlungen von 1963 und 1991 benutzt. FOTO: PRIVATBESITZ DER FAMILIE COOK/HARTFORD COURANT

1956 hatte die Staatspolizei DeMatteo keine Beachtung geschenkt, und 1963 hatten Don Cook und Marion Parsons anscheinend geglaubt, es handle sich bei dem Mädchen um Eleanor.
Davey glaubte es ebenfalls, aber auch das musste er beweisen.

Das Mädchen auf dem Foto aus der Leichenhalle war nicht das
perfekte Ebenbild von Eleanor Cook, doch Davey wusste aus erster Hand, was Feuer bei einem Menschen anrichten konnte. Die
Hitze lässt den Knorpel an den Ohrspitzen zusammenschrump-
fen, drückt die Nase nach oben und zieht die Lippen auseinander.
Und das Mädchen hatte eine Kopfverletzung; die Stirn war vor-
gewölbt. Davey glaubte nicht, dass sie an ihren Verbrennungen gestorben war; wahrscheinlicher war es, dass man über sie hinweggetrampelt war und sie sich einen Schädelbruch zugezogen hatte.
Weissenborn hatte die Verbrennungen bloß als Todesursache an-

gegeben, weil er an jenem Montag in Eile gewesen war. Auch die
Zeit und der Ort auf ihrem Totenschein stimmten nicht; Nr. 1565
war um 6.04 Uhr im Municipal Hospital gestorben, doch der Arzt
hatte angegeben, ihr Tod sei um 14.45 Uhr auf dem Zirkusgelände eingetreten. Wie viele Berichte waren sonst noch fragwürdig?

Davey entdeckte einen Bericht, in dem Eleanor Cooks Haare
mit denen von Nr. 1565 verglichen wurden. Das Ergebnis war
zwar nicht eindeutig, doch es hieß, dass beide Proben vom selben
Kopf stammen könnten. Allein die Tatsache, dass die Staatspolizei
den Test fünf Tage nach dem Massenbegräbnis in Northwood
durchgeführt hatte, deutete darauf hin, dass man das Mädchen für
Eleanor gehalten hatte.

Doch damit war nichts bewiesen. Die damalige Wissenschaft
konnte Körpermerkmale noch nicht so zuordnen, wie das heute
möglich ist, und inzwischen existierten keine gerichtsmedizinisch
verwertbaren Beweise mehr. Davey hatte nur die körperliche Beschreibung, das zahnärztliche Krankenblatt und die Fotos.

Das Foto von Eleanor bewahrte er in seinem Schreibtisch auf
und betrachtete es mindestens einmal am Tag, manchmal auch
öfter. «Eine Weile hab ich mich geradezu verliebt in dieses kleine
Mädchen, in das Foto von diesem kleinen Mädchen, jemanden,
den ich überhaupt nicht kannte.» Das Bild ging ihm nicht aus dem
Kopf. Die Identifizierung wurde für Davey zu einer fixen Idee. Er
hatte selbst Kinder, war aber geschieden. Wie Thomas Barber und
Ed Lowe konnte er auf die Sache viel Zeit verwenden, und das tat
er auch.

Er konzentrierte sich auf die Beweise, die ihm zur Verfügung
standen. Die ursprüngliche Nichtidentifizierung ergab einen Sinn.
Marion Parsons hatte DeMatteo erzählt, dass sie Nr. 1565 nie gesehen habe, und Don Cook bezeichnete Emily Gill als diejenige
in der Familie, die am wenigsten imstande war, Eleanor zu identifizieren. Abgesehen von den Zähnen hatten anscheinend beide
Tanten den Eindruck gehabt, dass das Mädchen ihrer Nichte äu-
ßerlich ähnlich sah. Vielleicht hatten beide unter Schock gestan-

den oder nicht wahrhaben wollen, dass Eleanor tot war, und hatten die Zähne nur als Vorwand benutzt. Davey brauchte mehr anatomische Übereinstimmungen. Auf den Fotos maß er den Abstand zwischen Oberlippe und Nasenspitze – er war bei beiden gleich. Als Nächstes verglich er die Ohrläppchen, die bei beiden seltsam geformt waren, und stellte fest, dass auch sie übereinstimmten. Vielleicht konnte man sie nach der im letzten Jahrhundert von dem Franzosen Bertillon erfundenen Methode identifizieren, der behauptet hatte, die Ohren eines Menschen seien so einzigartig wie seine Fingerabdrücke. Es war ein Anfang.

Auch wenn andere ihre Zweifel haben mochten, Davey war jetzt davon überzeugt, dass er Recht hatte. Als erfahrener Ermittler wollte er seine Theorie von anderen überprüfen lassen, bevor er an die Öffentlichkeit trat. Der Fall der kleinen Miss 1565 war eine wichtige Angelegenheit, und er rechnete mit hitzigen Diskussionen. Er testete seine Theorie an zwei Leuten, denen er vertraute – dem Hartforder Polizisten Tom Goodrow, seinem Partner bei der Brandstiftungstruppe, und der *Courant*-Reporterin Lynne Tuohy. Er bat die beiden, seine umfangreichen Akten durchzusehen und zu versuchen, seine Argumentation zu erschüttern.

Genau wie Davey hatte Tom Goodrow eine persönliche Beziehung zu dem Zirkusbrand. William Curlee war der Onkel seiner Frau Joan gewesen.

Goodrow nahm von seinem Partner eine Kiste voll Akten mit nach Hause und ging sie durch. Anscheinend hatten die Beweise alle schon vorgelegen, waren aktenkundig. Warum war das Kind dann nicht identifiziert worden? Er legte Davey nahe, die Theorie weiter zu untermauern, bevor sie damit an die Öffentlichkeit traten. Gemeinsam kopierten sie alle Fotos, die in den Archiven der Staatsbibliothek lagen. Goodrow wusste, dass Jimmy Looby in den achtziger Jahren an dem Fall gearbeitet hatte, und so beschaffte er sich auch dessen Notizen.

Goodrow ging methodisch vor, er war ein Arbeitstier, ein bodenständiger Mensch, der nur Fakten gelten ließ. Davey war eben-

falls gründlich, doch diesmal ließ er sich zu stark von seinen Gefühlen leiten, und Goodrow half ihm, wieder auf den Boden der
Tatsachen zu kommen. Der Polizist stellte eine einfache Liste der
Ziele auf, die sie verfolgen mussten: 1. Das Mädchen identifizieren. 2. Den Brand neu beurteilen. 3. Den Verdächtigen überfüh-
ren.

Inzwischen hatte sich Davey mit Lynne Tuohy getroffen, die für
den *Courant* über Strafprozesse berichtete. Tuohy hielt Davey für
glaubwürdig, in ihren Augen war er kein Spinner. Er hatte die
Sache im Stillen vorangetrieben und ließ sie sich nicht ausreden.
Geduldig legte er ihr seine Theorie dar, zeigte ihr die Beweise.
Zuerst wollte er ihr nichts von dem Material überlassen, doch als
er ihr aufrichtiges Interesse sah, gab er ihr ein Dutzend Kisten voll
Akten. Tuohy hatte gerade Zwillinge zur Welt gebracht. Wenn sie
ihre anderen Kinder ins Bett gebracht hatte, setzte sie sich ins
Wohnzimmer und blätterte in den Tausenden von Seiten.

Zur Untermauerung von Daveys Behauptung, dass eine Zigarette nicht die Brandursache gewesen sein könne, machte Goodrow einen Bericht über Grasbrände ausfindig, den ein anderer Ermittler in den siebziger Jahren geschrieben hatte. Bei hoher
Luftfeuchtigkeit konnten Zigaretten keine Grasbrände entfachen.
Das war normalerweise nur in dem Bereich zwischen 17 und 23
Prozent möglich. Am Tag des Brandes hatte die Luftfeuchtigkeit
um 14.00 Uhr jedoch 41 Prozent betragen.

Tuohy fand heraus, dass Robert Segee noch lebte und in Columbus wohnte. Sie erfragte seine Adresse und Telefonnummer bei
der Auskunft und gab sie Davey, damit er es als Erster probieren
konnte. Später rief auch sie Segee an.

«Ich kann mit niemandem darüber sprechen», sagte Segee. «Es
ist zu lange her. Ich will nicht. Ich bin genug getestet worden, man
hat mein Leben zerstört. Ich hab das Feuer nicht gelegt. Man hat
mich reingelegt.»

Davey und Goodrow überprüften noch einmal die Zeugenaussagen und kamen zu dem Schluss, dass die Flammen im Zelt zuerst

an der oberen Hälfte der Seitenwand zu sehen waren. Die NFPA hatte den Brandherd zwischen der Rückwand der Herrentoilette und der Seitenwand lokalisiert, doch Davey und Goodrow schlossen das aus, da die Flammen dort nicht genug Nahrung gehabt hätten. Das Feuer musste in der Herrentoilette ausgebrochen und dann von der Rückwand auf die Seitenwand des Hauptzeltes übergesprungen sein. Sobald die Flammen das mit der Paraffinmischung behandelte Dach erreicht hatten, war nichts mehr zu retten.

Goodrow betrachtete Nr. 1565 als Vermisstenfall in Zusammenhang mit einem Brand. Nach seiner Ansicht war das Ganze kein Problem. «Die Informationen, die wir brauchten, die ich brauchte, um mir ein Urteil zu bilden und die Sache zu einem vernünftigen Abschluss zu bringen ... es gab keine Ermittlungen – es war ganz einfach, alles war aktenkundig. Kinderleicht. Ich wünschte, alle Ermittlungen wären so einfach.»

Für eine offizielle Identifizierung brauchten sie die Hilfe von Eleanor Cooks Familie. Als Davey sich an Mildred Cook wandte, wollte sie nicht darüber reden. Sie mussten Don Cook ausfindig machen, der jetzt in Iowa lebte, damit er mit seiner Mutter sprach. Er überzeugte sie davon, sich der Sache zu stellen. Marion und Ted Parsons und Emily Gill waren inzwischen alle tot. Es war Zeit.

Don Cook stellte Davey und Goodrow Familienfotos von sich, Edward und Eleanor zur Verfügung. Er beantwortete einen seitenlangen Fragenkatalog über den genauen Zeitpunkt der ursprünglichen Identifizierung – wann Emily Gill, Marion und Ted Parsons und James Yee im Waffenarsenal gewesen seien. Davey behauptete, Eleanors Familie müsse die Leiche verpasst haben, während sie vom Municipal Hospital zum Waffenarsenal, von dort zur Leichenhalle im Hartford Hospital und schließlich zu Taylor & Modeen transportiert worden war. Und dass Emily Gill, wie Dr. Weissenborn vermerkt hatte, unfähig gewesen sei, die Leiche zu identifizieren.

Sie lösten die offenen Probleme. Sie überprüften noch einmal, dass in Eleanors Grab auf dem Center Cemetery keine Leiche lag. Sie befragten die Familie Berman, die ihnen sagte, dass Judith von einem Zahnarzt und nicht von ihrem Onkel identifiziert worden sei.

Doch Mildred Cook ließ sich erst überzeugen, als Rick Davey ihr alles darlegte. Sobald sie ihr Einverständnis gegeben hatte, nahm Don Cook die Identifizierung anhand der Fotos vor. Goodrow bat den Gerichtsmediziner Dr. H. Wayne Carver und seinen Stellvertreter Dr. Ed McDonough, die neuen Beweise zu prüfen und, falls sie sie überzeugend fänden, offiziell einen neuen Totenschein auszustellen. Die Ärzte wollten gern den berühmten Spurensicherungsexperten Clyde Snow hinzuziehen.

Während der Fall von Nr. 1565 langsam abgeschlossen wurde, packten Davey und Goodrow ihre Beweise gegen Segee und für einen neuen Brandherd zusammen und flogen zur FBI Academy in Quantico, wo sie alles in einer ganztägigen Präsentation einem Gremium von Brandstiftungsermittlern vorführten. Segee entsprach dem Profil eines Serienbrandstifters/Serienmörders, und es wurde davon gesprochen, dass die VICAP-Abteilung des FBI ihn irgendwann ausfindig machen und verhören werde. Davey und Goodrow kehrten nach Hartford zurück und waren bereit, ihren Fall den Behörden vorzulegen.

Lynne Tuohy saß die ganze Zeit auf ihrem Artikel. Sie sagte ihnen, dass sie ihn bald veröffentlichen müsse; sie hatte Angst, dass ihr jemand zuvorkommen würde, dafür habe sie bereits zu viel Arbeit hineingesteckt. Davey hatte nichts dagegen, doch Goodrow wollte noch warten. Anfang März 1991 sagte Tuohy, sie werde den Artikel am Wochenende bringen. Es war eine tolle Geschichte, und sie hatte sie ganz allein geschrieben. Der Hauptstrang – die Brandstiftung – war noch nicht geschrieben, aber der Rest war getippt, redigiert und so gut wie fertig. Auf der Grundlage von zusätzlichen Indizienbeweisen und Don Cooks Unterschrift auf der Rückseite des Fotos aus der Leichenhalle stellte Dr. Carver einen

neuen Totenschein aus. Bei der kleinen Miss 1565 handelte es sich
um Eleanor Cook.

Am folgenden Tag probte Goodrow im Polizeipräsidium in
der Innenstadt mit dem Gerichtsmediziner, dem Feuerwehrchef
John Stewart und anderen eine Pressekonferenz. Tuohys Exmann,
der Channel-3-Reporter Brian Garnett, sah die ganzen Autos
und dachte sich, dass irgendetwas Wichtiges im Gange war.

Einen Teil der Geschichte entlockte er einem stellvertretenden
Polizeichef, der im Flur stand. An jenem Abend kamen Garnett
und Channel 3 Tuohy zuvor. Manches war verdreht, aber das We-
sentliche stimmte. Nr. 1565 war identifiziert worden.

Tuohy arbeitete die ganze Nacht, um ihren Artikel fertig zu
schreiben. Am nächsten Morgen stand er auf der Titelseite, und an
den Zeitungskästen hingen sogar Reklamezettel. Die Reaktion
setzte Tuohy in Erstaunen – nicht nur die Zahl der Anrufe und
Briefe, sondern auch, wie oft Mildred Cook kritisiert wurde. Die
Leute wollten wissen, wie es möglich sei, dass sich eine Mutter
nicht melde, um ihr Kind zu identifizieren. Was für ein Mensch
müsse das sein?

Mildred Cooks Verlust hatte Tuohy gerührt. Da sie selbst Kinder hatte, wusste sie es zu würdigen, dass Mrs. Cook die Kraft zum
Weitermachen fand, nachdem sie Edward und Eleanor verloren
hatte. Sie war ein gläubiger, fleißiger Mensch, und die Kritik, der
sie jetzt ausgesetzt war, machte Tuohy wütend. Sie schrieb eine
schonungslose Verteidigungsrede für Mildred Cook, in der sie klar
machte, warum sie ihre Tochter nicht identifiziert hatte.

Mildred Cook sagte, sie habe Emily und Marion geglaubt, dass
Eleanor weder im Waffenarsenal noch in der Leichenhalle gewesen sei. Sie habe das Foto von Nr. 1565 nie gesehen – was ihre
Kritiker bestritten, da es jedes Jahr auf der Titelseite der Zeitung
geprangt habe. Doch das stimmt nicht; es war nie auf der Titelseite gewesen. Direkt nach dem Brand, als Mildred Cook ohne
Bewusstsein im Krankenhaus lag, war es in der *Times* abgedruckt worden, und dann noch einmal 1946, doch inzwischen

war sie wieder nach Southampton gezogen, wo die Zeitungen aus Hartford nicht erhältlich waren. Danach wurde am Jahrestag immer über Barber und Lowe und schließlich nur noch über Barber berichtet. Und außerdem schirmten ihre Verwandten sie gegen die Nachrichten über den Brand ab. Am 6. Juli machten sie jedes Jahr einen Ausflug mit ihr. Mildred sagte: «Wir haben nicht darüber gesprochen. Wir haben einfach, so gut es ging, weitergelebt.»

Auch die Reaktion der Überlebenden setzte Tuohy in Erstaunen. Dutzende von ihnen baten sie, im Zusammenhang mit dem Brand nicht nur über die kleine Miss 1565 zu schreiben. Elliott Smith war enttäuscht, dass sich alles um sie drehte, wo es doch Helden gab wie den Mann, der ihn aus dem Haufen von Leibern hervorgezogen hatte, oder wie die Ärzte und Krankenschwestern. Raymond Ericksons Schwester Joann Bowman fragte sich, warum Eleanor Cook so viel und Raymond nur so wenig Aufmerksamkeit auf sich gezogen hatte. Tuohy fand die Geschichte interessant. Sie wollte sehen, ob sie ihren Chefredakteur überreden konnte, einen speziellen Bericht darüber zu bringen. Der Jahrestag des Brandes stand bevor.

Davey und Goodrow wurden eine Zeit lang Berühmtheiten – das galt zumindest für Davey. Es war seine Gelegenheit und er ergriff sie beim Schopf, gab Interviews in den Lokalnachrichten, nahm an Talkshows teil und wirkte in Dokumentarfilmen für A&E und den History Channel mit. Eine Weile zeigten die beiden vor freiwilligen Feuerwehren und an der University of Hartford eine Diaschau, doch schon bald verblasste ihr Ruhm.

Die Staatsanwaltschaft ersetzte bei der Brandursache das Wort «Unfall» lediglich durch «unbestimmt» und nicht, wie Davey und Goodrow gehofft hatten, durch «verdächtig» oder «Brandstiftung». Sie konnten beweisen, dass es keine ins Gras gefallene Zigarette war, wie Hickey vermutet hatte, doch alles andere blieb offen. Es konnte ein Streichholz gewesen sein oder eine Zigarette, die ein Stück Papier in Brand gesetzt hatte. Der Staat kümmerte sich nicht

Mildred Cook blättert in ihrem
Album mit Eleanors Briefen und
Rechtschreibtests. FOTO: JOHN
LONG/HARTFORD COURANT

um Segees Geständnis. Doch man sagte, der Fall sei ungeklärt, und
man werde ihn noch einmal überprüfen.

Im Juni gruben Mitarbeiter von Talarski's auf dem Northwood
Cemetery die Leiche von Nr. 1565 aus. Der Sarg war auseinander
gefallen, die Stirnplatte des Mädchens zertrümmert – wodurch bestätigt wurde, dass sie zu Tode getrampelt worden war. Davey und
Goodrow waren beide anwesend und halfen dem Küster und dem
Bestattungsunternehmer, die Knochen in den neuen weißen Sarg
zu legen.

Am folgenden Tag beerdigte ihre Familie sie neben Edward
Cook auf dem Center Cemetery. Es war schwül, und die kleine
Schar von Familienmitgliedern und Freunden drängte sich unter
einem blauen Zeltdach. Im Beisein von Mildred und Don Cook
und Davey und Goodrow sang eine von Eleanors früheren Freundinnen «Jesus, meine Zuversicht» und begleitete sich selbst auf der
Klaviaturzither. Pfarrer James Yee hielt eine kurze Ansprache, bevor

sich die Trauergäste zu Bowle und Keksen in die Southampton Congregational Church zurückzogen. Für viele von ihnen war es eine Heimkehr mit vielen guten Gesprächen.

Auf dem Friedhof ließ der Bestattungsunternehmer aus einem Glas Erde in das Grab rieseln. Er hatte sie am Tag zuvor in Northwood eingefüllt, damit Eleanor immer ein Stück Hartford bei sich hatte.

Die Identifizierung der kleinen Miss 1565 war eine tolle Geschichte mit einem perfekten Ende, und doch entspricht sie nicht der Wahrheit. Bei all den zusätzlichen Indizien wurde übersehen, dass die zahnärztlichen Krankenblätter nicht übereinstimmen.

Nr. 1565 hatte bloß zwei bleibende Zähne, die unteren mittleren Schneidezähne, typisch für eine Sechsjährige. Eleanor Cook hätte im Alter von acht Jahren und vier Monaten zumindest ihre Sechsjahrmolaren haben müssen. Ihr Vormund Marion Parsons hatte gesagt, dass Eleanor acht bleibende Zähne hatte.

Rick Davey hat Lynne Tuohy das Problem der Krankenblätter (und anscheinend auch die Ermittlungen DeMatteos im Jahre 1963, obwohl in dieser einen Akte im Wesentlichen alles stand, was er brauchte) verschwiegen. Dr. Carver und Dr. McDonough bestätigten nie, dass Eleanors Zähne mit denen von Nr. 1565 übereinstimmten; Carver sagte bloß, dass bleibende Zähne, die noch nicht aus dem Zahnfleisch ragten, von den damaligen Röntgengeräten vielleicht nicht erfasst werden konnten – ein wertvoller Hinweis, der aber in diesem Fall keine Rolle spielte. Der Kinderzahnarzt Jack Kenney und der bekannte Gerichtsmediziner Lowell Levine, die sich mit den Morden Ted Bundys und des Woodchippers befasst haben, sagen beide, dass die Zähne von Nr. 1565 einem wesentlich jüngeren Kind gehören.

Noch überzeugender ist die Tatsache, dass Nr. 1565 mit einer Größe von 1,16 m und einem Gewicht von 18 kg deutlich unter der normalen Größe und Entwicklung einer Achtjährigen liegt. Ihre Größe passt zu einem Mädchen von sechseinhalb Jahren; ihr

Der Feuerwehr-Lieutenant Rick Davey (links) und der Polizist Tom Goodrow werden von der Stadt Hartford für ihre Arbeit am Fall von Nr. 1565 ausgezeichnet. Zu ihrer Linken sitzt der Feuerwehrchef John Stewart. FOTO: TOM GOODROW

Gewicht zu einem von fünf Jahren und drei Monaten. Und Eleanor Cook war, der Vermisstenmeldung in der *Times* zufolge, groß für ihr Alter.

Außerdem waren die Kleider, die Nr. 1565 trug, dieselben, die Marion Parsons an dem Mädchen im Waffenarsenal gesehen hatte – ein geblümtes weißes Kleid und braune Schuhe. Eleanor hatte ihren roten Spielanzug und weiße Schuhe getragen.

Davey geht auch davon aus, dass sich nur Emily Gill Nr. 1565 im Waffenarsenal angesehen hat, doch in Wirklichkeit hatten auch Marion und Ted Parsons und James Yee sie gesehen und gesagt, dass es sich nicht um Eleanor handle.

Es ist möglich, dass die Kleider vertauscht wurden, doch die Röntgenaufnahme von den Zähnen wurde in aller Ruhe in der Leichenhalle im Hartford Hospital gemacht, und dort wurde das Mädchen zur Erstellung eines abschließenden Berichts auch gemessen und gewogen. Die Angaben und Zahlen stehen miteinander in Einklang, und mit Sicherheit hätte niemand die relativ unversehrte Nr. 1565 mit dem einzigen anderen Mädchen, der verkohlten Nr. 1503, verwechselt.

Es ist wahrscheinlicher, dass es sich bei Nr. 1503 um Eleanor Cook handelt. Wie Eleanor hatte sie acht bleibende Zähne. Mit 1,19 m wäre auch sie zu klein für Eleanor, doch waren ihre Füße weggebrannt, und wenn man das berücksichtigte, entsprach ihre Größe einer hoch gewachsenen Achtjährigen. Das Gewicht von 25 kg passt ebenfalls zu ihrem Alter.

Vielleicht ist Eleanor Cook auch keine von beiden. Thomas Barber und Anna DeMatteo erstellten eine identische Liste von Mädchen zwischen vier und neun Jahren, die bei dem Feuer ums Leben gekommen waren. Es waren einundzwanzig. Ein einziger Irrtum im Waffenarsenal hätte alles durcheinander gebracht.

Die Beweise, auf denen die letzte Identifizierung beruht, sind bestenfalls schwach zu nennen. Man kann auf den ersten Blick erkennen, dass die Fotos nicht genau übereinstimmen; um sie miteinander in Einklang zu bringen, bedarf es erst einer Reihe von Erklärungen, ist manches zu berücksichtigen. Don Cook wollte natürlich seine Schwester finden. Die Bertillon-Methode ist nicht überzeugend und wird – wenn überhaupt – nur noch selten angewandt. Dr. Carver und Dr. McDonough haben Clyde Snow nie hinzugezogen. Als die Leiche von Nr. 1565 ausgegraben wurde, hat niemand gerichtsverwertbare Beweise gesammelt.

Als Dr. McDonough gefragt wurde, ob er zwischen den Fotos von der lebenden Eleanor Cook und Nr. 1565 sofort eine Ähnlichkeit entdeckt habe, sagte er: «Ich glaube, dass die Umstände eine viel größere Rolle gespielt haben. Wieder hat kaum ein Zweifel bestanden, dass es sich um das kleine Mädchen handelt,

Center Cemetery in Southamp-
ton, Massachusetts. Der Sarg von
Nr. 1565, worin sie als Eleanor
Cook beerdigt werden soll. FOTO:
TOM GOODROW

Mildred Cook am Grabstein ihrer
Tochter. FOTO: JOHN LONG/HART-
FORD COURANT

und wir haben uns die Fotos bloß angesehen, um es zu bestätigen. Es war dieser typische Fall: Sie sind in Ihrem Haus, und ein Feuer bricht aus. Sie werden vermisst, es ist Ihr Haus, und es liegt eine Leiche drin, die so aussieht wie Sie, also sind Sie's auch. Allein durch die Umstände.»

Doch wie William Menser, Dr. Weissenborn, Thomas Barber und Ed Lowe alle herausgefunden hatten, war es bei dem Zirkusbrand anders. Man konnte die sechs Vermissten nicht mit den sechs Toten gleichsetzen. Anscheinend versuchte man es dennoch, obwohl eindeutige Beweise dagegen sprachen.

Die falsche Identifizierung könnte das gut gemeinte Ergebnis einer Zwangslage sein. Für Davey dürfte es unvorstellbar gewesen sein, zuzugeben, dass es sich bei Nr. 1565 nicht um Eleanor Cook handelte. Wie er schon sagte: «Ich hab mich nicht so lange damit aufgehalten. Sie musste einen Namen bekommen.»

Zurzeit wird der Fall noch einmal am gerichtsmedizinischen Labor der Staatspolizei überprüft, und die gesammelten Beweise werden erneut begutachtet. Anscheinend ist man bereit, neue Ermittlungen zu führen, doch die kann nur Don Cook einleiten.

Lynne Tuohy und Don Cook schienen über die Abweichungen bei den zahnärztlichen Krankenblättern und in Größe und Gewicht erstaunt zu sein, als würden sie zum ersten Mal davon hören. Don sagte, er sei bereit, für eine Untersuchung der Mitochondrien-DNA Blut zu spenden. Rick Davey will über den Fall nicht sprechen.

Nach diesen Enthüllungen erscheint Mildred Cooks Verhalten in einem ganz neuen Licht. Der Grund, warum sie die kleine Miss 1565 nie identifizierte, liegt auf der Hand. Sie war nicht ihre Tochter.

1991–1999

Im Juli 1991 hielt Lynne Tuohy in ihrem für das *Northeast*-Magazin der *Courant*-Sonntagsausgabe verfassten Artikel «Ewige Flamme» erstmals die Erinnerungen von Überlebenden des Zirkusbrandes fest. Da der Fall von Nr. 1565 viel Interesse erregt hatte, konnte sie sich ihre Geschichten aussuchen. Auf dem Cover war der Eimer schleppende Emmett Kelly abgebildet. Im Innern war auf einer Doppelseite Spencer Torells Aufnahme von dem brennenden Zelt abgedruckt. Und nach siebenundvierzig Jahren brachte die Zeitung schließlich das Foto des Jungreporters von den Toten, die vor dem Geländer der Haupttribüne lagen. Die Interviews waren lesenswert, und Tuohy hatte sie gut zusammengestellt.

Mehrere Verlage aus New York fragten an, ob sie nicht ein Buch darüber schreiben wolle, doch inzwischen hatte sie zu viele Gefühle investiert und hatte zu wenig Abstand zu dem Ganzen. Für den Jahrestag hatte sie gerade einen weiteren einfühlsamen Artikel geschrieben, worin es um Raymond Erickson ging; seine Schwester Joann besaß noch immer seine Schuhe und Socken. Lynne Tuohy brauchte erst einmal eine Pause. Und außerdem schrieb Rick Davey gerade an einem Buch, und sie betrachtete es als seine Geschichte.

Einige Zeit später veröffentlichte die Yale University Press das erste wichtige Buch über die Katastrophe: *The Great Hartford Circus Fire* von Henry Cohn und David Bollier. Es handelte sich um eine Untersuchung über den gerichtlichen Vergleich und folgte

Rogin, Schatz und Weinstein durch den verwickelten Ablauf bei der Einrichtung und Durchführung der Geschäftsaufsicht. Cohn und Bollier hatten ihre Hausaufgaben gemacht, und das Ergebnis war ein hochinteressantes rechtswissenschaftliches Buch.

Die Dramatikerin Anne Pié erforschte in ihrem Theaterstück *Front Street* einen persönlicheren Aspekt des Brandes und warf darin einen nostalgischen Blick auf eine italienische Familie aus dem Viertel, in dem Thomas Barber anfangs seine Runde gemacht hatte. In dem Stück besucht der jüngste Sohn die Nachmittagsvorstellung des Zirkus, und die Familie weiß nicht, ob ihm etwas zugestoßen ist. Pié war zum Zeitpunkt des Brandes elf und wohnte in der Nähe des Northwood Cemetery. An jenem Nachmittag hatten sie und ihre Freundinnen Sirenen gehört und gesehen, wie schwarzer Rauch in den Himmel über dem Keney Park stieg; am Montag hatten sie dem Massenbegräbnis beigewohnt. Als ein Regisseur in L. A. eine Lesung, des Stückes veranstaltete, stand eine ihm unbekannte Frau plötzlich auf und verließ das Theater. Sie kam auch zu einer weiteren Lesung, und er fragte sie, warum sie kurz vor Ende des zweiten Akts gegangen sei. Sie sagte, sie habe am Tag des Brandes auf der Seitentribüne gesessen, und das Stück habe sie so tief berührt, dass sie angefangen habe zu weinen.

Das FBI hatte inzwischen den Plan, Segee zu verhören, aufgegeben. Die Staatspolizei rollte den Fall wieder auf, doch die beiden städtischen Beamten Davey und Goodrow wurden offiziell nicht mit einbezogen. Aus politischen Gründen sprach der Staat von einer Überprüfung statt von einer Wiederaufnahme der Ermittlungen. Der Fall wurde nicht vordringlich behandelt. Davey hatte vorgehabt, nach Ohio zu fahren und mit Segee zu sprechen – ein Kapitel in seinem Buch sollte von ihm handeln –, doch da der Staat das Ganze nicht als kriminalistische Untersuchung betrachtete, wurde es ihm untersagt.

Obwohl Davey sich sicher war und Goodrow den starken Verdacht hatte, dass Segee schuldig war, bestand in Ermangelung neuer Beweise kein dringender Tatverdacht. Das einzig Neue, das sie seit den ursprünglichen Ermittlungen von 1944 herausgefunden hatten, war die Tatsache, dass das Gras an jenem Tag nicht durch eine Zigarette in Brand gesetzt worden sein konnte. Sie hatten den Brandherd neu bestimmt, doch das war alles.

Die Medien ließen Segee keine Ruhe, die Reporter klopften an seine Tür und blendeten ihn mit ihren Blitzlichtern. Sein Haar war grau geworden, und seine Wohnung war in indianischem Stil eingerichtet. «Ich sage Ihnen die Wahrheit, ich war bei dem Brand nicht dabei», sagte er. «Ich bin unschuldig, aber niemand glaubt mir.»

Warum er dann gestanden habe?

«Wenn Sie so bedrängt worden wären wie ich, hätten Sie denen alles Mögliche erzählt, damit die Sie in Ruhe lassen.»

Im März 1993 schickte die Staatspolizei zwei Leute nach Columbus – das erste Mal, dass Connecticut mit Segee sprechen konnte. Nach Bekanntwerden der Neuigkeit war er umgezogen. Er lebte bei seiner Tochter in einem Armenviertel der Stadt. Er hatte lange Haare und trug ein Stirnband. Sie verhörten ihn im Beisein seiner Tochter am Küchentisch.

Segee sagte, sein Name sei Häuptling Schwarzer Rabe, und er sei Medizinmann. Er redete ununterbrochen. Sie fragten ihn rundheraus, ob er das Feuer gelegt habe. Er leugnete es. Er habe sich den Film *Vier Federn* angesehen, und als er mit der Straßenbahn zurückgekommen sei, sei das Zelt schon abgebrannt gewesen. Sein Vorgesetzter bei der Beleuchtungscrew habe ihn nicht leiden können, und so sei er in Verdacht geraten.

Die Gründe für die Verurteilung in Circleville seien politischer Natur gewesen; der Sheriff habe sich bemüht, wieder gewählt zu werden, und sei mit dem Richter verwandt gewesen. Man habe ihn vierundzwanzig Stunden lang ohne Unterbrechung verhört. Er habe alles gestanden, um endlich seine Ruhe zu haben. Man habe die Wahrheit nicht wissen wollen, weil er als Indianer anders sei. Segee sagte, er stehe zwischen zwei Kulturen, und die Polizei von Ohio habe ihn bei der Vernehmung einer Gehirnwäsche unterzogen und in seinem Kopf alles durcheinander gebracht. Für ihn gebe es jetzt zwei Realitäten, die eines Weißen und die eines Indianers. Bei seiner Aussage im Jahre 1950 habe man ihn entweder einer Gehirnwäsche unterzogen, oder er sei wahnsinnig gewesen.

Als die Polizisten ihn fragten, wie man das Zelt hätte in Brand setzen können, sagte Segee, jemand könnte das Gras mit Hilfe eines Spiegels oder einer Lupe entzündet haben. Er habe Visionen von dem Feuer, aber er sei schon so oft auf Visionssuche gewesen, dass er Realität und Phantasie kaum noch auseinander halten könne. Er sage die Wahrheit. Er müsse mit seinem Geist Wonka Tonka Frieden schließen. Jetzt habe er die Wahrheit gesagt und seinen Frieden geschlossen. Letzte Nacht habe er eine Vision seines eigenen Todes gehabt, es sei eine gute Visionssuche gewesen, und er habe den Zirkusbrand in Hartford nicht gelegt.

Die Männer kehrten ohne einen konkreten Verdacht gegen Segee nach Hartford zurück. Ohne weitere Beweise gab es keine Brandstiftung. Der Fall blieb «ungeklärt».

Wie in einer Szene des Films *Die größte Schau der Welt* entgleiste im Januar 1994 in der Nähe von Lakeland, Florida, ein Zug von Ringling Bros. Ein Zeuge sah den Zug vorbeifahren und beobachtete, wie vom Rad eines Fahrgastwagens zwei Stücke wegflogen und im nahe gelegenen Wald landeten. Der Zug überquerte fünf weitere Bahnübergänge und kam noch ungefähr drei Meilen weit, bevor er entgleiste. Zwei Zirkusbedienstete kamen ums Leben. In Hartford hieß es, das sei ein seltsamer Beginn für das Jahr, in dem sich der Zirkusbrand zum fünfzigsten Mal jährte.

Die populäre Schriftstellerin Mary-Ann Tirone Smith wählte genau den richtigen Zeitpunkt für die Veröffentlichung ihres Romans *Masters of Illusion*. In dem Buch, das den Untertitel *Ein Roman über den Zirkusbrand in Connecticut* trug, ging sie dem Familienleben und der Liebe einer Frau nach, die den Brand als Kind überlebt hatte und seitdem die Fingerabdrücke ihres Retters auf dem Rücken eingebrannt trug. Die Heldin heiratet einen Feuer-

wehrmann, den, wie Rick Davey, die Rätsel des Brandes nicht
mehr loslassen. Die Autorin sagte, die Hauptfigur sei der Freundin
einer Cousine nachempfunden – Barbara Smith. Bei einer Lesung
in Hartford saß Rick Davey – der vermutlich noch an seinem eigenen Buch arbeitete – in Begleitung eines Rechtsanwalts in der
ersten Reihe.

Die Feuerwehr beging den fünfzigsten Jahrestag mit einer Feier
in der Wish School. Das war Captain Charles Teales Idee. Seit seiner Kindheit hatte er sich die Geschichten seiner Großmutter über
den Brand angehört. Er konnte sich nicht vorstellen, den Jahrestag
ohne Gedenkfeier verstreichen zu lassen, deshalb fragte er seinen
Chef, ob er – natürlich in seiner Freizeit – ein offizielles Treffen
der Überlebenden organisieren dürfe. Teale dachte an eine kleine,
intime Veranstaltung, doch die Medien erfuhren von seinem Plan,
und der *Courant* brachte am Wochenende vor dem 6. Juli einen
großen Bericht darüber.

Teale verschickte Einladungen an besondere Gäste. Zwei von
ihnen konnten nicht kommen: Lynne Tuohy, die beruflich in New
Hampshire war, und Mildred Cook, die sich schriftlich bei ihm bedankte. «Die Fahrt könnte ein Problem werden», schrieb sie, «aber
ich hätte sowieso keine Lust zu kommen – mit dem 6. Juli sind zu
viele schmerzliche Erinnerungen verbunden.»

Über zweihundert Leute kamen. Es war ein heißer, schwüler
Tag, und die Überlebenden rissen nervös ihre Witze darüber, dass
dasselbe Wetter herrsche wie damals. Nur wenige waren nach dem
Brand noch einmal in die Barbour Street zurückgekehrt. Im Lauf
der Jahre hatte sich das Viertel wie der Rest von Hartford verändert. Stowe Village wurde von Drogen überschwemmt, es kam
dort oft zu Autodiebstählen und Schüssen aus vorbeifahrenden
Wagen; an jenem Tag durchkämmte die Polizei die Gegend und
verhaftete vierzehn Mitglieder der 20-Love-Gang. Teale glaubte,
dass die Abwesenheit einiger Leute nicht an schlechten Erinnerungen, sondern an der verrufenen Gegend lag.

Draußen fingen Kamerateams die Frühankömmlinge ab. Ein

paar von ihnen stellten sich ins Gras und zeigten, wo das Hauptzelt gestanden hatte und auf welchem Weg sie geflüchtet waren.
Die Leute brachten vergilbte Zeitungen, ihre Programmhefte und
die Abschnitte ihrer Eintrittskarten mit. Sie hatten nichts vergessen; sie hatten alles die ganze Zeit aufbewahrt.

Die Feier sollte um 14.00 Uhr beginnen, und zum genauen
Zeitpunkt des Brandes war eine Schweigeminute vorgesehen, doch
der Conférencier Charles Teale versuchte vergeblich, die Gespräche der Überlebenden zu unterbrechen, und schon bald wollte er
das auch nicht mehr. Die Leute waren erstaunt, dass noch so viele
von ihnen am Leben waren. Niemand trug ein Namensschild, sodass man jedes Mal überrascht war. Barbara und Mary Kay Smith
kamen, Jerry LeVasseur und Donald Anderson. Jennie Heiser war
da, Bill Cieri und Judy Lowe, die anstelle ihres verstorbenen Mannes erschienen war. Der pensionierte Feuerwehrchef John Stewart
fühlte sich doppelt verpflichtet zu kommen. Mit Tränen in den
Augen bedankten sich die Leute bei Captain Teale.

Die Klimaanlage ging kaputt, und es war stickig im Audito-
rium. Katherine Martin sagte, das Wetter mache ihr zu schaffen;
ihre narbige Haut bewältige den Wärmeaustausch nicht allzu gut.
Die Mannschaft von Drehleiterfahrzeug 3 stellte Ventilatoren auf,
die frische Luft durch die offenen Türen bliesen, und löste so das
Problem.

Eine Fernsehcrew, die vorn ein Interview zu Ende führte, ver-
zögerte den Programmbeginn, doch schließlich brachte Teale alles
in Gang. Ein Flötist spielte, der frühere Feuerwehrmann und Bürgermeister Mike Peters und die Vizegouverneurin Eunice Groark,
die ebenfalls zu den Überlebenden gehörte, hielten eine Ansprache. Die Feuerwehr überreichte dem Direktor der Wish School
eine Gedenktafel. Darauf stand: «In liebevollem Gedenken an die
Menschen, die vor fünfzig Jahren, am 6. Juli 1944, hier ums Leben
kamen, mit herzlicher Anteilnahme für die Überlebenden.» Charles Teale hatte diese Worte gewählt; noch Jahre später wusste er sie
auswendig.

«Jene Leute», sagte er, «brachten mich zum Weinen, jeder Einzelne von ihnen. Ich war der Aufgabe, dieses Treffen zu organisieren, seelisch nicht gewachsen, aber ich bin froh, dass ich es getan habe.»

Nach dem Programm zeigte Rick Davey seine Diaschau und beantwortete Fragen. Er sagte nicht direkt, dass Segee das Feuer gelegt habe, doch die Überlebenden merkten, dass er es vorsichtig andeutete.

Als die Feier zu Ende war, fuhr Charles Teale Jennie Heiser in ihr Altenheim in Avery Heights zurück. Dort besuchte er sie noch mehrere Jahre lang. Und an jedem Jahrestag zog er seine Galauniform an, nahm Blumen aus seinem Garten mit und erwies auf dem ehemaligen Zirkusgelände und in Northwood den Toten die Ehre.

Während die Überlebenden an jenem Nachmittag in Erinnerungen schwelgten, unterbrach die Clyde Beatty-Cole Bros. Show um 14.44 Uhr in Old Saybrook ihre Nachmittagsvorstellung und legte eine Schweigeminute ein. Im Anschluss daran zählte der Sprechstallmeister feierlich die neuen Brandschutzvorschriften und medizinischen Notfallmaßnahmen auf, durch die sich die Verhältnisse seit 1944 verbessert hatten.

In Las Vegas hatte die größte Schau der Welt einen freien Tag.

Im August 1997 starben Robert Segee und Mildred Cook, als wären sie miteinander verbunden gewesen, doch ihre kurze Berühmtheit war schon fast vergessen. Aber Lynne Tuohy erinnerte sich an Mildred Cook und schrieb für sie eine rührende Würdigung. In Columbus, wo Robert Segee über vierzig Jahre gelebt hatte, brachte die Zeitung nicht einmal einen Nachruf auf ihn. In Hartford nahm der *Courant* von Segees Tod keinerlei Notiz.

Während ich das niederschreibe, bereitet Ringling zum ersten Mal seit über vierzig Jahren in Amerika wieder eine Vorstellung unter einem Zeltdach vor – Barnum's Kaleidoscape mit einer Manege.

Während Ringling's Gold Unit in den späten achtziger Jahren eine
kurze Zelttournee durch Japan machte, haben andere Truppen
jahrzehntelang ohne Zwischenfälle unter Vinyl gespielt; die beiden
größten waren Carson & Barnes und die beliebte alte Clyde
Beatty-Cole Bros. Show. Ob Connecticut dem neuen und nostalgischen Kaleidoscape genehmigt, in der Nähe von Hartford zu
gastieren, ist ungewiss. 1996 verhinderte der staatliche Branddirektor in Newington wenige Minuten vor Vorstellungsbeginn ein
Gastspiel des Royal Hanneford Circus, da das Zelt eine Brandprüfung im Labor nicht bestanden hatte. Die Shriners, die den Zirkus angeheuert hatten, verloren Tausende von Dollar.

Hartford hat sich seit 1944 drastisch verändert. Wie Hunderte
von anderen Gebäuden in der Innenstadt steht auch G. Fox leer.
In der Washington Street, nur wenige Blocks entfernt von Bull
Hickeys altem Hauptquartier, warnen Schilder an den Telefonmasten die Autofahrer davor, anzuhalten und Prostituierte anzuspre-
chen, sonst werde ihr Wagen beschlagnahmt. Die Leute aus der
Nachbarschaft sagen, die Schilder seien längst überholt; die Prosti-
tuierten seien weitergezogen, und die Crackdealer beherrschten
jetzt die Gegend.

Seit dem fünfzigsten Jahrestag hat sich die Presse nicht mehr mit
dem Brand beschäftigt und lässt den 6. Juli in manchen Jahren
kommentarlos verstreichen. Doch Menschen wie Charles Teale
stellen immer noch Blumen auf die Gräber; Überlebende befin-
gern immer noch ihre welligen Zeitungen.

Jedes Jahr kommen ein paar Leute in die Connecticut State Library, um in Hickeys und Healys spröden Berichten zu lesen. In
den Kisten wimmelt es von Listen und grausigen Fotos, Büro-
klammern rosten vor sich hin. In einem kleinen braunen Umschlag, der an die Aufzeichnungen des Polizisten Francis Whelan
geheftet ist, wartet als zusätzliches Vergnügen das Fünfcentstück,
das Felix Adler ihm als Andenken geschenkt hat.

Im Circus World Museum in Baraboo, Wisconsin, der neuen
Wahlheimat des Ringling-Zirkus, gibt es noch mehr: drei Stühle

aus dem abgebrannten Hauptzelt, die ein guter Freund von Merle
Evans gestiftet hat. Ihre Farbe ist dunkel und rissig wie trockener
Wüstenboden, die überstrichene Farbe früherer Jahre schimmert
durch das Tomatenrot: ein milchiges Orange, ein mattes Meer-
grün. In der Bibliothek gibt es auch drei angesengte, an den Rändern schwarz verbrannte Notenblätter vom «Wachwechsel», der
Hauptmelodie der Gala-Revue in jenem Jahr. Und man rühmt
sich, dass sich unter den ausgestellten Fahrzeugen ein Dutzend Käfigwagen, die die Brände in Cleveland und Hartford überlebt
haben, und die offenen Güterwagen befinden, auf denen sie transportiert wurden. Die Schmuckstücke der Sammlung sind jedoch
die beiden Mack-Tankwagen 132/133, die zur Brandbekämpfung
eingesetzt wurden, sowie der rote und der gelbe Kassenwagen, die
vor dem Hauptzelt standen. Im Sommer ist das Museum gut besucht; Touristen füllen die Parkplätze und drängen in die beiden
Vorstellungen pro Tag, sitzen strahlend in dem Großzelt und
haben, wie geplant, ihre helle Freude an dem Zirkus.

In der Wish School soll es spuken – wie schon in den versetzten Baracken und in Stowe Village. Wasserhähne drehen sich von
selbst auf und zu, und dann folgt allmählich verklingendes Fußge-
trippel. Im Sommer hallen Gelächter und das helle Pfeifen einer
Dampforgel durch die leeren Flure.

Das Municipal Hospital, das in McCook Hospital umbenannt
worden war, hat schon vor Jahrzehnten dichtgemacht. Jetzt beher-
bergen die Gebäude das Burgdorf Health Center.

Das Waffenarsenal hat Connecticut Pride übernommen, das
Zweitligabasketballteam der Stadt. In der Eingangshalle, wo die Eltern die Namen ihrer Kinder angegeben haben, befindet sich ein
Kartenschalter, und oben in der ehemaligen Exerzierhalle säumen
lila Tribünen das Spielfeld. An der Decke hängen schlaffe Luftballons unter den Tragbalken. Als ich dort war, stand ein kräftiger Flü-
gelspieler mit seinem Trainer auf dem Spielfeld und arbeitete an
seiner Technik. «Nein», sagte der Trainer, «guck mal, du machst das
so.»

Während der Rest der Welt den Zirkusbrand allmählich vergisst, bleibt er für die Überlebenden lebendig. Bis auf den heutigen Tag hat Timothy Burns aus South Windsor immer ein kleines Taschenmesser dabei. Bei der Totenwache für seinen Vater ließ er dessen Messer in seine Jackentasche gleiten, als ob er es in einem späteren Leben noch einmal gebrauchen könnte. Frances Cook besitzt noch immer die kleine perlenbesetzte Handtasche, die sie an jenem Tag dabeigehabt hat; Harry Lichtenbaum aus Wethersfield hat eine Tüte Erdnüsse aufbewahrt.

Eunice Groark spricht für viele von ihnen, wenn sie sagt: «Ich schätze, mir hat sich unauslöschlich eingeprägt, dass man vor Feuer Respekt haben muss. Wo auch immer du bist, vergewissere dich, dass es Fluchtmöglichkeiten gibt.» Einige Überlebende nehmen, wenn sie in einem Hotel übernachten, stets ein Zimmer in einem der unteren Stockwerke und zählen die Türen bis zur Feuertreppe; in Nachtclubs suchen sie nach den roten Schildern für den Notausgang. Einige fühlen sich in größeren Menschenmengen immer noch unwohl, wie zum Beispiel Charles Nelson Reilly: «Bis heute fühle ich mich als Teil eines Publikums stets unbehaglich.» Andere sind klaustrophobisch und können weder einen Fahrstuhl benutzen noch eine Computertomographie über sich ergehen lassen.

Wegen ihrer Abneigung gegen Flammen mauern sie ihre Kamine zu und sind misstrauisch gegenüber Kerzen. Harriet Globman sagt, es mache sie verrückt, wenn sie sehe, wie jemand eine brennende Zigarette wegwerfe; dann gehe sie hin und trete sie aus. Eine andere Frau fährt, wenn sie die Feuerwehr kommen hört, sofort in die entgegengesetzte Richtung, egal, wohin sie unterwegs ist.

Lorna Hastings geht, sobald sie das Gefühl hat, dass es brenzlig riecht, noch immer durchs Haus und sieht überall nach. Jahrelang hat sie in ihrem Wagen nie die Heizung eingeschaltet und sich vor dem Wintereinbruch gefürchtet. Ihren Kindern gingen ihre ewigen Probealarme auf die Nerven.

Die meisten meiden Zelte, sogar bei Hochzeiten; sie warten lieber im Freien. Andere sehen sich keinen Zirkus mehr im Fernsehen an oder bekommen eine Gänsehaut, wenn sie Zirkusmusik
hören. «The Stars and Stripes Forever» geht ihnen nicht aus dem
Kopf.

Schon wenn man über den Brand schreibt, sieht man seine Angehörigen mit anderen Augen und prägt sich nicht ihre Gesichtszüge, sondern ihre Zähne ein. Lynne Tuohy sagt, sie kenne die
Körper ihrer Kinder bis ins kleinste Detail.

Am häufigsten sagten die Überlebenden, dass sie das Feuer ihr
Leben lang nicht vergessen würden. Einige von ihnen wachen
nach fünfundfünfzig Jahren immer noch schreiend auf. Es heißt,
dass Bürgermeister Mortensen bis zu seinem Tod im Jahre 1990
von Albträumen geplagt wurde. Die Erinnerungen der Pflegerin
Eileen Fitzgerald Hennessy sind genauso intensiv: «Was ich Ihnen
erzählt habe, ist real, als ob es erst gestern geschehen wäre. Man
denkt, es geht vorbei. Aber das stimmt nicht.»

1969 sagte Emmett Kelly: «Ich denke ständig daran, es ist wie
ein Film, der in meinem Kopf abläuft. Doch ich versuche es zu
vergessen. Ich rede nicht so gern darüber.»

Dorothy Bocek Strzemieczny, die ihre Schwester Stella Marcovicz und ihren Neffen Francis verloren hat, schildert den Effekt,
den Mildred Cook gut kannte und Don Cook immer noch kennt:
«Im Lauf der Jahre vergisst man es in gewisser Hinsicht. Aber eigentlich vergisst man es doch nicht. Wir versuchen, nicht so oft
daran zu denken.»

Das Leben und die Zeit bleiben nicht stehen. Die Leute machen irgendwie weiter, lernen, das Ganze zu ertragen. Wie Elliott
Smith voll Stolz sagt: «Ich bin kein Opfer, ich bin ein Überlebender.» Allein das ist ermutigend, eine Lehre fürs Leben.

Was die ungelösten Rätsel des Zirkusbrandes betrifft – die Vermissten und Unidentifizierten, die Frage, ob es sich um Brandstiftung handelte –, so werden sie vermutlich immer Rätsel bleiben,
ungelöst und ungemildert. Ebenso werden wir immer wieder den

Wunsch haben, das Geschehene zu begreifen, Gerechtigkeit und innere Ruhe darin zu finden, dass wir die Ereignisse ordnen und dokumentieren. Doch die Geschichte des Brandes ist anders. Betrachtet man sie genau, löst sich alles auf, fällt alles auseinander. Wie Joann Bowman mir über ihren Bruder Raymond Erickson geschrieben hat: «Manchmal weiß man einfach nicht Bescheid.»

Das soll nicht heißen, dass wir für die Toten und ihre Familien nichts tun können. Alle Geschichten lehren uns etwas, versprechen uns etwas, egal, ob sie wahr oder erfunden sind, Legende oder Realität. Dass Nr. 1565 und Thomas Barber so lange für die ganze Geschichte des Zirkusbrandes standen, ist kein Fehler und kein Affront gegen die Überlebenden, obwohl es manchmal so aussehen musste. Tot und vergessen zu sein – aus den Gedanken der Lebenden verbannt – ist eine uns allen gemeinsame und schreckliche Angst, und wenn wir älter werden, ist es unsere größte Hoffnung, dass ein Teil von uns in den Herzen derer, die wir lieben, zurückbleibt und wir auf diese Art weiterleben. Vielleicht werden wir am Ende nicht vergessen sein. Und so hat die kleine Miss das einzige Geschenk erhalten, das wir ihr machen können, ein Geschenk, das wir unseren Liebsten sehnlichst wünschen und letztlich alle gern bekämen: dass man sich an uns erinnert.

Danksagung

Zunächst möchte ich Lynne Tuohy vom *Hartford Courant* danken, deren Arbeit über die kleine Miss 1565 und ihre Titelgeschichte «Ewige Flamme» 1991 im *Northeast*-Magazin die besten Berichte über den Brand sind. Ohne ihre umfangreiche Vorarbeit und ihr gutes Auge und Ohr wäre dieses Buch wesentlich schlechter.

Bei einem großen Teil der Recherchen haben mich Mark Jones und die Angestellten der Geschichts- und Genealogieabteilung der Connecticut State Library in Hartford unterstützt. Alice Pentz und die Avon Public Library haben mich mit Büchern über Hartford, Zirkusse und alle Aspekte von Feuer versorgt. Wertvolle Hilfe habe ich auch von Fred Dahlinger, Erin Foley und Bernice Zimmer vom Circus World Museum in Baraboo, Wisconsin, Joan Barborak vom Hertzberg Circus Museum in San Antonio, Janice Mathews von der Hartford Collection der Hartford Public Library, Marsha Lotstein von der Jewish Historical Society in West Hartford, Rhonda Green vom Cleveland Research Center der Cleveland Public Library und Deborah Pfeiffenberger vom New Britain Youth Museum erhalten.

Art Kiely hat, genau wie John Long vom *Courant*, viele der abgedruckten Fotos beschafft und Abzüge davon gemacht. Paul R. Shafer hat mich an seinen Fotos und seinen Erinnerungen teilhaben lassen, und das gilt auch für Judith Lowe und Gloria Vieth. Nancy Finlay von der Connecticut Historical Society ließ Abzüge von noch nie veröffentlichten Aufnahmen machen. Maurice und Thelma Allaire steuerten ihre Negative vom Gastspiel in Port-

land bei, und Robert F. Sabia schickte mir u. a. seine Videos von
William Days Filmaufnahmen der Gastspiele in New Haven und
Providence und sah das Manuskript nach Sachfehlern durch. Leda
und Gordon Partridge machten mir Christina K. Brands spekta-
kuläre Bilder vom Zeltaufbau am 5. Juli 1944 zugänglich. Spencer
Torell, der viele der bekanntesten Aufnahmen von dem Brand
machte, half mir zu ermitteln, welche Bilder von welchem Fotografen stammten, und stiftete eine vollständige Serie seiner Abzüge. Donald G. Horowitz hatte ungewöhnliche Bilder von dem
Menageriebrand in Cleveland und überprüfte ebenfalls das Manuskript. Die Fotografieabteilung der Library of Congress stellte
mir schwer zu findende Fotos zur Verfügung und Larry Hughes
im National Archive und die Angestellten von Grinberg World-
wide Images stöberten seltenes Wochenschaumaterial auf. Donald
Bowden von Associated Press leistete wie immer gute Arbeit und
beschaffte Fotos, die nie in den Zeitungen abgedruckt worden
waren.

Shanee Stepakoff ließ mich an ihren Recherchen teilhaben und
erläuterte mir viel mehr über das damalige North End von Hartford, als ich je allein herausgefunden hätte. Allegra Hogan zeigte
mir die Raritätensammlung und gewährte mir Einblick in ihr eigenes hochinteressantes Projekt.

Henry S. Cohn und David Bollier, deren Buch *The Great Hartford Circus Fire* (Yale University Press 1991) die Probleme des gerichtlichen Vergleichs zwischen dem Zirkus und den Überlebenden ergründet, steuerten großzügig ihre Sachkenntnis bei.
Mary-Ann Tirone Smith, Autorin von *Masters of Illusion* (Warner
Books 1994), des populären Romans über den Brand, wies mich
auf mehrere Informationsquellen hin. Semina De Laurentis vom
Seven Angels Theatre machte mich auf Anne Piés *Front Street* aufmerksam, und die Dramatikerin selbst vertraute mir nicht nur ihr
Stück, sondern auch ihre Erinnerungen an. Rich Hanley von
Connecticut Public Television hielt mich über die Fortschritte sei-
nes Dokumentarfilms über den Brand auf dem Laufenden und

teilte mir seine Gedanken mit. Craig Constantine von Towers Productions rief sich noch einmal in Erinnerung, wie er seine Berichte über das Feuer für A&E und den History Channel zusammengestellt hatte.

Fred D. Pfening Jr. von der Circus Historical Society stellte mir Routenbücher des Ringling Bros. and Barnum & Bailey Circus von damals zur Verfügung, und Dave Price und *Bandwagon*, die Monatsschrift der Gesellschaft, halfen mir, mich besser in die Zirkustradition einzufühlen. Jim Foster von der Zeitschrift *White Tops* gab mir gute Hinweise, und Maxine House druckte eine Anzeige, in der ich die Abonnenten um Informationen bat; Terry und Dick Abbot machten mir alte Ausgaben zugänglich. Kassenwart Gordon Taylor und viele andere Mitglieder der Circus Fans Association of America unterstützten mich ebenfalls. Don Marcks vom *The Circus Report* und Cherie Valentine von *Back Yard* halfen mir bei meinen Nachforschungen. Gordon Carver von den Circus Model Builders steuerte seine Sachkenntnis bei. Bob Peckham von Windjammers Unlimited und Richard Whitmarsh, der Kapellmeister der South Shore Circus Band, halfen mir, genau wie Richard Snyder, mit seinem enzyklopädischen Wissen über und seine Hingabe an die Zirkusmusik, bei Fragen zu Merle Evans. Mike Martin stellte mir viele gute Videos vom damaligen Zirkus zur Verfügung.

Tom Goodrow, früher Polizist in Hartford, Bill Lewis von der Connecticut State Police, Mike Simmons aus dem Büro des Branddirektors von Ohio und Jim Looby, früher bei der Polizei von Hartford und jetzt bei der Staatsanwaltschaft, machten mich mit den amtlichen Aspekten der ungelösten Rätsel des Brandes bekannt. Florence B. Sinow, Öffentlichkeitsarbeiterin bei der Connecticut State Police, machte mir wichtige Ermittlungsunterlagen zugänglich, und Susan Savage vom State Corrections Department stöberte ein paar völlig verstaubte Akten auf. Charles Teale von der Feuerwehr in Hartford, der die Idee für die Gedenkfeier zum fünfzigsten Jahrestag des Brandes hatte und alles organisierte, berichtete liebenswürdigerweise von seinen Erinnerungen an jenen Tag. Kenneth Crooms, der inoffizielle Historiker der Wish School, erzählte mir fesselnde Geschichten. Cynthia Coulter-Reichler von der State Commission on Fire Prevention and Control füllte die Lücken.

Mein besonderer Dank gilt auch Dr. Robert Sheridan vom Shriners Burn Hospital und Massachusetts General Hospital für seine Geduld und Großzügigkeit, dem Archivar Steve Lytle für seine Hilfe im Hartford Hospital, Pete Mobilia für seine Unterstützung im St. Francis Hospital (und für seine gute Radiodokumention «Jemand schrie Feuer» bei WPOP aus dem Jahre 1984), Dr. Wayne Carver und Dr. Ed McDonough im Connecticut State Medical Examiner's Office, Dr. Lowell Levine von der New York State Police, Dr. Jack Kenney in Chicago, Dr. Gus Karazulas vom Connecticut State Police Forensic Science Laboratory, dem Pathologen Dr. Doug Ubelaker vom Smithsonian Institute, Dr. Peter Knowles von der Avon Dental Group, Eugene Kowalczyk aus der Talarski Maple Hill Chapel und Alex Marcellino von Vital Records in der Hartford City Hall.

Bedanken möchte ich mich auch bei Jocelyn McClurg vom *Hartford Courant*, Bill Ryan vom *Courant*, Jim Fowler von der *Sarasota Herald Tribune*, John Crockett von der *Hartford Times*, Dave Stevenson von der *Columbus Dispatch*, Harry Atkins von *Emergency Medicine* und Erin Newman von *Emergency Medical Services*, bei den Rechercheabteilungen der *Sarasota Herald Tribune*, des *Cleveland Plain Dealer* und des *Yankee Magazine* (sowie Jody Saville und dem Chef vom Dienst Tim Clark, die beide dort beschäftigt sind).

Dank gebührt auch Peggy vom Firefighters Bookstore und Bill McBride vom Jumping Frog, außerdem Susan Audette von der Mansfield Middle School, Amy und Bill Gerrish, Johanna und John Murphy, Giovanni Iuliani, Gordon Clark Ramsey von der University of Hartford, Dennis Barrow von den Aetna Archives und den Angestellten der National Baseball Hall of Fame Research Library. Vielen Dank auch an Art Selleck und Larry Ford vom Manchester Fire Museum und an Jack Kuras und Suzanne Macy.

Weiterhin möchte ich mich bei Elizabeth McCracken für ihren klugen Rat bedanken – der genau zum richtigen Zeitpunkt kam – und bei Cindy und Luis Urrea für ihre Verbesserungsvorschläge und ihr großes Herz. Brian Hall schulte am Manuskript sein gutes Auge, genau wie meine langjährigen Korrektoren Paul Cody und Amy Williams und natürlich Trudy, die nicht nur alles las, sondern sich auch während der ganzen Zeit, die ich an dem Buch arbeitete, jede Kleinigkeit über den Zirkusbrand anhören musste.

Und mein besonderer Dank gilt David und Mabel Carter und Barbara Thompson von Mailboxes, Etc. für die Bereitstellung von Nr. 1944.

Die Zahl der Menschen, die mir von ihren Erinnerungen an damals erzählten, war erstaunlich. Besonders möchte ich mich bei Donald Anderson, Don Cook, William Epps, Donald Gale, der verstorbenen Jennie Heiser, Jerry LeVasseur, Judith Lowe, Barbara Smith Mangan, William Menser, James J. Rice, Elliott Smith und Joan (Smith) Lindell, John B. Stewart Jr. und Gloria und Orville Vieth für ihre unendliche Geduld und Offenheit bedanken.

In gewisser Hinsicht dient dieses Buch der Erinnerung. Die folgenden Menschen haben sein Erscheinen ermöglicht; ohne sie würde diese Geschichte nicht existieren: Gary Agasi, Vivian Alfano, Richard Anderson, Virginia Anderson, Sue Andrews, Betty Arthur, Dr. Richard Bagnall, Ken Ballette, Rivy Beizer, Corinne und Kathy Bellingham, Phyllis Benoit, Evelyn Bernstein, Sandra Blazensky, Edith Lefkin Bloch, Frances Blumenthal, John Bock, Richard Boulanger, Joann Bowman, Walter M. Brown, Iva Burnham, Timothy M. Burns, Sally Butler, Irene (Bessette) Calkins, Nancy Cannon, Dolores Cardillo, Don Carmody, J. Bruce Carrier, Tony Casiano, Moe Cattanio, Dr. L. Adam Chotkowski, Nancy Chunan, William Cieri, John und Madge Cofiell, Stanley Cohen, Doug Cole, Ned Coll, James P. Connolly, Frances Cook, Pat (Maguire) Cook, Anna Cote, James Counihan, Chris (Ellis) Courtney, Mary Culligan, Lewis Davidson, Robert Day, George De Franzo, Leonard De Maio, Jerry DeMeusy, Bradford Dennler, Amelia und Art Desrosiers, Teresa DiCorleto, Joe Donato, Katherine Donohue, Doris Dooley, Robert Drayton, Dr. Frank Dully Jr., Juanita Dutton, Marion (Lefkin) Eisenberg, Whitney Ellis, Rachel Elman, Clifford Emery, Peggy Fabian, Bill Faude, Arthur L. Fern, Eleanor Flynn, Fernand Forgeur, Loretta Francis, William E. Francis, Louise Garewski, Molly Garofolo, Edward J. Garrison, Jerry Gilbert, Nan Glass, Harriet Globman, Joan Goodrow, Bill Goralski, Violet Goshdigian, Marion Gossling, Mary Gribauskas, Eunice Groark, Meredith Guiness, Sloan Harger, Lorna Hastings, Fred Heatley, Lloyd Heavenor, John Hlavati, Zosh Hoffenberg, Joan Conlin Homa, Alice Horst, Joe Horvath, Miriam Howland, Bennett Hyne, Bud Jacobs, Whitey Jenkins, Bruce E. Johnson, Edna Johnson, Susan Smith Johnson, Diane Jonardi, Jerry Kaplan, Ann Kearns, Tim Kelliher, Joan Kelly, Wally Kelly, Patrice Killian-Brauer, Albert Kimball, Bernice Kleinman, Leo Kleinman, Jo Korten, Alvin Kotler, Kathleen Krein, Laura Kubick, Karl Kuzis, Arthur Lassow, Roseanne Lawrence, Asahel Lee, Len (von der MacGray Company), Harry Lichtenbaum, Barbara Lukens, Ed Lukstas, Albert W. Lynch, John Madden, John Mahoney, Richard Mahoney, Kathleen Martindale, Joseph Martinelli, Thomas Maskery, Rick McDonald, Bea McHugh, Bob und Elise McKay, Mike Meehan, Linda Meyers, Donna Michelini, Lewis J. Miller, Mary Jane Miller, Gail und Sandy Mirabile, Beatrice Mitlak, B. Albert Montella, Carolyn Moon, Susan Snelgrove Moore, Algert Mordas, Susan Morelli, Jean Myers, Angela (Yacavone) Newell, Dana Newell, Nancy Norton, Margaret Porter O'Brien, Robert H. O'Brien, Harvey Ofshay, Naomi Factor Papa, William Papetti, Irene Z. Pardo, Patricia Parente, Carol Parrish, Maureen Walsh Payton, Joe Pazzanno, George Pearse, John Pearse, Katheryn Pearse, Jane Peck, John Pedro, Marita Plikunas, Donna Ploss, Barbara M. Porter, Jack Powers, Patricia (Colman) Pratt, Alice Pringle, Elizabeth Reed, Eileen Regan, William Reid, Richard Renert, Lorain Reyor, Robert Ribera, Barbara Bacon Richard, Joan M. Rivers, Russ Roden,

Eleanor Rodrigue, Eugene Roy, Joseph Ruggiero, Mildred Safin, Cathy Salvatore, Michael Salvatore, Dick Sanford, Janet Moore Sapolis, Micki Savin, Gerry Scheide, Iris Schlank, Ellen Schuman, Cele Seeley, Sandra Sharr, Lois Sheehan, Herbert Shook, Michael J. Silvester, Milli Silvestri, Robert A. Smith, Helen Kennedy Sonneman, Bob Steele, Rabbi Israel Stein und Roz (Berkowitz) Stein, Lee Steinberg, Dorothy Bocek Strzemieczny, Velma B. Sullivan, Marilyn Young Tarasuk, Armen Tavy, Dorothy (Boardman) Teffs, Roosevelt Terry, Marna (Young) Thoma, Joan Thompson, Don Tinty, Ronnie Tolson, Lois Wasserman, Dorothy Waterbury, Margery Weed, Patricia Weiman, George Weimann, Jack Weinberg, Helen und Jack Welch, Connie Westfort, Douglas Whinnem, Betty Wickham, Dr. Chet Wiese, Bob Wilson, Carrie Wilson, Barbara (Tallman) White, Ruth Neistat Whitman, Pfarrer James Yee und Joseph Zukowski. Vielen Dank.